广东省财政科学研究所
广东省立中山图书馆
广东省档案馆　编

民国时期广东财政史料

第五册

田赋粮食

廣東省出版集團
全国优秀出版社
全国百佳图书出版单位
广东教育出版社
·广州·

图书在版编目（CIP）数据

民国时期广东财政史料. 第5册，田赋粮食/广东省财政科学研究所，广东省立中山图书馆，广东省档案馆编. —广州：广东教育出版社，2011.9
ISBN 978-7-5406-8541-6

Ⅰ. ①民… Ⅱ. ①广… ②广… ③广… Ⅲ. ①地方财政—财政史—广东省—民国 ②赋税制度—财政史—广东省—民国 Ⅳ. ①F812.96

中国版本图书馆CIP数据核字（2011）第189121号

责任编辑	杨向群
责任技编	杨启承
出版发行	广东教育出版社
	（广州市环市东路472号 12-15 楼 邮政编码：510075）
网　　址	http://www.gjs.cn
经　　销	广东新华发行集团股份有限公司
印　　刷	广州伟龙印刷制版有限公司
	（广州市沙河沙太路银利工业大厦 1 栋）
开　　本	787 毫米 × 1092 毫米　1/16　47.25 印张　945000 字
版　　次	2011 年 9 月第 1 版
	2011 年 9 月第 1 次印刷
书　　号	ISBN 978-7-5406-8541-6
定　　价	2500 元（全 6 册）

质量监督电话：020 - 87613102　　购书咨询电话：020 - 87621848

目录

广东财政厅清理田赋方案……五·一
广东财政厅一九三七年各属沙田开投顷额日期及每次加额一览表……五·一四五
粤省洋米免税问题汇辑……五·二二七
广东省卅二年度征收征借粮食分配预算表……五·二七五
广东省三十五年度行政会议田粮部门提请各专员市县局长注意事项续编……五·二八三
田赋粮食法令汇编……五·二九三
广东省政府田赋粮食管理处工作报告书……五·五三七
广东各厅州县征收地丁实数表……五·五五九
广东各厅州县征收民米实数表……五·六五七

广东财政厅清理田赋方案

广东财政厅田亩陈报处 编

廣東財政廳清理田賦方案

陳勉恕題

洪強亞

序

土地爲立國三大要素之一凡言法律政治經濟者無不以此爲基礎土地未整理而欲法律之推行政治之展布經濟之發達不可得也周禮大司徒掌天下之圖册以知九州地域廣輪之數而因以施邦國土會土宜土均土圭之法設地守地職地貢之司其所以制土地而維民生者至周至悉惜人亡政息布在方策者今不可攷矣自井田廢阡陌開土地屬於私有土地行政之規畫曠世不聞其能清理田賦補苴罅漏以濟國用者如楊炎之變兩稅張居正之清丈天下田畝既爲歷史上之鳳毛麟角矣他如董仲舒限民名田之議元稹均田之論皆儒生理想之談其果適於社會情形與否當時既未切實推行後之當政者亦無人仿傚故我國自周以後謂之無整理土地之設施固無可諱言民國肇造　總理手定建國大綱三民主義及國民黨黨綱等書對於土地之規劃至爲詳晰理宜積極按照實施共圖治理況吾粵爲革命策源地所有形上形下之事業皆得風氣之先爲各省倡而獨於土地行政未遑整理遂使賦稅紊亂於上經界混淆於下農牧林礦水利墾荒諸政皆因之不舉此實負省政之責者所引爲疚心之事也其務忝掌全粵財政深知一切措施莫不與土地有密切關係爰督率僚掾擬定清理田賦法令十九種

呈奉　省政府核准公布排比成編以供衆覽而資遵守即日分派職司按序程功惟冀吾粵軍事早日結束政治悉上軌道俾得照預定計劃進行則數年之內定當人有餘田國有餘賦山無荒壑農無界爭豈非完成訓政之盛事歟雖然茲事體大徒法不能自行古人公布法令必先鄭重懸書使人民共觀治象期底於成以吾粵民衆訓練有素對此方案必咸曉然關係國計民生重要之圖亦爲農民野老切身之計務蘄協助進行相與有成此則區區之願望也是爲序

中華民國十九年四月范其務序於廣東財政廳

序

自吾黨　總理手定建國大綱及三民主義諸書對於土地行政均有深切之訓示使國民曉然於土地爲國家一切政令施行基礎而整理土地又爲各種建設事業根本近年以來內而中央政府有制定各種土地法規及設立土地專職之舉外而各省有組織省市管理土地機關以策土地計畫之進行雖各因其地理人文政象歷史風俗之差異辦理不無先後遲速大小之殊然因地制宜量時設計以期完成訓政時期黨綱應盡之責任則彼此同揆也吾粵於民國十五六年間政府即有土地廳之設置旋改爲土地處未幾又併入沙田清理處皆因經費支絀人才缺乏變更過驟徒具空名於土地之實政一無所舉也十七年七月間前廳長馮公祝萬將沙田處與廳內所轄田賦稅契官產各股改組爲土地局任委黃君秉勛督理其事毓元時適承乏科長之職隨同各僚友之後籌議土地行政因草定整理田賦稅契沙田官產墾荒測丈各草案正欲施行適馮黃兩公因事辭職十八年四月今廳長范公漪任正當軍事緊急庫藏竭匱意在綜核名實以求收支之適合將署內所屬各局悉改爲科以土地局所辦事務悉併入第二科職權內仍以毓元掌理其職又以前任所定清賦測地等計畫需費鉅而需時過久不適粵省現況飭毓元等籌議另定辦法三種一沙田方面仍分隊測量以期澈底清丈改征地稅二整理歷年田賦規定過渡辦法釐正其項目而剔除其積弊以求歲入之增益三仿照江浙兩省舉辦田畝陳報辦法先清理經界以爲改征地稅之根據此其一變也整理田賦必以改征地稅爲歸結改征地稅必以調查

地價爲始基故田畝陳報辦法勢不容緩同時並擬辦清理田賦技術員養成所以造就技術人才又以中山太縣物力豐富擬清丈田畝之舉先由中山試辦以爲各縣規範因分別擬定各種章程及辦事程序呈送　省政府核議幾經討論始核准全案須於全省舉辦清丈之六個月前辦理申言之則陳報爲清丈之開端而清丈爲陳報之結果二者須次第舉辦此又一變也毓元歷年追隨各長官規畫土地各辦法均以職責所在知之獨審參與最多茲當開辦伊始商承范公將　省政府核准公布各種關於田畝陳報章程及清賦過渡辦法彙成两編公諸民衆俾得明白其程序而消泯其疑阻排印既竟謹叙述其經過情形并諸簡端以與在事諸同志共相勉勵並以爲知人論政者參攷之一助焉

中華民國十九年四月鍾毓元叙於廣東財政廳田畝陳報處

廣東財政廳清理田賦方案

例言

(一)本方案係裒輯本廳關於整理地畝田賦各文卷章程表册圖式以備各縣區及鄉村任事職員遵守之用

(二)本方案分第一第二兩編第一編係關於地畝陳報各種文牘章則第二編係關於清理田賦過渡辦法並附改定征糧表以備查對

(三)本方案所載各文牘章則概按照公布月日先後編次截至中華民國十九年三月底爲止其中所規定辦法或時日有經後來變更者以最後公布者爲準

廣東財政廳清理田賦方案目錄

第一編

呈省政府擬具田畝陳報辦法暨應決定前提呈文……一
呈省政府擬辦田畝陳報加具意見呈文……五
呈省政府辦理田畝陳報擬具各種簡章規則請予察核呈文……八
呈復省政府遵將田畝陳報各種章則指飭各節修正請予公佈施行呈文……一〇
廣東財政廳整理土地清賦期內進行程序及期限清單……一一
廣東財政廳整理田畝陳報辦法大綱 附陳報單式及粘附陳報單內圖式……一九
廣東財政廳整理田畝陳報辦法大綱施行細則……二五
廣東財政廳田畝陳報處組織簡章……二九
廣東財政廳田畝陳報處經費概算表三種……三三
廣東財政廳徵用各縣及區鄉田畝陳報處主任人員章程……三五
廣東財政廳徵用各縣田畝陳報處繪圖員簡章……三七
廣東省各縣田畝陳報處組織簡章 附圖式四種……三九
縣區鄉經費表九種……四一
縣區鄉田畝陳報處主任人員講習規則……五一
各縣田畝陳報處評判委員會組織簡章……五二

各鄉田畝陳報處名譽助理員選任規則……五三
各鄉陳報處編造陳報清册規則……五四
陳報清册及調查表式樣……五七
廣東各縣田畝應收手數料分配數目表……五九
廣東財政廳清丈田畝技術員養成所章程……六七
廣東財政廳清丈田畝技術員養成所概算表……六九
各縣選送技術員養成所學生名額表……七四
廣東財政廳清丈田畝技術員養成所課程表附教育總計劃表……八三

第二編

呈省政府擬定改征地税以前縣地方欵附加辦法暨鄉鎮田畝捐征收章程呈文……一
咨送民政建設教育各廳改定征粮表及田畝捐章程請爲備查文……四
通令各縣遵照改定征粮表及田畝捐章程於十九年度施行文……五
廣東田賦現制表及擬定改革辦法比較表……七
征收錢糧串票式樣……二九
廣東財政廳劃一各縣屬鄉鎮田畝捐章程附調查表及收據式樣……三三

第壹编

廣東財政廳清理田賦方案

第一編

呈省政府將現擬田畝陳報大綱及細則提請省務會議由

（此件於民國十八年九月十三日奉省政府指令經第五屆第十二次省務會議議决交羅院長金林爾委員審查）

呈爲擬具田畝陳報辦法暨應決定前提呈請核示事竊維測量土地爲完成自治要素之一現當訓政時期辦理尤不容緩 職廳 現行組織法對於土地之設計及測量調查繪圖編册等事既規定有辦理之職責自應先事籌備次第舉行以期勉副事功惟是土地測量之難厥有數端一難於時期久長二難於需欵浩大三難於人才缺乏故往者或議而不行或行而無效無非以茲事體大不易辦理所致也然要不能不籌劃試辦者良以土地無精密之測量即不能爲精確之統計而賦稅亦莫由整理耳茲將 職廳 所擬試辦及籌備各種逐一陳之如左

一辦理土地陳報並同時計劃籌辦清理田賦技術員養成所也查建國大綱第十條內載各縣開創自治之時必須先規定全縣私有土地之價其法由地主自報之又政綱第十四條內載由國家規定土地法地價稅法私人土地由地主估價呈報政府國家就價征稅等語是陳報一事已載在建國大綱爲改

良稅則時所應舉辦之事又查浙江於整個的全部計劃以外另擬田畝陳報爲第一步整理之法藉立縣自治之基礎用開財政之源泉蓋以全部整理手續既多需費又鉅非旦暮間可以蕆事惟土地陳報辦法期以至短時日至少經費而收明瞭全縣地價之效且與上年財民政部飭查田畝清冊用意亦合茲參照浙江辦法擬具大綱及施行細則各十九條以資試辦而便進行至於技術員養成所爲造就圖根及碎部測量員必需之舉似應同時計劃籌辦俾全省地畝分圖得以聯接異日舉辦土地測量收事半功倍之益故擬由職廳於一面辦理土地陳報時一面開辦技術員養成所庶進行較易此應請提省務會議決定者一也

一辦理陳報及技術員養成所經費宜先行決定也查浙江陳報辦法所規定係每畝收手續費一毫以十分之五歸鄉鎮十分之三歸縣政府十分之二提歸上級辦理陳報機關吾粵田畝前據調查所得爲數約在三千萬畝之間若每畝照收一毫應得銀三百萬元遠不及一畝者而亦照收一毫其數或不止三百萬元以之辦理陳報事務當不至不敷費用如照辦理提廳之二成約有六十萬元除支銷陳報經費外以其餘爲造就碎部測量技術員之經費亦可以資應用而免另籌鉅欵之煩現在省庫支絀擬即照浙江辦法辦理以充經費此應請提省務會議決定者二也

一辦理陳報應由廳派員負責辦理也查辦理陳報一方面在明瞭地價之數目一方面即爲碎部測量之預備事本重大非有專責者主任其間誠恐指揮不靈而遇事不免遲滯且查各縣自治會尙未成立

無地方合法團體可以委令幫同辦理現擬各縣各派專員一人前往會同縣長設處辦理仍於縣以下各鄉酌派委員主任其事以廳委爲專責以慎選地方人士爲輔佐如此方可以計日程功而不致敷衍塞責但自治區究應先行劃定俾於實行碎部測量時得以按照其界址而便進行且自治會能早一日成立則辦理測量自亦可早一日着手蓋各縣下級自治團體於地方較爲接近而幫助測量進行自較易於爲力應請

鈞府令知民政廳迅令各縣長將自治區先行劃定並督促各下級自治團體限期組織成立庶幾將來辦理碎部測量輔助有人而測量完竣改良稅則以後凡地稅之征收及地劵之給領亦可以酌委辦理而收其效此應請提省務會議決定者三也

一擬清丈田畝以中山縣爲先行試辦也查清丈田畝於政府稅收所係非輕於人民負擔所關尤重辦理或一不愼未能益上適足擾民且非常之舉容易啓人民以疑惑所謂凡民可以觀成難與圖始要在主持其事者妥籌辦理方法俾利進行耳茲擬先從中山縣辦起一面陳報一面清丈以資提倡而便觀感蓋中山定爲模範縣已撥稅捐百分之二十五自可由廳派員督促辦理以樹風聲隨即及於各縣至於測量人員擬由職廳 趕速養成且逐漸增加凡圖根測畢之處碎部隨之預算由十九年起至二十二年止連續養成測量人員則二十四年五月以前可將全省地畝清丈完竣此應請提省務會議決定者四也

以上四項均經職廳稅制整理委員會一再會議認爲可行似應舉辦以資整理至辦理預期效果非惟可以平均人民負擔且亦可增加省庫收入査建國方畧曾定有地價值百稅一之制現在財政部已飭江蘇省實行有案凡田賦超過百分之一者立卽縮減未達百分之一者確定用途然後議加若本省援照辦理就以前調査田額三千萬畝計之最低價格平均每畝爲五十元應得稅銀一千五百萬元比較現在實收三百餘萬元在三四倍以上由是劃一征收裁去丁米種種名目並規定應撥國庫若干以充大學經費其省庫縣庫及鄉鎭自治費應如何劃分之處均逐一爲之規定則征收手續可歸簡易預算造報較得確實而款項分配亦較得公平矣又實行地稅以後所有稅契辦法擬卽廢止改給地券以歸簡便査有托倫司法甚爲通行容俟另行詳報除辦理陳報機關組織辦法另文呈核外理合先將擬辦陳報各緣由連同辦法大綱及施行細則呈請核示施行實爲公便謹呈

廣東省政府

計呈辦法大綱及施行細則各一份

廣東財政廳長范其務

中華民國十八年九月二日

呈省政府將羅院長等審查田畝陳報意見書再議呈核由

（此件於民國十八年十一月一日奉省政府指令經第五屆第二十七次省務會議議決俟清丈計劃決定施行前六個月內先行舉辦田畝陳報）

呈爲擬辦田畝陳報加具意見再呈

察核事竊職廳前呈請核示田畝陳報辦法經蒙

鈞府發交羅院長及林金二委員審查在案昨又由秘書處將羅院長等審查意見書發交再議職按羅院長及金林二委員審查意見即主張就職廳去年所擬清賦草案爲整個整理是也然職廳現擬先辦田畝陳報亦並非舍整個整理計劃而止辦陳報特順其整理之次序而行之耳茲就其審查之意見歸納爲四點而論之如左

（一）原意見書謂與原案不符查職廳前擬清賦草案將公告申報調查清丈等項分類列舉不過規定應辦事類之程序並非規定申報與清丈同時並舉當時爲便於各縣審議起見故將各項辦法列爲一總章然合之則爲清賦總章分之仍屬各項辦法規則試觀前北京經界局所擬章程陳報與清丈均係各別編訂則清丈與陳報毋須合爲一編可知原意見書謂本大綱不列清丈與原案不符殊不知本大綱乃係陳報大綱並非清賦大綱清賦大綱不列清丈謂與原案不符猶有可言若陳報大綱固毋庸列清丈致滋紊亂也原意見書殊有誤會此應論及者一

(二)原意見書謂鄉間無此種人材査辦理清賦須有兩種人材一爲事務人材一爲技術人材辦理陳報屬於事務人材與清丈需用技術人材者不同日本辦理台灣清賦是以將事務技術兩種人材分別招集養成現擬辦陳報關於縣鄉辦事處組織章程業經擬定其鄉主任規定以有中學畢業者爲限由廳派委或由縣辦事處荐委並不限定以各該鄉人民充選即係師日本辦理台灣清賦之意將來派委以後凡縣辦事處主任仍須於未出發前將各種規則演習數星期即鄉辦事處主任亦應於奉委後在縣講習三數星期或一月俾明瞭各種辦法手續夫以中學畢業人員對於普通圖算本已熟習加以數星期或一月之講求又何慮不能勝任卽退一步而言之必需技術人材爲佐理而現在陸軍測量畢業者旣已有千餘人聞賦閒者尙有數百人卽在職廳 去年招用沙田清丈隊時報名候差者亦有百餘人將來如需該項人材佐理則各縣辦事處酌派一人前往協助亦不慮無人原意見書總總以人材爲慮亦有誤會此應論及者二

(三)原意見書謂分爲兩期辦理不免增加勞費査陳報與清丈原係各個事務而非混合事務即令技術人材養成以後分往各縣實行清丈亦必俟陳報編號完畢然後乃可舉行蓋陳報爲一種初步手續非初步手續辦竣無由清丈則人民之必履行兩種帶引乃事勢之必然非故使之煩擾也試觀香港辦理新界清賦自限令人民陳報以後經過張貼宣示及召集人民査詢以核對有無遺漏舛誤然後舉辦清丈其歷時不爲不久清賦必待申報辦竣然後清丈乃爲必經之階級無可避免至兩次徵費同是徵

費於人民一次重徵與兩次分徵其孰爲利便於人民更易想及原意見書謂須同時並舉亦有誤會此應論及者三

(四)原意見書謂徒以欵絀之故祇辦陳報一部份云云此若指 職廳 但辦理陳報而不進行清丈似猶可言今係一面辦理陳報一面籌辦清丈則非專爲欵項問題而爲時間問題蓋因浙江江西等省或陳報辦有成效或調查業已竣事吾粵素有模範省之稱若事事均落人後何以名副其實是以擬利用在養成技術員之時辦理陳報否則必俟諸技術員養成之後中間所經養成所籌辦招生暨技術員在所肄業等一年或十月之時期已未免錯過將來技術員畢業以後又須俟陳報編號辦竣而後乃得舉行清丈尤爲虛延時間原意見書謂徒因欵絀亦有誤會此應論及者四

因以上四種論點故 職廳 仍主張先辦陳報至 職廳 所以擬先辦陳報尚有理由數種(甲)爲維持省庫預算而必辦蓋錢粮之收入前清尚有六七成或勉及八成民國以來則減至五六成若不辦理陳報使之各陳其田畝所在地以便查追何以整理其歲收(乙)爲解除人民痛苦而必辦蓋錢粮之積弊已深飛洒詭寄爲害於人民之處甚多若不辦理陳報務使有田必有粮無田之粮可删除何以清釐其積弊(丙)爲遵照上級功令而必辦查上年財政部曾飭 職廳 會同民政廳辦理調查田畝若不辦理陳報即不能達調查之目的何以完全其職責(丁)爲各種章制已擬備而必辦蓋自去年 職廳 草擬各種規則以來現在經陸續擬備若不辦理陳報則初步尚未能實行其餘各種手續更難期其前進是皆 職廳 主

張辦理陳報之理由也是否有當理合呈請
核示祇遵再各種章程仍請於核示後發囘職廳編訂另呈備案謹呈
廣東省政府
計繳囘羅院長等意見書一紙陳委員赴浙調查報告書一束各種章程共二十二册並清單一紙
廣東財政廳長范其務
中華民國十八年十月十九日

呈省政府辦理田畝陳報擬具各種簡章規則請察核備案由

（此件於民國十九年二月十四日奉　省政府指令經第五屆第五十三次會議議決照羅院長金委員等審查意見酌予修改再呈請公佈）

廣東省政府財政廳呈
呈爲呈請察核事竊職廳前擬舉辦田畝陳報一案本年十一月一日奉
鈞府指令財字第一七八七號內開呈及附件均悉當經本府第五屆委員會第二十七次會議議決田畝陳報須能實行清丈爲准俟清丈計劃决定施行前六個月内先行舉辦陳報在案除令行高等法院羅院長知照并飭轉咨金林兩委員知照外合行録案令仰該廳即便遵照辦理再繳囘各附件應即分別發還幷仰知照此令等因奉此自應遵照辦理經即依照

鈞令意旨訂定進行程序及期限清單並參酌前次派員調查日本明治間測量田畝由政府佈告人民自行丈量繪圖申報先例及浙江現辦陳報狀況與職廳半年來實行沙田清丈登記陳報地價所得經驗再將陳報大綱細則加以修正其餘如陳報處組織暨徵用人員養成技術員等有相關聯章則概算分別一併擬就管見所及似尚可行業已照組織簡章及清單擬定由廳委任第二科科長鍾毓元兼任陳報處主任定期十九年一月十六日開辦除登記及改征地稅兩期各項章則容後呈報外所有光行舉辦田畝陳報及定期清丈登記改征地稅緣由理合備文檢具擬就章則單表都爲一十九種呈請

鈞府察核指令祇遵謹呈

廣東省政府

附呈整理土地清賦期內進行程序及期限清單　田畝陳報辦法大綱附陳報單式樣及圖例各一紙　施行細則　財政廳田畝陳報處組織簡章　財政廳陳報處概算表　徵用縣區鄉陳報處主任人員章程　徵用各縣陳報處繪圖員簡章　各縣田畝陳報處組織簡章附圖例四張　縣區鄉陳報處經費表　縣區鄉陳報處人員講習規則　各縣陳報處評判委員會組織簡章　各鄉田畝陳報處名譽助理員選任規則　各鄉編造陳報清冊規則陳報清冊及調查表式樣　各縣應收手續費分配表　清丈田畝技術員養成所章程　各縣選送學生名額表　技術員課程表　技術員養成所概算表　共一十九件

十

廣東省政府財政廳廳長范其務

呈復省政府遵將田畝陳報各種章則照指飭各節修正請予公佈施行由（此件於民國十九年三月八日奉省政府令准公布）

中華民國十八年十二月二十五日

廣東省政府財政廳呈

呈爲呈請公布施行事竊職廳前擬關於田畝陳報各種章則呈請鈞府核示茲奉財字第四三一號指令開呈及附件均悉當即交林委員翼中及金委員羅院長審查去後現據金委員羅院長審查完竣加具意見書復請公決前來經本府第五屆委員會第五十三次會議議決除第七條審查意見毋庸置議外餘均有充足理由發交財政廳照審查意見修改後即公佈施行在案除令復羅院長知照並飭轉咨金委員查照外合將審查意見書抄發令仰該廳即便遵照改定再行呈復以憑公佈施行此令等因奉此遵將指飭各節修正理合呈繳察核連同前繳各項章則公布施行實爲公便再關於進行程序及限期清單係按照前定在一月十六日開辦擬定現因審查及修改致稽時日似應酌改方能適合擬請於公布後由職廳於定期開辦時改定通令照行合併陳明謹呈

廣東省政府

計呈修正清賦期內進行程序及期限清單辦理田畝陳報辦法大綱辦理田畝陳報辦法大綱施行細則各縣田畝陳報處評判委員會組織簡章共四種

廣東省政府財政廳廳長范其務

中華民國十九年二月十九日

廣東財政廳整理土地清賦期內進行程序及期限清單

（沙田已另有專章實行清文登記不入本清單範圍）

第一　田畝陳報及養成清丈技術教員

一　擬訂田畝陳報大綱及施行細則並附屬各種章程

二　設立全省田畝陳報處及遴委人員

以上由財政廳第二科秉承　廳長辦理限於民國十八年七月一日起至十二月底止辦竣俟田畝陳報處成立後即依陳報處組織章程辦理

三　籌設清丈田畝技術員養成所及令縣選送學生入所訓練（即仿照前清籌辦自治辦法先辦全省自治研究所俟畢業後分派各縣傳習之意）

以十九年五月十五日爲各縣學生送齊到省聽候送所訓練時期以六月一日爲養成所成立時期以六個月爲訓練期滿畢業時期

四　公布徵用各縣田畝陳報處人員簡章凡照章合於縣主任或繪圖員資格者准在財政廳報名聽候定期考詢考詢合格者由廳委任同時開會講習合於區鄉主任資格者准就近在縣政府報名由縣政府將姓名造册呈繳財政廳審查

以上限自十九年四月起至五月底辦竣

五　由廳召集選定之縣主任及繪圖員開會講習

以六月一日至六月二十日辦竣

六　分令各縣主任及繪圖員起程赴差

六月二十一日起至六月三十日止一律到差

七　各縣陳報處成立

限七月十六日成立但先期到差者得先行成立

八　各縣陳報處主任劃定各區鄉地域及考詢合於區鄉主任資格者荐請財政廳給委

限於七月十六日至七月底辦竣

九　選定之區鄉主任開會講習及招考預備繪圖之技術員隨同訓練　限於八月十日至九月十日辦竣

十　各區鄉陳報處成立　統限於九月十六日成立

十一　區陳報處之工作及其限期

甲　招集各鄉主任會議進行手續　限於陳報處成立後五日內行之

乙　督促各鄉依照編定限期辦竣　每十日巡查一次隨時督促之

丙　轉報各鄉每月工作表　每月應轉報一次

丁　遇有應指導者指導之

戊　遇有爭執應調解者調解之　以上二款均不限定時期

十二　鄉陳報處之工作及其限期

甲　召集鄉內各紳耆會議進行程序及應按照該鄉地形分爲若干段辦理
限於區陳報處各鄉主任會議後三日內行之

乙　選定田畝陳報名譽助理員
應於前項鄉會議時同時行之

丙　宣傳演講由鄉主任率同各員前往鄉內各地宣傳演講同時並頒發宣講印刷品
應於鄉會議後七日內行之

丁　定期出發給各段田畝概圖及編列地號同時並將頒發表式分別查塡其鄉之區域遼闊者得組織臨時辦事處分段辦理
由各鄉陳報處先就附近地段辦起候辦竣一段再依次逐段辦理以全鄉區域辦畢爲止
限十月十一日起至二十年一月十日止三個月內辦理完竣

戊　頒發陳報單每編列一幅或一段隨時給發之
以每一幅或每一段自頒發陳報單之日起限各業戶於一個月內繳呈之

己　收集陳報單編訂成冊並將自報地價或前調查有未備者分別塡入調查表內
以每幅或每一段限於一個月期滿呈繳之後收集辦理之

庚　檢查陳報單與調查表有無未經陳報及所報是否相符

須於接到陳報後隨時辦理之

辛　未經陳報之田畝及陳報與調查表不符之審定辦法凡未經陳報田畝是否業主有意違抗抑因何遲誤其所報與調查表不符是否有意妄報抑因何錯誤應招集鄉內紳者及名譽助理員開會公同審查應否照章處罰抑須代爲調查陳報並應出會同時決定由到會人員簽名負責以示大公

須於繪圖編號竣事後一個月內行之限自二十年一月十六日辦起至二十年二月十五日止辦竣

壬　編造陳報册地號册及田畝概圖

限於二月底呈報到縣陳報處

癸　編造爭執未能調解之田畝清册　凡於田畝陳報期間內因爭執經調處而未能和解者應即另造清册呈請縣陳報處直接處理之

限與該鄉陳報册同時繳呈

十三　縣陳報處接收陳報册地號册及概圖後應辦之手續如左

甲　應組織一田畝爭執評判會以調解一切糾紛凡區鄉不能解決者應即一律爲之解決其不

服者限於評判後十五日內呈請該縣法院辦理

乙　編造陳報總册地號總册及將概圖順列編訂成冊

丙　核算全縣收支數目彙造收支總册

丁　對於縣區鄉陳報處人員辦事成績表分別加具考語呈請財政廳核辦

以上均限至二十年四月底呈報到財政廳

第二　實行清丈及登記

一　籌辦各縣清丈及登記人員傳習所　即招集以前辦理田畝陳報有成績者及酌增招取合格人員入所傳習分爲清丈登記兩班以本廳技術員養成所畢業人員及曾在登記學校畢業者充當教習

限於各鄉陳報結束後行之即自二十年三月十日起至六月九日止滿三個月畢業

二　設立各縣土地登記處該縣如已設立土地局則於土地局內添設一登記課如未設土地局則將田畝陳報處改爲土地登記處以財政局長兼充主任或以田畝陳報處主任改充其章程另定之

限七月一日成立

三　設立各鄉登記分處　暫設登記分處以辦理登記事務將來須與地稅徵收所合併辦理時即將

區一級裁去俾直隸於縣登記處以歸簡便但爲節省經費起見如所轄田畝過少者得連合二鄉以上酌擇適中地點設立

限與縣登記處同時成立

四 登記另有專章其手續分爲左列各種

甲 由各鄉登記分處查照陳報底冊通告各業戶繳驗契照

乙 凡有爭執地段即先丈量地積

丙 凡有認爲與陳報圖說不符地段雖無爭執仍應先予丈量

丁 其他應行丈量者陸續辦理

戊 規定於公告一定期間內不提出異議者即爲登記確定

己 給發登記証

五 定期登記各鄉所轄田地雖丈量有先後之分而登記則必於一定期限內辦竣違者處罰其規則另定之

六 各縣彙造登記總冊

限二十年十二月底辦竣

七 各縣彙造登記總冊

限二十一年二月底辦竣

八　改給地券由財政廳將登記總册審查後同時頒布地券條例并停止稅契

預定二十一年四月一日全省一律行之

第三　改征地稅

一　編造地稅征收册　各鄉於二十年十二月底造完登記總册後即繼續編造該鄉征收總册各縣於二十一年二月底彙造登記總册後即繼續編造該縣征收總册

預定二十一年一月一日起至二十一年二月底止爲各鄉編竣限期以二十一年三月一日起至四月底止爲各縣編竣限期

二　各鄉改設地稅征收所　地稅既定期徵收則各鄉登記分處應即歸併改爲地稅徵收所將登記事務歸入徵收所辦理均歸縣財政局管轄以符名實而明系統俟各鄉自治團體成立即附設於自治公所以節經費

預定二十一年五月一日爲縣鄉地稅徵收改併成立之期

三　各縣之徵收職權　各縣徵收地稅以各鄉徵收所分任其責以財政局總轄其成如未設土地局之縣并應將前設登記處改歸財政局添設登記課以一事權

均限二十一年五月一日分別辦妥

四　公布地稅條例及地稅分配表地稅條例公布時其地稅收入用途應以若干解繳省庫若干留作各縣區鄉鎮自治經費及原有大學附加費應如何改定并逐一爲之規定以昭劃一

以上均預定二十一年五月一日公布

五　地稅之實行　預定民國二十一年七月一日爲實行時期應先期於五月一日公布

六　徵收員之任用法保障法及考成法　徵收人員以有學識經驗人員爲宜應即規定任用法及保障法俾各安心辦事以養成其潔己奉公之風此外如考成法亦應嚴密規定以期稅收確實不至短欠

以上均擬與地稅條例同時公布

（此件經於民國十九年三月八日奉　省政府指令准予公布）

廣東財政廳辦理田畝陳報辦法大綱（此件經於民國十九年三月八日奉　省政府令准公布）

第一條　凡本省公有及私有田畝均應照本辦法陳報

第二條　田畝陳報由財政廳遴選專員分赴各屬會同各縣長設置縣田畝陳報處並於縣以下分

區分鄉派員前往辦理以專責任而便進行

第三條 田畝陳報之程序如左

一 由財政廳頒發陳報單式樣令各縣陳報處印發各區轉發各鄉陳報處按戶發給

二 業主接到陳報單後應將管有田畝照單開事項填註陳報但須每地一紙並須接到陳報單後一個月內送交田畝所在地陳報處審查之

三 各鄉陳報處接到業主繳送陳報單後應審查其事項并按已編之地號分別整理之

四 各鄉陳報處應於接收陳報單後將所管區域內陳報單彙集齊全分別地段編造田畝清冊呈繳區陳報處轉送縣陳報處彙造總冊呈送財政廳審核之

第四條 各縣辦理田畝陳報以某年某月某日爲縣陳報處成立始期以某年某月某日以前爲總冊呈報到省時期

第五條 田畝陳報單應載事項如左

一 業主之姓名住址籍貫職業

二 田畝之所在地地名及其坐落

三 田畝之四至

四 田畝之面積

五　田畝之地目及現作何用
六　田畝之原價及現値
七　田畝每年之收穫量
八　証明文件之種類件數或其他人証之姓名籍貫住址
九　佃戶或其他使用人姓名住址及租金租額並使用期間
十　地圖
十一　陳報者爲代理人時其姓名住址及其受托之原由

第六條　凡業主不能書寫繪算及無可委託之人應由各鄉陳報處員司代爲辨理之

第七條　業主於繳送陳報單時應納手續費每畝收小洋二毫不及一畝者概以一畝論或有以若干種爲標準者並准將種數伸爲畝數繳費（此種伸合畝數辦法由縣陳報處就該縣地方習慣認爲以若干種適合一畝之數呈報財政廳核准施行）

第八條　陳報費之收入分爲十成支配以二成提省充全省田畝陳報處及土地整理之經費二成充縣區辦理陳報及籌備丈量經費六成充各鄉辦理陳報及籌備丈量經費

第九條　各縣辦理田畝陳報應由陳報處酌量面積地勢按照規定各種章則擬具進行辦法及經費預算呈報財政廳查核備案

第十條　各縣辦理田畝陳報經費應於陳報竣事後列册造報呈請財政廳核銷之

第十一條　業主如逾陳報期限無故不陳報者得由各鄉陳報處以職權調査塡報並處以該田價十分之三以下十分之一以上之罰金由鄉陳報處酌擬呈請縣陳報處核准行之其陳報不實者亦同

第十二條　以公地或他人之產業冒認陳報者除註銷其陳報外並依法治罪

第十三條　阻撓煽惑或反抗陳報者均依法治罪

第十四條　區鄉辦理田畝陳報人員如有辦理得力或不得力者由縣陳報處分別奬懲其卓著成績者得呈請財政廳核奬

第十五條　辦理田畝陳報人員如有舞弊行爲時應依法治罪

第十六條　編造田畝清册規則式樣由財政廳訂定頒發各縣辦事細則由各縣陳報處擬訂呈請財政廳核定

第十七條　本大綱施行細則另定之

第十八條　本大綱自呈奉　省政府核准公佈之日施行

縣　　區　　鄉　　大段　　小段第　　號陳報單

為中報事茲遵將奉發陳報單據實逐項填報如左須至陳報者

田畝所在地地名及其坐落	田畝面積及其四至	田畝地目及現作何用與每年收穫量	証明文件之種類件數或其他人証之姓名籍貫住址	陳報者為代理人時其姓名住址及其受托之原由	佃戶或其他使用人姓名住址及租金租額並使用期間	田畝之原價及現値	業主姓名住址籍貫職業	納糧額及納糧戶名

（業主注意）

（一）此次辦理陳報係為預備改征地稅起見凡業主所填田畝現値應自行估實照填否則政府得隨時照所報現値收買

（二）此次辦理陳報主張向田問稅不主張向人問稅凡業主管有多數田畝應遵照大綱規定每坵陳報一紙以便編列字號易於查追

（三）此次辦理陳報係為清弊起見凡有管業契據不明或遺失或未投稅及倘在爭訟均准先行陳報惟須於証明文件項下分別註明

（四）此次辦理陳報係為整理稅收及平均負担起見無論田多糧少或有田無糧均准予陳報概不追究

（五）業主不知該田地所納糧額若干及不知何戶名繳納准予暫免填報但須於應填糧額項下分別註明

（六）地之面積應遵現奉頒行市制尺度數計算但該縣屬鄉村如果現未通行此種制尺仍准以排錢尺（卽裁縫尺）計算詳為註明又或該縣屬田地向只以若干穀種為標準而計面積價値並未通行尺度計畝者並准將種數填明圖內及將田界四至丈尺用排尺註明若干暫免予伸合畝數俟將來登記清丈時再由技術員詳繪精圖按制尺伸合畝數

貼圖處

此田圖宜背北向南繪報並參照另頒田號圖說

中華民國　　年　　月　　日

中報

某某縣某某區某某鄉某某段某某小段第　號之圖

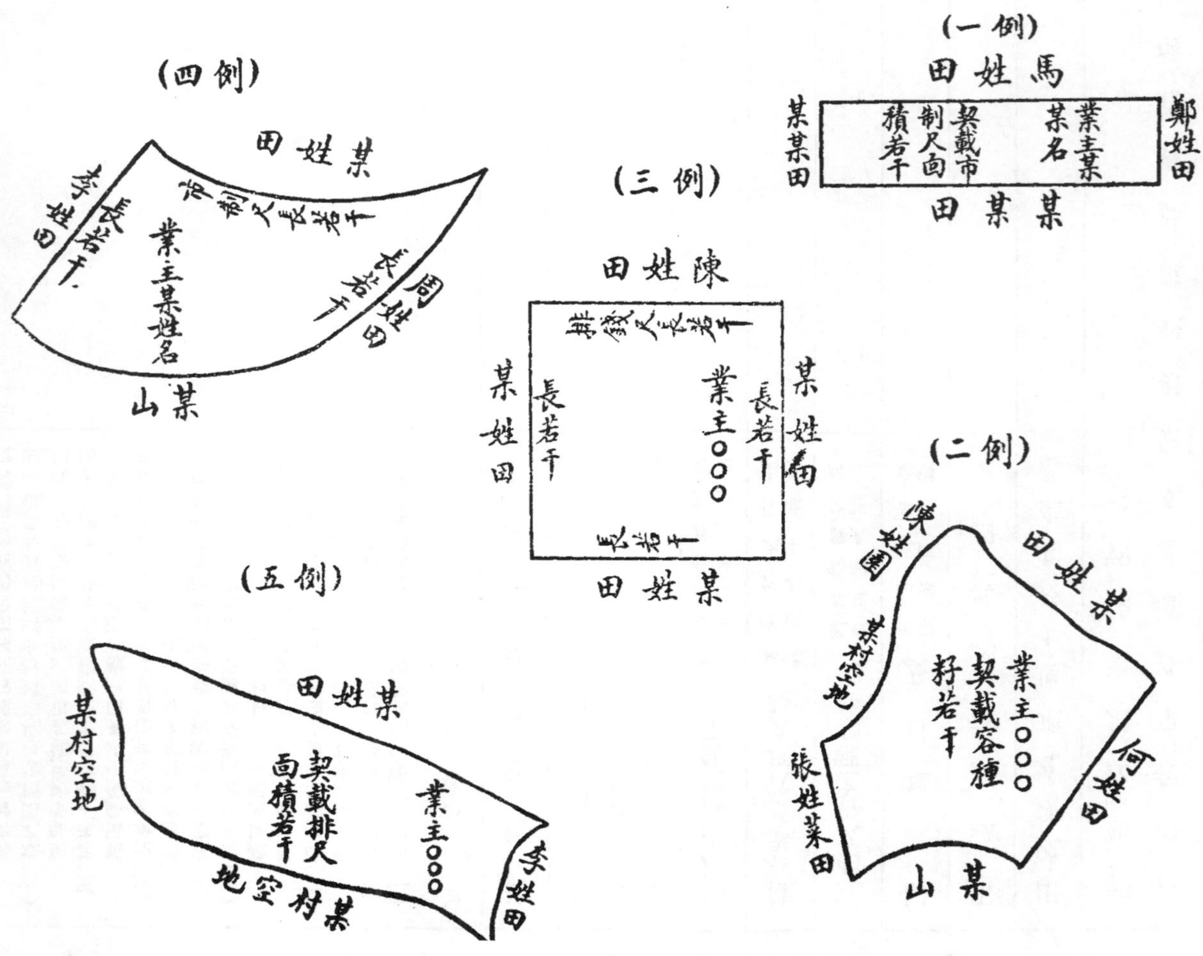

圖式說明

一　右列各圖式係假定田之形狀寫法以便業戶擇一相類似者仿照塡報

二　繪造田圖須將田界之橫直或斜線丈量註明長度

三　尺度參照陳報單內第六項說明

四　該田積於原契上載明有若干畝分厘毫字樣者卽照原面積塡明圖內如係以若干穀種爲標準立契而無畝分等字樣者得以原契種數塡入其田界線長度願照第二項說明塡入與否暫聽其便但周圍地隣必須塡明

五　圖首除塡明某縣某區某鄉某段某小段外其第某號之號數留待陳報處審查後編列不必由業主自編號數

廣東財政廳辦理田畝陳報辦法大綱施行細則

（此件於民國十九年三月八日奉　省政府令准公佈）

第一條　依田畝陳報辦法大綱第一條所規定所稱公有私有田畝係指私人所有及公共團體所有或官署所管理者而言故凡現在可爲耕種或將來可開墾耕種者均包括在內應照章陳報之

第二條　凡池塘塭塘壕塘蜆塘鹽地牧瘍林地菓園花園晒穀地食水地以及墓地向納有糧稅者均應視爲田畝之類照章陳報之（此類地稅將來須與田畝分別辦理現令陳報係爲調查舊糧額數參攷起見）

第三條　依田畝陳報辦法大綱第三條所規定凡應負陳報之義務者如左

一　私人所有者由其所有權者陳報之

二　一鄉村或多數鄉村所有者由其管理人陳報之

三　法人或公共祖嘗所有者由其理事人陳報之

四　官有地由管理該田地之機關陳報之

第四條　凡負有陳報之義務者不明時應由左列諸人陳報之但須於附記欄內註明

一　兩造尚在爭訟其所有權未決定者由兩造各自陳報之

二　因年久不能知其業主誰屬者應由對於該田畝現在有收益權者代爲陳報之（如典按權租借權等是）

三　業主因故不能如期陳報者應由現耕該田畝之人或使用該田畝之人陳告於田畝所在地陳報處請其代爲陳報之如有所知並應備述之以爲陳報之資料

第五條　有前條應負之義務而不盡其責任者得處以該田價十分之三以下十分之一以上之罰金由鄉陳報處酌擬呈請縣陳報處核准行之

第六條　凡應行編號之田畝應由各鄉陳報處先三日通知該田畝佃戶於某日跟同到田指引其辦法如左

一　備具地號册內分地號地價地積地目（水田旱田稻田桑田等）等則收益業主姓名住址佃戶姓名住址並田畝所在地地名（如有別名或新名並應以括弧附記之）詳細査詢記其概要

二　製具標誌將應行編號每幅地由第一號起至某號止分別樹立標誌俟編號完畢及概圖繪竣後再移至他處並將製備陳報單逐田交給佃戶轉交業主塡報

三　地號應照每幅地順序編列之其有不相連接者並應記明在該幅地之何方

四　雖現在非耕種之地而將來可圖爲耕種或認爲可爲第二條各種之用者亦應將該地編定地號但須詳記於册中

五　跨越兩區或兩鄉之田畝及爲插花地時應即分別詳細記明之

六　草茅地或磽确地業主情願拋棄時除詳記其事外並應令業主提出証明書表示拋棄之意

第七條　前條地號册應記之等則應由各縣陳報處體察該縣田畝情形應分爲若干等每等每畝應估爲若干銀分别編定令由各鄉編號者查明應入何等田地及現値幾何分别記入之

編號團以該鄉主任或事務員一人及名譽助理員二人組織之但須與繪圖員同時到田編記

第八條　凡自耕地或自行使用之地其應跟同到田編號與佃耕同

第九條　應行跟同到田編號而不到者與第五條處罰辦法同

第十條　編列地號遇有因界址而起爭執者應即記明於附記欄內并着令到陳報處妥爲調解其不遵調解者着令到區或縣陳報處陳訴之

第十一條　編列地號之標準如左

一　凡土地之地目及地主或保管官署相同而相連續者應作一起編號

二　有左列各欵之一者應另編列

甲　依道路江河溝渠堤坊鐵道線路水管綫路等區劃者

乙　水旱地之面積特別廣大者

丙　水旱地之形狀其形灣曲或狹長者

丁　高低相差太甚者

戊　其他特認應編爲別起者

第十二條　凡甲鄉與乙鄉接壤之地應於未編號以前預約同往勘明劃分清楚樹立界石以資辨別其有爭執不能劃分者由區陳報處調解或決定之不服區決定者得請縣陳報處決定之區與區有界址爭執時不服縣陳報處決定者得呈請財政廳派員測定之

第十三條　凡應歸何鄉之田地應以天然界爲標準其地在甲鄉而耕種者爲乙鄉之人時須列入甲鄉地號冊反之地在乙鄉而耕種者爲甲鄉之人時須列入乙鄉地號冊中

第十四條　在自治區未劃定以前或因向來習慣以數村或數十村爲一鄉者或因一村戶口衆多能自獨立爲一鄉者或事勢上必須合併或分離者由各陳報處會商各村同意定之

第十五條　編列地號及分繪概圖之期限應査照編定期限清單辦理之

第十六條　凡私耕官地或耕無主之田得於編列地號時跟同到田陳明不咎既往有力者准予照章

請領無力者准予租耕以示體恤

第十七條　凡已繳送陳報單者應給回收據為憑如無此項收據不能得法律上之保護其格式另定之

第十八條　本細則有未盡事宜得隨時修正之

第十九條　本細則自呈奉　省政府核准公佈之日實行

廣東財政廳田畝陳報處組織簡章（此件於民國十九年三月八日奉　省政府令准公布）

第一條　財政廳爲整理田賦預備改徵地稅起見特設田畝陳報處

第二條　本陳報處除主辦全省田畝陳報事務外關於全省土地測量之籌備及實施並負其責即一面辦理田畝陳報一面設所養成清丈技術人員第一期清丈田畝面積第二期清丈宅地面積第三期清丈荒山等面積

第三條　本陳報處不另設關防凡對外文件以財政廳長名義行之對內另刊財政廳田畝陳報處小章

第四條　本陳報處人員之組織如左

一　主任一人由第二科科長兼之

二　事務長技術長各一人由田賦股長及測繪股技正兼任之

三　事務員技術員除指定田賦股測繪股及第二科所屬各股科員兼任外應設專任事務員技術員若干人由主任隨時酌定薦請　廳長委任之因初開辦時事務單簡人員可減少至田冊造報時人員應大增加故不設定額

四　僱員除指定田賦股測繪股及第二科所屬各股僱員兼任外應設專任僱員若干人由主任隨時酌定選充之

第五條　主任承　廳長之命令辦理本簡章第式條規定事務有總理全處之權事務長事務員技術長技術員承主任之命令各辦理於其職權內之事項僱員承各該長員之命令辦理普通文件及核算繕寫等事

第六條　本陳報處得分組辦事其職掌如左

甲　事務組

一　關於一切文書事件

二　關於本處及各縣陳報處人員之委任考察事件

三　關於地冊戶冊之編造查核事件

四　關於地價之核算事件

五　關於因陳報而起之呈訴事件

六　關於田畝登記之籌備及實施事件
七　關於地稅之擬定及征收事件
八　其他不屬於技術組事件

乙　技術組

一　關於所報之田畝面積核算事件
二　關於所報之地圖編查事件
三　關於因陳報而起之界址爭執應行派員測定事件
四　關於土地測量之籌備及實施事件
五　其他不屬於事務組事件

第七條　本陳報處之會計庶務等職由財政廳會計庶務兩股兼理之但數目應特別另造

第八條　本陳報處經費以各縣所解陳報手續費充之未解到以前由省庫借用之

第九條　本陳報處應支預算另以表定之

第十條　本簡章自呈奉　省政府核准公佈之日施行

廣東財政廳田畝陳報處經費概算表（十九年四月份起至十九年七月份止）

職別	員額	等級	各員薪額	總薪額	附記
主任	一	由第二科長兼任		不兼薪	
事務長	一	由田賦股長兼任		不兼薪	
技術長	一	由測繪股技正兼任		不兼薪	
兼任事務員	無定額			同前	
兼任技術員	無定額			同前	
專任事務員	八	一等三	一四〇	四二〇	
		二等二	一〇〇	二〇〇	
		三等三	七五	二二五	
專任技術員	三	二等一	一〇〇	一〇〇	
		三等二	七五	一五〇	
兼任僱員	無定額			不兼薪	
專任僱員	八	一等二	五〇	一〇〇	
		二等二	四五	九〇	
		三等二	四〇	八〇	
		四等二	三五	七〇	
雜役	三		一八	五四	
公費				三〇〇	
合計				一、七八九	

附註

（一）購置及印刷刊物等大宗臨時支出不在右列數內

（二）本處經費照田畝陳報辦法大綱第八條規定以各縣所解陳報手續費充之未解到以前由省庫借用

廣東財政廳田畝陳報處經費概算表（十九年八月份起至二十年五月份止）

職別	員額	等級	各員薪額	總薪額	附記
主任	一	由第二科長兼任		不兼薪	
事務長	一	由田賦股長兼任		不兼薪	
技術長	一	由測繪股技正兼任		不兼薪	
兼任事務員	無定額			同前	
兼任技術員	無定額			同前	
專任事務員	一四	一等四 二等四 三等六	一四〇 一〇〇 七五	五六〇 四〇〇 四五〇	
專任技術員	六	二等二 三等四	一〇〇 七五	二〇〇 三〇〇	
兼任僱員	無定額			不兼薪	
專任僱員	一六	一等四 二等四 三等四 四等四	五〇 四五 四〇 三五	二〇〇 一八〇 一六〇 一四〇	
雜役	四		一八	七二	
公費				五〇〇	
合計				三、一六二	

附註

（一）購置及印刷刊物等大宗臨時支出不在右列數內

（二）本處經費照田畝陳報辦法大綱第八條規定以各縣所解陳報手續費充之未解到以前由省庫借用

廣東財政廳田畝陳報處經費概算表 三（二十年六月份起至九月份止）

職別	員額	等級	各員薪額	總薪額	附記
主任	一	由第二科長兼任		不兼薪	
事務長	一	由田賦股長兼任		不兼薪	
技術長	一	由測繪股技正兼任		不兼薪	
兼任事務員	無定額			同前	
兼任技術員	無定額			同前	
專任事務員	一四	一等四 二等四 三等六	一四〇 一〇〇 七五	五六〇 四〇〇 四五〇	
專任技術員	六	二等二 三等四	一〇〇 七五	二〇〇 三〇〇	
兼任僱員	無定額			不兼薪	
專任僱員	一六	一等四 二等四 三等四 四等四	五〇 四五 四〇 三五	二〇〇 一八〇 一六〇 一四〇	
臨時僱員	九四	四等	三五	三、二九〇	
雜役	四		一八	七二	
公費				五〇〇	
合計				六、四五二	

附註

（一）購置及印刷刊物等大宗臨時支出不在右列數內

（二）本處經費照田畝陳報辦法大綱第八條規定以各縣所解陳報手續費充之未解到以前由省庫借用

廣東財政廳徵用各縣及區鄉田畝陳報處主任人員章程

（此件於民國十九年三月八日奉　省政府令准公布）

第一條　本廳爲廣集人材辦理田畝陳報起見對於各屬主任人員之錄用以徵用式行之

第二條　應徵人員須具有左列資格

甲　有左列資格之一者得爲各縣田畝陳報處主任

一　在國內外法政經濟文哲農工等專門以上學校畢業曾任委任職二年以上者

二　有前項畢業資格曾任薦任職一年以上者

三　曾任縣長或縣公署以上各機關科長秘書由廳認爲與前項資格相當者

乙　有左列資格之一者得爲各區鄉田畝陳報處主任

一　在中學或與中學同等學校畢業得有証明書曾任委任職一年以上者

二　在中學或與中學同等學校畢業得有証明書曾辦地方事務二年以上著有成績者

第三條　應徵人員具有甲項資格應覓具該本縣縣長或現任薦任職一員証明書証明確係合格人員連同畢業文憑辦事委狀繳呈本廳報名具有乙項資格准就近覓具在縣局長科長

一員証明書証明確係合格人員連同畢業文憑辦事証狀繳呈縣政府報名惟証明書中並須聲明從前辦事並無虧欠公欵及現在並無吸食鴉片等項

第四條　凡在本廳報名者俟本廳定期甄別認爲堪以錄用者先行榜示註冊聽候分別委用在縣政府報名者由縣政府列冊連同履歷先呈本廳審查後發交該縣陳報處主任會同縣長甄別認爲堪以錄用者除在縣榜示註冊外並造冊呈請本廳存記俟由本廳委用或由縣陳報處荐請任用甄別章程另定之

第五條　凡具有乙種資格除派委各區鄉陳報處主任外並得爲縣陳報處事務員助理員及辦理清丈時調查員登記員

第六條　經奉委之員於未出發前應加以一定期間之講習在縣陳報處主任則定爲三星期在區鄉主任則定爲一月

第七條　講習地點在縣陳報處主任應在省會所在地在區鄉主任得在縣陳報處所在地其講習規則另定之

第八條　縣主任月薪自壹百四十元至壹百八十元區主任自六十元至壹百元鄉主任自四十元至六十元各因其畝額之多寡酌定之

第九條　本章程自呈奉　省政府核准公佈日施行

廣東財政廳徵用各縣及田畝陳報處繪圖員簡章

（此件於民國十九年三月八日奉　省政府令准公布）

第一條　名額　暫定壹百二十名正取九十四名另備取二十六名以備正取者因故不能赴差或各縣呈請增派時之用

第二條　資格　應徵人員須曾在各專門學校受過測量教育並辦理測量事業至少在一年以上且品行端正毫無不良嗜好者

第三條　訓練　應徵人員先在本廳報名俟甄別及格由本廳召集訓練三星期再行分配工作甄別章程另定之

第四條　任務　訓練期滿攷驗及格即派往各縣充當田畝陳報處繪圖員並兼任教練員

第五條　待遇　應徵人員在訓練時每月津貼十元訓練期滿分派工作時每月薪水由七十元起至九十元

第六條　本章程自呈奉　省政府核准公佈日施行

廣東省各縣田畝陳報處組織簡章 附圖例四種（此件於民國十九年三月八日奉 省政府令准公布）

第一條 爲整理各縣田賦及預備改征地税起見特設處辦理關於田畝陳報事務名曰某縣田畝陳報處

第二條 各縣田畝陳報處依田畝陳報辦法大綱所定有統轄全縣各區鄉陳報處之權

第三條 各縣田畝陳報處附設於縣政府或擇縣政府所在地公所爲之

第四條 各縣田畝陳報處另給鈐記凡對外文件分蓋陳報處鈐記及縣印行之

第五條 各縣田畝陳報處人員之組織如左

一 主任一人由財政廳遴選合格人員充之

二 會辦一人由財政廳令委各縣長兼任之

三 事務員一人由主任會辦遴員呈請財政廳委任之

四 繪圖員一人由財政廳於徵用合格者派充之

五 助理員及僱員若干人由主任會辦委僱之

第六條 各縣田畝陳報處得將全縣按照原日自治區或警區酌分爲若干區每區分爲若干鄉各設田畝陳報處辦理之

第七條　各區或各鄉田畝陳報處各設主任一人由縣陳報處於徵用合格人員呈請財政廳委任之或逕由財政廳派充之

第八條　各區陳報處應設助理員僱員若干人各鄉陳報處應設事務員繪圖員及助理員僱員若干人均應按照編定經費表辦理之

第九條　各鄉田畝陳報處得設名譽職助理員其選任規則另定之

第十條　各縣主任受委時須有現任科長局長以上職員二人或荐任職一人各區鄉主任受委時須有現任局長科長一人担保在差內無不法行爲及虧空公欵

第十一條　辦理田畝陳報事務得因畝額之多少分各縣爲一二三等各職員薪額另以表定之

第十二條　各縣及區鄉陳報處經費以所收入手續費充之未有收入以前得借用錢粮稅契庫欵或地方公欵

第十三條　各縣及各區鄉陳報處收支預算應由各該陳報處擬編各呈報於其直接上級陳報處核定之

第十四條　本簡章自呈奉　省政府核准公佈日施行

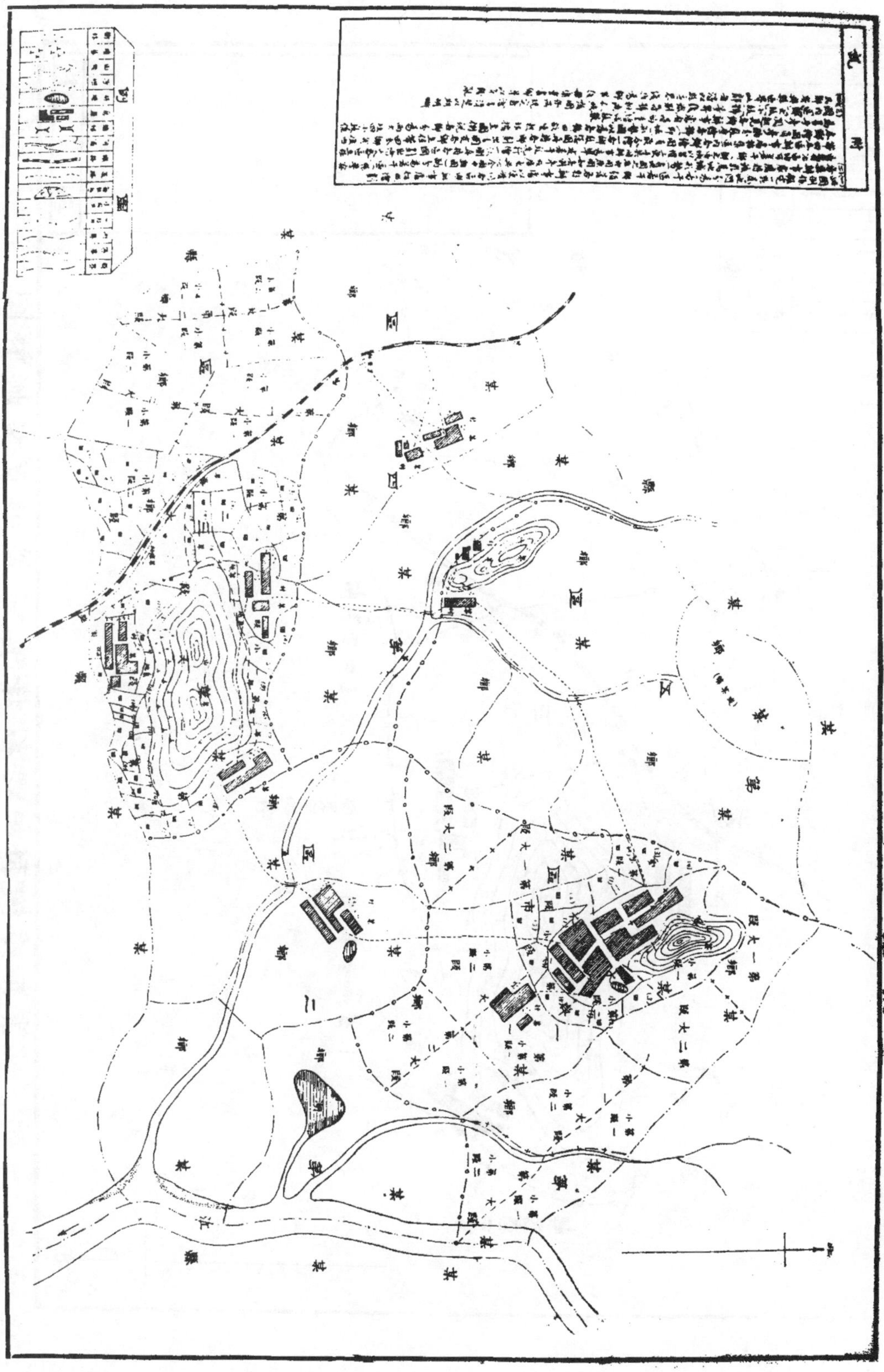

某某縣辦理田畝陳報縣屬總圖

某某縣辦理田畝陳報第三區所屬各鄉總圖

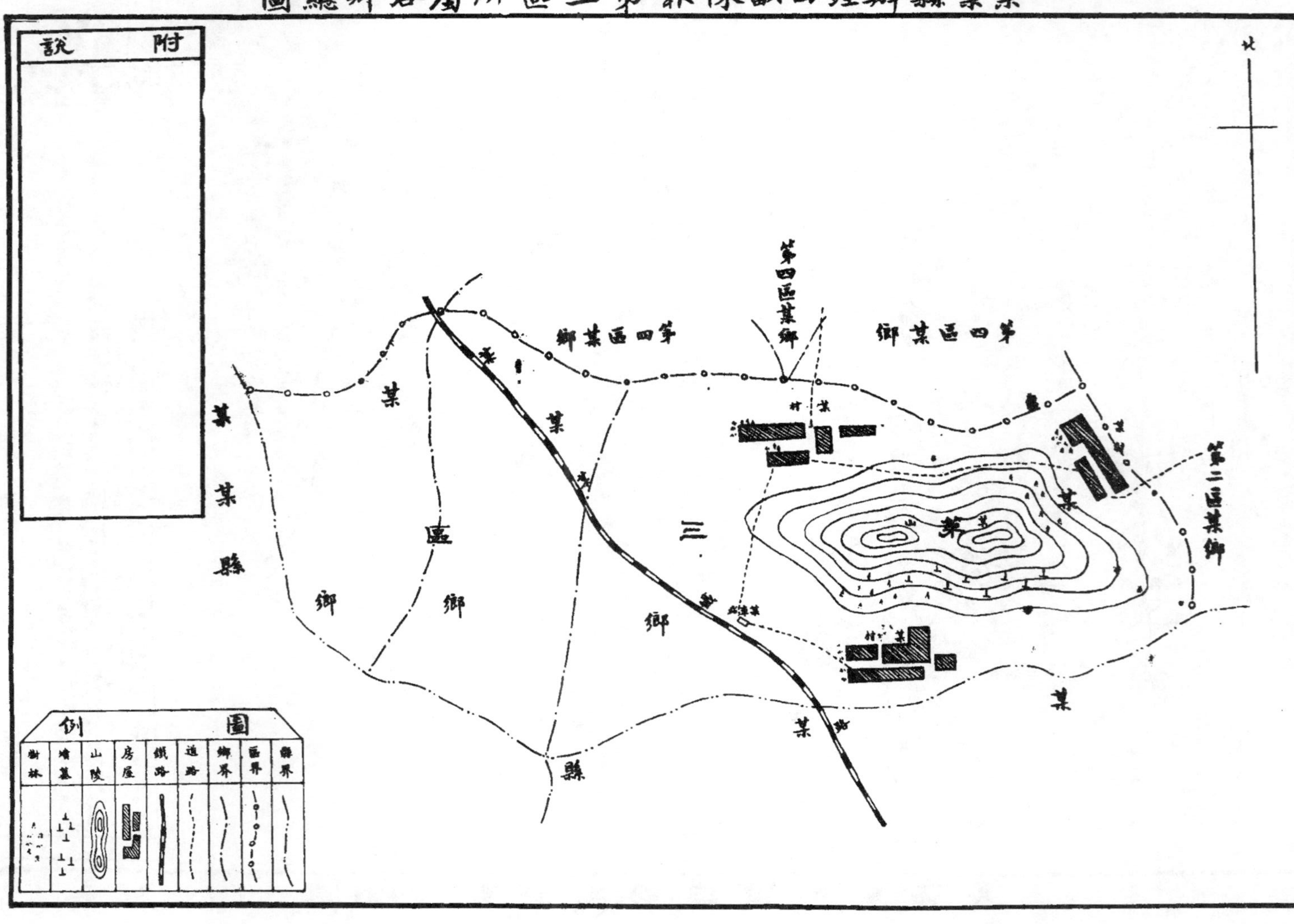

某某縣辦理田畝陳報第三區某某鄉所屬大小段總圖

附說

圖例

縣界	鄉界	區界	大段界	小段界	道路	鐵路	房屋	山陵	墳墓	樹林

北

第四區某鄉

第四區某鄉

第四區某鄉

第二區某鄉

第三區某鄉

某村

某村

第一小段

第二小段

第一小段

第二小段

第二小段

二鄉

大段

某某大段

某站

某某縣

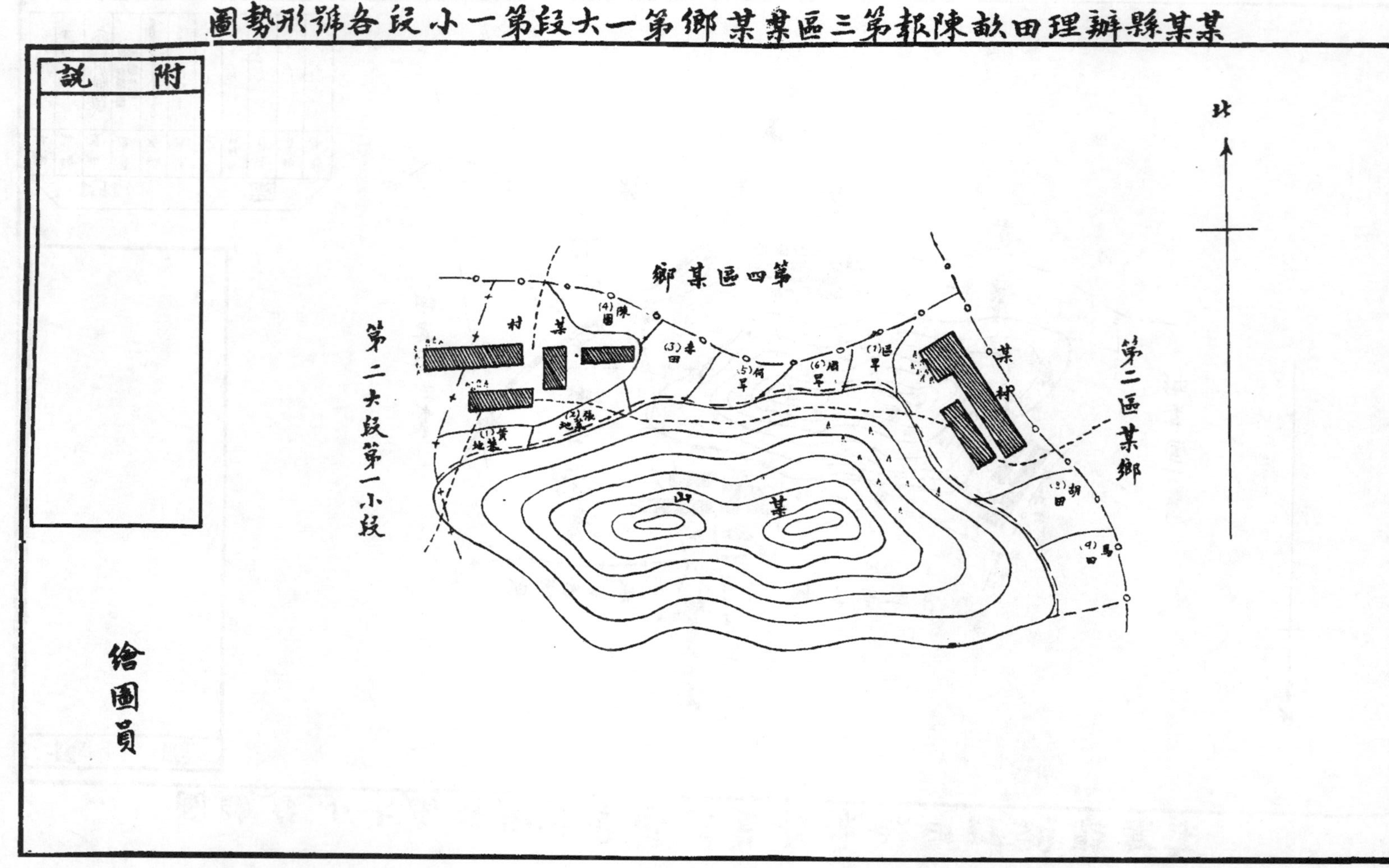
某某縣辦理田畝陳報第三區某某鄉第一大段第一小段各號形勢圖
附說
繪圖員
北
第四區某鄉
第二大段第一小段
第二區某鄉
某村
某村
某山

一等縣陳報處經費表（以該縣田額一百萬畝以上者爲一等）（此件於民國十九年三月八日奉　省政府令准公布）

職別	員額	薪額	總薪額	附記
主任	一	一八〇元	一八〇元	
會辦	一		不兼薪	
事務員	一	一二〇	一二〇	
技術員	一	九〇	九〇	
助理員	四	六〇	二四〇	
僱員	六	四〇	二四〇	
雜役	四	一六	六四	
公費			二〇〇	旅費每日應支若干應由各該縣於造具預算時各就地方情形擬定報核
合計			一、一三四	

二等縣陳報處經費表

（以該縣田額五十萬畝以上者爲二等）

職別	員額	薪額	總薪額	附記
主任	一	一六〇元	一六〇元	
會辦	一		不兼薪	
事務員	一	一〇〇	一〇〇	
技術員	一	八〇	八〇	
助理員	三	五〇	一五〇	
僱員	四	三五	一四〇	
雜役	三	一六	四八	
公費			一五〇	旅費每日應支若干應由各該縣於造具預算時各就地方情形擬定報核
合計			八二八	

三等縣陳報處經費表（以該縣田額五十萬畝以下者爲三等）

職別	員額	薪額	總薪額	附記
主任	一	一四〇元	一四〇元	
會辦	一		不兼薪	
事務員	一	八〇	八〇	
技術員	一	七〇	七〇	
助理員	二	四〇	八〇	
僱員	二	三〇	六〇	
雜役	二	一六	三二	
公費			一〇〇	旅費每日應支若干應由各該縣於造具預算時各就地方情形擬定報核
合計			五六二	

一等區陳報處經費表（轄十鄉以上者爲一等）

職別	員額	薪額	總薪額	附記
主任	一	一〇〇元	一〇〇元	
助理員	二	五〇	一〇〇	
僱員	二	三〇	六〇	
雜役	三	一六	四八	
公費			六〇	
合計			三六八	

二等區陳報處經費表（轄六鄉以上者為二等）

職別	員額	薪額	總薪額	附記
主任	一	八〇元	八〇元	
助理員	一	四〇	四〇	
僱員	二	三〇	六〇	
雜役	二	一六	三二	
公費			五〇	
合計			二六二	

三等區陳報處經費表（轄六鄉以下者爲三等）

職別	員額	薪額	總薪額	附記
主任	一	六〇元	六〇元	
助理員	一	三五	三五	
僱員	一	三〇	三〇	
雜役	二	一六	三二	
公費			四〇	
合計			一九七	

一等鄉陳報處經費表（以該鄉田額二萬五千畝以上者爲一等）

職別	員額	薪額	總薪額	附記
主任	一	六〇元	六〇元	
事務員	一	四〇	四〇	
技術員	一	四〇	四〇	
助理員	二	三〇	六〇	以能帮助繪圖者爲合格
僱員	二	二五	五〇	
雜役	三	一六	四八	
公費			五〇	在外繪圖編號時得支特別費其額數得因該鄉收入酌定
合計			三四八	

二等鄉陳報處經費表（以該鄉田額二萬五千畝以下二萬畝以上者爲二等）

職別	員額	薪額	總薪額	附記
主任	一	五〇元	五〇元	
事務員	一	三五	三五	
技術員	一	三五	三五	
助理員	一	三〇	三〇	以能帮助繪圖者爲合格
僱員	二	二五	五〇	
雜役	二	一六	三二	
公費			四〇	在外繪圖編號時得支特別費其額數以該鄉收入酌定
合計			二七二	

三等鄉陳報處經費表（以該鄉田額不及二萬者爲三等但非有一萬五千畝以上之田額不得獨立爲一鄉）

職別	員額	薪額	總薪額	附記
主任	一	四〇元	四〇元	
事務員	一	三〇	三〇	
技術員	一	三〇	三〇	
僱員	一	二五	二五	
雜役	二	一六	三二	
公費			三〇	在外繪圖編號時得支特別費其額數得因該鄉收入酌定
合計			一八七	

縣區鄉田畝陳報處主任人員講習規則（此件於民國十九年三月八日奉省政府令准公布）

第一條　凡具有徵用縣區鄉主任資格之一經財政廳甄別派委或縣陳報處甄別荐委者應遵照左列期限講習之

甲　縣陳報處主任講習以三星期爲限

乙　區鄉陳報處主任講習以一月爲限

第二條　各縣陳報處主任講習地點由財政廳於省會所在地指定之各區鄉陳報處主任講習地點由各該縣陳報處於所在地指定之

第三條　縣區鄉陳報處事務員助理員均應隨同在縣陳報處指定地點講習之其期限與主任同

第四條　講習之課目以田畝陳報大綱施行細則及清賦各種章則爲限

第五條　講習之方法分爲三種

一　將各種章制互相討論

二　縣主任由財政廳指定陳報處職員或另聘專員演講

三　區鄉主任由縣陳報處主任會辦或另聘專員演講

第六條　聽講之時間每日爲三小時其餘爲自行研究時間另表定之

第七條 各聽講員對於陳報進行方法如有條議得於聽講時提出研究之

第八條 本規則自呈奉 省府核准公佈日施行

各縣田畝陳報處評判委員會組織簡章（此件於民國十九年三月八日奉 省政府令准公布）

第一條 各縣田畝陳報處爲解决田畝爭執俾早結束起見得於處内組織評判委員會以處理之

第二條 評判委員會之評判應依本簡章所規定派足名額以合議制行之

第三條 評判委員以左列人員充之以陳報處主任爲委員長以縣長爲副委員長

（一）主任一人

（二）縣長一人

（三）本縣紳耆五人

第四條 前條第三項委員由主任會同縣長遴選有名望而熟悉地方情形人員充之至少以一人有法律專門畢業者爲限（如本縣無合格人員時得另選他縣人員充之）

第五條 評判委員會對於評判事件得令當事人提出理由書並呈繳証據

第六條 評判委員會於必要時得令爭執田畝之鄰田耕佃或業主到會詢問

第七條 評判委員會對於評判事件以書面行之

第八條　經評定之事件如有不服時得於十五日內另具理由書呈訴該縣法院辦理
第九條　評判委員會評定事件須有委員三人及正副委員長簽名蓋章
第十條　本簡章自呈奉　省政府核准公佈之日施行

各鄉田畝陳報名譽助理員選任規則（此件於民國十九年三月八日奉　省政府令准公布）

第一條　助理員之選任得由各鄉內有田畝者互推五人以上送由鄉主任轉呈縣陳報處選定二人充之
第二條　業主備具左列資格者得被選爲名譽助理員
一　男子年齡在三十歲以上
二　居住該鄉內在五年以上
三　品行端正
四　通曉文字明白事理
第三條　名譽助理員之職務如左
一　對於該鄉之人民應說明田畝陳報之旨趣務使周知並隨時督促各業主依限陳報
二　赴鄉主任召集會議審定逾期不陳報或陳報有不符者之辦法

三 帮同鄉主任調解田畝爭執一切事件
四 會同編列地號及查填調查表
五 其他承鄉主任囑令帮同辦理事件

第四條 名譽助理員爲義務職但得酌支公費

第五條 名譽助理員選任後非有不得已事故不得辭職但不勝任時得由縣陳報處令其退職另行查照第一條辦理

第六條 名譽助理員如有授受賄賂及其他不正當情事時除勒令退職外並按法治罪

第七條 本規則自呈奉 省政府核准公佈之日施行

各鄉陳報處編造陳報清册規則（此件於民國十九年三月八日奉省政府令准公布）

第一條 各鄉陳報處編造田畝陳報清册應依本規則之規定

第二條 鄉陳報處應於業戶陳報期滿後依其所報事項按照頒行清册式樣編填之

第三條 田畝陳報清册首頁應附訂該鄉分段編號總圖

第四條 田畝陳報清册依式編製二份以一份存鄉陳報處備查一份呈縣陳報處彙編總册

第五條 田畝陳報清册如頁數多時得分訂數册

第六條　田畝清册編造以後如有更正錯誤及應行註銷時應呈請縣陳報處核准辦理並在清册之內註明

第七條　田畝陳報後遇有移轉變更分割添附等事項均用浮簽記載粘貼於各地號之上並由辦理人員蓋章負責

前項事項內如須將地號分割時編列爲某(原號)之一某號之二等載明浮簽

第八條　凡繪圖及陳報清册暨調查表用紙以質地堅固者爲限其長短尺度式樣由廳印發各縣陳報處仿製

第九條　本規則自呈奉　省政府核准公佈日施行

陳報清冊式樣

（此件於民國十九年三月八日奉 省政府令准公佈）

鄉別								
大段								
小段								
地號								
地目								
收穫量								
田畝所在地地名								
地積	自報面積							
	派丈面積							
地價	原現價值							
糧戶及糧額	戶名							
	糧額							
業戶	姓名							
	住址							
佃戶	姓名							
	住址							
附記								

鄉　大段　小段調查表式

地號	某等	收穫量	地積或容種	地價 自報價	地價 調查價	業戶 姓名	業戶 住址	佃戶 姓名	佃戶 住址	田畝所在地地名	附記

廣東各縣田畝應收手數料分配數目表（此件於民國十九年三月八日奉省政府令准公佈）

一等

縣別	畝數	每畝應得手數料銀總數	提廳二成數	縣區二成數	各鄉六成數	附記
中山	二二、五四七頃	四五〇、九四〇元	九〇、一八八元	九〇、一八八元	二七〇、五六四元	
東莞	一八、四八八	三六九、七六〇	七三、九五二	七三、九五二	二二一、八五六	
番禺	一五、一六三	三〇三、二六〇	六〇、六五二	六〇、六五二	一八一、九五六	
南海	一四、九一〇	二九八、二〇〇	五九、六四〇	五九、六四〇	一七八、九二〇	
惠陽	一四、六三九	二九二、七八〇	五八、五五六	五八、五五六	一七五、六六八	
新會	一二、四五一	二四九、〇二〇	四九、八〇四	四九、八〇四	一四九、四一二	
順德	一〇、八七一	二一七、四二〇	四三、四八四	四三、四八四	一三〇、四五二	
瓊山	一〇、八六〇	二一七、二〇〇	四三、四四〇	四三、四四〇	一三〇、三二〇	
高要	一〇、六三六	二一二、七二〇	四二、五四四	四二、五四四	一二七、六三二	
合計	一三〇、五六五	二六一一、三〇〇	五二二、二六〇	五二二、二六〇	一五六六、七八〇	

二等						
遂溪	八、九二〇頃	一七八、四〇〇元	三五、六八〇元	三五、六八〇元	一〇七、〇四〇元	
台山	八、五七六	一七一、五二〇	三四、三〇四	三四、三〇四	一〇二、九一二	
文昌	八、五〇三	一七〇、〇六〇	三四、〇一二	三四、〇一二	一〇二、〇三六	
增城	八、二四〇	一六四、八〇〇	三二、九六〇	三二、九六〇	九八、八八〇	
揭陽	七、七七一	一五五、四二〇	三一、〇八四	三一、〇八四	九三、二五二	
海豐	七、三一九	一四六、三八〇	二九、二七六	二九、二七六	八七、八二八	
博羅	六、八六三	一三七、二六〇	二七、四五二	二七、四五二	八二、三五六	
南雄	六、七一五	一三四、三〇〇	二六、八六〇	二六、八六〇	八〇、五八〇	
清遠	六、四四〇	一二八、八〇〇	二五、七六〇	二五、七六〇	七七、二八〇	
英德	六、三九二	一二七、八四〇	二五、五六八	二五、五六八	七六、七〇四	
欽縣	六、二七五	一二五、五〇〇	二五、一〇〇	二五、一〇〇	七五、三〇〇	
潮安	六、二二六	一二四、五二〇	二四、九〇四	二四、九〇四	七四、七一二	
曲江	六、〇六三	一二一、二六〇	二四、二五二	二四、二五二	七二、七五六	
三水	六、〇二二	一二〇、四四〇	二四、〇八八	二四、〇八八	七二、二六四	

潮陽	五、三四八	一〇六、九六〇	二一、三九二	二一、三九二	六四、一七六	
茂名	五、二五二	一〇五、〇四〇	二一、〇〇八	二一、〇〇八	六三、〇二四	
陸豐	五、二二二	一〇四、四四〇	二〇、八八八	二〇、八八八	六二、六六四	
連縣	五、一九四	一〇三、八〇〇	二〇、七七六	二〇、七七六	六二、三二八	
合計	一二一、三四一	二四二六、八二〇	四八五、三六四	四八五、三六四	一四五六、〇九二	
三等						
化縣	四、九六二頃	九九、二四〇元	一九、八四八元	一九、八四八元	五九、五四四元	
定安	四、五一三	九〇、二六〇	一八、〇五二	一八、〇五二	五四、一五六	
饒平	四、三四〇	八六・八〇〇	一七、三六〇	一七、三六〇	五二、〇八〇	
新興	四、一〇五	八二、一〇〇	一六、四二〇	一六、四二〇	四九、二六〇	
合浦	四、〇八五	八一、七〇〇	一六、三四〇	一六、三四〇	四九、〇二〇	
陽江	四、〇二四	八〇、四八〇	一六・〇九六	一六、〇九六	四八、二八八	
廉江	三、九四六	七八、九二〇	一五、七八四	一五・七八四	四七、三五二	
梅縣	三、八〇二	七六、〇四〇	一五、二〇八	一五・二〇八	四五、六二四	
儋縣	三、六四〇	七二、八〇〇	一四・五六〇	一四、五六〇	四三、六八〇	

花縣	三、五六〇	七一、二〇〇	一四·二四〇	一四、二四〇	四二、七二〇	
羅定	三、五四〇	七〇、八〇〇	一四、一六〇	一四、一六〇	四二、四八〇	
河源	三、五一四	七〇、二八〇	一四、〇五六	一四、〇五六	四二、一六八	
四會	三、四八八	六九、七六〇	一三、九五二	一三、九五二	四一、八五六	
開平	三、四六八	六九、三六〇	一三、八七二	一三、八七二	四一、六一六	
海康	三、四四八	六八、九六〇	一三、七九二	一三、七九二	四一、三七六	
德慶	三、三六〇	六七、二〇〇	一三、四四〇	一三、四四〇	四〇、三二〇	
龍門	三、二二八	六四、五六〇	一二、九一二	一二、九一二	三八、七三六	
高明	三、二二三	六四、四六〇	一二、八九二	一二、八九二	三八、六七六	
陽春	三、二二三	六四、四六〇	一二、八九二	一二、八九二	三八、六七六	
陽山	三、一八〇	六三、六〇〇	一二、七二〇	一二、七二〇	三八、一六〇	
澄海	三、一七五	六三、五〇〇	一二、七〇〇	一二、七〇〇	三八、一〇〇	
鬱南	三、一三三	六二、六六〇	一二、五三二	一二、五三二	三七、五九六	
鶴山	三、〇八九	六一、七八〇	一二、三五六	一二、三五六	三七、〇六八	
紫金	三、〇八三	六一、六六〇	一二、三三二	一二、三三二	三六、九九六	

廣寧	三、〇二九	六〇、五八〇	一二、一一六	一二、一一六	三六、三四八	
惠來	三、〇二六	六〇、五二〇	一二、一〇四	一二、一〇四	三六、三一二	
恩平	二、九九九	五九、九八〇	一一、九九六	一一、九九六	三五、九八八	
寶安	二、八八〇	五七、六〇〇	一一、五二〇	一一、五二〇	三四、五六〇	
雲浮	二、八八〇	五七、六〇〇	一一、五二〇	一一、五二〇	三四、五六〇	
崖縣	二、六一五	五二、三〇〇	一〇、四六〇	一〇、四六〇	三一、三八〇	
信宜	二、五八二	五一、六四〇	一〇、三二八	一〇、三二八	三〇、九八四	
翁源	二、五二〇	五〇、四〇〇	一〇、〇八〇	一〇、〇八〇	三〇、二四〇	
從化	二、二四二	四四、八四〇	八、九六八	八、九六八	二六、九〇四	
靈山	二、一八九	四三、七八〇	八、七五六	八、七五六	二六、二六八	
和平	二、一六〇	四三、二〇〇	八、六四〇	八、六四〇	二五、九二〇	
臨高	二、一五二	四三、〇四〇	八、六〇八	八、六〇八	二五、八二四	
樂昌	二、〇七一	四一、四二〇	八、二八四	八、二八四	二四、八五二	
始興	二、〇五五	四一、一〇〇	八、二二〇	八、二二〇	二四、六六〇	
瓊東	二、〇〇〇	四〇、〇〇〇	八、〇〇〇	八、〇〇〇	二四、〇〇〇	

徐聞	一、九七八	三九、五六〇	七、九一二	七、九一二	二三、七三六	
仁化	一、九四七	三八、九四〇	七、七八八	七、七八八	二三、三六四	
吳川	一、八三四	三六、六八〇	七、三三六	七、三三六	二二、〇〇八	
封川	一、八二五	三六、五〇〇	七、三〇〇	七、三〇〇	二一、九〇〇	
連平	一、五五五	三一、一〇〇	六、二二〇	六、二二〇	一八、六六〇	
普寧	一、五三八	三〇、七六〇	六、一五二	六、一五二	一八、四五六	
乳源	一、五三一	三〇、六二〇	六、一二四	六、一二四	一八、三七二	
平遠	一、四五六	二九、一二〇	五、八二四	五、八二四	一七、四七二	
五華	一、三九六	二七、九二〇	五、五八四	五、五八四	一六、七五二	
新豐	一、三四九	二六、九八〇	五、三九六	五、三九六	一六、一八八	
豐順	一、三三八	二六、七六〇	五、三五二	五、三五二	一六、〇五六	
龍川	一、二二四	二四、四八〇	四、八九六	四、八九六	一四、六八八	
佛岡	一、一三四	二二、六八〇	四、五三六	四、五三六	一三、六〇八	
大埔	一、一一四	二二、二八〇	四、四五六	四、四五六	一三、三六八	
蕉嶺	一、一一一	二二、二二〇	四、四四四	四、四四四	一三、三三二	

澄邁	一、〇七四	二一、四八〇	四、二九六	四、二九六	一二、八八八
萬寧	九四七	一八、九四〇	三、七八八	三、七八八	一一、三六四
開建	九二二	一八、四四〇	三、六八八	三、六八八	一一、〇六四
興寧	八六二	一七、二四〇	三、四四八	三、四四八	一〇、三四四
陵水	六八四	一三、六八〇	二、七三六	二、七三六	八、二〇八
樂會	五九四	一一、八八〇	二、三七六	二、三七六	七、一二八
連山	五二一	一〇、四二〇	二、〇八四	二、〇八四	六、二五二
赤溪	四三六	八、七二〇	一、七四四	一、七四四	五、二三二
感恩	三七四	七、四八〇	一、四九六	一、四九六	四、四八八
防城	二八〇	五、六〇〇	一、一二〇	一、一二〇	三、三六〇
昌江	二七六	五、五二〇	一、一〇四	一、一〇四	三、三一二
電白	一九四	三、八八〇	七七六	七七六	二、三二八
南澳	九七	一、九四〇	三八八	三八八	一、一六四
合計	一五二、三〇八	三〇四六、一六〇	六〇九、二三二	六〇九、二三二	八二七、六九六
一二三等統計	四〇四、二一四頃	八〇八四、二八〇元	一六一六、八五六元	一六一六、八五六元	四八五〇、五六八元

廣東財政廳清丈田畝技術員養成所章程（此件於民國十九年三月八日奉　省政府令准公佈）

第一條　本所設立以培養清丈田畝技術師資分發各屬傳習爲宗旨名曰廣東財政廳清丈田畝技術員養成所

第二條　本所設所長一人副所長一人所長由財政廳長兼任副所長由財政廳長荐請　省政府委任之

第三條　本所設教務主任一人承所長副所長之命管理一切教育訓練事宜以富有丈量學識經驗人員充之

第四條　本所設教員若干人助教若干人分授課程

第五條　本所設事務主任一人承所長副所長之命掌理本所不屬於教務一切事宜以辦事著有成績人員充之

第六條　本所設文牘會計庶務各一人及書記五人助理之

第七條　本所爲應目前需要起見設丈量班六班

第八條　本所學生定六個月畢業

第九條　學生入學資格

一　初中以上畢業男生年在二十歲以上三十歲以下者

二 體格高一米突六十生的氣體强壯素無隱病

三 目力能辨目力表二十號以下

第十條 本所學生由各縣選送經試驗及格方得入學如各縣送不如額或試驗不及格有餘額者得由財政廳招考該各縣在省合格人員入學俾於畢業後得敷分派

第十一條 經試驗及格入所學生待遇比照軍校免收學膳費其服裝書籍器用筆墨紙張均由所供給

第十二條 學生修業期滿經考試及格者由財政廳分派各縣充當縣立清丈田畝技術員傳習所教員並主辦縣土地登記處量地事務其服務期限定爲三年

第十三條 本所課程另以表定之

第十四條 本章程自 省政府核准公布之日施行

廣東財政廳清丈田畝技術員養成所經費概算表

此件於民國十九年三月八日奉省政府令准公佈

一、職教員薪俸

職別	員額	薪額	總數	附記
所長	一	不兼薪		由廳長兼任
副所長	一	弍五〇元	二五〇元	
教務主任	一	一八〇	一八〇	
事務主任	一	一六〇	一六〇	
主任教員	一	一六〇	一六〇	
專科兼數學教員	六	一四〇	八四〇	
普通科兼數學教員	六	一二〇	七二〇	
專科助教員	一二	一〇〇	一二〇〇	
醫官	一	一〇〇	一〇〇	

文牘	一	八〇	八〇	
會計	一	八〇	八〇	
庶務	一	七〇	七〇	
書記	六	四〇	二四〇	

以上月支四千零八十元六個月共支二萬四千四百八十元

二　伕役餉項

區別	名額	餉額	總數	附記
號房	一	二〇元	二〇元	
雜役	四二	一四	五八八	
跑差	二	一六	三二	
印刷	四	一四	五六	印講義用
廚伕	一〇	一二	一二〇	

以上月支八百一十六元六個月共支四千八百九十六元

三、學生膳費

名稱	額數	每名膳費	總數	附記
學生	三〇〇	八元	二四、〇〇	

六個月合計一萬四千四百元

四、學生服裝費

名稱	額數	每名服裝費	總數	附記
學生	三〇〇	二九元	八七〇〇元	

學生每名發制服一套銀九元皮鞋二對每對三元膠褸一件銀七元面盆一個銀一元蚊帳一床銀四元鋪床白布二張每張一元合計如上數

五、實習費

(甲)、教員津貼及臨時測佚費

名稱	額數	每名餉額	每月津貼	一月合計	二月合計	附記

主任教員	一		四五元	四五元	九〇元	學生每期出外實習二個月
專科助教	二		三〇元	三六〇元	七二〇元	
臨時測伕	一五〇	一六元		二四〇〇元	四八〇〇元	

合計五千六百一十元

（乙）、購置實習材料費

購置實習材料費合計約二千五百元

六、各項雜費及醫藥費

各項雜費每月約一千二百元

醫藥費每月約二百五十元

以上月支一千四百五十元六個月共支八千七百元

七、特別支出費

開學式及畢業式約六百元

八、一次過開辦費

裝置電燈自來水約五百元

購置醫科器具約五百元

購置測量儀器約三萬元

購置參考書籍及用品約三千元

購置校具及宿舍各物約八千元

蓋搭臨時篷厰約三千元

合計四萬五千元

以上一至七欵約須六萬九千八百八十六元連一次過開辦費共須一十一萬四千八百八十六元

廣東財政廳田畝陳報處各縣選送學生名額表（此件於民國十九年三月八日奉省政府令准公布）

等	縣別	畝數	各縣選送學生額數	附記
壹等	中山	二三、五四七頃	五	
	東莞	一八、四八八	五	
	番禺	一五、一六三	五	
	南海	一四、九一〇	五	
	惠陽	一四、六三九	五	
	新會	一二、四五一	五	
	順德	一〇、八七一	五	
	瓊山	一〇、八六〇	五	
	高要	一〇、六三六	五	

合計		四五	
二等			
遂溪	八、九二〇頃	四	
台山	八、五七六	四	
文昌	八、五〇二	四	
增城	八、二四〇	四	
揭陽	七、七七一	四	
海豐	七、三一九	四	
博羅	六、八六三	四	
南雄	六、七一五	四	
清遠	六、四四〇	四	
英德	六、三九二	四	
欽縣	六、二七五	四	

潮安	六、二二六	四	
曲江	六、〇六三	四	
三水	六、〇二二	四	
潮陽	五、三四八	四	
茂名	五、二五二	四	
陸豐	五、二二二	四	
連縣	五、一九四	四	
合計		七二	
三等			
化縣	四、九六二頃	三	
定安	四、五一三	三	
饒平	四、三四〇	三	
新興	四、一〇五	三	

合浦	四、〇八五	三	
陽江	四、〇二五	三	
廉江	三、九四六	三	
梅縣	三、八〇二	三	
儋縣	三、六四〇	三	
花縣	三、五六〇	三	
羅定	三、五四〇	三	
河源	三、五一四	三	
四會	三、四八八	三	
開平	三、四六八	三	
海康	三、四四八	三	
德慶	三、三六〇	三	
龍門	三、二二八	三	

高明	三、二二三	三	
陽春	三、二二三	三	
陽山	三、一八〇	三	
澄海	三、一七五	三	
鬱南	三、一三三	三	
鶴山	三、〇八九	三	
紫金	三、〇八三	三	
廣寧	三、〇二九	三	
惠來	三、〇二六	三	
恩平	二、九九九	三	
寶安	二、八八〇	三	
雲浮	二、八八〇	三	
崖縣	二、六一五	三	

信宜	二、五八二	三	
翁源	二、五二〇	三	
從化	二、二四二	三	
靈山	二、一八九	三	
和平	二、一六〇	三	
臨高	二、一五二	三	
樂昌	二、〇七一	三	
始興	二、〇五五	三	
瓊東	二、〇〇〇	三	
徐聞	一、九七八	三	
仁化	一、九四七	三	
封川	一、八二五	三	
連平	一、五五五	三	

普寧	一、五三八	三	
乳源	一、五三一	三	
平遠	一、四五六	三	
正華	一、三九六	三	
新豐	一、三四九	三	
豐順	一、三三八	三	
龍川	一、二二四	二	
佛岡	一、一三四	二	
大埔	一、一一四	二	
蕉嶺	一、一一一	二	
澄邁	一、〇七四	二	
萬寧	九四七	二	
開建	九二二	二	

興寧	八六二	二
陵水	六八四	二
樂會	五九四	二
連山	五二一	二
赤溪	四三六	二
感恩	三七四	二
防城	二八〇	二
昌江	二七六	二
電白	一九四	二
南澳	九七	二
吳川	一八三四	二
合計		一八三

以上一二三等縣共應選送三百名

廣東財政廳清丈田畝技術員課程表

（此件於民國十九年三月八日奉省政府令准公佈）

班別	課目／課別	堂內課程	野外實習
丈量班	黨義		基綫測量實施
	實用數學	算術摘要　初等代數 平面幾何　平面三角	水準測量實施
	圖畫	自在畫　用器畫	五千分一測圖實施
	學科	量地學摘要 製圖學摘要　地形測圖學	一千分一測量實施
	術科	應用測器之使用法及改正 法各種覘測法及基本動作 繪圖術	
附說	堂內課程以四個月爲限除星期例假外共得一百零四日每日八小時（每小時實五十分）共得八百三十二小時野外實習以兩個月爲限星期亦不休假		

廣東財政廳清丈田畝技術員全期教育總計劃表

科目	時間或日數	綱領	教育要旨
黨義	小時八、	三民主義主要問答 建國方畧建國大綱概要	在實現總理遺教
算術摘要	一〇、	四則分數比例開方求積法	使復習計算之方式而整齊其程度初等代數
初等代數	一三〇、	代數式正數負數整式一次方程式因數分數式二次方程式乘冪方根指數不盡根虛數比及比例變數級數排列組合二項式定裡對數褫算法圖解法	使熟習基本法則方程式解答及應用問題
平面幾何	一一四、	直綫圓面積比及比例比例之應用	使熟習定理及証題能任意引用
平面三角	一一四、	論角鋭角三角函數對數及三角表直角三角形任何角之三角函數幾角諸函數間之關係斜角三角形之性質消去法三角方程	使熟習恒等式之証明及應用問題
自在畫	二〇、	鉛筆（十二小時應繪成十圖）水彩（八小時應繪成六圖）	鉛筆畫注重居住地山地中之遠景寫生水彩畫注重光線與色彩之配合調和

科目	時數	內容	目的
用器畫	二〇、	點與直綫角尺度圓形多角形曲綫	使熟習幾何圖之繪法各種單比例尺複比例尺之製作
量地學摘要	六〇、	定義及目的地球之形狀旋轉橢圓體基綫選點造標埋石經緯儀測角法歸心法計算概說水準儀水準測量	使知三角測量之常識以備他日經界測量之需要
製圖學摘要	五〇、	地圖之組成投影法概要多面體投影法經緯綫之計算圖式注記整飾圖繪渲彩地圖之應用	使知製繪地圖之常識注記整飾圖繪及暈渲應詳授實施方法格式使與繪圖術相輔而行
地形測圖學	二一〇、	總論平面測量高程測量測板測圖視距測量地形測量地形測量法式經界測圖法式經法界規摘要圖式	使習得地形測圖應具之基本學理法則以備他日經界測量之需要
地形測圖術	九六、與繪圖術合堂分組教授	各種測器檢點及改正距離測量水平角觀測垂直角觀測水準測量子午綫測量地物測圖諸法地貌測圖諸法測板測圖視距測量平面及高程閉塞差之配賦示誤三角形之消去測量簿之記載	使熟習各種動作及方法養成獨立作業之能力
繪圖術	與地形測圖術合堂分組教授	各種線號各類圖式各種字體宋體字應習各種字大阿刺伯數字應習各種字大寫圖清繪縮圖伸圖暈渲多色圖	使確守圖式優嫺繪術製成明晰之圖爲主旨

野外實習

基綫水準測量	五日	基綫測量 水準單綫測量 水準環綫測量	使略知基綫測量及水準測量以備他日經界測量之需要
五千分一測圖	二十七日	交會圖根測量 碎部測圖 繪製原圖	使熟習各種地物地貌現圖法
二千分一測圖	二十八日	多角計算圖根測量 碎部測圖 繪製原圖	

附說

右表學術科之時間分配足爲八百三十二小時野外實習足爲六十日教育宗旨以實用爲主學術務求聯貫

專科學術注重實施不在理論

普通學科爲專科之補助應注意專科目的而施教授

數學演題注重應用奧僻之題不必多習

測圖術分組實習易于普及故繪與圖術同一時間分組教授

各科每週時間之支配教務主任應按照此表細意斟酌

晚上學生自習各科教員須上堂巡視以備質問

第貳编

廣東財政廳清理田賦方案

第二編

呈省政府未改地税以前錢粮附加辦法及改征地税以後地税分配辦法請予核示由

（此件於民國十九年二月十四日　奉省政府指令經第五屆第五十三次省務會議議决准予試辦）

呈爲擬定錢粮改征地税以前縣地方欵附加辦法暨鄉鎮田畝捐征收章程呈請察核事竊查本省錢粮額征爲大洋四百一十捌萬捌千捌百六十九元伸毫洋五百弍十三萬五千三百七十元加以三成大學附加費每年額征數應在毫洋六百萬元之間顧近數年平均收入僅得三百萬元左右實不及額計在半數以上揆其原因一在土地久未整理莫知其田畝所在地所有錢粮僅憑歷年相傳粮册征收二緣征收官不力勉强報解不及額未嘗實行懲罰三緣附加名目繁多其報廳者每多被駁不能附加其不報廳者往往擅自征收莫可稽查致使正額受其影嚮預算不能確定此皆癥結所在不有解决之方錢粮固末由整理者也第一種原因業經擬定清理辦法編訂各種章程呈報鈞府在案第二種原因復經訂定攷成條例頒布征收限期以爲考核標準在案惟第三種原因尚未擬定辦法已呈報者但據章以批駁未呈報者任由各縣私自征收不加以取締殊非整理税收之道爰擬未改征地税以前錢粮附加辦法及改征地税以後分配辦法兩種如左

（一）未改征地稅以前錢粮附加辦法查錢粮附加不得過三成係民國三年以前奉令飭照稅法草案第六條辦理但彼時錢粮劃歸國稅與現在錢糧劃爲地方稅不同如果執定不得過叁成限度非惟與現情不合且於各縣籌辦自治無由進展似應體察情形另行酌定俾得兼顧而便各縣自治進行茲擬自十九年度起凡各縣地方各費即與該縣應行附加大學費之欵併入原來丁米統征額內單一征收不另立附加地方欵及大學費名目俾人民容易認識祇知每石米或每兩地丁每年應納總數若干不必分記其應納地方欵及大學費各若干同時並將串票費免除仍以統征大洋之率伸合毫洋連附加化零爲整（例如南海縣丁米統征數原毫洋一元七毫三仙七文連大學附加及畝捐附加共爲二元四毫三仙一文即化爲三元）以便核計而資挹注所收糧欵總數分爲十成以二成留撥爲地方欵其餘八成全數解廳此種撥留弍成欵項如何開支每年應於年度開始前二個月由地方財政管理局造具分配用途數目清册呈由縣政府轉報本廳查核於寬籌地方欵項之中仍寓有嚴密稽核之意似此辦法既無多種名目及零碎數字在督征方面易於稽核在納稅方面亦易於記算而征稅人員自可減少其舞弊而畧示防範似於整頓稅收不無裨益也又各縣所屬之鄉鎮原日公安教育及改良農業暨在自治籌辦成立之時所需其他建設公益等費似應一併規定俾得遵循否則如中山縣第七區南屏鄉之爭坑田捐龍川縣第三區治安會之爭米穀捐非惟諸多糾紛辦理爲難且無劃一辦法各主管機關容易發生不一致之指令更足使下級機關莫所適從茲擬將各鄉鎮征收田畝捐章程一併規定頒布遵行並寓將來地稅可

改歸地方團體征解以便人民之意自該章程頒布後所有各縣從前對於田畝捐無論以如何名目一律取銷嗣後如有擅自加收以違命論即嚴行處罰以儆效尤似此辦法既可以嚴杜擅自征收之弊復可爲鄉鎮寬籌各種之費且嚴行禁絕私征名則田畝准予收捐實則減少人民負担不少而職廳正額粮税固不至大受影响且可藉此以鼓勵各鄉鎮警學自治等機關注重帮辦田畝陳報是亦現在未實行地税以前所應籌及過渡之辦法也

（二）實行改征地税以後之地税分配辦法查建國大綱第十三條規定縣之負担中央政費至多不能過百分之五十又第十八條縣爲自治之單位省立於中央與縣之間以收聯絡之效又第十六條內載省長爲本省自治監督至於該省內之國家行政則省長受中央之指揮照此規定則省府爲辦國家行政一部份機關而縣始爲自治之範圍對於省之負担似不能超過百分之五十以上又總理手訂之地方自治開始法以辦理地價之事若由中央舉行除現收地丁錢粮之外當撥八九成爲地方之用現在田畝陳報開辦在即似應分别議定先行宣布以鼓勵人民踴躍報價而收依限辦竣之效茲擬地價實行征收以後所有各縣地税仍暫以五成繳廳弍成劃歸縣庫爲縣公安建設等費三成爲各鄉警學及自治費至區自治應支若干可分攤於各鄉負担不另行劃撥以符縣自治及鄉鎮自治两級有獨立財政區不必有獨立財政之原則並擬實行 總理遺訓値百税一之制不准另行附加以示單一征收之决心如此則督征機關固易於查核而人民亦易以明瞭不致爲征收人員所瞞蔽再俟各縣宅地荒山一概整理以後應如何分配始遵照建國大綱所規

定交由國民代表會議蓋凡民可以觀成難以圖始若不先行宣布誠恐觀望不前甚或誤會爲加稅之舉發生阻力於田畝陳報進行不無妨碍且各區鄉自治行將籌辦如將地稅分配數目先行劃定則各區鄉自治得預將地稅作爲基本經費無論地稅實行期在各區鄉自治成立之先與後均易得士紳協力贊助勸導業戶據實報價以促陳報之成功報價既實則收數必增一方面縣區鄉自治經費有着不至妄加雜捐重累人民一方面省庫收入得以確實亦可以有增無減以上兩種似均爲現在應行預定之舉理合具由連同丁米改征比較表及鄉鎮田畝捐章程呈請察核俯賜提議頒布俾得酌定施行日期通令各屬佈告週知實爲公便謹呈

廣東省政府

計呈丁米改征比較表一册鄉鎮田畝捐征收章程一册附調查表及收據式樣

廣東財政廳長范其務

中華民國十九年一月二十八日

咨民政建設教育各廳改定征粮表及田畝捐章程請爲備查由

爲咨請查照事查敝廳前因各縣錢粮附加多寡不一及各縣所屬鄉鎮因辦理農警學及其他自治事務不能不寬籌欵項以資進行擬具改定征粮税率及田畝捐章程呈請

省政府核示在案兹奉令開呈及附件均悉當經本府第五屆委員會第五十三次會議議决試辦在案合行錄案令仰即便知照並通令各屬佈告週知此令等因奉此除通令各縣遵照外相應將原呈連同錢糧稅率表暨田畝捐章程册據式樣一份咨請

貴廳備查嗣後對於各縣及所屬鄉鎮辦理地方公安教育建設等事務如有關於錢糧附加及田畝征捐呈請核示者務希查照辦理以期一致而免參差實紉公誼此咨

廣東民政廳廳長許

廣東教育廳廳長金

廣東建設廳廳長鄧

計送原呈及稅率表附串票式樣田畝捐章程附庇册收據式樣共一册

廣東財政廳廳長范其務

中華民國十九年二月二十五日

廣東省政府財政廳訓令 第九五五號

令　　縣縣長

爲令遵事照得各縣錢糧稅率向有仙文厘毫等細數按諸每畝征額所關甚微徒勞計算手續加以附加名目煩多人民記憶爲難尤易啟書役之訛索本廳爲利便人民及核計起見業經另定稅率表劃去零星細數及訂定田畝捐劃一辦法以限制田畝捐收呈請　省政府核示茲奉第四三二號指令呈及附件均悉當經本府第五屆委員會第五十三次會議議决試辦在案合行錄案令仰即便知照并通令

各屬佈告週知此令等因奉此自應遵照通令各縣先期籌備將十九年度所有新糧按照現頒稅率征收惟一切舊糧及有挨征縣份未征半數仍照舊章辦理又糧票一項嗣後應遵照現令免收票費因此次改章征收以致原有錢糧串票等地方附加減少者應准將地方式成款內儘先撥抵其向無附加地方款及上項准先撥抵有餘之款應由縣會同地方財政管理局酌定用途先行報核新定田畝捐章程務即刻日委定人員妥爲籌辦俾免逾期再此次改章因將零數化整致改定稅率與原有征額間有增減之差者緣本廳改征稅率主旨在求稅率之整齊不在稅收之增加凡於化爲整數之額能及解廳原有之數即不再增或有比原額畧減所減之處非減解廳原有之額乃減地方原來附加之額者亦因各該縣附加之額已超出舊章規定附加三成以外所以酌予核減但爲體恤起見此種所減之額如果確屬應支經費又無他款可以籌抵應准於所屬鄉鎮開辦田畝捐後照額酌予提撥以資挹注反之於化整後未能及解廳原額之數即不能不畧予增加以求足數化整不致因化整而減及解廳原額此即改定稅率致有增減之原因也又查各縣現行稅制尙有丁米分征及米之名目多至數種亦宜速圖改革以求一致並仰各該縣考求歷來原案斟酌地方情形設法改併另案呈核除分令外爲此將原呈及稅率表暨田畝捐章程令發仰該縣長卽便遵照辦理迅速佈告週知仍將奉文日期及遵辦情形先行報核此令

計發原呈及稅率表附串票式樣田畝捐章程附底冊收據式樣共一冊

中華民國十九年二月二十五日　廳長范其務

廣東田賦現制表

縣別	南海	番禺						順德
欵目	丁米併征每值銀一兩	地丁正每兩	民米每石	折米每石	坦餉每兩	補升正銀一兩	補升正米一石	丁米併征每米一石
征價毫洋	1.737元	3.472	10.59	10.938	2.951	2.951	9.791	17.223
附加大學費毫洋	.138毫	.417	.417	.417	.417	.417	.417	無
附加地方附加欵毫洋	.556畝捐毫	1.390畝捐	4.239	4.378	1.180	1.180	3.918	7.507畝捐
總計毫洋	2.431元	5.279	15.246	15.733	4.548	4.548	14.126	24.730
附　田畝總額	1,242,506畝	1,263,629.	同上					905,859
現在征收年額大洋	381,045.266元	327,676.677	同上					290,051.369
平均每畝大洋額	.3067毫	.2593	同上					.3202
備攷　記	大學費自十三年起收解一成留二成畝捐自十五年份起收	大學費自十三年份起收解一成留二成畝捐自十四年份起增收按完納正糧糧捐銀每值一兩帶收四錢正	仝上	仝上	同上	同上	同上	每米一石內配完地丁正銀一兩民米一石統征正耗糧糧捐各欵連加二五元水伸合毫銀如征價

擬定改革辦法比較表

縣別	南海	番禺						順德
現征毫洋統率	2.431元	5.279	15.246	15.733	4.548	4.548	14.126	24.730
擬改統征毫洋稅率	3.000元	5.000	14.000	15.000	5.000	5 000	13.000	22.000
留縣二成為地方欵	.600元	1.000	2.800	3.000	1.000	1.000	2.600	4.400
解庫八成	2.400元	4.000	11.200	12.000	4.000	4.000	10.400	17.600
備攷	查原丁米併征價銀一兩之數原係併合上則中則下則各田在內而以下則田為多故凡應納丁米銀一兩之戶約計實有田十畝以上故稅率每兩所加五毫餘之數每畝所加不過五仙之譜又係留為地方之用自無加重負担問題合註明	查現撥二成留縣之數未足原報附加額數但該縣原報附加數因未據開列用途當有各鄉鎮警學費在內現各鄉鎮田畝捐已另有專章准予征收所有未足之數自可在各鄉鎮田畝捐收欵內劃抵其餘各縣類推						

	東莞					中山		新會	
畸零米每一石	地丁每兩	補加升地丁每兩	民米每石	補加升民米每石	鹽餉並加升每兩	地丁每兩	民米每石	地丁每兩	民米每石
1.736元	3.473	2.951	8.855	8.334	2.951	3.386	9.549	3.993	10.07
無	無	無	無	無	無	無	無	.139	.139
無	.479	.407	1.222	1.150	.407	.716	1.773	.347	.347
1.736元	3.952	3.358	10.077	9.484	3.358	4.102	11.322	4.479	10.556
仝上	1,547,286.畝	仝上	仝上	仝上		1,878,857.	仝上	1,037,609.	仝上
仝上	243,878.914	仝上	仝上	仝上		265,417.198	仝上	174,319.	仝上
仝上	.1577	仝上	仝上	仝上		.1413		.168	仝上
	附加游擊隊費自十二年份起帶征按附加已足百分之三十是以無再加大學費	仝上	仝上	仝上	仝上	此項附加游擊費及師範中學各校經費係在七八年起始帶收六年以前無附加合註明。	仝上	附加地方警學費自元年起加收大學費自十三年份起加收	仝上
1.736元	3.952	3.358	10.077	9.484	3.358	4.102	11.322	4.479	10.556
3.000元	5.000	4.000	12.000	11.000	4.000	5.000	12.000	6.000	13.000
.600元	1.000	.800	2.400	2.200	.800	1.000	2.400	1.200	2.600
2.400元	4.000	3.200	9.600	8.800	3.200	4.000	9.600	4.800	10.400

從化 地丁每兩	從化 民米每石	台山 地丁每兩	台山 民米每石	龍門 地丁每兩	龍門 民米每石	增城 地丁每畝	增城 屯米每石	增城 補升米每石	增城 補升銀每兩
3.438	11.632	4.067	9.548	3.038	9.200	3.507	14.062	9.549	3.472元
.139	.208	.208	無	.173	.139	.139	無	無	無
.319	.209	.209	.903	.346	.278	.278	無	無	無
3.896	12.049	4.484	10.451	3.557	9.617	3.924	14.062	9.549	3.472元
186,832.	仝上	268,977.	仝上	268,977	仝上	686,653.畝	仝上	仝上	仝上
25,949.661	仝上	34,128.07	仝上	34,128.07	仝上	109,801.元	仝上	仝上	仝上
.1335	仝上	.1269	仝上	.1269	仝上	.1599	仝上	仝上	仝上
附加地方警費始自七年附加大學經費十三年起帶收					仝上	附加地方欵游擊隊費係自二年份起加征	仝上	仝上	仝上
3.896	12.049	4.484	10.451	3.557	9.617	3.924	14.062	9.549	3.472元
5.000	15.000	6.000	12.000	5.000	12.000	5.000	18.000	12.000	5.000元
1.000	3.000	1.200	2.400	1.000	2.400	1.000	3.600	2.400	1.000元
4.000	12.000	4.800	9.600	4.000	9.600	4.000	14.400	9.600	4.000元

	花縣	三水	清遠		寶安		赤溪	
民米每石	丁米併征每銀一兩値	丁米合併每丁銀一兩	地丁每兩	民米每石	地丁每兩	民米每石	地丁每兩	民米每石
8.854元	1.736	4.004	4.271	9.201	3.368	8.854	8.681	17.361
.139元	無	.437	無	無	.417	.417	.208	.208
.319元	.138	1.389捐畝	1.736	無	無	無	.208	.208
9.312元	1.874	5.830	6.007	9.201	3.785	9.271	9.097	17.777
仝上	296,739.畝	501,759.	535.039	仝上	239,966.	仝上	36,347	仝上
仝上	46,384.144	108,901.495	90,809.054	仝上	31,698.23	仝上	7,268,850	仝上
仝上	.1563	.2105	.1698	仝上	.1321	仝上	.200	仝上
仝上	此項附加地方警學費係在九年份奉准帶收	附加地方畝捐係十四年起在地丁項下每正銀一兩帶收一兩伸毫銀如上數					附加地方警學費始自十二年附加大學費自十三年起帶收	仝上
9.312元	1.874	5.830	6.007	9.201	3.785	9.271	9.097	17.777
12.000元	3.000	6.000	6.000	12.000	5.000	12.000	12.000	22.000
2.400元	.600	1.200	1.200	2.400	1.000	2.400	2.400	4.400
9.600元	2.400	4.800	4.800	9.600	4.000	9.600	9.600	17.600

佛岡			高要	四會		鶴山		新興	
丁米併征民米每石	屯米每石	官租額一石	丁米併合每地丁一兩	地丁每兩	民米每石	地丁每兩	民米每石	地丁每兩	民米每石
7.083元	7.014	3.332	5.781	3.299	7.639	3 646	.9028	3.547	8.160
無	無	無	.542	.139	.139	.139	.139	.417	.417
1.736	無	無	.694	.278	.278	.278	.600	無	無
8.819元	7.014	3.332	7.017	3.716	8.056	4.063	9.767	3.964	8.577
94,564.畝	仝上	仝上	886,317.	290,690.	同上	257,371.	同上	34,210.3	同上
10,797.14元	仝上	仝上	162,738.000	45,962.000	同上	43,208.25	同上	71,573.53	同上
.1142	仝上	仝上	.1836	.1581	同上	.1579	同上	.2093	同上
此項地方欵係附加吉河警費			附加地方團費始自元年附加大學費十三年起始帶收	附加地方警費始自元年附加大學費十三年起始帶收	同上	附加地方警學費始自七年附加大學經費十三年起帶收	同上		
8.819元	7.014	3.332	7.017	3.716	8.056	4.063	9.767	3.964	8.577
9.000元	9.000	5.000	8.000	5.000	10.000	5.000	12.000	5.000	11.000
1.800元	1.800	1.000	1.600	1.000	2.000	1.000	2.400	1.000	2.200
7.200元	7.200	4.000	6.400	4.000	8.000	4.000	9.600	4.000	8.800

恩平		開平		封川	開建	廣寧		高明
地丁每兩	民米每石	地丁每兩	民米每石	丁米合征民米每石	丁米併征地丁每兩	地丁每兩	民米每石	丁米併征每一斗
3.531元	8.313	3.472	10.938	6,166	5.486	3.646	8.160	1.291
無	.521	.278	.278	5.66	無	.139	.139	.112
.418毫	無	.139	.139	無	.631	.278	.278	警費 .107 團局畝捐 .300
3.949元	8.834	3.889	11.355	6.732	6.117	4.063	8.577	1.810
249,912.畝	同上	289,036.	同上	152,056.	76,883.	252,450.	同上	268,670.
37,275.974元	同上	48,444.100	同上	34,491.058	14,683.750	37,580.943	同上	50,006.220
.1492毫	同上	.1177	同上	.2269	.191	.149	同上	.1862
此項附加地方三成捐費自元年起始帶收	加附大學經費十三年份起按米附加地丁附加已足數故無帶收	附加地方警費始自二年附加大學費自十三年起帶收	同上			該縣在丁米項下附加地方警捐外另按稅每畝帶收地方畝捐毫銀一毫五仙以爲地方自治費中學經費留法學費等項之用合併註明		附加地方警費係在五六年分糧欵一次過帶收附加畝捐十五六年糧欵一次過帶收其餘均無
3.949元	8.834	3.889	11.355	6.732	6.117	4.063	8.577	1.810
5.000元	12.000	5.000	15.000	9.000	7.000	5.000	11.000	2.000
1.000元	2.400	1.000	3.000	1.800	1.400	1.000	2.200	.400
4.000元	9.600	4.000	12.000	7.200	5.600	4.000	8.800	1.600

德慶 地丁 每兩	色米 每石	羅定 丁米併徵 一兩一石合收	雲浮 地丁 每兩	民米 每石	鬱南 地丁 每兩	色米 每石	南雄 地丁 每元	民米 每斗
3.125元	7.639	11.368	3.472	8.854	3.560	8.855	3.337	.858
無	無	.278	.278	.278	.260	.260	.125	.0173
無	無	.694	.139	.139	.261	.261	.25警費 .355部書津貼	.0347警費 .414部書津貼
3.125元	7.639	12.340	3.889	9.271	4.081	9.376	3.067	1.324
280,028.畝	同上	295,000	240,000.	仝上	261,112.	仝上	559,611.	仝上
45,836.920元	同上	61,855.368	54,106.	仝上	38,491.75	仝上	101,673.97	仝上
.162毫	同上	.2097	.2254	仝上	.1474	仝上	.1817	仝上
		附加地方警費始自二年附加大學費起自十三年帶收	附加地方中小學費及大學經費均由十三年分起隨粮帶收	仝上	附加地方小學費及附加大學經費均係十三年分起征	仝上		
3.125元	7.639	12.340	3.889	9.271	4.081	9.376	3.067	1.324
4.000元	10.000	15.000	5.000	12.000	5.000	12.000	4.000	11.000計每石
.800元	2.000	3.000	1.000	2.400	1.000	2.400	.800	2.200
3.200元	8.000	12.000	4.000	9.600	4.000	9.600	3.200	8.800
								查該縣所報每斗計算現改每石計方符化零爲整增加之數不過八毫以上

始興		曲江	仁化		英德	樂昌	翁源
地丁每兩	民米每石	丁米合併每地丁一兩	地丁每兩	民米每石	丁米併征大米每石	丁米併征地丁每兩	丁米併征地丁每兩
3.194元	7.866	7.612	3 854	7.465	7.236	3.848	4.195
.139毫	無	.618	.417	.417	無	.305	無
.347毫	.677	無	無	無	無	.174	.684
3.680元	8.543	8.230	4.271	7.882	7.236	4.327	4.879
171,262.畝	仝上	505,329.	162,358.	同上	532,780.	172,636.	210,945.
33,373.916元	仝上	109,950.556	26,368.282	同上	78,317.415	37,041.83	42,601.9
.1949毫	仝上	.2614	.1624	同上	.147	.2146	.202
					迭次令催該縣照案附加大學經費惟未據列報開征	附加地方小學經費及大學經費均自十三年分起帶收	
3.680元	8.543	8.230	4.271	7.882	7 236	4.327	4.879
5.000元	10.000	11.000	6.000	10.000	10.000	6.000	6.000
1.000元	2.000	2.200	1.200	2.000	2.000	1.200	1.200
4.000元	8.000	8.800	4.800	8.000	8.000	4.800	4.800

乳源 地丁 每兩	民米 每石	連縣 地丁 每兩	民米 每石	陽山 每畝丁米	連山 地丁 每兩	附城沙坊站民米每石	吉田宜善站民米每石	惠陽 丁米併徵每糧石
2.981 元	8.785	3.143	8.160	.110	2 700	6.847	5.377	8.425
無	無	.417	.417	9 文	無	無	無	.292
無	無	無	無	.042 畝捐	2.778	無	無	.731
2.981 元	8.785	3.560	8.577	.161	5.478	6.847	5.377	9.448
127,737. 畝	同上	382,584. 工	同上	265,002.	43,480.	同上	同上	1,219,980.
18,853 48 元	同上	33,039.374	同上	25,118.784	11,957,402.	同上	同上	84,481.403
.1477 毫	同上	.0864 每工計	同上	.0948	.275	同上	同上	.0692
該縣有無附加地方欵未據列報無從填入	同上			該縣向係按畝徵糧每稅一畝配完地丁正銀一分六釐四毫九絲九忽民米四合九勺實應徵數如上				
2.981 元	8.785	3.560	8.577	.161	5.478	6.847	5.377	9.448
4.000	11.000	5.000	11.000	.200	4.000	9.000	7.000	11.000
.800	2.200	1.000	2.200	.040	.800	1.800	1.400	2.200
3.200	8.800	4.000	8.800	.160	3.200	7.200	5.600	8.800

博羅	海豐		陸豐	新豐					紫金
丁米併征每石	地丁每兩	民米每石	丁米併徵原米每石	地丁每兩	民米每石	黃菁鄉地丁每兩	黃菁鄉民米每石	屯米折穀	丁米併征粮米每石
16.966元	3.958	8.833	15.802	2 570	8.211	1.310	4.720	3.750	10.397
.465	.278	.278	無						無
1.162警費 .174倉捐	.139	.139	1.798	無	無	無	無	無	1.250游擊隊 2.250中學高小
18.767元	4.375	9.250	17.600	2.570	8.211	1.310	4.720	3.750	13.897
686,306畝	731,900.	仝上	435,251.	112,422.	同上	同上	仝上	同上	257,948.
105,989,045元	32,725.444	仝上	40,314.324	13,520.568	同上	同上	仝上	同上	44,927.072
.1545毫	.0448	仝上	.0927	.1023	同上	同上	仝上	同上	.1742
附加地方警費倉捐均由九年起附加大學費始自十三年分				附加大學費該縣尚未照案帶收經已令催查復	同上	同上	同上	同上	
18.767元	4.375	9.250	17 600	2.570	8.211	1.310	4.720	3.750	13.897
22.000元	6.000	12.000	20.000	4.000	11.000	2.000	6.000	5.000	13.000
4.400元	1.200	2.400	4.000	.800	2.200	.400	1.200	1.000	2 600
17.600元	4.800	9.600	16.000	3.200	8.800	1.600	4.800	4.000	10.400

縣別	科目													
龍川	丁米併征每糧米石	10.370元	.897毫	.144毫	11.411元	102,000.畝	39,735.970元	.3896毫		11.411元	15.000元	8.000元	12.000元	
河源	丁米併征每銀一兩	1.737		游擊隊.069 平民學費.278	2.084	292,780	46,314.800	.1582	附加游擊隊費起自元年附加平民學費始自十五年分	2.084	3.000	.600	2.400	
和平	丁米合征額米每斗	.968	無	中學.096 醫院.212 平民學費.049	1.325	179,996.	20,126.782	.1118		1.325	13.00每石計	2.600	10.400	理由與南雄縣同
連平	地丁每元	2.122	無	.266	2.388	129,638.	17,216.746	.1328		2.388	3.000	.600	2.400	
潮安	地丁每兩	3.733	.139	.643	4.515	518,756.	115,090.241	.2218		4.515	5.000	1.000	4.000	
	民米每石	8.789	無	1.099	9.888	同上	同上	同上		9.888	11.000	2.200	8.800	
	民米每石	8.853	.139	1.666	10.658	同上	同上	同上		10.658	12.000	2.400	9.600	
	民谷每石	5.815	.070	1.111	6.996	同上	同上	同上		6.996	8.000	1.600	6.400	
	民小米每石	.610	無	無	.610	同上	同上	同上		.610	1.000	.200	.800	
	民小谷每石	.610	無	無	.610	同上	同上	同上		.610	1.000	.200	.800	

潮陽 地丁每兩	民米每石	揭陽 地丁每兩	民米每石	省米每石	澄海 地丁每兩	饒平 地丁每兩	倍米每石	民米每石	折米每石
3.994元	8.855	4.341	8.507	3.820	3.383	3.008	10.000	8.472	3.052
.208毫	.208	.070	.070	無	.278	無	無	無	無
.208毫	.208	.347	.347	無	.139	.521	.521	.521	.521
4.410元	9.271	4.758	8.924	3.820	3 800	3.529	10.521	8.993	3.573
445,724.畝	同上	647,597.	同上	同上	264,635.	371,667.	仝上	仝上	仝上
123,882.976元	同上	130,301.36	同上	同上	36,939.524	61,692.431	仝上	仝上	仝上
.2779毫	同上	.2012	同上	同上	.1395	.166	仝上	仝上	同上
4.410元	9.271	4.758	8.924	3.820	3.800	3.529	10.521	8.993	3,573
6.000元	12.000	6.000	11.000	5.000	5.000	4.000	13.000	11.000	4.000
1.200元	2.400	1.200	2.200	1.000	1.000	.800	2.600	2,200	.800
4.800元	9.600	4.800	8 800	4.000	4.000	3·200	10.400	8,800	3.200

縣別	項目												
普寧	新都 地丁 每兩	3.453元	.417毫	造冊費 七仙七 膏伙 仙 站費地 貸一毫 六仙四	4.174元	128,200.畝	49,032.593元	.3824毫	該縣在地丁項下附加一次滿平民習藝所經費規定在完納十九年分錢糧同時帶收新都每兩附加毫銀一元一毫七仙二文舊都及本城每兩附加毫銀一元毫一四仙一文此項附加欵係一次過抽收爲臨時經費故未加入上列數內合註明	4.174元	5.000元	1.000元	4.000元
	舊都 地丁 每兩	3.493	.417	造冊費 89仙	3.999	仝上	仝上	仝上		3.999	5.000	1.000	4.000
	本城 地丁 每兩	3.298	.417	無	3.715	同上	同上	同上		3.715	5.000	1.000	4.000
	新都 色米 每石	8.464	.417	無	8.810	同上	同上	同上		8.810	12 000	2.400	9.600
	舊都 折米 每石	4.185	無	無	4.185	同上	同上	同上		4.185	6 000	1.200	4.800
	本城 折米 每石	3.655	無	無	3.655	同上	同上	同上		3.655	5.000	1.000	4.000
大埔	丁米合併 粮米 每石	4.568	.265	.531	5.364	92,821.	17.449.763	.188		5.364	7.000	1.400	5.600
豐順	地丁 每兩	2.465	.416	無	2.881	111,529.	19,907.175	.1785		2.881	4.000	.800	3.200
	民米 每石	6.944	.416	無	7.360	仝上	仝上	仝上		7.360	10.000	2.000	8.000
	折米 每石	1.736	.416	無	2.152	仝上	仝上	仝上		2.152	3.000	.600	2.400
惠來	地丁 每兩	3.350	.417	無	3.767	252,600.	37,629.68	.149	該縣附加大學費係自十五年分起始照案帶收合註明	3.767	5.000	1.000	4.000

茂名		南澳	平遠	蕉嶺	五華	興寧	梅縣	
丁米合併民米每石	民米每石	地丁每兩	丁米合併糧米每石	丁米合併正米每石	丁米合併原米每石	丁米合併糧米每石	丁米合併糧米每兩	民米每石
5.211	9.029	3.473	5.382	6.596	8.824	8,950	6.561	8.160元
無			.222	無	.467	無	.166	.417毫
8.700			.444	蔴費.885 學費.349	.537	留法學費.448 田畝捐1.250 高中學費1.342	.436	無
13.911	9.029	3.473	6.048	7.830	9.828	11.990	7.163	8.577元
437,681.	仝上	8,122.	121,345.	92,634.	116,298.	257,364.	316,757.畝	仝上
94,954.000	仝上	4,491.000	12,514.186	9,631.349	28,493.060	48,642.890	52,584.000	仝上
.217	仝上	.553	.1032	.104	.245	.189	.1661	仝上
該縣附加地方各費歷年各有不同每年由地方財政委員按預算酌定現將十七年附加數列入								
13.911	9.029	3.473	6.048	7.830	9.828	11.990	7.163	8.577元
7.000	12.000	5.000	8.000	9.000	12.000	12.000	9.000	11.000元
1.400	2.400	1.000	1.600	1.800	2.400	2.400	1.800	2.200元
5.600	9.600	4.000	6.400	7.200	9.600	9.600	7.200	8.800元

電白	丁米合併民米每石	7.736元	無	3.600元	11.336元	16,159.畝	72,723.677元	.4513元	該縣附加費與茂名縣情形相同	11.336元	10.000元	2.000元	8.000元
信宜	丁米合併新圖民米每石	4.902	.098	未據查復	5.000	215,217	37,287.677	.1733	該縣附加地方費據報經已超出定率向由地文委員會管理實數若干飭查未復	5.000	7.000	1.400	5.600
化縣	丁米合併舊圖民米每石	6.622	.132	未據查復	6.754	仝上	仝上	仝上		6.754	9.000	1.800	7.200
	丁米合併民米每石	4.020	無	警費 .260 學費 .400	7.020	413,500.	45,368.740	.1097	該縣附加地方款情形大約與茂名縣相同現將十七年分附加數列入內	7.020	6.000	1.200	4.800
吳川	丁米合併民米每石	6.339	無	4.840	11.179	1,734	38,276.787	.2087		11.179	8.000	1.600	6.400
廉江	減則地丁每兩	3.139	無	無	3 139	仝上	仝上	仝上	此項減則地丁稅不完米石祇計丁銀合註明	3.139	4.000	.800	3.200
	丁米合併民米每石	5.661	.641	.400	6.702	328,381.	46,296.550	.141		6.702	8.000	1.600	6.400
海康	澄擴首升山稅漁課每兩	3.680	.521	.400	4.601	仝上	仝上	仝上	仝上	4.601	6.000	1.200	4.800
	丁米合併正圖民米每石	4.062	無	2.700	6.762	287,399	33,195.318	.1155		6.762	6.000	1.200	4.800

晧晗 民米每石	遂溪 丁米合併民米每石	徐聞 每畝完丁米	陽江 丁米合併稅米每石	陽春 地丁每兩	民米每石	合浦 地丁每兩	民米每石	靈山 地丁每元
4.462元	4.500	.134	5.182	3.829	8.183	3.325	14.562	3.063
無	無	.017	無	.417	.417	.420	.420	.300
2.700元	3.000	.020	.621	.174	1.021	.140	.150	
7.162元	7.500	.171	5.803	4.420	9.621	3.885	15.132	3.363
仝上	258,600.畝	164.833	335,275.	267.631	仝上	340,441.	仝上	182,323.
仝上	41,807.245	16,867.487	57,201.130	60,162.144	仝上	36,061.08	仝上	30,612.808
仝上	.1617	.1023	.1706	.2248	仝上	.1053	仝上	.168
	該縣附加地方欵上忙附收三元若下忙則加收毫銀一元二毫五仙合註明							該縣查復附加費多係無案可稽經令飭錄案呈復再核故未列入
7.162元	7.500	.171	5.803	4.420	9.621	3.885	15.132	3.363
6.000元	6.000	.200	7.000	6.000	11.000	5.000	19.000	5.000
1.200元	1.200	.040	1.400	1.200	2.200	1.000	3.800	1 000
4.800元	4.800	.160	5.600	4.800	8.800	4.000	15.200	4.000

								欽縣		防城	
每地淨四両丁米練	丁隙四每米練両地運	每地額四両丁米練	每民則九石米米圖	每民丁九石米米圖	每民粮九石米米圖	每地則九両丁米圖	每地丁九両丁米圖	每地民九両丁米圖	每則合丁石米併米	每民合丁石米併米	每色石米
3.401	3.401	3.401	25.715	8.568	5.646	4.371	3.223	2.706	3.812	7.625	2.605元
.417	.417	.417	.417	.417	.417	.417	.417	.417	無	無	.300毫
捐粮 1.223 費團 1.835	捐糧 1.360 費團 2 040	捐糧 .800 費團 1.200	無	無	無	捐糧 5.262 費團 7.893	捐糧 1 755 費團 2.632	費團 1.734 捐糧 1.156	1.500	3.000	
6.876	6.801	5.401	26 132	9.085	6.063	17.943	8.027	6.013	5.312	10.625	2 905元
同上	同上	仝上	仝上	仝上	同上	同上	同上	627,500.	同上	23,326.畝	同上
同上	同上	仝上	仝上	仝上	同上	同上	同上	11,763.774	同上	6,367.048元	同上
同上	同上	同上	仝上	仝上	同上	同上	同上	.1875	同上	.273毫	同上
											仝上
6.876	6.801	5,401	26.132	9.085	6.063	17.943	8.027	6.013	5.312	10.625	2.905元
5.000	5.000	5.000	33.000	12.000	8.000	6.000	5.000	4.000	5.000	10.000	4.000元
1.000	1.000	1.000	6.600	2.400	1.600	1.200	1.000	.800	1.000	2.000	.800元
4.000	4.000	4.000	26.400	9.600	6.400	4.800	4.000	3.200	4.000	8.000	3.200元

四練荒米地丁每両	四練額米民米每石	四練運陸米民米每石	四練淨米民米每石	四練荒米民米每石	瓊山 地丁每両	民米每石	屯改民成額米每石	屯改民淡額米每石	漁課每両	雜稅每両	澄邁 地丁每両
3.401元	2.083	2.083	2.083	2.083	大元 2.114	8.403	2.767	2.945	2.154	1.881	大元 2.500
.417 毫 捐欄 1.619 數欄 2.429	.417	.417	.417	.417	大元 .333	.333	無	無	無	無	
	無	無	無	無	無	無	無	無	無	無	無
7.866元	2.500	2.500	2.500	2.500	大元 2.447	8.736	2.767	2.945	2.154	1.881	2.500
仝上	同上	同上	仝上	仝上	905,071.	仝上	仝上	仝上	同上	同上	89,514.
仝上	同上	同上	仝上	仝上	100,605.400	仝上	仝上	仝上	同上	同上	25,167 90
仝上	同上	同上	仝上	仝上	.1112	仝上	仝上	仝上	同上	同上	.2809
											附加大學經費業經飭令照案帶徵現未據報開收故無列入
7.866元	2.500	2.500	2.500	2.500	大元 2.447	8.736	2.767	2.945	2.154	.1881	大元 2.500
5.000元	4.000	4.000	4.000	4.000	大元 4.000	11.000	4.000	4.000	3.000	3.000	大元 4.000
1.000元	.800	.800	.800	.800	大元 .800	2.200	.800	.800	.600	6.00	大元 .800
4.000元	3.200	3.200	3.200	3.200	大元 3.200	8.800	3.200	3.200	2.400	2.400	大元 3.200
					以下瓊崖各縣徵率係以大元計算合註明						

县	科目	1	2	3	4	5	6	7	8	9	10	11	12
	每石民米	7.678元		無	7.678元	同上	同上	同上	同上	7.678元	10.000元	2.000元	8.000元
定安	地丁每両	大元 2.022	.333	無	2.355	376,057.	17,297.47	.046		大元 2.355	大元 3.000	大元 .600	元大 2.400
	每石民米	5.903	.333	無	6.236	仝上	仝上	仝上		6.236	.800	1.600	6.400
	每両椰税	1.921	.333	無	2.254	同上	同上	同上		2.254	3.000	.600	2.400
文昌	地丁每両	大元 2.213	.367	無	2.580	708,632.	34,177.4	.0483		大元 2.580	大元 4.000	大元 .800	大元 3.200
	每石民米	2.210	.228	無	2.438	仝上	仝上	仝上		2.438	4.000	.800	3.200
	每両漁課	2.210	無	無	2.210	同上	同上	同上		2.210	3.000	.600	2.400
	每両牛椰菜税	2.034	無	無	2.034	同上	同上	同上		2.034	3.000	.600	2.400
瓊東	地丁每両	大元 2.211	.333	無	2.544	200,000.	11,197.32	.05599		大元 2.544	大元 4.000	大元 .800	大元 3.200
	每石苗米	5.028	無	無	5.028	同上	同上	同上		5.028	7.000	1.400	5.600
	每石升米	3.958	無	無	3 958	同上	同上	同上		3.958	5.000	1.000	4.000
	每石灶米	1.944	無	無	1.944	仝上	仝上	仝上		1.944	3.000	.600	2.400

				樂會				臨高			
屯改民糧每両	下米每石	菓米、墾每石	鄉稅每両	地丁每両	民米每石	漁課每両	鄉稅每両	丁米合併每両	門課每両	鄉稅每両	漁課每両
2.211元	4.722	3.639	2.000	大元 2419	6.216	2.419	1.250	大元 1.388	1.461	1.461	1.500
.333毫	無	無	.333	.333	.333	無	無	.333	無	無	無
無	無	無	無	無	無	無	無	無	無	無	無
2.544元	4.722	3.639	2.333	2·752	6.549	2.419	1.250	1.721	1.461	1.461	1.500
仝上	仝上	仝上	同上	49,520.	仝上	仝上	同上	179,319	同上	同上	同上
仝上	仝上	仝上	同上	12,436,237·	仝上	仝上	同上	17,513.25	同上	同上	同上
仝上	仝上	仝上	同上	.2512	仝上	仝上	同上	.0977	同上	同上	同上
								該縣附加大學經費核准自二十年起徵合註明			
2.544元	4.722	3.639	2.333	大元 2.752	6.549	2.419	1.250	大元 1.721	1.461	1.461	1·500
4.000元	6.000	5.000	3.000	大元 4.000	9.000	4.000	2.000	大元 3.000	2.000	2.000	2.000
.800毫	1.200	1.000	6.00	大元 .800	1.800	.800	.400	大元 .600	.400	.400	.400
3.200元	4.800	4.000	2.400	大元 3.200	7.200	3.200	1.600	大元 2.400	1.600	1.600	1.600

縣	項目											
儋縣	地丁每兩	大元 2.000 元	.333 元	無	2.333 元	303,400. 畝	39,126.274 元	.129 元	大元 2.333 元	大元 3.000 元	大元 .600 元	大元 2.400 元
	民米每石	4.081	.333	無	4.414	仝上	仝上	仝上	4.414	6.000	1.200	4.800
	黎米每石	2.040	無	無	2.040	同上	同上	同上	2.040	3.000	.600	2.400
	漁課每兩	2.000	無	無	2.000	同上	同上	同上	2.000	3.000	.600	2.400
崖縣	丁米合併民丁米每兩	大元 4.296	.644	.645	5.585	217,926	15,367.627	.07052	大元 5.585	大元 7.000	大元 1.400	大元 5.600
	丁米合併黎丁米每兩	5.407	.811	.811	7.029	仝上	仝上	仝上	7.029	8.000	1.600	6.400
	屯米每石	2.592	.389	.389	3.370	同上	同上	同上	3.370	4.000	.800	3.200
	生黎米每石	3.852	.578	.578	5.008	同上	同上	同上	5.008	.6000	1.200	4.800
	鄉溫峒丁每家	.733	.110	.110	.953				.953	1.000	.200	8.00
	漁課每兩	1.333	.200	.200	1.733				1.733	2.000	.400	1.600
陵水	地丁每兩	大元 2.780		.278	3.058	56,952	6,254.609	.1099	大元 3.058	大元 4.000	大元 .800	大元 3.200

	感恩				萬寧		昌江				
民米 每石	地丁 每两	榔税 每两	民米 每石	漁課 每两	丁米 每两	色米 每石	地丁 每两	漁課 每两	榔税 每两	黎粮 每两	民米 墾米 每两
1.910	大元 1.927	2.325	6.510	2.624	大元 2.624	3.054	大元 1.728	1.539	1.578	1.989	1.706 元
		無	.363	無	.363						
		無	.961捐戶 .739費園	無	.388捐戶 .299費園	無	無	.154	.158	.198	.170 元
1.910	1.927	2.325	8 573	2.624	3.674	3.054	1.728	1.693	1.736	2.187	1.876 元
	31,255.				78,973.		23.000				
	2,743.400				22,774.396		3,253.035				
	.0878				.2884		.1415				
1.910	大元 1.927	2.325	8.573	2.624	大元 3.674	3.054	大元 1.728	1.693	1.736	2.187	1.876 元
3.000	大元 3.000	3.000	9.000	4.000	大元 4.000	4.000	大元 3.000	2.000	2.000	3.000	3.000 元
.600	大元 .600	.600	1.800	.800	大元 .800	.800	大元 .600	.400	.400	.600	.600 元
2.400	大元 2.400	2.400	7.200	3.200	大元 3.200	3.200	大元 2.400	1.600	1.600	2.400	2.400 元

丁米合併征收串式

縣政府粮票
存查

縣縣長　　為給發錢粮收據事現據縣屬　　都　　啚　　甲
業戶　　戶丁　　現住　　區都　鄉啚　村甲　完納　　年分錢
粮　　十　石兩　斗錢　升分　合厘　每　應繳征丁米各欵毫
銀　元合併實收毫銀　百　十　元　毫　仙　文此存
另加征滯納罰金百分之　該毫銀
經收人
中華民國　　年　　月　　日

字第　　號征收錢糧毫銀

縣政府糧票
比銷

縣縣長　　為給發錢粮收據事現據縣屬　　都　　啚　　甲
業戶　　戶丁　　現住　　區都　鄉啚　村甲　完納　　年分錢
粮　　十　石兩　斗錢　升分　合厘　每　應繳征丁米各欵毫
銀　元合併實收毫銀　百　十　元　毫　仙　文此據
另加徵滯納罰金百分之　該毫銀
經收人
中華民國　　年　　月　　日

字第　　號征收錢糧毫銀

縣政府糧票
繳驗

縣縣長　　為給發錢粮收據事現據縣屬　　都　　啚　　甲
業戶　　戶丁　　現住　　區都　鄉啚　村甲　完納　　年分錢
粮　　十　石兩　斗錢　升分　合厘　每　應繳征丁米各欵毫
銀　元合併實收毫銀　百　十　元　毫　仙　文此繳
另加征滯納罰金百分之　該毫銀
經收人
中華民國　　年　　月　　日

字第　　號征收錢糧毫銀

縣政府粮票
糧戶執照

縣縣長　　為給發錢粮收據事現據縣屬　　都　　啚　　甲
業戶　　戶丁　　現住　　區都　鄉啚　村甲　完納　　年分錢
粮　　十　石兩　斗錢　升分　合厘　每　應繳征丁米各欵毫
銀　元合併實收毫銀　百　十　元　毫　仙　文除繳
留繳驗比銷外合給執照
另加徵滯納罰金百分之　該毫銀
經收人　　簽名蓋章
中華民國　　年　　月　　日給　　字第　　號

丁米分征地丁串式

縣政府粮票

存　查

縣縣長　爲給發錢粮收據事現據縣屬　都　啚　甲
業戶　戶丁　現住　都區　啚鄉　甲村　完納　年
分地丁正銀　十　兩　錢　分　厘每兩統徵毫銀　元
實收毫銀　百　十　元　毫　仙　文此存
另加徵滯納罰金百分之　該毫銀
經收人
中華民國　年　月　日

第　字　號征收地丁毫銀

縣政府糧票

比　銷

縣縣長　爲給發錢粮收據事現據縣屬　都　啚　甲
業戶　戶丁　現住　都區　啚鄉　甲村　完納　年
分地丁正銀　十　兩　錢　分　厘每兩統徵毫銀　元
實收毫銀　百　十　元　毫　仙　文此據
另加徵滯納罰金百分之　該毫銀
經收人
中華民國　年　月　日

第　字　號征收地丁毫銀

縣政府糧票

繳　驗

縣縣長　爲給發錢粮收據事現據縣屬　都　啚　甲
業戶　戶丁　現住　都區　啚鄉　甲村　完納　年
分地丁正銀　十　兩　錢　分　厘每兩統徵毫銀　元
實收毫銀　百　十　元　毫　仙　文此繳
另加徵滯納罰金百分之　該毫銀
經收人
中華民國　年　月　日

第　字　號征收地丁毫銀

縣政府糧票

糧戶執照

縣縣長　爲給發錢粮收據事現據縣屬　都　啚　甲
業戶　戶丁　現住　都區　啚鄉　甲村　完納　年
分地丁正銀　十　兩　錢　分　厘每兩統徵毫銀　元
實收毫銀　百　十　元　毫　仙　文除截
留繳驗比銷外合給執照
另加徵滯納罰金百分之　該毫銀
經收人　簽名蓋章
中華民國　年　月　日給　字第　號

丁米分征民米串式

縣政府粮票

存　查

縣縣長　為給發錢粮收據事現據縣屬　都　啚　甲
業戶　戶丁　現住　都區　啚鄉　甲村　完納　年
分民米　十　石　斗　升　合　勺每石統徵毫銀　元
實收毫銀　百　十　元　毫　仙　文此存
另加徵滯納罰金百分之　該毫銀
經收人
中華民國　年　月　日

字第　號征收民米毫銀

縣政府糧票

比　銷

縣縣長　為給發錢粮收據事現據縣屬　都　啚　甲
業戶　戶丁　現住　都區　啚鄉　甲村　完納　年
分民米　十　石　斗　升　合　勺每石統徵毫銀　元
實收毫銀　百　十　元　毫　仙　文此據
另加徵滯納罰金百分之　該毫銀
經收人
中華民國　年　月　日

字第　號征收民米毫銀

縣政府糧票

繳　驗

縣縣長　為給發錢粮收據事現據縣屬　都　啚　甲
業戶　戶丁　現住　都區　啚鄉　甲村　完納　年
分民米　十　石　斗　升　合　勺每石統徵毫銀　元
實收毫銀　百　十　元　毫　仙　文此繳
另加徵滯納罰金百分之　該毫銀
經收人
中華民國　年　月　日

字第　號征收民米毫銀

縣政府糧票

糧戶執照

縣縣長　為給發錢粮收據事現據縣屬　都　啚　甲
業戶　戶丁　現住　都區　啚鄉　甲村　完納　年
分民米　十　石　斗　升　合　勺每石統徵毫銀　元
實收毫銀　百　十　元　毫　仙　文除截
留繳驗比銷外合給執照
另加徵滯納罰金百分之　該毫銀
經收人　簽名蓋章
中華民國　年　月　日給　字第　號

串票說明

（一）丁米合併征收串式

凡丁米併征之縣原係以値銀計征者（即南海花縣是也）適用此串須在某年錢糧之下加値銀二字並將石斗升合等字删去如原係以地丁正銀併入米計征者（即順德佛岡封川等縣是也）須在串內某年錢糧之下加民米額三字並將両錢分厘等字删去如係以民米併入地丁計征者（即三水高要開建曲江等縣是也）須在串內某年錢糧之下加地丁額三字並將石斗升合等字删去如原係按大米糧米原米正米稅米計征者（卽英德惠陽陸豐蕉嶺陽江等縣是也）須在串內某年錢糧之下加某米字様並將両錢分厘等字删去以資識別

（二）丁米分征地丁民米串式

此两串式樣係指地丁民米分計征收且一向係丁米分串者適用之（即番禺東莞中山等縣是也）如有坦餉補升銀漁課雜稅榔稅等項征收者可將地丁串票改用即將地丁两字改爲某某字様如有折米屯米色米民谷倍米苗米等項征收者可將民米串票改用即將民米两字改作某某字様其中間有係丁米合串者即將此式酌量併而爲一可也

（三）此次將隨糧帶征一切雜項名目廢除並化零爲整以便征收其從前串票費及串票附加費一律免收

（四）所有糧票印刊費及一向串票附加開支各欵均得在留縣二成地方欵內開支

（五）瓊崖各縣征收錢糧向以大元計算故現定改征仍以大元爲率如以大元繳納者准作一五元水計另加元水一成以符加二五元水之數並須將糧票內毫銀字樣一律改爲大元其加補元水另添一欄註明

（六）現定糧票改用四聯一執照發給糧戶收執二繳驗按月隨同徵糧月報表或計算書一併繳廳審核三比銷由各鄉站彙繳縣政府比銷四存查留存各糧站備查

廣東財政廳劃一各縣屬鄉鎮田畝捐征收章程

（民國十九年二月十四日奉　省政府指令經第五屆第五十三次　省務會議議決准予試辦）

第一條　本章程係爲劃一各縣屬鄉鎮自收田畝捐費以代錢糧附加並示限制而規定

第二條　各鄉鎮征收田畝捐悉應依照本章程辦理

第三條　各鄉鎮辦理農業警學及自治事務對於田畝捐得自十九年度征收之

第四條　田畝捐之征收不因歲之豐歉而有增減

第五條　所謂田畝者無論種禾種菜種蔗種桑及其他一切植物並晒鹽地均包括在内

第六條　廣屬南番中順東莞新會寶安各屬沙田其業戶經遵沙田專章另納有留支護耕費者即作已納田畝捐論免予再行徵收未收護耕費之沙田得准其一律收捐

第七條　凡公産官産如有收益得准其一律收捐

第八條　各鄉鎮調查田畝徵收田畝捐事務在區自治機關未成立以前得以各該團區或警備隊區爲範圍由區團保局或區警備隊委員會督促辦理召集各鄉鎮人士會議辦法辦理之（如無上項團局或委員會時得由縣政府委令其他辦理全區事務屬於紳耆性質之局所辦理無此項局所時得令警察區署督促辦理）並呈由縣政府核定公佈其原有鄉鎮界因於習慣不能劃分時得照原有鄉鎮界辦理

第九條　徵收田畝捐應以田畝屬於何鄉鎮者爲準不以佃戶或業主典主爲準例如田畝在甲鄉

鎭界內而業主典主或佃戶在乙鄉鎭則其捐應歸甲鄉徵收反之田畝在乙鄉鎭界內而佃戶或業主典主在甲鄉鎭則其捐應歸乙鄉是也

第十條　徵收田畝捐應先從事調查調查竣事另造捐册連同調查表呈由縣長核明轉報財政廳核准方准開收調查表式另定之

第十一條　各鄉鎭爲便於調查起見得將該鄉鎭所轄區域分爲若干段辦理之

第十弍條　調查田畝應由各鄉公擧鄉內熟悉田畝情形二人及聘請外鄉公正人一人會同辦理之其各人應得公費及一切費用得由第一次田畝捐開支之未有收入以前由該辦理人先行籌墊

第十三條　各鄉調查員公擧及聘定後應報由該管團體或機關轉呈縣長核准通知後行之其應支公費各若干並由各鄉擬議報由該管團體或機關轉呈縣長核定

第十四條　田畝捐之徵收以畝或種爲標準其辦法如左

(甲)該鄉買賣契據以畝爲標準者得按畝徵收之　(乙)該鄉買賣契據以種爲標準者得按種徵收之　(丙)該鄉買賣契據有畝與種兩項並列者得按一項徵收之

第十五條　每畝或每斗種其價銀在一百五十元以下一百元以上者爲一等每年捐銀三毫價銀在一百以上五十元以上者爲弍等每年捐銀弍毫不及五十元者爲三等每年捐銀一毫

第十六條　凡田畝不及一畝或一斗種如在半數以上者仍以一畝或一斗種論不及半數者得折半徵

第十七條　收但面積不及畝之一分種數不及一升者得免征收其在一畝或一斗種以上者即以類推

第十八條　凡每畝或每斗種其價銀在二百元以上者得增收一毫

對於查定之畝或種之價格有不服者得具理由呈請該管團體或機關更正之若該管團體或機關認爲無庸更正仍有不服者得具理由呈請縣政府更正之但經縣政府決定後不得再行請求

第十九條　征收田畝捐每年應分爲二期征收每期征收半數但願一次繳足者聽

（甲）自七月至九月　（乙）自一月至三月

第二十條　征收田畝捐應給收據但須於上期繳欵時發給蓋明先收半數字樣下期繳欵時祇於收據上加蓋全數收清不必另發收據收據式另定之

第廿一條　凡繳納現年田畝捐須將上一年收據呈驗非上一年完清不能再納現年捐欵以示限制但繳驗後執有現年納捐新收據時則上年收據可不保存

第廿二條　負有繳納田畝捐之義務者爲業主如田畝經已典按者則對於田畝現有收益之典主負納捐義務

第廿三條　業主典主如非住在該田畝所在地之鄉須委托佃戶代繳但佃戶住址又非在該田畝所在地之鄉者須另委托田畝所在地鄉內殷戶爲納捐代理人

第廿四條 凡業主典主如將田畝自耕時其辦法與佃耕同

第廿五條 凡負有應納田畝捐之義務逾開征滿期後於三個月內完納者應罰繳滯納金一成在三個月以後完納者應罰繳滯納金二成（此項罰金原由業主典主納捐者應由業主典主負担原由佃戶或代理人代納捐者應由佃戶或代理人負擔）

第廿六條 應納田畝捐逾兩年度以外尙未完納者得停止其耕種並追繳捐欵及滯納金但以追納其兩年度所欠者爲止

第廿七條 凡業主典主有變更其業權時須於十日內赴田畝捐徵收所報請更正底册其該年應負之田畝捐辦法如左

（甲）在每年一月以後至四月以前變更者其捐欵由新業主典主繳納原業主典主免予負擔（乙）四月以後九月以前變更者原業主典主及新業主典主各負擔半數（丙）九月以後變更者仍由原業主典主負擔全數

第廿八條 田畝捐之收支在鄉鎭自治會未成立前應由該鄉鎭組織鄉鎭地方財政管理委員會管理之鄉鎭地方財政管理委員會章程另定之

第廿九條 田畝捐之用途分爲左列各項

（甲）農業費十分之三（如購置水機以備旱災建築圍基以防水災及聘請技師測驗土

宜改換種子暨購買公衆耕無機器以資提倡等是）（乙）公安費十分之三（丙）敎育費十分之二（丁）其他自治事務十分之二（戊）乙丙丁三項用途有餘存時應一切留爲改良農業預備金

第三十條　前項分配之定率有變更之必要時須得該鄉鎭公衆之同意並報由該管團體或機關轉報縣政府核准方得照行

第卅一條　凡田畝有因山壓水冲及其他一切天然力損壞不能耕種或已耕種而無收益者得免予徵收其減去一部份者應酌予減徵但須報由該管團體或機關勘明方得照辦

第卅二條　凡初行開墾之田畝得酌予限期免捐但至多不得在五年以外

第卅三條　凡荒廢之田准予暫免捐欵但自調查後以三年爲限逾三年無正當理由仍不耕墾者得由鄉鎭團體或機關招佃耕種以示限制

第卅四條　區自治公署成立以後關於第八條督促辦理事項應由辦理之團體或機關移歸區公署辦理其鄉鎭自治機關成立時關於第廿八條管理事項即歸鄉鎭自治會管理

第卅五條　自田畝捐實行征收後所有從前各鄉對於田畝無論以如何名目捐收或對於殷戶抽捐對於丁口抽捐者均應取銷之

第卅六條　各鄉鎭征收田畝捐得自設所征收不歸縣征糧處附收

第卅七條　本章程自呈請　省政府核准公布之日施行

縣　區　鄉田畝底册

年　月　日

調查員

鄉名	田畝所在地地名	地別	地號	面積若干或容種若干	每畝或每斗種現值若干	全坵現值若干	糧戶及糧額 戶名 糧額	業戶姓名住址	佃戶姓名住址	擬按畝數或種數征收毫銀若干	備考

一項鄉名宜將現劃定之鄉名填入無論合若干村爲一鄉或照舊獨立爲一鄉均應照現定名稱填註

二項所在地地名須將該田畝所在地現名填入如有別名或舊名均加一括弧填入之

三項地別如旱田水田或桑田之別是也宜分別填註

四項地號即該田畝第一號至某號之名稱也於調查時每查竣一田即將該田定一字號填入之如先查一田列爲第一號次查一田列爲第二號是也餘類推但須於每一幅中按坵順序排列切不可淩亂

五項面積或容種如該鄉買賣契約以畝分爲標準者則填明若干畝或若干分若以容種爲標準者則填明若干斗種或若干升種但畝數或種數非詢問耕佃有所不知應准於調查時先三日通告各耕佃一齊到田俾獲查詢其不及一分或一升種者雖照章程規定免予收捐亦須於詢明後一併填入

六項每畝或每斗種現值若干可照現時價填入之

七項全坵現值若干即該坵無論若干畝或若干種於有四週田界內全坵之現值亦即各屬所稱爲田基田唇田壆界內每坵之現值是也可估定填入

八項糧戶糧額如能將戶名糧額設法詢明填入甚佳否則暫准免填俟田畝捐開收第一期時着令各業戶於第二期繳回收據加蓋全年收清字樣時須於收據上註明該田原日係何戶名及糧額若干或無糧字樣再行填入無論田與糧是否相符抑或無糧概不追究既往

九項業戶姓名住址須將業戶眞姓名填入切不可填堂名如屬於祖嘗或公產須於公共名義下加註管理人姓名住址

十項佃戶姓名除須填眞姓名外其自耕者須書明自耕字樣如有總包耕之人須註明總包耕姓名分耕現佃姓名如耕佃不在該鄉內住居亦應填明

十一項備考無論如何事情有須附記者均可於此欄填入

縣　區　鄉

田畝捐徵收所通知

茲查本鄉　段第　號田地計面積容種　畝斗　分升　業主典

應納本年第一期田畝捐　拾　元　毫　仙　文特此通知

第二期半數一月至三月開收並此通知

此聯於開徵一個月前通知業戶

中華民國　年　月　日　經手征收員通知（蓋章）

字第　號銀　十　元　毫　仙　文

字第　號第一聯

縣　區　鄉

田畝捐徵收所收據

茲查本鄉　段第　號田地計面積容種　畝斗　分升　業主典

繳到本年第一期田畝捐　拾　元　毫　仙　文業經收訖此據

繳第二期半數時應將現收據繳同加蓋全數收清字樣

此聯交業戶收執

中華民國　年　月　日　經手征收員收據（蓋章）

字第　號銀　十　元　毫　仙　文

字第　號第二聯

縣　區　鄉

田畝捐徵收所查繳

茲查本鄉　段第　號田地計面積容種　畝斗　分升　業主典

繳到本年第一期田畝捐　拾　元　毫　仙　文業經收訖繳縣備查

此聯彙繳縣政府

中華民國　年　月　日　經手征收員呈繳（蓋章）

字第　號銀　十　元　毫　仙　文

字第　號第三聯

縣　區　鄉

田畝捐徵收所查繳

茲查本鄉　段第　號田地計面積容種　畝斗　分升　業主典

繳到本年第一期田畝捐　拾　元　毫　仙　文業經收訖繳廳備查

此聯呈縣轉繳財政廳

中華民國　年　月　日　經手征收員呈繳（蓋章）

字第　號銀　十　元　毫　仙　文

字第　號第四聯

縣　區　鄉

田畝捐徵收所存根

茲查本鄉　段第　號田地計面積容種　畝斗　分升　業主典

繳到本年第一期田畝捐　拾　元　毫　仙　文業經收訖留根備查

此聯留存徵收所備查

中華民國　年　月　日　經手征收員備查（蓋章）

字第　號第五聯

中華民國十九年四月初版
中華民國十九年八月再版

廣東財政廳
清理田賦方案

定價毫洋四角

編輯者 廣東財政廳田畝陳報處
發行者 廣東財政廳田畝陳報處
印刷者 廣州培英印務公司 永漢北路一百零八號 自動電話一一八三三

广东财政厅一九三七年各属沙田开投顷额日期及每次加额一览表

广东财政厅 编

廣東財政廳民國二十六年各属沙田開投項額日期及每次加額一覽表

區別	開投項額	時間	押票金	地點	每次應加項額	附註
中順十六沙南	一、三六〇頃〇〇	四月十三日至十五日下午二時	二千元	廣州市豐業財局樓上	十二頃	逢星期日例假不開投至各處所属沙田名另印表分發
中順十六沙北	一、三六〇〇〇	仝上	仝上	仝上	仝上	
中順恭谷都	一、五九一〇〇	仝上	仝上	仝上	五頃	
中順黄梁都	一、二二五〇〇	仝上	一千五百元	仝上	十頃	
中順安平	一、二二五〇〇	仝上	仝上	仝上	仝上	
中順小欖	一、三一五〇〇	仝上	仝上	仝上	仝上	
中順峯溪	一、〇二九〇〇	仝上	一千二百元	仝上	八頃	
中順隆都	一、二一七〇〇	仝上	仝上	仝上	五頃	
番禺沙灣	二、一〇〇〇〇	四月十六至十八日下午二時	二千五百元	仝上	五頃	

南番九江芡鹿	七六六	〇〇	仝上	八百元	仝上	三頃
東莞蓮溪	九四七	〇〇	四月廿日星期三日下午二時	七百元	仝上	三頃
東莞厚街	五〇〇	〇〇	仝上	四百元	仝上	二頃
東莞中堂	五八〇	〇〇	仝上	四百元	仝上	二頃
新會東南	八五〇	〇〇	四月廿三日星期六日下午二時	八百元	仝上	三頃
新會西南	一〇二	〇〇	仝上	一千元	仝上	三頃
新會禮樂	二五五	〇〇	仝上	三百元	仝上	一頃

(注意)押票金概收省毫券不收銀號憑單及毫銀并須於開投日上午十二時以前赴本廳支應股繳交逾時不收

廣東財政廳招商投承代征二十六年份沙田捐費細則

一、本細則係依照本廳修正暫行處理沙捐暨耕費規則第四條訂定，所有關於承商事項，除本細則有規定者外，其餘仍照修正暫行處理沙捐暨耕費規則辦理。

二、承辦商人代征捐費，以代征二十六年份早晚兩造沙田捐費及帶征二十六年份沙田錢糧爲限，其承辦期間以一年爲期，在此期間内，如無違背法令，決不中途易商。

三、承辦商人於承得區域範圍内代征沙田捐費錢糧，須依定章征收沙捐，每畝（以排大收計足，市斤計收八折以下均同）年征中央法幣叁角（本省毫券加五伸算），沙田錢糧每畝年征中央法幣弍角（本省毫券折算辦法與沙捐同），護耕費，新會屬沙田每畝年征毫券陸毫，東莞屬沙田，除南柵鄉履安堂減田每畝年征一造五毫外，其餘中順南番各屬沙田，每畝年征毫券壹元，不得額外需索分文。

前項於承得區域範圍外，如承商發覺尚有自來漏收捐費之沙田，應即查明列表呈報該管征收員轉呈本廳核辦。

四、關於代征沙田捐費錢糧期前，由本廳將代征區域投承底價及說明書，每次應加項計算（以底額為一千頃，每次加額八頃，多十頃之類）與應繳押票金數、開投日期地點，刊一併簡明表，佈告週知。就投價以出額超過底額最高者，為投得人，准予承耕。

五、凡有志投承者，須於佈告競投期前，依照表列所定押票金，按繳由本廳第一科事務股交廳庫核收，掣回收據，並將投票人姓名、籍貫、住址及欲投某區段沙田（承）叙明，屆時憑收據入座參加競投。至參加競投人所繳押票金，除出價最高者，俟核准承辦，照章繳足保證金方予發還外，其餘競投不得者，概准憑所收據發還。

六、競投時，係用有記名投票（形式另定），至少須有三票以上到投，並各票出價（每次加額應照簡明表擬定）合計共有四次，方為有效。又各票出價，須在五分鐘內表示，若過五分鐘無人表示出價時，即宣佈開投結果。但承投商人，一經繳納押票金，必須加入競投，若屆時規避不到，即將所繳押票金沒收充公。

七、競投終了時，即由監投委員將各次競投人姓名及應加價數目逐一筆錄宣佈，並報廳核辦，由廳飭該投得人，照現修正暫行處理沙捐投耕費規則第五條，繳足保證現金（詳表每具數定），保證後，即照修正暫行處理捐費規則第六條佈告開辦，倘逾期不繳，即將押票金充公。

廣東財政廳修正暫行處理沙捐護耕費規則 民國二十六年一月第三次修正

第一條 各屬沙田征收員辦理征收沙捐護耕費事務（以下簡稱捐費），應以直接征收為原則，惟所管各沙田如有特殊情形一時未能直接征收者，准照本規則暫行處理。

第二條 各屬沙田征收員須將所轄各沙、各圍名稱、面積，逐一查明，并分為若干段，擬定某段可以直接征收與不能直接征收分別列冊清楚，加具圖說，呈報本廳查核。

第三條 前條辦法如屬直接征收者，該管沙田征收員於每造開征時，須督率員役，照沙田底冊逐向業戶住地或赴沙所佃戶住所，按照該沙原定頃畝額數直接征收捐費，不得任令拖欠、及明委暗包事情。

第四條 各屬沙田如屬一時不能直接征收者，應公開招商投承代收，該管沙田征收員須先將段內各沙畝數、底價擬定，呈經本廳核准，先期出示佈告，并登本廳財政日刊，或廣州報紙及該管沙田征收處所在地報紙，招商投承，屆時在廣州市營業稅局投標，由廳派員監視，其投標辦法另定之。

第五條 承商一經投得後，應于七日內，提出左列保証：

甲、保証現金、 以該商投得該段之捐費年額百分之二十，繳由金庫核收

乙、保証商店、 以在廣州市或該沙田所在地市鎮內，經營正當商業且資本殷實，依式出具保結，經該管沙田征收員查明，呈由本廳認許者為限，其保結式另定之

前項具保商店在保証期間，如有資本減損或倒閉時，得飭承商於二日內加保，或另覓其他商店担保，或飭加繳現金保証，

第六條 前條保証現金，經庫核收，其保結經本廳認許，即由本廳印發捐費聯票，并佈告承商開辦，

第七條 每造限五個月代收繳報完竣，並以第一二三個月將段內沙捐費照定章代收解繳清楚，其第四個月為辦理繳銷聯票根及造報征收總冊，

前項票根總冊，呈由該管征收員核轉本廳核算清結，

第八條 承商於前條期內（指開辦後第一二三月）代收捐費，應依左列辦法按旬攤解，

甲、第一個月，依認定是造代收總額攤解十分之三、

乙、第二個月，依認定是造代征總額攤解十分之四、

丙、第三個月，依認定是造代征總額攤解十分之三、

前項每月攤解捐費數分上中下三旬匀解，十日為一旬，如附有沙田錢粮帶收，則匀合計算

第九條

承商代征沙田捐費，依前條各項所定，逐解當地分庫核收給據，同時將據赴該管征收處換領登記入賬，改換征收處收據收執

前項該管征收處接到承商繳到庫據時，即驗明備文填具解數報告征收印發回証備案

第十條

承商在代收區域內，所收是造沙田捐費，如有溢額時，應認為該承商辦公費，倘征不及額時，不得藉詞定情要求減免，但捐費聯票應照所收定數填明，不得短少，歸根并于每月終至下月拾日前，將填用捐費聯票（附有帶收錢粮其票據亦同）之查存兩聯，并月報冊二份，一併呈由該管沙田征收處核明分別存轉備查，月報表式另定之

第十一條　承商違反本規則第七條之規定，致有違章溢收等情，暨該管沙田征收員應先立予制止，將詳情呈報本廳核明屬實，得將該承商撤革或併沒收其保証金一部或全部，

第十二條　承商代行沙田捐費，如未經呈准，不得擅行封耕封割，及拘押佃農、

第十三條　承商違反本規則第八條之規定，至滿一旬以上未將捐費或解不及擬定之額時，該管沙田征收員應責令保店將月欠數照解清楚，如不遵辦，得呈由本廳將該承商或保店執行適宜有効之處分，

第十四條　承商違延本規則第十條但書之規定，致不繳存查及月報冊，逾期在三日以上者，該管沙田征收員應責令承商於五日內補繳，如仍不遵辦，得由該管征收員派員守催存查并代造月報冊，所需費用，呈由本廳在該承商保証金項下扣抵，

第十五條　承商在承辦期內能照本規則辦理征解數月清楚，准解除保証責任，所繳保証金及商店保結，一併發還，

第十六條　各縣屬屠宰捐費，無論由該管屠宰征收處直接征收或承商代收，該屠宰所在地之鄉公所，應切實協助，不得推諉，如該區鄉公所，有暗中阻撓情弊，得報由縣府查實，依違法辦。

第十七條　各鄉公所協助征收，經核明確有起色者，得將該鄉實納捐費，按月依式造具月報冊報，由該管屠宰征收處核轉本處，核准提給護耕費百分之五，為該鄉公所辦公費，其月報冊式，準用本規則第十條之規定，

前項鄉公所百分之五辦公費，以護耕費另款，且僅協助征收員直接征收部份為限，承商代收部份不適用之，

第十八條　凡承商代收捐費，如有需兵力協助之必要時，得呈請該管屠宰征收處轉請本處酌量指派，

第十九條　各屬屠宰征收員對於該管承商解繳捐費錢粮，得照左列提扣撥公費，

（一）屠捐准提扣百分之二，

（二）護耕費另款准提扣百分之二，

（三）沙田錢糧准扣百分之二，

（四）除上列各項提扣外，其餘仍照向章辦理，

第二十條　關於從前頒布獎賞一切例章，與本規則不相抵觸者，一律有效，

第二十一條　本規則如有未盡事宜，得由本廳隨時修改，呈省政府備案，

民國二十六年開投十六沙南沙田征收處所屬沙圍名一覽表

計開

鯰仔沙

田基沙

新漲沙

三整沙

大南上下沙

蘇蓬仔[illegible]沙

雞糞沙

錦標沙

海心沙

浪網沙

黑沙

黃信識沙

檳商民沙

侯大任沙

逆字號沙

廖捍沙

保家園

鰔標沙

廣東省政府財政廳佈告 核字第一六四〇號

照得中順十六沙北區所屬沙田廿四年全年沙捐護耕費茲定于四月廿二日至廿四日每日下午在本廳招商分段當衆開投以出價超過底額最高者承辦為此佈告仰業佃商民人等一體知悉凡有志投承者迅到本廳號房或該征收處取閱開投辦法依期赴投慎勿觀望遲延此佈

計粘連簡表一紙

中華民國二十四年四月十三日　廳長區芳浦

中順十六沙北區沙田分段開投底額日期簡表

段別	沙名	開投底額	開投時間	押票金	地點	每次應加頃畝額數	備考
第一段	大黄圃	六十五頃	四月廿二日至廿四日每日下午二時	五十元	本廳五樓	五十畝	段內禾田三十五頃桑基三十頃
第二段	小黄圃	八十五頃	同上	五十元	同上	五十畝	段內禾田四十二頃桑基四十三頃
第三段	天狗	一十七頃	同上	十五元	同上	十畝	段內禾田十頃桑基七頃
仝上	雁岑企沙	三十六頃	同上	三十元	同上	二十畝	段內禾田十六頃桑基二十頃
仝上	善坦	七頃	同上	五元	同上	五畝	段內桑基
第四段	中沙	五十七頃	同上	五十元	同上	五十畝	段內禾田一十七頃廿二畝桑基四十頃
第五段	滘步	五十二頃	同上	五十元	同上	五十畝	段內禾田八頃桑基四十四頃
第六段	大坳	六十二頃	仝上	五十元	同上	五十畝	段內禾田十頃桑基五十二頃
第七段	浮墟	九十頃	仝上	六十元	同上	五十畝	段內禾田三十頃桑基六十頃
第八段	波頭上下沙	八十一頃	仝上	六十元	同上	五十畝	段內禾田九頃桑基七十二頃
仝上	孖沙	一十三頃	仝上	十元	同上	十畝	段內桑
仝上	青埠	二頃	仝上	二元	仝上	二畝	段內桑
第九段	橫檔	六十三頃	同上	五十元	同上	五十畝	段內禾田三十一頃桑基三十二頃
第十段	牛角	八十五頃	同上	五十元	同上	五十畝	段內禾田四十頃桑基四十五頃
第十一段	石罉	九十一頃	同上	六十元	同上	五十畝	段內禾田七十五頃桑基十六頃
第十二段	吳婆	九十一頃	同上	六十元	同上	五十畝	段內禾田七十五頃桑基十六頃
仝上	爛木	一十九頃	同上	十五元	同上	十畝	段內禾田十六頃桑基三頃
第十三段	烏較	一百零五頃零五十畝	同上	一百元	同上	五十畝	段內禾田六十五頃[illegible]桑基三十[illegible]頃
第十四段	三角	一百九十一頃	同上	一百五十元	同上	一頃	段內禾田一百十頃桑基三十[illegible]頃菓基四十頃
第十五段	白里	一百二十頃	同上	一百元	同上	五十畝	段內禾田[illegible]菓基[illegible]頃桑基[illegible]
第十六段	三江下沙	一百一十二頃	同上	一百元	同上	五十畝	段內禾田一[illegible]十頃桑基二[illegible]
仝上	高沙	二十頃	同上	十五元	同上	十畝	段內桑基
仝上	蝠巡	四十頃	同上	三十元	同上	三十畝	段內禾田

民國廿六年開投十六沙北沙田征收處所屬沙圍名一覽表

計開沙名

大黄圍

小黄圍

天狗

岑沙扇企

善坦

中沙

署步

大拗

浮行

波頭上下沙

圩沙

青华

横档

牛角

石罩

吳婆

堋木

馬鞍

三角

白鯉

三江上下沙

高沙

福迆

民國廿六年開投安平沙田征收處所屬沙園名一覽表

計開

瀝心沙
承福沙
瀝新沙
南新沙
大漢沙
歸沙
義沙
塞沙
蟾沙
南順沙
潭洲沙

双翼沙
黄閣沙
李家沙

民國廿六年開投恭谷都沙田征收處所屬沙圍名一覽表

計開

沾涌沙

二沾沙

南沙

孖洲沙

公洲沙

坭洲沙

中臺沙

鵝槽沙

三沾沙

翠微沙

前山沙

下浩沙
紅灣沙　五顷圍在内
沙心沙
猪母灣沙　石桓圍在内
蜘洲沙　三合圍在内
燈籠洲沙
白石灣沙　長沙在内
古宵沙　螺地環沙在内
神清沙　孖坑磨刀二沙在内
燈籠沙　新沙在内
鴉崗沙　即羅崗沙
茅灣沙
界涌沙
竹排沙

民國二十六年開投中順黃梁都沙田征收處所屬沙田名一覽表

計開

洋涌沙

月坑沙

鰲魚沙

蝦山沙

蝦山內澳沙

小托沙

大托沙

南環沙

東菜州沙

桅夾沙

大霖沙

小霖沙

青碼港沙
新沙厍成沙
新沙涨成圍
乾露沙
白焦沙
三灶沙
大赤坟沙
小赤坟沙
南山沙
南門沙
井岸沙
泥湾沙
大滧涌沙
小滧涌沙

龍西沙

網夏沙

馬山沙

荔山沙

華山沙

澂崚堡沙

大小黃楊沙

民國二十六年開投小欖沙田征收處所屬沙田圍名一覽表

計開

草坦

烏白

鹹角

四沙

白濠

石崗

佑公沙

小瀝尾

罟步

忠心海

撒網

村心

古 曹 海 王 南 東 高 攬 北 西

鎮 步 洲 埒 燈 燈 積 面 燈 燈

民國二十六年開投中順峯溪沙田征收處所屬沙園名一覽表

計開

大雁沙　蒼角沙　撓桿沙　插口沙　缸瓦沙　昌尾沙　上九沙

石排沙　下九沙　港口沙　石栰沙　西步沙　高涌沙　塞基沙

九涌沙　十涌沙　三埒沙　大插沙　西基沙　上滘沙　下滘沙

沙環沙　十一涌　石決沙　元坦沙　金菊沙　馬涌沙　分流沙

東濠沙　三栰沙　白鵝沙　潤濠沙　茶園沙　胡盧沙　如洋沙

如洋坦　長海沙　小插沙　烏龜沙　細　沙　十二涌　苜林沙

東基沙　山涌沙　撓鬈沙　黄魚埒　草林沙　石埒沙　生蘋沙

下六沙　泒墊沙　横涌沙　大田沙　木朿沙　下洋沙　白石洋

白石涌　白石沙　响石沙　學洋前　學前洋　學堂前　鬼鳩塘

蟛蜞頭沙　天王橋　白蟮洛　茶奇洛　茶林涌　沙崗沙　沙崗前

沙崗澂　沙崗咀　月宮灣　大墨頭沙　第三截　第四截　大閘沙

鄭家沙　林涌尾　禾谷廟　高家基　夫人坦　麗家基　陳家沙
學灣沙　龍根墪　老安沙　庫充沙　發癲涌　方基涌　方基巷
華陀廟　華光廟　墪塘前　缺水沙　蜆涌沙　山背洋　南便洋
蹉橋沙　龍舟坦　第二涌　長子路　橋仔頭　大橫界　小橫界
橫界仔　橫界沙　大界沙　長邊坦　茅洋墪　東西側　三山廟
公号墪　邊沙界　官田界　獅子洋　獅　洋　火燒墪　雞仔墪
高墪沙　火燒頭　橫浪尾　墪洋前　墪洋沙　海頭墪　杉撥坦
大王廟　魚洋坦　企界沙　杉麻灘　南涌坦　毛屋塘　南涌沙
南邊墪　娘碼沙　塘基迆　烏菱坦　天縣社　塘邊坦　包肚坦
和生門　大沙界　大　沙　石缺園　麻龍墪　車咘蓢　大白石
大　坦　孖　涌　大塘基　月池邊　新　沙　小涌坦　濺頭涌
山仔頭　小茶橋　茶　林　茶　奇　沙巷口　甲　利　大甲利
小甲利　學田洋　炭　迯　佘家基　下　寫　土地園　黎　頭

蕭家沙
土地莊
李家沙
涌邊
劉家基
松子坑
牛乾滘

新涌沙
牛肚環
南一沙
南二沙
南三沙
南四沙
南嗒沙

帮書
大双
涌滘沙
蒶光沙
猛涌沙
三屋洲
倒流沙

白山沙
大園沙
橫滘沙
逕頭沙
竹林下
孔樹兜
林婆沙

碑洋沙
對面滘
壳涌沙
東屋坦
東西界
南北界
東基田

西門
西河
西合
西昌
西異
沙仔
鄉口

猪迣咀
水松排
洋什貨
水洲沙
禪頭環
佛仔前
牛蹄

西嚀尾
帮園
番鬼
沙岡園
蟾耕脚
上閘
風車界

碑涌沙
馬騮決
八畝界
木壳
塘基下
獅子墪
馬成

沙艇頭
夾杯界
大步頭
双滘仔
中谷
銀定夭
石牛滘

荔枝園
補祿墪
牛角界
北頭
桃仁沙
燈盞園
高洞

眼鏡
企拒蓋
下路
三步頭
沙仔園
聖母
馬三方

企界
橋眼沙
石牛
庙前
橫界
挑四
基下

甲凳　咸陽　汎地脚　大文　祠堂坦　廟前　飯時界
荔枝　橋脚　石圭涌　葫涌　雞腸滘　破布　龍山社
托盆籮　老蒲　大竹高　長界　鯽魚塘　林涌　袂脚
墪頭　下閘　鶴亂花　基面　彩花前　塘基仔　諸雞
九洲界　底界　芒萁脚　洪屋坦　爛塘　東就　西就
新磐　三塘基　石坎　岐頭　學興　員峰　沙環
拱北　基邊　沙園　細沙　上基　大沙　大墪
竹溪　渡溪　渡頭　恒美　沙涌　側流涌　毛涌
上塘　金溪　寮蔽　甲洲　福涌　黄界　新基
大園涌　福界　園仔尾　石樹墪　孖涌　大碌沙　毛基沙
破浪沙　两側沙　赤坭沙　太平沙　北側沙　灣船沙　今古沙
南六沙　南七沙　南八沙　南九沙　横濠沙　亭子下　河官添
新白頭　望天塘　三畝基　魚秧沙　斗角塘　洪家基　燒灰爐

仙娘塘　托盆界　玄壇塘　鴨墨沙　荔枝沙　甲子涌　界尾坦
新涌尾　新涌　泥板沙　鴨利沙　孖蓮沙
以上爲第一區
鉄爐　鉄爐前　袁中洋　七伯　馬坑口　方元下　安堂
茶園坑　茶園　茶亭下　月環前　織縫坑　葫尾　白石頭
長壆　無底凼　水松基　菜園下　第三坵　樟樹仔　江尾黄
何北園　庵前下　大林下　曹家涌　即紅坑　廟仔前　牌坊脚
第五坵　大嵐　八界　王屋洲　新園　黄埔　臺下
高基　竹洋沙　三春　横滘　第一坵　大樹坊　牛鉅
秀英　沙平　石基　高家沙　田基　天后廟　大涌
草咀　隴西　新涌下　新流　新流下　西洛涌　沙環
大葫　竹柵下　步頭基　大梳園　石井前　下南湖　項界基
白井　赤樹刀　破廟前　海眉　大界頭　洪聖廟　陸西

以上屬第二區、

齊東沙 濠頭 白沙 毛屋 榛沙 榛口 水洲

新涌 楊家 黎村 小隱 山洲 麻子 涌口

雞頭 蟻洲 左步頭 左溪 海崇環 銅鼓環 泮沙

崖口 新沙 小新 下元洲 毛屋 俗坦 劉份

企界 跳尾 細沙 芙蓉 白鴿界 假坦 沙灣界

甲頭洲 馬份 鄭份 羅福涌 第三涌 胡份 第一涌

楊份 横份 洋角 張家邊

以上屬第四區

大澳 沙坑 月公山 竹山 大坑 無洲 尾捫仔

大尾捫 坑仔 淺環 白婆灣 大羅古 南坑 登家井

流水坑 拱北門 白泥港 天后廟 路廷步 大有園 企人石

雙尾

以上屬第六區

民國二十六年開投中順隆都沙田征收處所屬沙圍名一覽表

計開

沙腰沙

葫滘沙

觀音沙

晗沙

子沙

赤洲沙

付洋沙

芙蓉沙

廣福沙

深湾沙

大排沙

特沙

民國廿六年開投沙灣沙田征收處所屬沙圍名一覽表

計開

沙行至上鄉等沙

石碁止

龍枕滘等沙

觀音沙

大小烏滘下

大鵰等沙

金剛淺海杉水等沙

蘇河九沙等沙

沙阜金沙

魚虾窩乘洲等沙

杭猿官田番家等沙

九牛豚沙等沙

官南永沙

清罟沙白水潭等沙

新旧墦龙沙等沙

民國二十六年開投南番九江莞鹿沙田征收處所屬沙圍名一覽表

新開

石樓沙　江鷗沙

清流沙　赤崗沙

北帝沙　海心沙

員崗沙　瀝漖沙

青涌沙　莞塘沙

南灣沙　劍曹沙

勝洲沙　大古沙

南崗沙　大濠沙

沉　沙　砧板沙

青船沙

九江沙内涌墙

北帕沙

下四沙即豐围

琶沙下沙

神沙

南帕沙

上四沙

琶沙上沙

一工三沙即白糖基沙

民國三十六年開徵東莞達溪沙沙田征收處所屬圍名一覽表

計開

萬頃沙

南沙

海南柵

北柵官涌

下里溝邊村附近

下里錦廈村邊附近

下里烏沙沙鄉附近

下里上沙附近

下里北頭村附近

下里[illegible]村附近

下里李埗

下里大寧

下里下邊鄉

下里青皂邊鄉

武山沙 內白沙蛇頭沙均入武山沙

長沙沙

沙角沙

對面港

鎮口附近

廣濟圩

金洲村

裕豐圍

大簡圍

竹洲沙

民國廿六年關候鼻街沙沙田征收處所屬沙圍名一覽表

附閘

楊公洲	白鶴洲	元洲
渡船洲	春魚岩	始祖坦
炕船洲	侯王洲	永安洲
双閘	方座	義沙
泗沙	三排沙	鞋底沙
稔洲沙	上下大泥沙	牛欄沙
北海中沙	齊沙	古洲沙即牛欄沙
閘西沙	西大坦	福祿沙

福祿新沙

下石角

小虎山

參公洲白鳥洲坭筆洲等沙

白[illegible]洲

鮎魚洲

淺沙

寶塘下附近

龍船洲

石塘頭虎沙

南環圍

小虎仔

溪頭村前

大王洲

虎橋滘

清水坳

赤領村

柱子中沙

南環圍仔

大虎山

白濠沙

吴屋洲

横滘沙

簡沙洲

新基村附近

民國二十六年開投東莞中堂沙田征收處所屬沙圍名一覽表

計開

魷沙
涇滘沙
龍船沙
蓮藕沙
茶龍沙
北西沙
大魚沙
三洲
羅浮尾
南瀝新沙
印洲

魷沙仔
滙本洲
合福洲
大成沙
担竿沙
鎮城洲
筆洲
漕海
公洲
大潭沙
大沙洲

南新沙
鐵公洲
狀牛洲
樟棚沙
萬金沙（[illegible]萬年洲 [illegible]萬金沙）
石排洲
十字洲
赤沙
欄泥[illegible]
烏沙村
節塵洲

泥洲
塵洪過附近
聯福沙
沉洲沙
浪洲沙
竹排沙
二洲
濱涌沙
彭辣沙
社香洲
海洋洲

泥涌沙
陳屋沙
大羅沙
烏貫沙
五房洲
荒城沙
東洲頭
白新鷺魚洲
裹伏滘
筆洲

顧洲
道滘
流子洲
青魚洲
上滘沙
南北埗沙
南洲
金鰲洲
進子海
雁馬洲沙

上下渦
二了海
小中海沙
豆鼓沙
海封長洲
毛定洲
柳塘園
海心沙
平二沙
金龍洲
角尾沙

馬洲
馬騮洲
崩涌沙
三房洲
釣玉子洲洲
雞蝕沙
蒲魚洲
胡屋水
美禾村沙

民國二十六年開投新會東南沙田經投齋所屬沙圍名一覽表

計開

百頃沙

東環沙

鱘鰉漄沙

横山沙

竹洲沙

馬拴沙

深滘沙

大扁嶼沙

東向沙

大鰲尾沙

華　沙

石板沙

上横沙

粉洲沙

銀潭沙

大鰲社沙

十七頃沙

睦洲沙

人冲沙

梅冲沙

連手擄沙

腰股沙

白石下沙

黃布沙

上橫瀝傘

陳屋咀圍沙

掛帽沙

大沙

南橫沙

狗尾沙

關家壆沙

蓮洲沙

蟹洲沙

中心沙

民國二十六年開投新會西南沙坦田征收處所屬沙園名一覽表

計開

大滘沙	大派洲沙	東甲沙	西甲沙
梅樹滘沙	新魁滘沙	禮義一沙	天馬沙
大祿沙	蔡坑沙	五環沙	大洲五環沙
十攀洲沙	王公瀨沙	北岸沙	東岸沙
光美沙	黎禺沙	基背沙	鯉魚沖沙
嶺頭沙	咀頭沙	嘉寮沙	嘉橫夏令寮木沙
橫基二尾沙	橫嶺沙	樓基沙	祿沖沙
仙洞沙	仙洞南合沙	仙洞下洋沙	黃沖沙
三村崖外沙	趙家圍沙	海心沙 趙姓陶姓所屬	深壆沙
九子沙	三沙沙	茂標中工沙	德良新前沙
謝沖沙	官田沙	度子沙	洋美沙

沙崗沙
梅崗沙
[illegible]閘上横沙
蒲窖沙
陳冲沙
[illegible]長山沙
[illegible]管咀沙
脩閘沙
燭洲沙
洋邊沙
龍泉內外沙

南坦沙
小崗沙
河村沙
石坑沙
羅坑沙
長山尾沙
[illegible]
孖洲沙
沙角沙
那伏沙
茅步沙
屋背坑沙

南庚沙
忠孝里沙
九如沙
廬冲沙
上官冲沙
長蠔沙
玉洲沙
沙椎沙
石冲箔沙
茅岡頭沙

中心海沙
[illegible]
洞閘沙
吳口冲側沙
石咀沙
下官冲沙
慈溪沙
北村沙
梅灣沙
南朗沙
綱山沙

民國二十六年開投新會禮樂沙沙田征收處所屬沙圍名一覽表

計開

大洋洲

鶴鶴沙

六合沙

鰂魚沙

灣大圍

黃家鮑魚圍

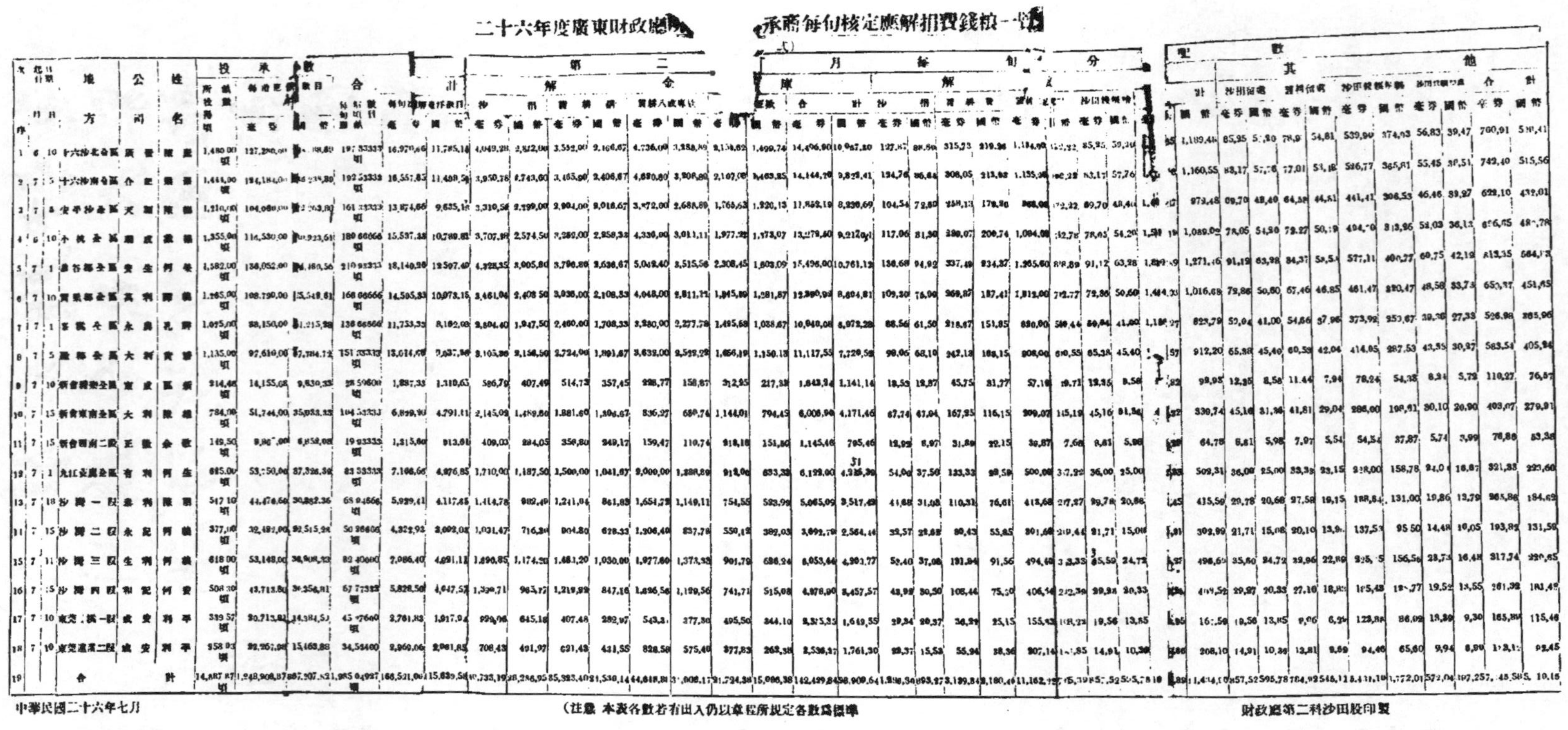

二十六年度廣東財政廳[illegible]承商每旬核定應解捐費錢糧一覽[illegible]

序	月	日	地方	公司	姓名	所領投投畝	每畝應繳 毫券	國幣	每旬分(畝)數目	每旬應解管理費 毫券	國幣	沙捐 毫券	國幣	警捐 毫券	國幣	警捐入成專款 毫券	國幣	[illegible] 毫券	國幣
1	6	10	十六沙北全區	廣豐	[illegible]	1,480.00頃	127,280.00	[illegible]88.89	197.33333頃	16,970.66	11,785.18	4,049.28	2,812.00	3,552.00	2,466.67	4,736.00	3,288.89	2,154.62	1,499.74
2	7	5	十六沙南全區	合記	[illegible]	1,444.00頃	124,184.00	[illegible]6,238.80	192.53333頃	16,557.83	11,409.59	3,950.78	2,743.00	3,465.00	2,406.67	4,620.80	3,208.89	2,107.00	1,463.85
3	7	8	安平沙全區	天[illegible]	陳[illegible]	1,210.00頃	104,060.00	[illegible]2,263.89	161.33333頃	13,874.66	9,635.18	3,310.56	2,299.00	2,904.00	2,016.67	3,872.00	2,688.89	1,765.62	1,220.13
4	6	10	小欖全區	[illegible]	[illegible]	1,355.00頃	116,530.00	[illegible]0,923.61	180.66666頃	15,537.33	10,789.81	3,707.99	2,574.50	3,252.00	2,258.33	4,336.00	3,011.11	1,977.22	1,373.07
5	7	1	[illegible]全區	[illegible]生	何[illegible]	1,582.00頃	136,052.00	[illegible]4,480.56	210.93333頃	18,140.26	12,597.40	4,328.35	3,005.80	3,796.80	2,636.67	5,062.40	3,515.56	2,308.45	1,603.09
6	7	10	[illegible]全區	[illegible]	[illegible]	1,265.00頃	108,790.00	15,548.61	168.66666頃	14,505.33	10,073.15	3,461.04	2,403.50	3,036.00	2,108.33	4,048.00	2,811.11	1,845.89	1,281.87
7	7	1	[illegible]全區	永[illegible]	孔[illegible]	1,075.00頃	88,150.00	[illegible]1,215.28	138.66666頃	11,753.33	8,162.03	2,804.40	1,947.50	2,460.00	1,708.33	3,280.00	2,277.78	1,495.68	1,038.67
8	7	5	[illegible]全區	大[illegible]	[illegible]	1,135.00頃	97,610.00	67,784.72	151.33333頃	13,014.66	9,037.96	3,105.80	2,156.50	2,724.00	1,891.67	3,632.00	2,522.22	1,656.19	1,150.13
9	7	10	新會[illegible]全區	[illegible]	[illegible]	214.46頃	14,155.08	9,830.33	28.59600頃	1,887.33	1,310.63	586.79	407.49	514.72	357.45	286.77	158.87	312.95	217.32
10	7	15	新會東南全區	大[illegible]	陳[illegible]	784.00頃	51,744.00	35,933.33	104.53333頃	6,899.90	4,791.11	2,145.09	1,489.60	1,881.60	1,306.67	836.27	580.74	1,144.01	794.45
11	7	15	新會西南二段	[illegible]	[illegible]	149.50頃	9,867.00	6,852.08	19.93333頃	1,315.60	913.61	409.03	284.05	358.80	249.17	159.47	110.74	218.18	151.50
12	7	1	九江[illegible]全區	[illegible]	何[illegible]	625.00頃	53,750.00	37,326.39	83.33333頃	7,166.66	4,976.85	1,710.00	1,187.50	1,500.00	1,041.67	2,000.00	1,388.89	912.00	633.33
13	7	18	沙灣一段	[illegible]	陳[illegible]	517.10頃	44,470.60	30,882.36	68.94666頃	5,929.41	4,117.65	1,414.78	982.49	1,241.04	861.83	1,654.72	1,149.11	754.55	523.99
14	7	15	沙灣二段	永記	何[illegible]	377.10頃	32,431.00	22,515.28	50.28666頃	4,322.93	3,002.08	1,031.47	716.30	904.80	628.33	1,206.40	837.78	550.12	382.03
15	7	11	沙灣三段	生[illegible]	何[illegible]	618.00頃	53,148.00	36,908.33	82.40000頃	7,086.40	4,921.11	1,690.85	1,174.20	1,483.20	1,030.00	1,977.60	1,373.33	901.79	626.24
16	7	5	沙灣四段	和記	何[illegible]	508.30頃	43,713.80	30,356.81	67.77333頃	5,828.50	4,047.57	1,390.71	965.77	1,219.92	847.16	1,626.56	1,129.56	741.71	515.08
17	7	10	東莞[illegible]一段	[illegible]	[illegible]	339.57頃	20,713.81	14,384.5[illegible]	45.27600頃	2,701.83	1,917.94	920.06	645.18	407.48	282.97	543.3[illegible]	377.30	495.50	344.10
18	7	10	東莞[illegible]二段	[illegible]	[illegible]	258.93頃	22,267.98	15,463.88	34.52400頃	2,960.06	2,061.85	708.43	491.97	621.48	431.55	828.58	575.40	377.83	262.38
19			合計			14,887.87頃	1,248,908.87	867,307.82	1,985.04927頃	166,521.00	115,639.58	[illegible]0,733.19	28,286.95	35,323.40	21,530.14	44,618.81	3[illegible],008.17	21,724.38	15,086.38

序	庫款合計 毫券	國幣	沙捐 毫券	國幣	警費 毫券	國幣	警捐入成專款 毫券	國幣	沙田稽徵經費 毫券	國幣
1	14,496.90	10,0[illegible]7.30	127.87	88.80	315.73	219.26	1,184.00	[illegible]22.22	85.95	59.[illegible]
2	14,144.70	9,822.41	124.76	86.64	308.05	213.92	1,155.20	[illegible]02.22	83.17	57.76
3	11,852.19	8,230.69	104.54	72.60	258.13	179.26	968.00	[illegible]72.22	69.70	48.40
4	13,279.60	9,2[illegible]	117.06	81.30	289.07	200.74	1,084.00	[illegible]52.78	78.05	54.20
5	15,496.00	10,761.12	136.68	94.92	337.49	234.37	1,265.60	878.89	91.12	63.28
6	12,390.9[illegible]	8,604.81	109.30	76.00	269.87	187.41	1,012.00	702.77	72.86	50.60
7	10,040.08	6,972.28	88.56	61.50	218.67	151.85	820.00	569.44	59.04	41.00
8	11,117.55	7,720.52	98.06	68.10	242.18	168.15	908.00	630.55	65.38	45.40
9	1,643.94	1,141.16	18.53	12.87	45.75	31.77	57.19	[illegible]9.71	12.35	8.56
10	6,006.90	4,171.46	67.74	47.04	167.25	116.15	209.07	145.19	45.16	31.36
11	1,145.46	795.46	12.92	8.97	31.89	22.15	39.87	[illegible]7.68	8.61	5.98
12	6,1[illegible].00	4,3[illegible]	54.00	37.50	133.32	92.59	500.00	347.22	36.00	25.00
13	5,065.09	3,517.49	44.68	31.03	110.31	76.61	413.68	287.27	29.78	20.68
14	3,692.79	2,564.44	32.57	22.62	80.43	55.85	301.68	209.44	21.71	15.08
15	6,053.44	4,203.77	53.40	37.08	131.84	91.56	494.40	343.33	35.59	24.72
16	4,878.90	3,[illegible]57	43.92	30.50	108.44	75.30	406.56	[illegible]2.30	29.28	20.33
17	2,3[illegible]5.3[illegible]	1,649.55	29.34	20.37	36.29	25.15	155.92	108.2[illegible]	19.56	13.85
18	2,536.27	1,761.30	22.37	15.53	55.94	38.36	207.14	1[illegible]3.85	14.91	10.36
19	142,499.84	98,909.64	1,2[illegible]0.30	893.27	3,139.84	2,180.46	11,162.2[illegible]	[illegible]	857.52	595.78

序	計 毫券	計 國幣	沙捐留進 毫券	國幣	警捐留費 毫券	國幣	沙田稽徵經費 毫券	國幣	沙田[illegible] 毫券	國幣	合計 毫券	國幣
1	[illegible]	1,189.46	85.95	5[illegible].80	78.9[illegible]	54.81	539.90	374.93	56.83	39.47	760.91	5[illegible].41
2	[illegible]	1,160.55	83.17	57.76	77.01	53.48	526.77	365.81	55.45	38.51	742.40	515.56
3	1,40[illegible]	972.48	69.70	48.40	64.58	44.81	441.41	306.53	46.46	32.27	622.10	432.01
4	1,5[illegible]	1,089.02	78.05	54.20	72.27	50.19	494.[illegible]0	3[illegible]3.26	52.03	36.13	6[illegible]6.65	48[illegible].78
5	1,8[illegible]	1,271.46	91.12	63.28	84.37	58.5[illegible]	577.11	400.77	60.75	42.19	813.35	564.[illegible]
6	1,464.[illegible]	1,016.68	72.86	50.60	67.46	46.85	461.47	320.47	48.56	33.73	650.37	451.65
7	1,18[illegible]	822.79	59.04	41.00	54.66	37.96	373.92	259.67	39.[illegible]	27.33	526.98	365.96
8	[illegible]57	912.20	65.38	45.40	60.53	42.04	414.05	287.53	43.55	30.27	583.51	405.94
9	[illegible]82	92.95	12.35	8.58	11.44	7.94	78.24	54.38	8.24	5.72	110.27	76.57
10	[illegible]22	330.74	45.16	31.36	41.81	29.04	286.00	198.61	30.10	20.90	403.07	279.91
11	[illegible]	64.78	8.61	5.98	7.97	5.54	54.54	37.87	5.74	3.99	76.86	53.38
12	[illegible]	502.31	36.00	25.00	33.33	23.15	228.00	158.78	24.0[illegible]	16.67	321.33	223.60
13	[illegible]45	415.59	29.78	20.68	27.58	19.15	188.84	131.00	19.86	13.79	265.86	184.62
14	[illegible]91	302.99	21.71	15.08	20.10	13.9[illegible]	137.5[illegible]	95.50	14.48	10.05	193.82	131.58
15	[illegible]	496.6[illegible]	35.60	24.72	32.96	22.89	225.[illegible]5	156.56	23.73	16.48	317.74	220.65
16	[illegible]	40[illegible].52	29.27	20.33	27.10	18.8[illegible]	185.43	12[illegible].77	19.52	13.55	261.32	181.42
17	[illegible]85	16[illegible].59	19.56	13.85	9.06	6.2[illegible]	123.88	86.02	13.39	9.30	165.86	115.46
18	[illegible]	208.10	14.91	10.36	12.81	8.89	94.46	65.60	9.94	6.90	1[illegible]2.1[illegible]	92.45
19	[illegible]89	11,4[illegible]	857.52	595.78	784.92	545.11	5,431.19	3,772.01	572.04	397.25	[illegible]	[illegible]

中華民國二十六年七月

（注意 本表各數若有出入仍以章程所規定各數為標準

財政廳第二科沙田股印製

廿六年度广东财政厅所属沙田承征机[illegible]定每期解款日期一览表

起征日期			6.10	6.10	7.1	7.1	7.1	7.5	7.5	7.5	7.10	7.10	7.10	7.10	7.11	[illegible]	7.5[illegible]	7.15	7.1[illegible]	
各户名			十六北	中顺杭	恭[illegible]都	中[illegible]	九江[illegible]	十大南	安[illegible]沙	中[illegible]都	黄[illegible]都	新[illegible]	[illegible]段	[illegible]段	[illegible]段	[illegible]	[illegible]	[illegible]	[illegible]	
月	日	数																		
6	[illegible]	2	1	1																
[illegible]	30	2	2	2																
[illegible]	10	2	3	3																
7	11	3			1	1	1													
7	15	3						[illegible]	1	1										
7	20	6	4	4							1	1	1	1						
7	21	4			2	2	2								1					
7	25	7							2	2						1	1	1	1	
7	[illegible]	1																		1
[illegible]	[illegible]	6	5	5							2	2	2	2						
7	31	4			3	3	3								2					
8	5	7								3						2	2	2	2	
8	9	1																		2
8	10	6	6	6							3	3	3	3						
8	11	4			4	4	4								3					
8	15	7						[illegible]	[illegible]	4						3	3	3	3	
8	18	1																		3
8	20	6	7	7							4	4	4	4						
8	21	4			5	5	5								4					
8	25	7						[illegible]	[illegible]	5						4	4	4	4	
8	28	1																		4
[illegible]	30	6	8	8							5	5	5	5						
9	[illegible]	4			6	6	6								5					
9	5	7						[illegible]	[illegible]	6						5	5	5	5	
9	8	1																		5
9	10	6	9	9							6	6	6	6						
9	11	4			7	7	7								6					
9	15	7						[illegible]		7						6	6	6	6	
9	[illegible]	7																		
9	20	4									[illegible]	7	7	7						
[illegible]	21	4			8	8	8								7					
	25	7						8	8	8						7	7	7	7	
[illegible]	28	1																		7
9	30	8			9	9	9				8	8	8	8	8					
10	5	7						9	[illegible]	9						8	8	8	8	
10	8	1																		8
10	10	4									9	9	9	9						
10	11	1													9					
10	12	4														9	9	9	9	
10	13	1																		9

中华民国二十六年七月

第二科沙田股填制

广东财政厅修正暂行处理沙捐护耕费规则

第一条　各属沙田征收员办理征收沙捐护耕费事务（以下省称捐费），应以尽量征收为原则。惟所管各沙田如有特殊情形，一时未能直接征收者，准照本规则暂行处理。

第二条　各属沙田征收员须将所辖各沙各围名称、亩积，逐一查明，并分为若干段，确定某段可以直接征收，与不能直接征收，分别列册清楚，加具图说，呈报本厅查核。

第三条　前条办法，如属直接征收者，该管沙田征收员于每造开征时，须督率员役携册，前往沙田所在地，或赴沙所佃户住所，按照该沙原定捐费额数直接征收捐费，不得任令拖欠，及暗索路费等情。

第四条　各属沙田，如属一时不能直接征收者，应公开招商投承代收。该管沙田征收员须将段内各沙亩数底价拟定，呈经本厅核准，另期出示布告，并登本厅财政日刊，或广州市报纸，及该管沙田征收员所在地报纸，招商投承。届时在广州市财政局投标，由本厅派员监视。其投标办法另定之。

第五条　承商一经投得后，应于七日内提出左列保证：

甲、保证现金　以该商投得之捐费年额百分之十，缴由金库核收。

乙、保证商店　以在广州市内或该沙田所在地市镇内，经营正当商业，且资本殷实，能负保证责任，具保结，经该管沙田征收员查明，呈由本厅批准者为限。其保结格式另定之。

前項具保商店，在保証期間，如有資本虧損，歇業，倒閉時，得飭承商於二日內加保，或另覓其他商店担保，或飭加繳現金保証。

第六條 前項保証現金，經庫核收其保証店經本廳認許，即由本廳印發收據，并諭知承商照辦。

第七條 每造限四個月代收繳報完竣，並以第一二三個月，將段內沙捐護費按照定章代收解繳清楚，其第四個月為辦理繳驗票據及造報征收總冊。

第八條 前項票據總冊，呈由該管征收員核轉，本廳核算清結。

承商於前條期內，（指開辦後第一二三月）代收捐費，應依左列辦法按旬攤解，

甲、第一個月，依認定是造代收總額攤解十分之三

乙、第二個月，依認定是造代征總額攤解十分之四

丙、第三個月，依認定是造代征總額攤解十分之三

前項每月攤解捐費數分上中下三旬勻解，十日為一旬，如附有沙田錢糧帶收，則勻合計算

第九條 承商代征沙田捐費，依前條各項所定，逕解當地分庫核收給據，同時持據赴該管征收處報繳登記入帳，改換征收處收據收執。

前項該管征收處，接到承商繳到庫據時，即驗明備文填具解款証報廳核收，印發回証備案。

第十條　承商在代收區域内，所收是項沙田捐費，如有溢額時，應認為該承商辦公費，如征不足額時，不得藉詞要求減免，但捐費聯票應照所收實數填明，不得短少瞞報，并于每月終至下月十日前，將填用捐費聯票（附有帶收錢糧其票據亦同）之查存兩聯，并月報册二份，一併呈由該管沙田征收處核明分別存轉備查，月報表式另定之。

第十一條　承商違反本規則第七條之規定，致有違章濫收等情弊，該管沙田征收員，應先立予制止，將詳情呈報本廳核明屬實，得將該承商撤革，或併沒收其保証金一部或全部。

第十二條　承商代征沙田捐費，如未經呈准，不得擅行封耕封割，及拘押佃農。

第十三條　承商違反本規則第八條之規定，至滿一旬以上未解捐費，或解不及攤定之額時，該管沙田征收員應責令保店，即日如數墊解清楚，如不遵解，得呈由本廳將該承商或保店，執行適宜有効之處分

第十四條　承商違延本規則第十條但書之規定，致不繳存查及月報册，逾期在三日以上者，該管沙田征收員，應責令承商於五日内補繳，如仍不遵繳，得由該管征收員派員守催存查，并代造月報册，所需費用呈由本廳在該承商保証金項下扣抵。

第十五條　承商于承辦期内，能照本規則辦理征解，數目清楚，准解除保証責任，所繳保証金及商店保結，一併發還

第十六條　各縣屬沙田捐費，無論由該管沙田征收處直接征收或承商代收，該沙田所在地之鄉公所，應切

費協助，不得推諉，如該區鄉公所，有暗中阻撓情弊，得報由本廳查實拘送法辦。

第十七條　各鄉公所協助征收，經核明確有起色者，得將該鄉實收捐費，按月依式造具月報表，報由該管沙田征收處核轉本廳核准，提給護耕費百分之五，為該鄉公所辦公費。其月報冊式准用本規則第十條之規定。

前項鄉公所百分之五辦公費，以護耕費專款，且係協助征收員直接征收部份為限，承商代收部份不適用之。

第十八條　凡承商代收捐費，如有需兵力協助之必要時，得呈請核管沙田征收員，轉請本廳酌量指派。

第十九條　各屬沙田征收員對於核管承商解繳捐費錢糧，得照左列提扣辦公費。

（一）沙捐准提扣百分之二，

（二）護耕費正款准提扣百分之二，

（三）沙田錢糧准提扣百分之二，

（四）除前三項提扣外，其餘仍照向章辦理。

第二十條　關於從前頒布捐費一切例章，與本規則不抵觸者，一律有效。

第二十一條　本規則如有未盡事宜，得由本廳隨時修正，呈　省政府備案。

廣東財政廳招商投承代征二十七年份沙田捐費細則

一、本細則，係依照本廳修正暫行處理沙捐護耕費規則第三條訂定之，所有關於承商事項，除本細則有規定者外，其餘仍照修正暫行處理沙捐護耕費規則辦理。

二、承辦商人代征捐費，以代征二十七年份早晚兩造沙田捐費及帶征二十七年份沙田錢糧為限，其承辦期間，以一年為期。在此期間內，如無違背法令，決不中途易商。

三、承辦商人於承得區域範圍內，代征沙田捐費錢糧，須依定章征收沙捐，每畝（以排尺計收十足，市尺計收八折，以下均同。）年征國幣叁角。（本省毫券照一、四四伸算）護耕費，新會屬沙田錢糧，每畝年征國幣弍角。（本省毫券拼合辦，均與沙捐同）護耕費，新會屬沙田，每畝年征國幣四角弍分。東莞屬沙田，除南栅、錦廈等處鹹田每畝年征一造國幣叁角五分外，其餘中順南番各屬沙田，每畝年征國幣七角不得額外需索分文。

前項於承得區域範圍外，如承商發覺，尚有向未征收捐費之沙田，應即查明列表呈報該管征收員，轉呈本廳核辦。

四、開投代征沙田捐費錢糧期前，由本廳將代征區域，投承底額，及競投時每次應加頃畝數（如底額為一千頃，每次加額八頃或十頃之數）與應繳押票金數，開投日期地址等，列一簡明表，佈告週知。競投時，以出額超過底額最高者為投得人，准予承辦。

五、凡有意投承者，須於佈告競投期前，依照表列所定押票金數，繳交國代理行，取得收據，再向本廳（第一科）出納股換發收據，並將投票人姓名籍貫住址及投某區段沙田，逐一報明，屆時憑收據入座，參加競投。至參加競投人，所繳押票金，除出價最高者，保留在承辦後，應章繳足保証金，方予發還外，其餘競投不得者，統准驗明收據發還。

六、競投時，係用有記名遞進明投辦法，至少須有三票以上到投，並各票出價（每次加額應照簡明表規定）合計共有四次，方為有效。又各票出價須在五分鐘內表示，若逾五分鐘無人表示加價時，即宣佈開投終了。但承投商人，一經繳納押票金，必須加入競投，若屆時規避不到，即將押票金沒收充公。

七、競投終了時，即由監投委員，將參加競投人姓名，及歷次加價數目之筆錄宣佈，并報廳核辦，由廳飭該投得人，照現修正暫行處理沙捐護耕費規則第四條，繳足保証現金（詳表）與具殷實保店後，即照修正暫行處理捐費規則第五條佈告開辦，倘逾期不繳，即將押票金充公。

民國二十七年開投中順東海沙田征收處所屬十六沙南沙名表

沙名				
戙仔沙	田基沙	新漲沙	三墪沙	大南上下沙
春錦 羊蹄沙	鷄翼沙	錦榡沙	海心沙	浪蜩沙
烏沙	黃倫熾	横貧民	候大任	遂字沙
廖揮沙	保家沙	鐵榡沙		

民國二十七年開投中順東海沙田征收處所屬十六沙北沙名表

民國二十七年開投中順東海沙田征收處所屬安平沙沙名表

沙名

懸心沙　承福沙　漲新沙　南新沙　大澳沙

涛沙　義沙　塞口沙　嶆沙　南順沙

潭州沙　双翼沙　黄閣沙　李家沙

奉　廳電諭卄八年份招商投承細則照卄七年份成案辦理

廣東財政廳招商投承代征二十七年份沙田捐費細則

一，本細則，係依照本廳修正暫行處理沙捐護耕費規則第三條訂定，所有關於承商事項，除本細則有規定者外，其餘仍照修正暫行處理沙捐護耕費規則辦理。

二，承辦商人代征捐費，以代征二十七年份早晚兩造沙田捐費及帶征二十七年份沙田錢粮爲限，其承辦期間，以一年爲期，在此期間內，如無違背法令決不中途易商。

三，承辦商人於承得區域範圍內，代征沙田捐費錢粮，須依定章征收沙捐，每畝（以排尺計收十足，市尺計收八折，以下均同。）年征國幣叁角。（本省毫劵照一，四四伸算）沙田錢粮，每畝年征國幣弍角。（本省毫劵折合辦法與沙捐同）護耕費，新會屬沙田，每畝年征國幣四角弍分。東莞屬沙田，除南栅錦厦等處鹹田每畝年征一造國幣叁角五分外，其餘中順南番各屬沙田，每畝年征國幣七角，不得額外需索分文。

前項於承得區域範圍外，如承商發覺，尚有向未征收捐費之沙田。應即查明列表呈報該管征收員，轉呈本廳核辦。

四，開投代征沙田捐費錢粮期前，由本廳將代征區域，投承底額，及競投時每次應加頃畝數，（如底額爲一千頃，每次加額八頃或十頃之數）與應繳押票金數，開投日期，地址等，列一簡明表・佈告週知。競投時，以出額超過底額最高者，爲投得人，准予承辦。

五，凡有志投承者，須於佈告競投期前，依照表列所定押票金數，繳交國貨銀行取回收據，再向本廳第一科出納股換發收據，並將投票人姓名籍貫住址及投某區段沙田，逐一報明，屆時憑收據入座，參加競投。至參加競投人所繳押票金，除出價最高者，候核准承辦，照章繳足保証金，方予發還外，其餘競投不得者，概准驗明收據發還。

六，競投時，係用有記名遞進明投辦法，至少須有三票以上到投，並各票出價（每次加額應照簡明表規定）合共計有四次，方爲有效。又各票出價須在五分鐘內表示，若過五分鐘無人表示加價時，即宣佈開投終了。但承投商人，一經繳納押票金，必須加入競投，若屆時規避不到，即將押票金沒收充公。

七，競投終了時，即由監投委員，將參加競投人生名，及歷次加價數目之筆錄宣佈，并報廳核辦，由[illegible]廳核[illegible]投[illegible]人，照現修正暫行處理沙捐[illegible]規則第[illegible]條繳足保証現金（詳表）交具殷實[illegible]保店後，即照修正暫行處理捐費規則第五條佈告開辦，倘逾期不繳，即將押票金充公。

廣東財政廳修正暫行處理沙捐護耕費規則

第一條　各屬沙田征收員辦理征收沙捐護耕費事務（以下省稱捐費）應以直接征收爲原則，惟所管各沙田如有特殊情形，一時未能直接征收者准照本規則暫行處理

第二條　各屬沙田征收員須將所轄各沙各圍名稱，面積，逐一查明，并分爲若干段，認定某段可以直接征收，與不能直接征收，分別列冊清楚，加具圖說呈報本廳查核。

第三條　前條辦法，如屬直接征收者，該管沙田征收員，於每造開征時，須督率員役，照沙田底冊，逐向業戶住地或赴沙所佃戶住所按照該沙原定頃畝額數，直接征收捐費，不得任令拖欠，及朋委賠包等情。

第四條　各屬沙田，如屬一時不能直接征收者，應公開招商投承代收，該管沙田征收員，須先將段內各沙畝數底價擬定，呈經本廳核准，先期出示佈告，并登本廳財政日刊，或廣州報紙及該管沙田征收處所在地報紙，招商投承，屆時在廣州市營業稅局投標，由廳派員監視，其投票辦法另定之。

第五條　承商一經投得後應于七日內提出左列保証

（甲）保証現金，以該商投得該段之捐費年額百分之二十繳由金庫核收

（乙）保証商店，以在廣州市內或該沙田所在地市鎮內，經營正當商業，且資本殷實，依式出具保結，經該管沙田征收員查明，呈由本廳認許者爲限，其保

結式另定之

前項具保商店，在保証期間，如有資本減損或倒閉時，得飭承商於二日內加保，或另覓其他商店担保或飭加繳現金保証。

第六條 前條保証現金，解庫核收，其保店經本廳認許，即由本廳印發捐費聯票，并佈告承商開辦。

第七條 每造限四個月代收繳報完竣，並以第一二三個月，將限內沙捐護耕費按照定章代收解繳清楚，其第四個月爲辦理繳驗票據及造報征收總册。

前項票據總册，呈由該管征收員核轉，本廳核算清結。

第八條 承商於前條內，（指開辦後第一二三個月）代收捐費，應依左列辦法按旬撥解。

（甲）第一個月，依認定是造代收總額撥解十分之三

（乙）第二個月，依認定是造代征總額撥解十分之四

（丙）第三個月，依認定是造代征總額撥解十分之三

前項每月撥解捐費數，分上中下三旬匀解，十日爲一旬，如附有沙田餘糧帶收，則匀合計算。

第九條 承商代徵沙田捐費，依前條各項[illegible]之，逕解當地分庫核收給據，同時持[illegible]庫核收據赴縣登記入帳，改換徵收收據[illegible]收款。

匯集該管徵收處，接到承商[illegible]

第十條　承商在代收區域內，所收是造沙田捐費，如有溢額時，應認爲該承商辦公費；倘徵不及額時，不得藉詞容情，要求減免。但捐費聯票應照所收實數填明，不得短少填報，并于每月終至下月十日前，將填用捐費聯票（附有帶收錢糧其票據亦同）之存查兩聯，并月報冊二份一併呈由該管沙田徵收處核明，分別存轉備查，月報表式另定之。

第十一條　承商違反本規則第七條之規定，致有違章濫收等情弊，該管沙田徵收員，應先立予制止，將詳情呈報本廳核明屬實，得將該承商撤革或併沒收其保証金一部或全部。

第十二條　承商代徵沙田捐費，如未經呈准，不得擅行封耕封割，及拘押佃農。

第十三條　承商違反本規則第八條之規定，至滿一旬以上未解捐費或解不及攤定之額時，該管沙田徵收員應責令保店，即日如數繳解清楚，如不遵辦，得呈由本廳將該承商或保店，執行適宜有效之處分。

第十四條　承商遲延本規則第十條但書之規定，致不繳存查及月報冊，逾期在三日以上者，該管沙田徵收員，應責令承商於五日內補繳，如仍不遵辦，得由該管徵收員派員守催存查，并代造月報冊，所需費用呈由本廳在該承商保証金項下扣抵。

第十五條　承商在承辦期內，能照本規則辦理徵解數目清楚，准解除保証責任，所繳保証金，及商店保結，一併發還。

第十六條　各縣濱沙田捐費，無論由該管沙田徵收處直接徵收或承商代收，該沙田所在地之鄉公所，應切實協助，不得推諉，如該區鄉公所，有暗中阻撓情弊得報由本廳飭定拘送法辦。

第十七條　各鄉公所協助徵收，經核明確有起色者，得將該鄉應納捐費，按月依式造具月報冊報由該管沙田徵收處核轉本廳核准，提給護耕費百分之五，為該鄉公所辦公費，其月報冊式准用本規則第十條之規定。

前項鄉公所百分之五辦公費，以護耕費專款，且係協助徵收員直接徵收部份為限，承商代收部份不適用之。

第十八條　凡承商代收捐費，如有需兵力協助之必要時得呈請該管沙田徵收員轉請本廳酌量指派。

第十九條　各區沙田徵收員對於該管承商解繳捐費總額，得照左列提扣辦公費。

(一)沙捐准提扣百分之二，

(二)護耕費正款准提扣百分之二，

(三)沙田籌糧准提扣百分之二，

(四)除前三項提扣外，其餘仍照向章辦理。

第二十條　關于從前頒布捐費一切例章與本規則不牴觸者，一律有效。

第二十一條　本規則如有未盡事宜，得由本廳隨時修正，呈　省政府備案。

競投承批中順東海十六沙沙骨鴨埠租項錄充任沙伕簡章

（一）競投人須於競投期前先向本會掛號繳納押票金，屆期方准參加競投。

（二）競投以規定租額爲底，依照　財政廳競投成案，至少須有三人及加三口價以上，以結果加價最高者爲得承充該沙沙伕。

（三）投得承批人，限於五日內覓具殷實商店担保，按照批約會具切結，呈由本會轉呈財政廳核准備案；幷同時照約繳租銀二成，由該租項收款機關核收製回收據，其前繳之押票金，准予如數撥抵。

（四）投得承批人，如不依限覓保具結繳租，即將前繳押票金全數沒收充公。

（五）承批人須遵守批約規定任務履行。

（六）競投結果，四名以下押票金，即日如數發還，二三兩名押票金，留候五日外，如不予補承，即如數發還。

（七）此簡章呈奉　財政廳核准施行。

◎承批中順十六沙沙骨鴨埠充任沙伕職務條約

（一）承批人對於主管該沙征收處（以下簡稱征收處）應征沙捐護耕費，最低限度備足規定頃額，如有短欠，由承批人及担保店共同負責塡補繳納足額。但如有承商投承捐費超過此則毋庸該承批人保店負責塡額。

（二）禾田如遇天災，承批人得於開征前報請勘驗，倘係實情，得由征收處呈候財政廳核減，惟不得將歷年荒田列入，倘有此等情弊，從嚴究辦，但桑基本有餘額，無論如何情形，不得藉口將定額減免。

（三）承批人須將本年份沙骨鴨埠租銀，於承批日先繳二成，兩個月內再繳二成，上造開征後十五日內繳三成，其餘三成於下造開征日全數繳足，由征收處核收，掣回收據，倘不依照額限繳足，征收處得呈財政廳另批別人投承，以前所繳租銀，承批人不得取回。

（四）沙田每壹畝，承批人得征收本年全年沙骨鴨埠毫洋弍毫，禾田分上下兩造征收，桑基蕉基一次過收足。

（五）承批人除照章征收沙骨鴨埠銀外，不得例外加抽，或巧立名目附帶加抽，倘有此等情弊，嚴行究罰。

（六）承批人不得超出該沙看管範圍以外越界攙收。

（七）每沙田拾頃，承批人須設沙伕一名，當枕看守，不得減少，貽誤沙務。

（八）承批人須在該沙適中地點，設沙棚一所，所有該沙僱用沙伕，俱駐棚內，以備征收處隨時差遣，辦理沙務。

（九）承批人須於承批後，於拾日內，依照規定催齊各枕沙伕，駐沙看守，并將承批人各沙伕，姓名，年齡，籍貫，住址，及看管範圍內，沙名，圍名，禾桑菓各頃畝數，造具清冊，連同承批人各沙伕四寸半身相片三張，牌照費（牌照費依照財政廳規定等級數目）繳由征收處轉請　財政廳核發沙伕牌照。

（十）承批人所僱沙伕，不得僱用曾爲盜匪，或以前當沙伕曾違犯規章者，

（十一）承批人須責令各杭沙伕，將該沙各佃報耕頃畝數目，分號開列清楚，桑菓基限至農曆三月底，禾田限至四月底呈報征收處備查，不得將多報少，移甲作乙，如串瞞舞弊，嚴行究辦。

（十二）承批人所僱沙伕，須認眞防護沙田治安，如遇有盜匪，立卽報告征收處，或就近軍隊查緝，倘該沙有匪偷禾桑菓及塘魚，佃人報告，由征收處查明所失若干，承批人應負賠償，不得推諉。

（十三）承批人所僱沙伕，如有收受業主合票，須照收辦理，不得留難勒索，如犯此弊，一經控告，査實嚴罰。

（十四）承批人所僱沙伕，歸征收處直接指揮調遣，毋得違抗誤公，倘有失職，隨時由征收處革除，飭令承批人另僱接充。

（十五）承批人及所僱沙伕，均不得在沙內窩藏匪類，及違禁品物。

（十六）所有蓋搭棚廠，沙伕應用器具，及沙伕工資等一切費用，俱歸承批人自理。

（十七）承批人及所僱沙伕，負責看守，至遞年有人接辦，方得卸責。

（十八）承批人倘違犯此條約，征收處得呈明　財政廳革除之，另招別人投承，如前第三條辦理。

（十九）此條約，由呈奉　財政廳核准日施行。

◎競投承批中順十六沙沙骨鴨埠租充任沙伕簡章

（一）競投人須於競投期前、先向主管該沙征收處掛號、繳納押票金、届期方准參加競投

（二）競投以規定租額爲底、依照　財政廳競投成案、至少須有三人及加三口價以上、以結果加價最高者得承批充該沙沙伕

（三）投得承批人限於五日内覓具殷實商店担保、按照條約會具批約、呈由主管該沙征收處轉呈　財政廳核准備案、並同日照約先繳租銀二成、由主管該沙征收處核收、擊回收據、其前繳之押票金、准予如數撥抵

（四）投得承批人如不依限覓保具約繳租、即將前繳押票金全數沒收充公、并取銷其承批、另招別人投承

（五）承批人須遵守條約規定任務履行

（六）競投結果、四名以下押票金、即日如數發還、次三兩名押票金、留候五日外、如不予補承、即如數發還

（七）此簡章、由呈奉　財政廳核准日施行

競投中順十六沙二十四年份沙骨鴨埠底額表

沙別	負責催繳最低限度捐費頃額	租項底額	每口加租	押票金
石軍	玖拾壹頃	壹千柒百叁拾伍元	伍拾元	壹百元
吳婆	玖拾壹頃	壹千柒百叁拾伍元	伍拾元	壹百元
牛角	捌拾伍頃	壹仟伍百玖拾元	肆拾伍元	玖拾元
習步	伍拾式頃	捌百陸拾伍元	式拾伍元	伍拾元
中沙	伍拾柒頃伍拾畝	壹仟柒百叁拾元	伍拾元	壹百元
大拗	陸拾式頃	壹千捌百壹拾元	伍拾元	壹百元
大南上下	式百柒拾叁頃	肆千柒百肆拾元	壹百伍拾元	叁百元
漲網	壹百捌拾	叁仟玖百肆拾元	壹百式拾元	壹百肆拾元
浮墟	玖拾頃	壹千柒百伍拾元	伍拾元	壹百元
天狗	壹拾柒頃	式百陸拾元	捌元	式拾元
白鯉	壹百式拾頃	式千叁百式拾元	柒拾元	壹百肆拾元
波頭	捌拾壹頃	壹仟柒佰壹拾元	伍拾元	壹百元
三角	壹百玖拾壹頃	肆千零捌拾元	壹百式拾元	壹百肆拾元
馬鞍	壹百頃零零伍拾畝	壹仟柒百伍拾元	伍拾元	壹百元

廣東財政廳中順十六沙沙骨鴨埠管理委員會佈告　中字第一號

查屬內各沙鴨埠，除石軍三角馬鞍三沙，已歸商投承外，其餘各沙鴨埠，業經呈奉核准，定期於本年五月一日在本會（即大良原日護沙局內）公開競投。合行佈告，並將開投各沙底價列後，仰有意投承者，先期來會取閱章程，繳納押票金，屆時踴躍來會投標為要。此佈。

計開

沙名　　二十五年　　甲票金　　每品加價

鴨埠[illegible]天福沙[illegible]順元　　[illegible]六元　　[illegible]　　二元

招商投承民国二十五年份中山东十六沙之官野坦租价表

沙名	租价	每口租价	押当金
石罩沙	贰千元	[illegible]元	[illegible]百元
采娄沙	一千八百元	[illegible]	[illegible]百元
牛南沙	一千八百元	[illegible]	[illegible]百元
罾步沙	仟元	[illegible]	六十元
中沙	[illegible]	[illegible]	佰元
大衍沙	[illegible]	[illegible]	[illegible]
马安沙	[illegible]	[illegible]	[illegible]百元
三角沙	[illegible]	[illegible]	[illegible]百元
大南联沙	[illegible]	佰元	[illegible]百元
浪网沙	[illegible]	[illegible]	[illegible]百元
浮竹沙	[illegible]	[illegible]	[illegible]元
天狗沙	[illegible]元	六元	[illegible]
白鲤沙	[illegible]	[illegible]	[illegible]百元
被头沙	[illegible]	[illegible]	[illegible]百元

承批民國二十六年份中順十六沙沙骨鴨埠租兼充沙伕條約

(一)承批人對該沙主管機關，負引催滯欠責任，

(二)承批人須覓具殷實商店，蓋章担保，如有拖租銀，由保店負責繳足

(三)承批人須將本年份沙骨鴨埠租銀于承批日先繳二成，兩個月內再繳二成，上造開征後十五日繳三成，其餘三成於下造開征日全數繳足，均由該租項收款機關核收，掣回收據，倘不依照額限繳足，本會得呈　財政廳另招別人投承，將以前所繳租銀，全數沒收，承批人不得索取，

(四)承批人對丁所批範圍內沙田塞年每畝收沙骨鴨埠租毫洋弍毫禾田分上下兩造征收，桑菓蔗基一次過收足，

(五)承批人除照章征收沙骨鴨埠租銀外，不得例外苛抽，或巧立名目，附帶加抽，倘有此等情弊，嚴行究罰，

(六)承批人不得超出該沙看管範圍以外，越界攬收，

(七)每沙田十頃，承批人須派沙伕一名，當梳看守，不得減少貽悮

沙務，

（八）承批人須在該沙適中地點，設沙棚一所，所有該沙雇用沙伕、糧駐棚內，以便駐紮，而便監察，是為辦理要務。

（九）承批人須于承批後十日內，依照規定，催齊各耕沙伕，駐沙看守，并將承批人及各沙伕姓名年齡籍貫駐址，并看管範圍內沙名圍名禾桑果各項畝數，造具清冊，連同承批人及各沙伕四寸半身相片三張，牌照費（牌照費依財政廳規定等級數目）繳由主管征收處，轉請　財政廳核給沙伕牌照（但其沙伕任務以一年為期）。

（十）承批人所僱沙伕，不得雇用曾為盜匪，或以前當沙伕曾違犯規章者。

（十一）承批人須責令各耕沙伕將該沙各佃報耕數目，分號開列清楚，桑果基限至農曆三月底，禾田限至四月底呈報征收處備查，不得將多報少，移甲作乙，如有串瞞舞弊，嚴行究辦。

（十二）承批人所僱沙伕，須認真防護沙田治安，如有盜匪，立即報告征收處或就近軍隊查緝，倘該沙有匪偷禾桑果魚塘，佃人報告，由征收處查明所失若干，承批人應負責賠償，不得推諉。

(十三)承批人所雇沙伕如有收受業主合票，須照收辦理，不得留難勒索，如犯此弊，一經控告，查實嚴罰。

(十四)承批人所雇沙伕歸征收處直接指揮調遣，毋得違抗誤公，倘有失職，隨時由征收處革除，飭令承批人另雇接充

(十五)承批人所雇沙伕均不得在沙田窩藏匪類及違禁物品

(十六)所有蓋搭棚廠沙伕應用器具及沙伕工資等一切費用俱歸承批人自理

(十七)承批人及所僱沙伕負責看守至遞年有人接辦方得卸責

(十八)承批人倘違犯此約章，由本會會同征收處呈明 財政廳革除之，另招別人投承，如前第三條辦理

(十九)此條約由呈奉 財政廳核准日施行

竞投承批中顺十六沙洲三角鸭埠租项充作沙夫

（一）竞投人须于竞投期前先向本会挂号期方准参加竞投

（二）竞投人以规定租额为底价至少须有三人及三口[illegible]

（三）承充该沙之夫

十一　偶然承批人之

十七　原承批人及所有侵没之
方得部查

十八　原承批人借追租此款由来
财政厅革除之另招别人提承之

十九　此条系由呈案批
财政厅核定

中山縣第九區警衛費征收處劉征收員台前為具結事緣奉委承今在
收第九區　沙廿五年份沙田警衛費所有征解辦法及數目
期限悉遵從開各條辦理倘有逾期欠解及違章舞弊等事概由本人
暨担保人負完全責任中間不扶所結是實

計開

(一)承收第九區　沙沙田警衛費凡　沙所有禾
田桑基基塘均在該員征收範圍之內不得逾越撓收

(二)廿五年份全年認額包征　佰　拾　圓　試照去年每畝征收壹毫
該銀　仟　佰　拾　元　毫不得短少分四分早晚兩造征收桑
基塘則一次收足即遇災歉不得請減

(三)簽結日先交全額保証金佰份之拾即一成該保証金俟全年全部
結束時扣抵其餘應繳之款隨收隨繳并須　商承担保早
造以八月底為結束期晚造以十二月底為結束期不得以桑基魚
圍尚未收獲藉詞延誤如逾期短欠即向担保人及承收員追繳

(四)承收員征收警衛費須來本處具領　縣府製印聯票據此所收數
目填註以一聯分給納款人收執其餘聯根繳處存轉不得另行刻
發收據如發覺該員有犯此等情弊即依本行章程執行處罰

(五)承收員每畝征收警衛費叁毫如違章溢收即撤革并沒收保証全

(六)承收員領用收據稍遺失一張罰銀壹佰元應由担保人負責繳足

(七)承收員征收警衛費一切費用由該員自理如繳款逾期致本處派
員催繳所需舟車費由該員負担如不遵辦由担保人負責填繳

(八)承收員如屆早造結束時仍不將費款清繳本處有另批別人承收
晚造之權其早造欠款仍歸該員及担保人負責繳足不得異議

(九)此保結俟承收員經收廿五年份早晚兩造警衛費所有征解數目
連同聯據隨繳結束完竣後解除之

中華民國二十五年　月　日　具結人承收員

担保者

經營

司理人

具切結人　今在
中山縣第九區沙田附加建築合署費征收處劉征收員台前為具結事緣　奉委承收第九區　沙沙田附加建築合署費所有征解辦法及數目期限悉遵後開各條辦理倘有逾期欠解及違章舞弊等事概由本人暨擔保店負完全責任中間不扶所結是實

計開

(一) 承收第九區　沙沙田附加建築合署費凡　沙所有禾田桑基塘魚均在該員承收範圍之內不得逾越攙收

(二) 沙田附加建築合署費係一次過征收認額包征　百拾　頃　拾　畝照章每畝征收壹毫該銀　仟　百拾　元　毫不得短少禾田桑基均一次收足即遇災歉不得請撤

(三) 簽結日先交全額保証金百份之拾即一成該保証金俟全部結束時扣抵其餘應繳之款隨收隨繳并須商店擔保以本年八月底為結束期不得以菓基蕉圍尚未收獲籍詞延誤如逾期欠繳即向擔保店及承收員追繳

(四) 承收員征收附加建築合署費須來本處具領法院縣府監獄會製印聯票按照所收數目填註以一聯分給納款人收執其餘聯根繳處存轉不得另行製發收據如發覺該員有犯此等情弊即依奉行章程執行處罰

(五) 承收員每畝征收沙田附加建築合署費壹毫如違章濫收即撤革并沒收保証金

(六) 承收員征收沙田附加建築合署費一切費用由該員自理如繳款逾期致本處派員催繳所需舟車費由該員負擔如不遵辦由擔保店負責填繳

(七) 承收員如在結束時仍不將費款清繳本處有另批別人承收之權其欠款仍歸該員及擔保店負責繳齊足不得異議

(八) 此保結俟承收員經收沙田附加建築合署費所有征解數目自建同聯根清繳結束完竣後解除之

中華民國二十六年　月　日具結人承收員

人　　沙沙田警衛費分收員　　今在

中山縣第九區沙田警衛費征收處劉征收員台前為具結事緣奉飭帶收第九區　沙廿五年份沙骨即沙伕工食（以下简称沙骨）所有征觧辦法及數目期限悉遵後開各條辦理倘有逾期欠觧及違章舞弊等事後由本人暨担保店　負完全責任中間不扶所結是實

計開

（一）帶收第九區　沙沙骨凡在　沙所有禾田桑菓基塘蔗類雜粮均在該員帶征範圍之内不得逾越攙收

（二）廿五年份全年認額包征　佰　拾　頃　拾　畝照章每畝帶征　毫該銀　仟　佰　拾　元　毫不得短欠禾田分早晚兩造征收桑菓基塘蔗類雜粮一次收足即遇災歉不得請減

（三）簽結人先交全額保證金百份之十即一成該保證金俟全年全部結束時扣抵其餘應繳之欵隨收隨繳并須　商店担保早造以八月底為結束期晚造以十二月底為結束期不得以菓基蔗園由未收獲藉端延誤如逾期短欠即向担保店及承收員追繳

（四）承收員帶收沙骨每畝征收弍毫如違章濫收即撤革并没收保證金

（五）承收員帶收沙骨一切費用由該員自理如繳欵逾延致本處派員催繳時所需舟車費由該員負担毋得違誤

（六）承收員如届早造結束時仍不將帶征沙骨費清繳本處有另批別人承收之權其早造欠欵仍歸該員及担保店負責繳足

（七）此保結俟承收員帶收廿五年份早晚兩造沙骨費所有征解數目結束完竣後觧除之

中華民國廿五年　月　日

担保店　第　區　鄉

經營　生理

司理人姓名

具結人分收員

查照前奪為荷，即頌

公綏

計開

牛角沙二百頃
吴婆沙一百頃
大南上下沙共〢〇〥百頃
石軍沙一百頃
三角沙廿百頃

白里沙廿百頃
罟步沙什頃
中沙佰頃
北流沙半頃
浮圻沙三百頃

波頭上下沙二百頃
浪潤沙〤百頃
馬鞍沙〥百頃
大樹沙什頃

大南分上下、波三分上下共廿頃，但今季陽多年如何變更，並請懷度

阿泰手啟（夏曆十月初一）

廣東省政府財政廳佈告 核字第一六五九號

照得中順十六沙南區所屬沙田廿四年全年沙捐護耕費茲定於四月廿二日至廿四日每日下午在本廳招商分段當衆開投以出價超過底額最高者承辦爲此佈告仰業佃商民人等一體知悉凡有志投承者迅到本廳號房或該征收處取閱開投辦法依期投櫃勿觀望遲延此佈

計粘連簡表一份

中華民國二十四年四月十六日

廳長 區芳浦

中順十六沙南區沙田分段開投底額日期簡表

段別	沙名	開投底額	開投時間	押票金	地點	每次應加頃畝價數	備考
第一段	仔沙	一百八十一頃	四月廿二日至廿四日每日下午二時		本廳五樓		
同上	田基沙	八十六頃	同上		同上		
合計		二百六十七頃	同上	三百元	同上	壹頃	
第二段	新淢沙	一百一十六頃	同上		同上		
仝上	三勢沙	六十五頃	同上		同上		
合計		一百八十一頃	同上	一百五十元	同上	壹頃	
第三段	大南上下沙	二百八十五頃	同上		同上		
仝上	羊歸蓉錦沙	一十八頃〇七	仝上		同上		
同上	鶴翼沙	五頃	仝上		同上		
同上	錦標沙	一十一頃九	仝上		同上		
仝上	海心沙	七十六頃四	仝上		仝上		
合計		三百九十六頃零八七畝	同上	三百元	同上	二頃	
第四段	浪網沙	一百八十五頃	同上		同上		
同上	黑沙	一十三頃一三	同上		同上		
仝上	黃倫爐沙	七頃	同上		同上		
仝上	緒苗民沙	一十三頃七五	同上		同上		
同上	保大任沙	五十四頃五	同上		同上		
同上	潦字沙	一十六頃五五	同上		同上		
同上	廖揮沙	七十九頃九五	同上		同上		
仝上	保家圍	一十頃〇七五	同上		同上		
合計		三百八十頃零六畝三分	同上	三百五十元	同上	二頃	
第五段	鹹標沙	二百七十五頃	同上	二百元	同上	一頃	

粤省洋米免税问题汇辑

湘鄂皖赣苏沪六省市粮业代表团 编

民國廿六年四月

粵省洋米免稅問題彙輯

子彝題

緒言

洋米免税之爭議久矣，四五年前，本無是税，以致洋米傾銷國米阻滯，實爲農村崩潰之主因，經國人幾度呼籲，於廿二年冬，由政府頒令征税，惟我國北方諸省民食，原以麥類爲主，長江流域諸省，原係產米之區，足以自給而有餘，故征税之目的，實偏重於華南，顧是時各省旣奉令征税，而粤閩二省獨持異議，雖經各方力爭，未獲效果，其後閩省征令統一，方克照征，而粤省仍如故，此一隅之隙，遂爲洋米大量侵銷之區，在國際貿易上，旣成一極大入超，而各省餘米，仍被阻滯，農村經濟，迄難復蘇，其影響於國計民生者，可謂鉅矣，迨至去歲，各省秋收豐稔，原有穀賤傷農之虞，幸粤省以政令統一，洋米税亦已照征，以各省之有餘，供粤省之不足，在粤省固無損，而國際貿易，賴以漸趨平衡。（見本年四月八日上海各報華盛頓電美國商務部發表中國經濟狀況週年報告）農村經濟，賴以漸見昭蘇，工商各業，咸隨之漸趨繁榮，此中因果，息息相關，至爲明顯，方期自此以後，以農立國之我國，當可不再仰給於洋米矣，不意去歲冬間，粤省又有免税之請，政府初未准許，十二月間，財政部復汕頭市商會電，謂「洋米稅原爲維護國內農產而設，今歲湘贛皖等省農作豐收，均有餘糧，可供粵省需要，該省食糧不足，應即儘量採購國米，以資接濟，所請免征洋米稅一節，難照准」即此數語，已足見洋米稅之不宜再免，而以粵省言，亦不必再免，倘該省仍以缺米爲詞，繼續請求，至本年一月二十一日，行政院議決，「粵省如必須購運洋米，在三十萬公擔以內，對進口稅之繳納，暫可酌予變通，依照稅則規定，一半繳現，一半記賬，」此種半稅記賬進口之洋米，嗣復擴增一百萬擔，加以各省餘米之富，供給之殷，該省民食，當無匱乏之虞矣，乃至二月下旬，又聞續請完全免稅之說，經漢口雜糧公會電呈財部，請示真相，旋奉有日復電，略謂「粵省進口洋米，現係照行政院決議辦法，准其稅款一半付現，一半記帳，並未免稅，本部前據廣東全省商會聯合會世代電，請免洋米稅半年，亦經以此案，業已遵照院議辦法辦理，電復該會知照，目下湘米檢驗標準，既由實業部轉飭湘省檢驗所實行減低，鐵道部又經與漢路疏通湘米運輸，該商應即儘量採辦國米運粵，以資接濟爲要」，經此明白，國人咸知政府維護國米，始終不渝，況政院議決案，半稅記賬，尚係暫予變通，則完全免稅之不致實現，似可斷言者矣，孰料三月下旬，各方又盛傳粵省已請准免稅之說，既而[illegible]「見准財政部本年三月删關電，除前經半稅運進洋米不計外，再准加運洋米二百萬市擔，洋穀二百萬市擔，完全免稅」，初以爲斷不致實現者，而今竟見諸事實，而其數量之巨，尤可駭愕，財部有删二電，後先異趣，容有不得已之深意，惟各省糧商，自奉有電，紛紛購米運粵，除已銷售者外，現尚積存該省者五十餘萬擔，正待起運者二百餘萬擔，今皆銷路停滯，姑不問粵省何以必須進洋米以拒國米，而糧商奉令購運，遭此打擊，似亦非事理之平，況去秋豐收以還，農民儲藏甚富，兼以各地農民銀行及借貸所，遍設倉庫，其由農民押款而儲存者，爲數尤巨，現各省賸餘米穀，祇就湖南二十餘縣之估計，已達一千三百餘萬擔之巨，其他可以概見，茲因洋米免稅入粵，國米價格，已遭慘跌，此種損害，糧商所受者尚小，而農民所受者實大，若不速謀救濟，深恐農村崩潰，百業衰落之景象，將重現於今日，湘鄂贛皖蘇滬各省市糧業團體不忍緘默，交章力爭，函電盈尺，并二度推派代表，赴京請願，乃蒙行政院於四月六日例會中，決定「先交財實二部審議，再提院會討論」，諒當局秉其完整關稅復興農村之一貫政策，終必有適當之處置，惟此次爭議，非徒爲糧業本身問題，實以此事影響於國計民生者，至重至鉅，故一般輿論，咸表深切之同情，而此中始末，容有爲各界所未盡悉者，爰彙輯各方文電，各地輿論，及各報記載，刊印成册，以供衆覽、復撮其大要，以弁其端，邦人君子，幸垂鑒焉。

湘鄂皖贛蘇滬六省市糧業代表團

中華民國二十六年四月

文電

上海市豆米行業雜糧油餅業公會致行政院實業部電

竊近於報端奉讀行政院決議案、關於各省市請禁粮食出境一案、以食粮在本國境內應聽其自由流通、以期供求相濟、漸趨平衡、各省市所擬限制食糧出境之辦法、核與經濟原理及中央統籌糧食管理之本旨不符、未便照准等因、仰見政府調節民食、維護農村之至意、乃最近聞粵省又有請求免征洋米稅之議、令人重滋惶惑、竊按洋米征稅、始自二十二年冬、惟粵省至今歲始克統一征收、粵省雖屬缺米之區、而自粵漢鐵路完成、長江流域各省米糧由輪軌直輸嶺南、至為便捷、與其仰給於洋米、固不如取資於內地、且今歲各地穀產豐收、枯竭已久之農村經濟、漸有昭蘇之象、顧以各省市紛紛禁米出境、致缺米之區、米貴傷民、產米之區、穀賤傷農、幸中央不予照准、俾得自由流通、供求相濟、乃粵省又欲免徵洋米稅非特利權外溢、漏卮堪虞、而產區農民、將以銷路阻滯、重陷絕境、如此障礙重重、農村經濟、安有復興之望、抑且揆之經濟原理、與中央統籌糧食管理之本旨、亦屬不符、用特不避冒瀆電請鈞長鑒核、對於粵省請免洋米税一節、仍祈不予照准、不勝感戴之至、上海市豆米行業同業公會雜糧油餅業同業公會主席顧馨一叩江

（二十五年十二月三日）

行政院批（第一三五七號）

代電悉。查此案前據廣東省政府電請飭部免收洋米入口稅、業經由院令行湘省府、速籌湘米銷粵之救濟便利辦法、暨飭鐵道部、速訂湘米輸粵之特別專價、務於最短期間內施行、俾湘粵兩省、經濟食糧、得以相互調劑、並飭知財政部在案、仰即知照。此批。二十五年十二月十二日。院長蔣中正。財政部部長孔祥熙

實業部復電

上海市雜糧油餅業同業公會等鑒、江代電悉、事關稅政、業經本部加具意見、咨請財政部核辦矣仰即知照、實業部佳印 （二十五年十二月九日）

上海市商會電行政院財政部文

今歲各省均告豐收、湘皖贛三省、尤爲向有餘米輸出省份、正宜截長補短、相互挹注、以蘇農村而杜漏巵、粵省向來仰給洋米、以資補充、陳濟棠主政時代、並請中央免征粵省洋米進口關稅、遂使洋米大量輸入、於國際貿易上、成一極大入超、而蘇湖粵省米市、因此一落千丈、國計民生、均受其敝、識者悼歎、今幸關稅制度業已統一、粵省照徵洋米進口稅、此在走私風熾、津秦兩關稅收銳減之今日、於國計不無裨補、且使國米得與外米競爭、推銷粵省、尤與政府調節糧食、繁榮農村之宗旨脗合、就粵言粵、自粵漢通車、湘米輸粵既便、而鐵路又特減運費、以期兩利、是粵省斷無缺米及食貴米之虞、汕頭一處更有皖之蕪湖米、由江輪轉滬以運汕、便利情形、亦復相同、且據米商所稱、國米在粵市價、不過十一元上下、是粵米之並未騰貴、可以明徵、粵省素號人稠、當不致徇其一市食洋米之習慣、而置全國之農民生計關稅完整於

紓困、近聞該省有呈請中央減免洋米進口稅之舉、雖一時尚未見諸事實、而粵皖米商、已屬萬分驚愕、深恐兩省農產因此將有過剩之虞、仍蹈歷來所謂「熟荒」之弊、關係太大、不敢因循緘默、理合電呈鈞院（部）察核、俯賜主持、對於粵省洋米進口稅萬勿率予減免、所以維持關稅完整者在此、所以挽救農村者亦在此、曷勝企禱、上海市商會叩庚、　（二十五年十二月）

財政部復上海市商會電

查本年湘贛皖等省均告豐收、應有餘糧以供粵省需要、自未便對洋米遽予免稅、致礙國米推銷之路、並仰轉知各商、將湘贛皖所產之米源源運粵、以資接濟、務使粵省民食不至有恐慌之虞、藉副政府維護國產之意、　（二十五年十二月）

財政部復汕頭市商會電

查洋米稅原爲維護國內農產而設、今歲湘贛皖等省農作豐收、均有餘糧、可供粵省需要、該地糧食不足、應即儘量採購國米、以資接濟、所請免征洋米稅一節、礙難照准、　（二十五年十二月）

上海市商會致三中全會電

南京三中全會鈞鑒，據本市雜糧號業豆米行業雜糧油餅業碾米業等四同業公會，暨江蘇寧滬市縣米業公會聯合會合詞函稱；洋米進口稅，列入關稅稅則，陳濟棠長粵時代，獨持異議，遂致大量輸入，農村益困，陳氏去粵，稅制統一，長江各省，均告豐收，湘米運粵，部飭增開專車，對折收費，皖米運粵，又由糧食運銷局特雇專輪。缺米恐慌，不難補救。乃粵省近又盛倡請免洋米進口稅，如見實施，國計民生，交受其敝，請爲代向鈞會請願，保持關稅完整，杜絕免稅請求等語。查此事院部徇粵省之請，洋米半稅記賬，增至一百萬石，國米又源源運粵，實已並籌兼顧，視察員鄭寶菁由粵回部，亦稱缺米恐慌，已成過去，粵省請免稅半年，不限數量，似未爲國計生民全局設想，爰向鈞會請願，敬祈議交政府，按照現行關稅章則辦理，以杜絕大漏卮，實爲公便，上海市商會叩。篠（二十六年二月）

上海市雜糧號業同業公會致上海市商會函

自洋米進口課稅。統　以來。湘鄂贛皖之米。大批輸粵。吾號商之向上列諸省。購運調劑之米。爲數亦巨。挹此注彼。挽回漏卮。於國計民生。裨益不少。詎今粵省有呈請中央豁免洋米稅進口之舉。此事倘見諸實施。則不特凋敝之金融。將巨量外溢。方蘇之農村。必再呈衰落。而影響於各業之繁榮者。尤非淺鮮。查目下滬市。上等江西機米。每包重一百八十斤。自申運粵。加外費一元　計每元可購十五斤。較之滬市。常錫白米。現市每元門售十四斤者。由粵對照。似頗平衡。且比較小麥每元僅能購十四五斤。黃豆十五六斤。則米價固尚較廉。況今日粵省米貴之癥結。在於申粵間之滙水相懸太巨。以粵幣千五百元。僅合滬幣千元。若能提高粵幣。則粵米不廉自廉矣。且屬會迭據湘鄂贛皖各號商詳實報告。各該地待運之米。盈倉累棧。卽鄉底蓋藏。亦殊豐厚。如能水陸暢運。則粵省決無缺米之虞。今若一旦准免洋米入粵進口稅。則湘鄂贛皖各省之米。勢必過剩。影響所及。不堪設想。故粵省之斤斤以洋米免稅爲請。害多利少。事非必要。管見所及。未敢緘默。爲特具呈鈞會。務請轉呈財實兩部。制止粵省洋米免稅。以維農商。至紉公誼。謹致市商會

上海市雜糧號業同業公會（二十六年二月）

上海市商會電財實兩部文

南京財政部實業部鈞鑒，案於本月二十日，據雜糧號業同業公會函稱，(見前從略)等語到會，查粵省請免洋米進口案，無非以米缺食價爲詞。惟湘鄂贛皖四省。向有餘米輸出外省，上年且係豐收年份以四省餘存之米糧，供粵東一省之民食，按諸事理 斷無匱之之虞，湘鄂之米，由粵漢鐵道以入粵。贛皖長江轉海道以入汕，較之運越洋米，由國外輸入者，其遲速當亦無甚懸殊，米勇到則價格自平，目前所慮者，惟以湘米檢驗過嚴，路運車輛不多，或致食米少到價貴，但此係一時之事，粵省官商，如能與該四省官商合作，妥籌便利運輸方法，並非無法補救，至於遽請洋米免稅，既增漏卮，又損公帑，實非爲國爲民兩全辦法，理合電呈鈞部鑑核，俯賜主持，實爲公便，上海市商會叩哿

(二十六年二月二十日)

財政部復漢口雜糧油餅業同業公會有電

元代電悉、查粵省進口洋米、現係照行政院決議辦法准其稅欵一半付現、一半記帳、並未免稅、本部前據廣東全省商會聯合會世代電請免洋米稅半年、亦經以此案業已遵照院議辦法辦理、電復該會知照、目下湘米檢驗標準、既由實業部轉飭湘米檢驗所實行減低、鐵道部又督促粵漢路疏通湘米運輸、該商應即儘糧採辦國米運粵、以資接濟爲要、財政部長孔祥熙關印

(二十六年二月二十五日)

旅滬粵商雜糧封幫慎守堂致上海市雜糧公會函

逕啓者敞堂頃接廣州雜糧公會電稱、洋米入粵免稅穀米各二百萬擔之說、喧傳市上、究竟如何、希查電覆，以免同行停手觀望、致犯不繼之慮、廣州雜糧公會養等語、查洋米免稅入粵、國米必將短銷、市上有此傳言、各省米商辦米入粵、及粵商赴各省辦米者、勢皆停頓、萬一青黃不接、粵市必至缺米、民慮斷

炊關係極大、究不知財政部有無核准洋米免稅入粤之事、擬請貴會核轉上海市商會電呈財政部電復、以便轉復、藉維民食、致紉公誼、此致上海市雜糧油餅業同業公會愼守堂謹啓

（廿六年三月二十三日）

漢口市雜糧油餅公會電行政院文

南京行政院院長蔣鈞鑒、伏查去年長江各省、農產豐收、而粤省適告米荒、政府斟盈酌虛、調劑民食、正宜以長江米產之所餘、補粤省糧食之不足、一轉移間、不但南荒可紓、而華中四省農村反可共沾利潤、增加景氣、乃粤省一部富商、見不及此、惟以洋米免稅爲請、不知洋米如果免稅、必致米價狂跌、援以穀賤傷農之例、全國農民、勢必同蒙慘酷犧牲、況漏巵既增、稅額又減、而因洋米之大量進口、國際貿易之負差亦必因而增高、影響所及、必且危及外滙平準基金、後患何堪設想、屬會有見及此、曾於　日電呈鈞院暨財實兩部、瀝情呼籲、嗣奉財政部有代電節開、査粤省進口洋米、現係照行政院決議辦法、准其稅欵一年付現、一年記帳、並未免稅、該商應即儘量採辦國米運粤、以資接濟等語、屬會遵即號召武漢同業、儘量採米運粤、迄今已達六十萬擔以上、而陸續待運者、尙不下百餘萬担、在此貨運擁擠期間、突據報載、粤省洋米進口、財部又有全部免稅之意、復據屬會廣州行商電話、洋米免稅、決自下月一日實行、消息既布、米價立跌、影響所及、不但屬會同業百萬血本、將陷絶境、而華中農付景氣亦必盡付東流、伏念鈞院關懷民生、體卹農商、對於調劑民食、統籌兼顧、辦法久經議決、決不至中途變更、應懇對於洋米免稅、根據成案、嚴電制止、並令廣東省政府嚴禁謠言、以維米價、使大量國米、不至無故慘遭排斥、而華中四省農村金融、亦不至再告崩潰、迫切陳詞、無任屏營待命之至、漢口市雜糧油餅公會叩敬。

（二十六年三月二十四日）

漢口市雜糧油餅公會電財政部文

南京財政部部長孔鈞鑒前奉鈞部有代電節開、查粵省進口洋米稅、係照行政院決議辦法、准其稅款、一半付現，一半記賬、並未免稅、本部前據廣東全省商會聯合會世代電、請免洋米稅半年、同業亦經以此案業已遵照院議辦法辦理、電覆該會、該商應即儘糧採辦國米運粵、以資接濟、等因奉此、遵即號召屬會儘量採米運粵迄今已達六十萬擔以上，而陸續待運者、尚不下百餘萬担、在此貨運擁擠期間、突據漢口掃蕩報載、廣州二十日電余漢謀黃慕松、對於粵省米荒、非常關切、迭次電請中央豁免洋米入口稅財部准全數豁免惟改征四百萬担洋米入口專稅等語、獲據屬會廣州行商電話、粵省洋米免稅、決自下月一日實行、自此種消息傳佈後、米價日見暴跌、影響所及、不但屬會同業、數百萬血本、將陷絕境、而長江一帶、農村景氣亦將劣轉、伏念鈞部關懷商艱、統籌兼顧、前電具在、決不至中途變更、粵中消息是否出於謠傳、或係地方當局、片面行動、務乞查明示覆、並懇根據前電、嚴令制止、以杜謠言、使大量國米、不至無故慘遭排斥而華中四省、農村金融、不至再崩潰、迫切陳詞、無任待命之至、漢口市雜糧油餅公會叩敬

（二六年三月二十四日）

上海市豆米行業雜糧油餅業同業公會致行政院財政部電

南京行政院院長蔣財政部部長孔鈞鑒、竊粵省前虞乏糧請將洋米免稅進口一案、（鈞院）（大部）秉其完整關稅復興農村之一貫政策、不予照准、頃者消息傳來、將有免稅洋米洋穀各二百萬擔輸粵之說、甚囂塵上、查昨冬迄今各產區、挾其去秋豐稔之餘、源源輸粵濟應、故現時存糧頗屬充裕、加之滬上目前待運入粵之米、約有十餘萬擔、贛、皖、湘、鄂餘糧之轉售輸往者、尤倍其數、而南國早熟、刈穫已近、民食無

虞、奚事外求、今茲風說之來、乍使閭閻傳疑、販商裹足、糧運不前、馴至青黃不接之際、轉復患及不繼、而隣封所餘、銷路用阻、影響彌鉅、伏念鈞座高瞻遠矚、洞察無遺、杜漸防微定有至計、深望對此謠傳、迅爲宣釋、昭示國人以不變之政旨、臨電無任屏營之至、上海市豆米行業雜糧油餅業同業公會主席顧馨一叩有、　（二十六年三月二十五日）

上海市豆米行業雜糧油餅業同業公會致行政院蔣院長電

杭州探送行政院蔣院長鈞鑒、竊我國去秋大稔、各產區挾其餘糧、源源輸粵、粵省民食、無虞匱乏、至粵省米貴之癥結、在於粵幣兌價之低落、若能提高粵幣、則米價自平、屬會曾於上月代電陳明、頃閱報載廣州二十四日電、中央已准洋穀洋米各二百萬市担、全免稅入粵、復據廣幫電告、洋米免稅、下月一日實行、消息傳來、乍使閭閻驚駭、查現在滬上及湘鄂贛皖等地、待運入粵之米、約在百萬担以外、且粵省早稻收穫非遙按之目前情形、粵省民食、足敷濟應而有餘、固不必斤斤於洋米之仰給、重貽國民經濟以莫大之打擊、仰懇鈞座秉其完整關稅、復興農村之已定國策、對於洋米免稅進口之議、力持打消、國計民生、胥利賴之、臨電無任屏營待命之至、上海市豆米行雜糧油餅業同業公會主席委員顧馨一、上海市雜糧號業同業公會主席委員陳世德、同叩感、　（二十六年三月十七日）

蔣院長復上海市豆米雜糧公會電

上海豆米雜糧油餅業同業公會顧馨一主席鑒，感電悉，已轉財政部核辦矣，中正儉，侍秘杭印。

（二十六年三月二十七日）

江西全省米業代表黃石三沈任吾安徽全省米業代表崔亮工陶蔭槐林若夫寗滬市縣米業公會聯合會代表周鉞朱子香上海市豆米行雜糧油餅業同業公會代表顧馨一陳子彝上海市雜糧號業同業公會代表陳世德顧輯人

（二十六年三月三十一日）

上海市商會致財政部徐次長函

（上略）查粵省民食，有豐收各省之餘米，可以源源接濟，並非除大量輸入無稅洋米外，即有斷炊之虞，各省存米若干，可以輸出粵省者若干，路運水運之能力，可以於最短期內，到達粵省者若干，均有事實堪以證明，乃粵省不此之圖 並以一百三十萬石之半稅記賬爲未足，又重新擴大至四百萬石完全免稅，是非爲民食謀救濟，類於專爲洋米闢銷路，就保護國米扶植農村之立場而論殊近矛盾，現在孔兼部長奉派出國，用特備函由本會王主席曉籟，偕各代表晉謁接納，予以斡旋，曷勝企禱。（廿六年三月三十一日）

湖北省政府電行政院文

南京行政院長蔣鈞鑒，密據漢口市商會感代電，以據本市雜糧行業、雜糧油餅業公會，暨第五區農會，等函，以前奉財政部有代電，飭盡量採辦國米，運粵接濟，當由同業遵辦，運米達百萬市石、陸續待運者，爲數尚多，乃據報載洋米進口，財政部已准免稅，並有四月一日實行之說，消息傳來，米價驟落，同業慘遭打擊，值接妨害農民生計，間接損害經濟命脈，請一致主張，轉懇省政府迅電中央、制止洋米免稅，以資救濟等情前來，查上年本省，楊前主席永泰，八月冬電，呈明各省豐收，恐穀賤傷農，請調節產銷一案，其特別注意之點，即爲維持洋米入口稅以限制傾銷粵省，蒙 鈞院議決，調節辦法三項，對於洋米入口關稅、且進一步主張，在條約可能範圍內，酌量增加。雖加稅之舉，倘未實行，而長江中部餘粮，賴原定入口稅之維持，得以源源銷粵，農村經濟，方有轉機，若一旦遽行免稅，不但內地農商坐受損失，且前項院議，甫經頒佈，亦使人民感覺罔所適從，況漢口市粮商，辦米運粵，係遵部電辦理，血本所關，尤應予以維護，事關農村經濟，政府信用，如何之處，伏乞衡核示遵，職黃紹雄叩艷民印。（廿六年三月）

行政院覆湖北省政府電

黃主席勛鑒艷民電悉已交財政實業兩部矣特待復行政院冬五印（二十六年四月）

湖南省政府電財實兩部文

（銜略）洋米免稅、湘米慘落、請收回粵洋米免稅命令、仍徵全稅、以維國米、（二十六年三月卅一日）

江西全省商聯會等各團體致上海市商會電

上海市商會大鑒　頃上行政院財政部一電，文曰，南京行政院財政部鈞鑒，洋米免稅一案，各省抗爭，輿論譁然，三農飲泣，百業咨嗟，影響之鉅，實繫於國計民生，誠以外人以經濟侵略謀我，此策一行，不啻引狼人室，我政府日言救濟農村，保護商業，何以獨循粵省一隅之請，而置酌盈劑虛於不顧，況長江流域，各處豐收，屬省運米赴粵，亦有百餘萬石之多，銷路阻礙，折閱堪虞，穀賤傷農，牽及計政，應請鈞座統籌全局　立挽時艱，對於米稅，是否可免，斷然主持，翹首鈞衡，冒罪呼籲，不勝戰慄待命之至等語，合亟電請一致力爭，救農保商，無任公感，江西全省商會聯合會，南昌市商會，錢業公會，糧食行業公會，米業公會，布業公會，京果南貨業公會，暨各業同業公會叩江。

（廿六年四月三日）

上海市商會復江西全省商聯會等各團體電

（銜略）江電奉悉、粵省進口洋米免稅事、敝會先已兩次電爭、昨又推定代表、備具呈文、偕米業領袖、赴首都主管院部請願、仍祈貴會亦以文電逕向院部呼籲、表示輿論之一致、或易轉圜、上海市商會叩魚

（廿六年四月五日）

長沙市糧行業公會致上海市雜糧油餅業公會電

上海雜糧米業公會公鑒、頃接粵電、略以粵省府業呈請中央減免洋米進口稅、聞悉之餘、羣情惶惑、查洋米征收進口稅一案、屢經各省請求、並蒙中央毅力主持、始能實現、設一旦遽予減免、則影響及於內地農村、至深且鉅、況本年長江流域各省、幸慶豐收、所產糧米、正設法向該省推銷、以期源源接濟、該省存底縱不甚豐、不能不仰外產供給、但合各省力量、諒於該省民食無虞、雖目前各地交通不無阻滯、但一經改善、即可供求相應、決無中斷之慮、且國米在該省最高市價、亦不過十一元上下、尚未達原案所訂豁行減免洋米進口稅之最低標準、該省所請、尤於現狀不合、自此項消息傳播以來、不獨各省抵粵之米、疲滯異常、即粵商前採購辦者、亦概行中止、似此情狀、則內地糧食、勢必不能流通、即國米銷粵前途、亦將發生無窮障礙、用特電達、貴會、即煩一致主張、轉請中央將粵省請求減免洋米進口稅一案暫行否准、以維農商、不勝企禱之至、長沙市花米行業同業公會米業同業公會同叩江（二十六年四月三日）

六省市代表呈行政院財政部實業部請願文

竊按粵省請求洋米進口免稅、初以米貴糧缺爲詞、繼以青黃不接爲慮、綜其理由、不外乎此、應否准其免征、須視國米能否適應其需要爲斷、查去年十二月間　（鈞）（財）部對粵省請求、曾剴切批示、以湘贛皖等省農作豐收、均有餘糧、可供粵省需要、粵省缺糧、應卽儘量採購國米、以資救濟、酌盈劑虛、可謂執中允當、是則粵省對於洋米進口稅之不應免征、可無庸議、其後粵省仍復固請、政府曲全其意、准許半稅記帳進口一百三十萬市擔、並由粵漢鐵路增開專車、運往湘米、糧食運銷局特雇專輪、運往皖米、政府統籌粵省民食、實已無微不至、據運銷局之調查報告、所謂粵省缺糧、已成過去、卽最近各產區挾其去秋豐稔之餘、對於華南食米、方有大量輸運之舉、據湘皖贛鄂各省米商報稱、各該省存米甚豐、現今積存在粵尙記有五十餘萬担、刻正待運入粵者、已達二百餘萬担、按之實業部統計處上月編印之二十五年全國實業概、所列是年秈粳稻產量爲八五九・六〇一・〇〇〇市担、比較往年增加二五・〇六四・〇〇〇市擔、各產區餘米蓄藏之富、自屬信而有徵、而粵米收穫之期、　向較各省爲早、湘米早稻收割、　亦不出三月、似此官商合作、該省民食、何至接濟無從，方期國米暢銷粵中農商得以兩利、不意頃據報載、四月一日起、准洋穀米肆伯萬擔、免稅運粵、先是、湘鄂兩省政府、聞此消息、會先後電請中央制止、誠以此舉、阻國米銷路之咽喉、爲洋米傾銷添羽翼、旣使入超增加、又背經濟原則、揆諸國計民生、無一而可、粵省縱未兼顧及此、而鈞（院）（部）居中馭外、自當就全國以統籌、擬請責成關係各部、與湘皖贛鄂四省長官、刻日會同確切調查各該省餘米究有幾何、果其米商之所報不虛、　則粵省進口洋米免稅之令、應卽立予撤銷、並責成產米各省米商、以與洋米同一價格、盡量趕運至粵、免有青黃不接之虞、庶幾至公至當、產米各省以及粵省商民、均昭折服、除經敝會主席王曉籟率同五省米業代表顧馨一等在申賫呈、面謁（財部）徐次長請願、蒙　諭准提請院議妥籌補救外、復推代表等恭請鈞（院）（部）面陳下悃、伏乞賜予接見、實爲德便、謹呈

行政院代院長王、財政部次長鄒、實業部次長程周、上海市商會代表駱清華、五省市米業代表顧馨一，陳子彝、

（二十六年四月五日）

南京市商會致行政院及財實二部電

曩年洋米免稅進口、金錢外溢、糧價低落、商業蕭條、我政府爲謀救濟起見、計劃籌設糧食運銷局、以調劑盈虛。並征收洋米進口稅、以杜絕傾銷、去年農工商業稍有轉機、端賴於此、迺粵省竟有於四月一日起請求中央准許洋米洋穀免稅進口二百萬石之議以致日來沿江各省糧價暴落、閭閻驚疑、農工商業一線生機、勢將斷絕、查產米各省、待運入粵之米、現尚有二百餘石之譜、楚材楚用、奚待外求、爲特電請鈞院部准予收回免稅洋米運粵原令、以維國脈、而順輿情不待勝命之至、南京市商會叩魚、

（廿六年四月六日）

上海市豆米行業等四公會致市商會函

敬啓者、竊查請願制止洋米穀免稅入粵一節、業蒙 行政院本月六日例會決定先交財實兩部會同關係機關審議、再提院會討論在案、諒院部秉其完整關稅復興農村之一貫政策、經會同審議、與重加討論之後、必能獲得公平之解決、惟敝會等以比事關係既鉅、尚有不能已於言者、粵省免稅之請、謂防青黃不接之虞、實則該省新穀登場在六月底以前、距今不滿三月、此見諸部刪關電、斷非虛語、在此三月中、以每天銷二萬石計、總數不過二百萬石、而前經各省運往一二三月共計一百八十萬石、除銷售外、現積存五十萬石、正待起運者、又有二百餘萬石、實無需免稅洋米之進口、況二月二十七日、財部有電復漢口雜糧公會、謂粵省洋米進口、依照政院議案辦理、並未免稅、並令各省米商踴運接濟、至三月十五日、又有刪關電徇

粵省之請、准許免稅進口洋米穀各二百萬擔、有刪二電、後先異趣、在財部容有不得已之深意、而商人既奉令購運、如上述待運之米、勢必中途停滯、此擬請院部復議時、予以顧及者一也、或謂目前國米已不在農民之手、洋米進口、無礙於農村經濟等語、此在數年前、容有此種狀況、今則情形大異、蓋去秋豐收、農民儲存頗富、且各地均有農民銀行或借貸所設立之倉庫、米穀不論多寡、均可押款、其因此儲藏而待沽者至為普遍大半均在農民之手、現各省餘糧、據報尚有一千萬石以上、若以全盤統計尚不止此數、因洋米免稅入粵、國米價格、已慘跌一元五六角、供過於求此其明證・故所受影響、決非淺鮮・而各地金融界所有押款押進、亦蒙其損害、故此舉不僅為各省米商一部份之問題、其於整個國計民生、農商經濟、均有莫大之關係此擬請院部復議時予以顧及者又一也此次二度晉京請願、已將此中緣由、除面陳行政院何代秘書長實部程周二次長并上呈財部部次長外、惟實部吳部長、財部徐次長、均不在京、行政院王代院長亦未謁見用再函陳意見、至祈 貴會迅即轉電王代院長吳部長徐次長主持、俯賜採納於復議時予以盡量救濟、不勝迫切待命之至、謹致上海市商會、上海市豆米行業同業公會、雜糧油餅業同業公會雜糧號業同業公會、江蘇甯滬市縣米業公會聯合會、

(廿六年四月八日)

上海市棉布業等百六十三同業公會電院部文

南京行政院蔣院長、財政部孔部長、實業部吳部長鈞鑒、竊自粵省洋米免稅一案發生以來、各省代表交章力爭、輿論譁然、函電盈尺、茲姑不論粵省現時情形、是否有大量輸入免稅洋米之必要、以及相互調劑、應否先行扶植國產、祇就我本市同業而言、近數年來、農村破產、百業隨之蕭條、而洋米侵銷、實為主要因素、自去年秋收豐稔、同時粵省洋米稅統一徵收之後、根據實業部所編二十五年份實業概況、二十

四年洋米進口為一千二百九十六萬五千公擔至二十五年銳減為三百十萬三千公擔、於是國米暢銷、農村經濟漸復昭蘇、上海商業復呈欣欣向榮之象、誠不意生機甫萌、隄防又決、茂林重凋、寃霜再及、商業前途、尚堪問乎、鈞部酌劑盈虛、智珠在握、務求害取其輕、利擇其重、俯順輿情、收回成命、上海各業、實深喁望、謹電呼籲、伏維賜察、上海市棉布業紙業綢緞業糖業新藥業呢絨業木業製藥廠業等一百六十三同業公會叩庚、

(二十六年四月八日)

上海市商會再電院部文

南京行政院王代理長院，實業部吳部長，財政部鄒徐兩次長鈞鑒，本月九日，據上海市豆米行業同業公會，雜糧油餅業同業公會，雜糧號業同業公會，江蘇甯滬市縣米業公會聯名函稱，(原函見前 査本月四日財政部為此案復嚮會之冬代電，有「一方面應由糧食運銷局，農本局，及粵省民食調節委員會，相互聯絡，分頭向湘鄂贛皖等省，採辦餘米，源源運粵」之語，是湘鄂贛皖四省，有餘米可以接濟粵省，已為財政(鈞)部所洞鑒，且據湘省產米區二十餘縣，代表電呈鈞部，報告全省餘穀一千三百二十餘石，是粵省現缺之洋米二百萬市擔，洋穀二百萬市擔，在產米各省，儘有替代補充之餘地，即此亦可概見，粵省缺米，祇有此數，既許洋米洋穀免稅大量輸入，國米在該省，即無需要，非特與財政(鈞)部復漢口雜糧公會宥電所謂「洋米並未免稅，米商趕運接濟」之言，完全不合，即與此次部電所謂「源源運粵」之本旨，適得其反，農商惶慮，市廛不安，理合續行電呈，仰祈鈞長鑒核，俯賜主持，俾免國計民生，交受其困，實為公便，上海市商會叩青，

(二十六年四月)

上海市豆米行業等四公會呈上海市俞代市長文

竊查我國洋米徵稅，始自廿二年冬，惟粵省至去歲方克統一徵收，顧不久仍有免稅之請，已由政府准許半稅記賬洋米進口一百萬擔，加以產米各省餘糧之富，供給之殷，該省民食，固已不虞匱乏，乃最近忽又請准免稅進口洋米穀各二百萬担，殊令人深爲駭愕，。此事以粵省民食言，爲不必免，以關稅完整言，爲不應免，以復興農村言，更不可免，卽以都市經濟言，亦不宜免。以往數年中，粵省稅率未能統一，洋米大量侵銷，國米反被阻滯，直接促農村之崩潰　而間接陷都市於衰落，近年來上海市面之不景氣，此爲一大原因，去歲秋收豐稔，原有穀賤傷農之虞，幸粵省洋米稅已統一徵收，國米銷路得有保障，於是農村與都市，均有欣欣向榮之象，此中因果，息息相關，至爲明顯，現產米各省餘糧估計尚有一千餘萬石，正待運粵者．亦有二百餘萬石，乃粵忽又實行洋米免稅，徒以大宗金錢，拱手以與外人，而置大宗賸餘國米於不顧，將使農村都市，重陷絕境，其影響於國計民生者，實屬至重至鉅，以是屬會等不忍緘默，業經聯合鄂湘贛皖蘇各省糧食業，推派代表二度赴京請願，蒙行政院於本月六日例會決定，先交財實二部會同關係機關審議後，再提院會討論在案，惟將來結果如何，似尚有待於各省市之據理力爭，湘省何主席，鄂省席，先後電請中央制止洋米免入粵，爲特不揣冒昧，合詞具呈，至祈鈞長鑒核迅賜分電行政院暨財實二部黃主准予收回洋米穀免稅入粵原令，以維國計民生，不勝幸甚，謹呈上海市代市長俞上海市豆米行業雜糧油餅業雜糧號業同業公會上海寧滬市縣米業公會聯合會(二十六年四月九日)

代電蘇省府陳主席文

鎭江江蘇省政府主席陳鈞鑒、最近財政部令粵海關四月一日起准洋米穀四百萬市擔免稅進口。農商見困、業經湘鄂兩省府電請撤銷、並由代表等聯合請願、呈電紛馳、迭載報端、諒均曾及、茲荷行政院六日例會决義先交財實兩部審議，庶期轉圜有機，伏查蘇省爲產米之區，餘糧極富，粵省進口洋米稅之徵免與否，影響蘇省經濟之榮枯彌切，爲特聯名電請崇座急電院部，本盈虛互濟，經濟協調之原則，毅然撤銷，農商利賴，臨電不勝迫切盼禱之至。上海市豆米行業同業公會主席顧馨一。上海市雜糧油餅業同業公會代表陳子彝。上海市雜糧號業同業公會主席陳世德。江蘇寧滬市縣米業公會聯合會代表朱子香。周銘。長沙米業同業公會花糧行業公會代表陳筠僧。江西全省米業代表黃石三。沈任吾漢口市雜糧業同業公會代表黃雲卿。包均安。謝倩茂。安徽全省米業代表崔亮工。陶蔭槐。林若夫同叩。灰（二十六年四月十日）

上海市糧業代表再呈粵省府主席吳說帖

竊於本年三月廿三日，廣東傳來消息，謂財部爲救濟粵省青黃不接時代之民食起見，除前經半稅記帳運進洋米一百萬担不計外，再准粵省加運洋米洋穀四百萬担完全免稅，敝會等認爲粵省進口洋米稅，以關稅完整言，爲不應免，以國民經濟言爲不可免，而以粵米民食言，尤爲不必免，特適崇座方膺新命，移節粵疆，嘗經擬具說帖，推派馨一等代表晉謁，請本滬粵經濟聯繫之原則，斡旋其事，曾荷督納，良用感慰，伏查粵省請求免稅，初以米貴糧缺爲詞，繼以青黃不接爲慮，綜其理由，不外於此，是其應否免征，須視國米能否適應其需要爲斷，庶幾至公至當，產米各省，以及粵省商民，胥昭折服，頃悉騶從入粵，履新在卽，爰再就粵省民食之觀點，謹爲崇座縷晰陳之。（一）粵省日需食米二萬餘石，每月計需六七十萬石，現距三個月出新之期，共需食米二百萬石左右，（二）本年一。二。三，三個月內，國米輸粵統計，一月份四十五萬包，二月份六十萬包，三月份七十五萬包，（半稅記帳進口之洋米，不計在內，）按本年一月份，係値冬令，長江水枯，運輸不便，故是月輸 便利，輸粵數量，逐月增多。（一）粵省現存食米四五十萬石，湘。鄂[illegible]之米，計有二百餘萬石。此外尚有存糧一千餘萬石，可以輸出，通盤籌計，殆又不止此數，（[illegible]湘省二十餘縣電呈院部文中，報稱該省存穀有一千三百二十萬石之多，可見產區蓋藏之富）。（一）國米銷粵市價，（甲）贛。湘，最高晚米，每一百八十市斤，現售十元三四角，另加水脚外費一元，每斤計值六分三厘，每元可購十五六斤，（乙）贛。湘。中等早米，每一百八十市斤，現售九元四五角，另加水脚外費一元，每斤計值五分八厘，每元可購十七八斤，（丙）湘。鄂。最高糙米，每一百八十市斤，現售八元五角，另加水脚外費一元，每斤計值五分三厘，每元可購十九斤。（二）前列市價，在二三星期以前，贛。湘。最高晚米，售十一元六七角，最高早米，售十元七八角，湘。鄂。最高糙米，售十元二角，按之現市，跌落一元二三角至一元七八角不等，其供過於求之市況，足資明證。（三）粵省米價，實因幣值低降之關係，似較爲貴，但桂省產米有餘而其市價則在十五六元之譜，反較桂省爲高，實亦因其幣值尤爲低降之故，然未聞桂省人民有米貴之呼聲，今粵省不以治本而策提高幣值，乃反斤斤以洋米進口免稅，而爲治標之圖，馴至國米慘落，重陷農村崩潰，應請崇座主持，迅謀補救，俾市場人心安定，國米得源源運粵，利溥農商，戴德無旣，謹呈。

廣東省政府主席吳。上海市豆米行業同業公會主席委員顧馨一。上海市雜糧油餅業同業公會代表陳子彝。上海市雜粮號業同業公會主席委陳世德。江蘇寄滬市縣米業公會聯合會代表朱子香。（二十六年四月九日）

湘縣市農商代表聯電財實兩部文

南京財政部實業部鈞鑒，竊粵省洋米免稅一案，迭經各縣市商農要求收回成命，昨接京訊，此案已承院會議交財實兩部重行核議，仰見俯順民情，至深感戴，頃本省廿餘縣市農商代表，爲此事齊集省垣請願，各就本地情形切實估計，統共餘存穀數，至少有一千一百餘萬石，接濟粵省民食，斷無匱乏，自洋米實行免稅後，全恃粵省爲惟一之銷場，已爲洋米抵制，上項存穀，不獨價值慘落，且求售無主，農商莫不困苦萬狀，同爲國民，應請一視同仁，指定銷場，設法救濟，現粵省洋米價每石合粵幣十二元之譜，以同等湘米較之尚低一元有奇，放運洋米入口，試問對於人民有何實惠，尤使人大惑不解，用特聯名電呈　鈞部，伏乞察核，仍准將粵省洋米免稅案撤銷，加徵全稅，以恤農商，至深感禱，長沙。湘潭。益陽。津市。澧縣。安鄉。華容。岳陽。沅江。湘陰。漢壽。南縣。常德。醴陵。甯鄉。衡山。各縣市農商代表（名略）仝叩庚（廿六年四月）

湘縣市農商代表聯電省府暨財實兩部文

南京財政部實業部湖南省主席何　鈞鑒，庚電計邀　鈞察，頃接粵商來函略稱，該省距新熟時缺米數量，業已調查明確不過二百萬石，合各省之力，實可供給，且証之以往事實，該省本年一月份國米進口共計四十五萬包，二月份六十餘萬包，三月份七十五萬包，每月約增十五萬包，半稅記賬之洋米尚不在內，就此觀察，常有供過於求之勢，有何米荒之慮，所謂米荒，僅廣市一處藉此擴大宣傳，其各鄉縣則幷無此報告，考其癥結，係因米貴之故，但米貴由於粵幣低落，試觀桂省產米本有盈餘，以桂幣更低，致該省普通米每百市斤値十五六元，較粵省尤高二三成，同一事實，何以桂省幷無請求，洋米免稅之舉，今粵省不謀整理幣政，以治其本一聞米貴請求，遂即洋米免稅，此種辦法，何異飲鴆止渴，現粵商因環境關係，呼籲有心，上陳無路應請主持公道等語，以粵商而言，粵情自屬可信，茲該省請求免稅之眞因，既係如是，實屬絕無理由，用特據情轉呈，伏乞迅准將免稅一案撤銷，以免搖動國本，至深感禱，長沙等各縣市農商代表（名略）仝叩青

（廿六年四月）

長沙市各幫米商聯辦處致湖南各縣商農會電

査粵省洋米免稅實行後，本省各地所餘穀米，莫不價値慘落，求售無主，影響所及，不獨我農商直接受其侵害。卽全省人民經濟亦爲之動搖，頃各產區代表，特爲此事，齊集省垣，一面向中央暨湘省府請願，收回成命，一面調査各地粮食盈餘狀況，以使向各方報告，請求設法救濟，茲特電達，卽煩査照，貴處在秋收以前，所餘穀米數目，切實估計，迅予函復，以憑彙辦，是所至盼，長沙市各幫出口米商聯辦處叩齊。（廿六年四月）

漢口雜糧業公會呈漢口市商會文

竊査粵省，前以民食恐慌，請免洋米進口稅一案，屬會迭以華中豐收，足資濟助，電呈院部請予否准，最後於二月二十五日奉財政部快郵代電，第六一一九號內開，「元代電悉査粵省進口洋米，現係照行政院決議辦法，准其稅款一半付現，一半記賬，並未免稅，本部前據廣東全省商會聯合會世代電，請免洋米稅半年，亦經此案業已遵照院議辦法辦理，電復該會知照，目下湘米檢驗標準，既由實業部轉飭湘米檢驗所，實行減低，鐵道部又督促粵漢路疏通湘米運輸，該商應卽儘量採辦國米運粵，以資接濟爲要，財政部長孔祥熙有關印」等因，細察部電，亦以本案事非輕微，故既前復申述遵照院議辦法。復再表示會同實業鐵道兩部，共策進行，並於重視粵省民食之中，兼顧關稅統一，絕非僅憑片面觀察，操切從事者概可想見，是以四省粮業踴躍遵循，盡量將華中產米運銷粵省，就水陸兩途統計，已達數百萬擔有奇，接續待運者，更倉棧皆盈，足見雖於青黃不接之際，絕無米粮恐慌之慮，且農家收穫，尙以法幣未能深入鄉村之故，除因必要品之購入，酌量糶穀外，大半豐餘，尙儲農倉，粮商運濟有無，一方面宣傳法幣之可靠，一方面獎勸儲穀之糶出各處農倉，方得逐步流入都市，如其鄉底已虛，必且無從採辦，今能大批南運，略加籌顧，即可見免徵粵省洋米進口稅，非僅足以復陷華中農區于衰落，破壞統一稅收之政策，實足以動搖經濟建設之大計，乃財政部於二月二十五日有關代電昭示國人，洋米並未免稅之後，各地粮商，盡量採購國米運濟粵省之際，相隔只有二旬，突於三月十五日刪電粵省，並不顧及遵照行政院議案，竟撤銷記賬辦法，而准予免稅，罔顧國米方在源源南運，足濟粵省民食，祇以青黃不接之空言，爲變更政令之口實，及其衆口譁然，猶謂前之否准免稅即爲新穀方登，恐妨農產之銷路，後之核准免稅，則爲青黃不接，期全粵省之民食，以冀自圓，遑論華中農倉，存底豐厚，按戶可稽，洋米免稅，直接殘害農村，即以財政部有電激勸粮商，儘量採購國米，運粵接濟而言，因突然免稅之故，其損失之慘重陷粮商於破產，要亦爲中樞所不忍，且相隔僅只二旬，國米方在湧到，亦何至青黃不接，影響民食，且刪電表示，除根據鄭實照調查報告而外，更不復經行政院核議，竊以爲對於國計民生，未免均有未安，吾鄂爲華中產米之一區，吾漢又爲華中產米各省，彙轉米穀之總樞紐，於農村商場，關係尤爲重大，似此政令前後歧異，人民實無所適從，更足以使華中農產經濟，立刻崩潰，粵省大吏，能以民食爲懷，請命政府，免徵洋米進口稅，華中產米各省長官，並亦均能眷念民瘼，吾鄂省政府豔電行政院，可爲明證，足見對此殘害農商，後先矛盾之政令，未肯膜然不顧，惟最近行政院已聞定期核議，若不徹底申述農商交困情形，深恐中樞聞見不周，再滋隔閡，爲此呈請大會鈞鑒立即轉呈軍事委員長武漢行營何主任，省府黃主席，轉電行政院力主暫行停止粵省洋米免稅進口，以救農村，以卹商艱，而謀穩健經濟建設，實爲公便，謹呈漢口市商會主席黃，（廿六年四月八日）

漢口市雜糧公會等告同胞會

粵省自四月二日起，洋米穀四百萬擔免稅進口，行政院因全國農商界反對，六日院會已交財政實業兩部重行審查，惟洋米免稅進口，影響國內農村經濟及國家整個利益甚鉅，粵省所需食糧，華中各省豐收餘糧儘可救濟，本會茲特提出下列各點，希望全國人士注意洋米免稅之害，並盼政府俯順輿情，維護農商，毅然決然制止粵省洋米免稅入口，(一)洋米免稅國米排斥農村就要破產，(二)洋米免稅就是違反復興農商政策，(三)洋米免稅使大量現金流出動搖整個國家金融命脈，(四 洋米免稅足以衝破關稅壁壘，(五)洋米免稅無異提倡洋貨影響民衆愛用國貨心理，(六)洋米免稅係違反三中全會議決案，(七)洋米免稅加增工商界失業危機。

謹將洋米免稅進口一案之始末實情及將來弊害敬告我全國同胞及新聞界諸君。

溯自粵省洋米免稅進口一案，四省農商及當地政府電呈力請制止，已屆兩旬矣，此事關係全國經濟命脈，及華中各省農工商之生計甚鉅，本業見聞較確，不得不將本案始末實形，及將來弊害，昭告我全國同胞，以冀事實眞相，大白於天下，茲分述於下。(一)自蔣委員長建立復興農村政策，各省當局，嘗以國內食粮，足以自給自足，力主洋米徵稅，遏制進口，以利農村，曾電中樞擘畫，於廿二年九月十二日經行政院通過洋米徵稅，上年華中各省豐收，更兼粵漢路通車，粵省籍口粵荒，電請中央免稅，經院部核議，深悉以內地之有餘，補粵省之不足，實不虞缺乏，故財部於二月有代電，(漢口雜粮油餅業同業公會鑒，元代電悉)，查粵省進口洋米，現係照行政院決議辦法，准其稅款一半付現，一半記賬，並未免稅，本部前據廣東全省商會聯合會世代電，請免洋米稅半年、亦經以此案業已遵照院議辦法辦理，電復該會知照，目下洋米檢驗標準，旣由實業部轉飭湘米檢驗所實行減低，鐵道部又督促粵漢路疏通湘米運輸，該商應即儘量採辦國米運粵，以資接濟爲要，財政部長孔祥熙有關印，致湘鄂贛皖各省糧業公會，令飭糧商儘量購米運粵接濟，雖三中全會粵代表仍有免稅提議，大會僅通過由經委會組織運糧公司，運辦國米，盡量接濟，此以前院部辦理之經過也，(二)自財部通電各省糧商大量運米濟粵後，僅隔二月，三月十五日財部突然以刪電，竟許粵省免稅洋米穀四百萬担進口，湘鄂皖贛滬糧商，正在以輪軌運輸大宗國米入粵，(統計數百萬担)，初聞此電，尚疑事出謠傳，迨急電詢問，竟無一復，自不得不公推代表，向京請願，(三)自本案發生後，廣州一部份利慾薰心之人，故造粵荒空氣，以期聳動世人視聽，殊不知事實有絕謬不然者，蓋粵本爲缺米之區，每年缺五六百萬担，以前有粵商本在蕪湖上海漢口採辦供給，自民二十華中大水以後，不敷供給，廣州始以洋米代替，粵中少許富商，數年來不斷經營，勢力雄厚，大利所在，逐以排斥國米爲能事矣，(本市武漢日報社論最詳)初則以國米不合粵人胃口爲言，繼則以國米杯水車薪不敷接濟，恐青黃不接爲口實，一究其實，皆屬僞造空氣，所謂不合胃口，試問從前洋米未進口，廣東人所食湘皖米是否國米，粵人未必全屬膏粱子弟，大多數人豈皆需食洋米，所謂杯水車薪，上年冬因長江水淺，輪運不旺，則以粵漢路運計，亦達六萬餘噸，(合市担一百二十餘担以上)，所謂青黃不接，尤與事實不合，以粵省論，氣候最早，六月新穀即可上市，以華中四省論，長沙漢口九江蕪湖四市，每日農村市面來源，均有數萬担以上數字，際此春汛時期，水陸源源運粵，豈有青黃不接之可言。(四)本月一日，洋米免稅入粵，廣州國米慘跌二元一担，且無人過問，本市河下每担跌至二元，據潯蕪長沙上海函，皆慘跌至一元六角至二元一担，購進者尚係商人之損失，近日農販因起初鄉間聞漢口米市暢旺，各地農販爭運來漢，不料到市陡跌，鄉農借貸資本不易，甚至有求生不得求死不能之慘，(據本市行戶言，有某老農販在鄉鳩資，運米數百担到漢，不料跌至每担二元，虧本近千元，意欲投河一死，)至於附屬粮業之一般工人船戶，因上月米市旺時，每日有數萬担生業，近日出路杜塞，影響工人生計，實非淺鮮，(五)長沙漢口九江蕪湖一般粮商，自財部有代電發出，各市粮業公會，轉知粮商遵辦，四省粮商奉令後，竭力奉行，一方面向金融界活動資金，以資周轉一方面復入農村，勸農人將餘糧售出，以資源源運入，不意大宗國米，方在湧集廣州之時，突有洋米免稅之令，現在洋米入粵，國米跌至二元，且無人過問，各市糧商，血本虧耗甚鉅。以上五端，不過就其顯而易見者而言，其弊害所極，如影響全國金融，破壞復興農村，牽動整個市面之衰落，(上年華中豐收，各地市面恢復景氣，設農產出路杜塞，市面又不堪問矣)涓涓不塞，將成江河，此案雖經行政院發交財政實業兩部核議，預備提出元日(十三日)院會討論，倘或中樞見聞未週，故不得不詳細敬告於全國同胞，及領導各界，代表人民喉舌之最親愛新聞界同胞，有以眞正民意，闡揚我中樞執政之前，得其採納，以期挽回，而資救濟，全國農工商業，實利賴之。漢口市雜糧油餅業同業公會。糧食行業同業公會。第五區農會。第八區農會。漢陽糧食行業同業公會仝啟(廿六年四月八日)

漢口市雜糧公會通電

南京中央黨部國民政府行政院監察院財政部實業部各省市黨部各省市政府鈞鑒，各省市報館各省市農工商團體鈞鑒，竊查政府威信，首貴令出維行，商業循環，咸知義利所在，調盈劑虛，古有名訓，注此挹彼，國之常經，自國難嚴重以來，中央作民族復興之實際準備，經濟建設，漸臻上理，如法幣實行，糧食運輸，皆與民更始之道，去冬今春之交，粵省需米，財政部有代電，令四省粮食商人，以粵省洋米進口，遵照行政院決議辦法，准其稅款一半付現，一半記賬，並未免稅，儘量採運國米運粵，以資接濟，商等以政府酌盈劑虛，調節民食，意美法善，感奮興起，乃分途採運，粵省已沾實惠，墨瀋未乾，忽有洋米免稅之令，商等惶惑萬狀，百思不得其解，若恐粵省粮食缺乏，不足以備非常，試察去年以來，運輸滯阻，倘且絕無斷粮現象，則以現在華中四省存粮之豐，供給綽有餘裕，此不足慮者一也，粵省需米，向須外省供應，四省粮商，自奉令運銷赴粵，粮價日跌，現且擬個計劃，源源接濟，運輸既暢，更不致匱乏，何云青黃不接，此不足慮者二也，去冬粵漢路進初通，車輛不敷支配，長江水涸，輪運亦感困難，現屆春汛期臨，粵漢路亦特別減低運價，提前掛車，此不足慮者三也，抑聞洋米進粵免稅，係少數人之主張，須知洋米進口，首當其衝者，固屬粮商，直接受害者，則為農民，農民購買力薄弱，勢必物價暴落，間接及於百業商工，均蒙損失，經濟全響，咸感搖動，大量匯兌，亦必影響法幣，此則當局未遑慮及，將來必極感恐慌者也，總之，商等尊重部令，積極購運，何能因少數人私利轉移，罔顧政府威信、農村命脈，商人血本，一舉摧毀，且商人奉令運粮，接濟粵省，乃係急公好義之舉，不蒙獎勵，反予摧殘，將來救國卹民之事，人必望而却步，其影響之鉅，尤非片言所能盡，為特昭告始末，惟請主張公道，陳請中樞，尊重威信，國民福利，於焉是賴，非商人利惠已也，諸維垂鑒，漢口市雜粮油餅業同業公會代表勵學書黃致遠莊永德郝寅慶胡頌韓姚維章王邁卿戴永釗連亦方陸逃甫陳樹霖孫光裕　包和卿范純夫黃耕硯林厚周胡祖良黃明遠戴浴塵陳煥章叩佳，（廿六年四月九日）

上海市農會電中央請收回洋米免稅成命文

（銜略）竊吾國自古以農立國，土地肥沃，而積廣大，農民數量佔全國百分之八十以上，為世界著名農業國家，近年來，以災害頻仍，農產歉收，兼受世界經濟恐慌影響，農產價格低落，各地農村經濟，遂一蹶不振，日形衰落，幾頻破產，農民顛沛流離，饑寒交迫，困苦之狀，達於極點，自國內統一完成，吾中央力謀農村之復興，於農事技術之改進，農村經濟之拯救，提倡不遺餘力，並加征洋米麥之進口稅，實行關稅護農政策，去年各地豐收，實歸功於全國上下一致之努力，農村經濟，方見轉機，不意粤省竟免准洋米二百萬擔之進口稅，消息傳來，各地米價慘跌，農商交困，羣情惶惶，現全國存米，足敷救濟粤省米慌，況粤省新穀，即將上市，實無免稅購買洋米之必要，既背中央政策，復傷農村元氣，本會爲農民生活計，爲敢迫切陳詞，仰懇中央顧念農民生活，收回免稅成命，臨電迫切，不勝待命之至，上海市農會叩眞，（廿六年四月）

糧業代表續電院部文

南京分送行政院王代院長，財政部部長　實業部吳部長鈞鑒，關於粤省免征洋米稅一案，業經產米各省農商團體，迭電院部籲請撤銷，聲嘶力竭，此中利害諒邀洞鑒，清華馨一等微日赴京，再度請願，當荷院會議決，先交財實兩部審議，伏念政府現方積極經濟建設，自力更生，粤省忽告洋米穀免稅，實屬違反此項政策，且閱報載，閩省已繼起請求援例免稅，足見政令不宜紛歧，關稅必須完整，不然其他需米之區，紛起請求，政府將何以措置，而整個國民經濟，更復破壞無遺，夙仰崇座顧念農商，關懷國計，於政院例會此案提出討論時，切懇毅然主持，迅予補救，務使撤銷免稅之令，臨電屏營，上海市商會代表駱清華，六省市糧業代表顧馨一陳子彝等叩眞，（二十六年四月十一日）

湖北省縣商會農會聯電院部文

行政院代理院長王，財政部代理部長鄒，實業部部長吳鈞鑒，竊上年華中豐收，農村破產，漸臻恢復，各省稍見繁榮，最近因洋米免稅入粤，輿論譁議，僉以我國係以農立國，百業工商咸以農業是賴，自應深切研究，謹將見聞確情電呈於下，以備採納，(一)四省餘糧足供粵省需要，査湘鄂皖贛餘糧，據最近確實估計，湖南存米二百五十萬擔，湖北存穀米二百萬擔，江西存米二百萬擔，安徽存米二百五十萬擔，鄉村尚有存積，再就現在粵省需米，實際祇缺二百萬包，長沙各團體庚(八日)電已證明矣，非特綽綽有餘，即於過去宣傳米荒最甚，運輸極感困難之時，並未見匱乏，則目下輪軌暢達，决可更無不足之慮，(二)粵省實非米荒，而在米貴，一因毫幣低落，二因過去運輸阻滯，現一二三月各省運粵國米已達一百八十萬包，合市擔二百二十萬擔，市價漸平，嗣後祇須國米源源供給，幣制整理，洋米進口，確非必要，至因洋米免稅進口，形成農商凋敝，影響實非淺鮮，中央高瞻遠矚，定能燭照，伏乞俯順輿情，垂念民瘼，毅然收回成命，以恤農商，而固國本，不勝迫切待命之至，湖北全省商會聯合會率全省各縣商會，漢口市商會率全市各同業公會，武昌商會，漢陽商會，漢口市各區農會同叩真(廿六年四月)

文電　三五

救濟粵省米荒與洋米免稅

（漢口新民報謝蒨茂）

粵省雖號爲產米要區，而實際上每歲食糧常告不給，長江各省，雖有過剩之米，足資調劑，然在粵漢鐵路未成期間，以海道遼遠，運輸困難，反不若洋米接濟之易，故洋米進口，向爲我國重要漏卮之一。近則粵漢鐵路，既已通車，鄂湘等省，運米入粵，較前便利，且値華中農產豐收，產米本有過剩，以此之盈，濟彼之虛，事屬兩利，漏卮堪免，故當局如應付得宜，則救濟粵省米荒，實可不必仰給洋米，免稅更不必言，行政院有鑒及此，關於救濟粵省米荒，曾於一月二十日議決辦法三項，(一)飭粵漢鐵路多撥車輛，運輸湘米赴粵接濟，(二)減輕輪船火車運米費，以暢米運，(三)准粵省採購洋米，以三十萬公担爲限，半稅記帳，以爲應急之需，嗣後於同月二十日議決，採購洋米數額增至一百萬市担，關稅半數記帳，財政部已根據院議，電粵遵辦，而粵漢路爲提倡計，對於運米入粵，按原價折半收取運費，因此運粵國米，已日形擁擠，然南中當局，惑於一部份米商之議，對於要求洋米免稅，仍未放棄，而報紙消息，則傳洋米免稅，已獲財政部特許，將於下月一日實行，國米受此影響，價已暴跌，漢口雜糧公會，爲謀挽救米價起見，昨特分別電呈行政院及財政部，請求維持原議，以維國米銷場，吾人竊謂洋米半稅記帳辦法，既由行政院議決，財部奉令辦理，決無輕事更張之理；故粵中所傳消息，是否實在，尚屬疑問，至對於洋米免稅，吾人根據常識判斷，亦認爲飲燒止渴，害多利少，蓋國米如能運粵暢銷，不但能使長江流域過剩粮食，獲得正當出路，以增加華中農村之景氣，卽粵漢鐵路及國營華商各輪船，因米運擁擠，亦足以資榮養，若因免稅而使洋米暢銷無阻，既損國稅收入，復增入超漏卮，而國米因成本較高，勢必慘遭排斥，影響所及，將使農民遭受普遍犧牲，國計民生，兩蒙其害，深望中央當局，對此重大問題，能根據經濟原則，與實際狀況，通盤籌劃，審愼處理，勿因一時之輕忽，貽禍害於無窮也。（廿六年三月廿六日）

洋米入口

（皖江日報）

長江流域，平疇沃壤，一望無涯，氣候適中，雨暘時若，農產物之宜於稻。彰彰明甚。比年以來。以選種施肥等之日漸改良。加以水利之日謀進展。故產量亦隨之增多。如湘如贛。歲有盈餘。昔年左文襄用兵西北。常告人曰。「長江天府。年有餘粮。取之不盡」。豈虛語哉。

吾皖亦以產米聞於全國。蕪湖且爲米業交易之中心。故吾皖農村經濟之榮枯。商業之得失。莫不以米市爲轉移。過去之年。廣潮有幫。烟甯有幫。運銷皖米。爲數甚鉅。予者受者。從無間言。蓋同爲國人。以盈濟虛。持平買賣。利權不至外溢也。

去冬粵省米荒。粵人乃有呈請「洋米入口免稅」之舉。而國人以國產米數。足以維持。遂羣起抗議。於是當局乃有「國內米粮。准流通於國內」之令。最近消息。『粵省當局。忽公布核准放洋米谷各二百萬石。免稅進口』。如此消息可靠。則不但足以影響長江流域國米之銷場。且足以使吾農村經濟。同時受其抨擊。吾人立場在農商之間。當是時也。尙可默而識之乎。

夫求者無供。易地以求。未或不可。求既有供。復無特價以挾之。又何擇焉。若謂貨色之欠善。而吾人已從事選稱。將並創設大規模之碾米廠。以期改善矣。若謂運輸之不便利。而粵漢路已有「減半收費」之特許矣。於是而由易地以求。則是粵當局倒行逆施別具肺肝也。吾人於此。當同心協力。繼續力爭。以期達到最後鵠的。若非然者。則豈止吾長江流域農業商業蒙其禍。而亦吾整個國家前途之隱憂也。(廿六年三月廿八日)

救濟粵省米荒與洋米免稅

(武漢日報)

旬日以來，湘鄂贛皖四省及滬市糧食業同業公會，以粵省將於四月一日起，實行取消洋米入口稅，均紛紛召集緊急會議，一致籲請制止，并推舉代表晉京，向政府當局請願，其請願的結果如何？此刻尙無從預料，但按其事情的性質，則實與整個農村經濟的前途有關，不祇是局部的糧食商人受其影響而已，故吾人除切望政府當局對此問題應作愼重考慮之外，謹就利害關係上略抒所見如左：

政治之目的，在於謀增進大多數人之福利，欲求此一目的之實現，則當局於立法行政時，當注意於大多數人利害關係之調和，務使人人在遵奉政令之下，不致感受私人利益上的損害，以此而言，姑無論廣東這次米荒的形成，是另有其他原因，並非由洋米徵稅而起，即使果係由於起於洋米徵稅，亦祇能另籌其他救濟辦法，斷不能因爲要救濟局部地方的米荒，遂不惜飮鴆止渴，自撤關稅藩籬，使全國農村經濟，陷於一蹶不振之境，在產業幼稚之國家，爲求國內經濟事業繁榮計，舍採用保護政策之外，其道無從，比年以來，我國農村經濟之所以日趨破產，其原因固然很多，但就其最主要者言，洋米免稅入口，實爲整個農村經濟致命之傷，蓋在洋米傾銷政策之下，本國農產品之銷場日益窄隘，市價亦日益低落，於是使大多數胼手胝足之農民，終歲勤勞之所得，不但不足以仰養俯畜，且有損血本，乃不得不棄其田畝，離鄉背井，成爲游蕩之人。此其理由，可無須詳述，民國廿二年以前，全國各界人士之所以奔走呼號主張洋米徵稅，其原因卽在於此。自廿二年九月十二日行政院通過洋米徵稅之後，於是疲敝已極之農村，始漸有轉機，去年全國各地，幸慶豐收，湘鄂各省，多餘米糧，正苦無處銷售，乃於此時期，突欲開粵省米禁，以重困人民，此眞吾人不解者一也。

按粵省此次之所以請求洋米免稅，其理由爲救濟米荒，據一月間申報所載，粵省自去冬以來，米價日漲，下等糙米，以前每元可購十三斤者，今則僅得三斤，穀石由每百斤四元漲至九元以上，以致各縣人民，陷於絕食之境，其尤甚者，如南海，高明，順德，三水等縣，竟發生飢民搶米風潮，於是粵省政府當局，屢向政府請求免徵洋米稅，以資救濟。以此而言，似乎粵省當局之所以請求洋米免稅，不無相當理由，但一查究竟，則知粵省這次米荒之所以形成，其原因並不是由於國內缺乏米糧的接濟，乃是由於當地政府對糧食管理不得其法，而一般奸商又故意居奇操縱，以致造成『有市無米』的狀態，而藉以達到他們販賣洋米坐漁厚利的目的。蓋粵省對於洋米進口，歷由財廳徵收每担二元二角四分六厘之進口稅，此項稅收，爲財廳稅源之一，故就粵省當局心理言，爲保持此巨大稅源計，極不願他省米糧入口。對於洋米徵稅，素持反對，如當廿一年十月六日，財政會議討論此事時，西南政務委員會卽表示異議。同時當地米商之中，亦有洋米與本米兩帮，經營本國米者，誠然是願意洋米加稅，使其無法進口以與本米競爭，但若輩資本甚小，力量微薄，不足與洋米商抗衡，而經營洋米者，則挾有雄厚的資本，健全的組織與純熟的經驗，爲求發展業務計，日維減稅是圖，爲其如此，所以長江流域台省，雖有鉅額的多餘米糧，要想運往粵省銷售，往往是遭受這兩種阻力的障碍而不克如願以償，如民國廿二年，湘米商鄒殿邦運米銷粵，結果遺粵人以湘米品質惡劣之名，成本折耗，狼狽而返。去歲粵漢鐵路通車後，湘米對於運米銷粵，正在積極進行之際，汕頭雜糧業同業公會。卽迭次開會，表示反對，且派人前往香港聯絡南北行以謀應付，復在廣州汕頭兩地，設立洋米運銷處，跌價傾銷，務使外省入口之米，不能維持成本與之競爭，在此種有計劃的傾銷政策之下，外省米粮，自然裹足不前。國粮既裹足不能入境，同時洋米又因收稅的關係，亦不能運銷，於是遂呈青黃不接的現象，而米荒因以發生，迨至米荒發生時，若輩則以維持民食爲藉口的理由，再接再厲的要求洋米免稅，實則此特其預定之目的耳，不然，在本年一月間，長沙漢口兩地；米最高價不過十二元，穀最高價不過四元，而粵省米價每元僅三斤，穀每百斤價達九元，高出湘鄂兩省一倍至二倍以上，而自長沙至廣州之米糧運費，每市担僅一元三角，有如此厚利可圖，商人焉有不競運銷售之理，可見粵省之所以鬧米荒，其原因是由於當地的政府商人，貪圖稅收與厚利，有意拒絕外糧入境所造成，假使粵省能夠撤銷藩籬，允許外糧自由入境，則僅以湘省每年所剩餘之米，卽足以彌補其缺乏，何况除湘省外，湖北江西安徽等省亦有糧食可以接濟呢？此吾人所應當注意者二也。

而且卽使粵省此次之米荒，果係由於洋米徵稅而起，行政院一月廿日及廿六日所决議之辦法，亦足以資救濟，蓋行政院會議所决議之救濟辦法爲(一)粵購洋米數額，增至百萬市担，關稅半稅記賬，(二)鐵道部郎日起，備專車一列，運湘米赴粵，(三)糧食運銷局商同招商局，專備一船運皖米入粵，以此辦法言，不獨洋米入粵，暫時可無阻礙，可以救一時之急，同時湘皖兩地米糧，從水陸兩路，專程運輸，足以源源接濟，斷不致再有缺乏之虞，就事實言，自此辦法公布後，粵漢車方面，運米專車由長沙至廣州者，絡繹不絕，故自二月底起，粵省米價已趨低落，所謂恐慌者，不過是一月間之偶然現象，今乃於荒象既平之後，復欲開洋米完全免稅之禁，竊恐於粵省未必有補，而於全國之農村經濟，實有無窮之害，此則當局所應審慎考慮者也。

依據上述，故吾人以爲粵省此次之所以請求洋米開禁，其動機完全是少數人貪圖重利有計劃所造成，所謂救濟米荒，特其藉口之理由耳，想我中央政府當局，當能顧及全國人民利害，不致爲少數所蒙蔽。

輿論　六

粵省洋米免稅問題

（上海申報柳）

（廿六年四月一日）

自財政部令。准粵省自今日起至出新前止。洋米洋穀各二百萬市擔免稅入口後。各產米省市糧商深感不安。業已入京請願。並得院部允予會商核辦之表示。然財政部既核准於先。粵省復布告施行於後。則事之能否挽回。殊未可逆料，吾人今日所當問者。從整個民食問題着想、應否作如是之處置耳。夫粵省既有四百萬市擔洋米洋穀准其免稅入口。殆以本國無此數量之米可應粵省之需求。或雖有之而急切無以解粵省之眉急。非辦洋米不可。但如另一方面之報告。則湘皖贛各省可以輸出之餘米。約有二千萬擔。今許粵省採辦之洋米僅爲四百萬擔。可知以各省餘米供給粵省。尙不成問題。吾人所不解者。此二千萬擔之餘米。與夫四百萬擔之必需洋米補充。皆不知何所據而云然。如兩者所根據爲不誤。則從整個民食觀察。似尙無須亟亟於洋米之免稅進口也。

且窺粵省之意。似不以此四百萬市擔免稅爲已足。故免稅洋米進口截止之時期　雖定於九月三十日。但「仍候新穀登場時體察供求情形酌定。」設期間延長。洋米免稅之數量。是否亦同時擴大。又如進口之數。逾越定額。是否亦同受免稅之待遇。抑不待限期已滿而卽行停止。此皆與本米運銷有連帶關係。然觀於部電。一方面對於輸入粵省之洋米。在數量予以放寬。並免其關稅負擔。俾得增加進口。一方面由糧食運銷局農本局粵省民食調節委員會分向湘鄂皖贛等省採辦餘米。運粵接濟。部電既有此說。決無坐視本米朽腐而開洋米進口之門之理。湘鄂皖贛等省米商。殊毋庸焦慮於餘米之無出路。蓋財政當局對於本米之調節。必有確實可信之把握。始能對粵省進口洋米。許以免稅。否則將何以自解於糧食之調節乎。（廿六年四月一日）

粵省進口洋米洋穀免稅問題

（上海新聞報夢蕉）

湘贛皖鄂等省米商。因粵省洋米洋穀進口。於四月一日起。以各二百萬市擔為限。完全免稅。認為此舉增加貿易入超。妨礙國米銷路。推代表請願。經行政院六日會議。決交財實兩部審核。此事非為國米商與洋米商之利害問題。而為國內農產。如果達於差堪相互調劑之域。應否先行扶植國產。抑仍獎進外米輸入。此點既明。則本案不難解決。茲就所見。略述如下。

粵省現准免稅輸入之洋穀。以兩石礱米一石計算。洋穀二百萬石等於洋米一百萬石。連同免稅之洋米合計。共為三百萬石。而粵省新穀登場之期。據綏靖主任公署與省公署之會銜布告。當在六月底以前。是則此次請准免稅之洋米三百萬石。便為補充四五，六，三個月內青黃不接時期民食之用。換言之。即為粵省三個月內所缺乏之米數。四省米商。謂各該省尚有餘米二千萬石。可以輸往粵省。或謂其估計過高。吾人未經調查。亦不敢斷言其準確。但據長沙市米業同業公會之宥電。則謂『現在商人購存待運之米。即長沙一處。確有六七十萬石』。此係指現存待運之米而言。當不能謂其如『餘米二千萬石』之近於懸空估計。購存於長沙者。既有此數。則推而及之於湖南全省。推而及之於皖贛鄂三省。其存米至少當十倍於長沙現存之數。故謂粵省所缺之米三百萬擔。必須待洋米補充者。任何人當知其不確也。其次則為米價問題。據粵商會之電。謂現在小洋一元。祇能購米七斤。查國幣一元。合粵省毫洋一元五角。故粵米之貴。乃因幣制關係。若以國幣計算。則每十元可購米一百零五斤。且滬市批發米價。據近日市況每石自十一元起。至十二元左右。而由滬運粵各種費用。據本市米商之估計。每石不過一元。是則滬市每石十二元可購之米。至粵亦不過每石國幣十三元。尚不致於每國幣十元。祇能購米一百零五斤。粵市米貴之由來。或因洋米免稅之說。傳述已久。因而國米商裹足不前。到稀價貴。亦未可知。最近川省因救濟米荒。有採辦皖米一百萬石之舉。果其價貴。詎肯出此。運川之米。至渝既須六七日之江輪。抵渝後轉運各處。尙須陸運或船運。而辦皖米尙能合算。粵辦國米。運輸較便於川。價格亦決不致較川爲昂。爲謂國米昂於洋米。非購運洋米不可者。此决非核實之論也。

依據以上情形。則粵省現時情形。似無大量輸入免稅洋米之必要。已可槪見。吾人觀於實業部所編二十五年份實業概況。其述及米穀進口之銳減者。謂「廿四年洋米穀進口。一千二百九十六萬五千公擔。廿五年則祇有三百十萬三千餘公擔」方冀一部份之貿易入超。可以自此挽回。誠不意漏巵甫塞。而隄防又決。凡屬惓懷國計者。當亦同聲爲之惋惜。而思以輿論之呼聲。能挽回於萬一也。(廿六年四月八日)

(上海新聞夜報獨鶴)

洋米免稅問題

關於粵省請免洋米稅，這一樁事件，米商既推代表赴京請願，其餘各方也羣起呼籲，已引起大衆的注意，都希望良好的解決，在豆米業公會等四團體致市商會函中，列舉「不應免」「不可免」「不必免」的三種理由，確是言簡意賅，說得十分切實，前幾年國內荒歉，在必要時不得不藉洋米濟，這原是無可奈何的救急辦法，但連糧食也要仰給外國，一般人已認爲是很可痛心很可危慮的現象，去年各地望收，粵省縱使爲了特殊情形，民食缺乏，又豈不能求諸國內，別籌調劑之策，爲什麽定要購置洋米，請求免稅，一方面既有礙關稅完整，一方面更有妨國民經濟，米商的反對，雖然是爲了本身的利害，可是對於整個的國計民生，確也秉持政軸者所應該加以愼重的，考慮的，據米業領袖的表示，說待運入粵之米，約有「二百餘萬石」這種情形，粵省的民食恐慌，在短時期內，就不難解決，現在粵省當局也都是照達長官，大可順應輿情，自動撤銷洋米免稅的原議，這是眼前大衆的希望，至於爲將來永久之計，吾人却愈覺到全國糧食調節，正是一個切要問題，政府雖已決定調節的計劃，並設有糧食運銷的機關，還須積極進行，纔可免在豐收聲中，仍有甲地過剩，乙地鬧荒的現象，（廿六年三月三十一日）

洋米免稅問題

（上海新聞報小記者）

洋米穀免稅入粵問題。兩方面各說各話。彷彿是公說公有理。婆說婆有理。現在。一方面開會請願。反對免稅。一方面通電力爭。必須免稅。同時。國米二百萬石。正在待運。而洋米也在香港守候。一俟免稅証發下。即可源源入粵。究竟此後廣東人民。嘴裏吃的是中國米？還是洋米？就要看這兩天最後的結果了。

本月三十日。報載談話。說明粵省免徵洋米稅原因。說是「粵省米價。因奸商屯積操縱。日見上漲。人民求食維艱。故准予洋穀洋米。進口免稅」。照此說來。粵米免稅。爲的是「民食」。民以食爲天。倘使真的奸商操縱。自然。那些奸商。應該使他們吃些苦頭。不過。奸商。奸商。似乎成功了一個既定名稱。彷彿與「貪官」一樣。其實。官也有不貪的。商也未必都奸。况且。湖南湖北兩省政府。聽見粵米免稅消息。也曾先後電請中央制止。當然。這是地方當局的正常表示。與奸商是無涉的。

閒話少說。現在的問題。在「民食」。在「米價」。米商既反對免稅。當然他們也不見得就只顧自己賺錢。不管人家挨餓。何妨由政府責令各省米業團體負責。在相當期內。擔保接濟國米三百萬包。以抵充免稅之二百萬石洋米。及二百萬石洋穀。（大約兩石穀合一石米）。同時。對於米價。也不妨酌量情形。規定一標準價格。使粵民無絕食之憂。國米也有流通之利。至於那些早已運到香港。等候免稅進粵的洋米。還是請他們暫

時囤積起米。千句併一句。與其使宜洋米。毋寧使宜國米。與其使販運國米者做奸商。毋寧使販運洋米者做奸商。（廿六年四月七日）

洋米

（上海立報小見者）

美商務部發表去年中國經濟狀況好轉、其原因之一，爲：粮食進口減少。實業部編印之廿五年度實業概況，表示洋米穀進口之數量，去年較前年減少九百八十六萬二千餘公担。這九百八十六萬二千餘公担，照眼光短淺的人看來，如果每公擔收專稅兩元的話，也可以有兩千萬元的收入，（陳濟棠在廣東時代，即如此，）然而，要知道：國民流出的血汗，至少須十倍於此，可是，真意不到，在去年全國大豐收之後，經濟狀況因洋米減少而好轉之時，廣東又要有四百萬担洋米洋穀免稅進口了。（廿六年四月九日）

洋米免稅

（上海新聞夜報林青）

粵省洋米進口免稅一案，不獨引起湘鄂皖贛等省米商的劇烈反對，先後向各院部請願制止，即全國各界，也莫不加以深切的注意，因爲洋米免稅進口，影響所及，非僅米商的利害問題，實關於國計民生，至深且鉅，誠以外人以經濟侵略謀我，吾人應如何羣策羣力、共謀抵制，如今不此之圖，却反予以奬勵輸入，此種政策，未免有引狼入室之慽，況當此全國上下一致推行經濟建設的聲中，更不應有此矛盾現象，阻碍進行，記者執筆至此，不勝感慨之至。

據粵當局布告，此次請准洋米免稅入口，爲補充四•五•六•三個月內青黃不接的民食之用，但據各省米商聲稱，各該省均有餘米可以輸粵，而證之各省請願代表的談話「粵省每天銷米，約二萬石，以三個月計，總數不過二百萬石，現在各省餘米尚有一千萬石以上，姑置不計外，其積存該省者有五十餘萬石，正待運往者，計共二百餘萬石，」兩相對照，則粵省民食，不致缺乏，已極明顯，即使偶有不濟，也應另謀酌盈劑虛的方法，以資平衡，似不必遽購免稅洋米，以免增加貿易入超，吾人深信粵省爲革命策源地，粵民的愛國熱忱，冠於全國，對此洋米免稅進口的鉅大漏巵，當不忍坐視，所望各本愛國熱忱，以正當的途徑，籲請當局收回成命，則有利於國計民生，農商經濟，實非淺鮮。（二十六年四月九日）

反對洋米免稅

（長沙霹靂報洗酸）

在「復興農村經濟」高唱入雲之時，不意晴天霹靂，財部忽有允許洋米洋穀各二百萬担免稅運粵之特殊命令，并規定從四月一日起至九月三十日止，而廣東綏靖公署佈告，并有云「……仍俟新穀登場時體察供求情形再行酌定」，觀此則屆期能否停止免稅，問題尙多，查廣東本是缺米省份，且人民食慣洋米，自二十二年九月十二日行政院通過洋米徵稅之後，湘鄂贛皖蘇浙各省農村，頓呈復活狀態。不似從前疲敝凋零之情形，又復加以粵漢鐵路通車，長江春水滿泛，廣東在此時候，決不至發生絕粮之事實，前數月本有暫時恐慌，經各省運去米粮接濟，已不成問題，而廣東商人向來多財善賈，所接買之米，故意囤積，其用心之所在，一方面則視爲奇貨可居，一方面則造成洋米免稅入口之機會，使洋米商得以復活，粵省當局不考察事實內容，徇少數富商包圍，向中央請求洋米入粵，前此半稅記賬，猶以爲未足，硬要達到完全免稅目的，破壞國家統一稅則，方始罷手，不知廣東以工商立省，湘省人民祇知胼手胝足，從事於稼穡之艱難，所以廣貨與廣商，布滿全國，而我湘省農民以血汗換來之穀米，反不能推銷於廣東，以其所有易其所無之謂何。

廣東缺米，此無可諱言之事，殊不知鄰省則富於穀米，財政部應統籌調劑，如何能使穀米有餘之省份，，運輸救濟，不能以局部問題，牽動全農，況中央正打着救濟農村招牌，提倡國貨口號，昭示全國，今忽免稅洋米，使整個農民，盡遭打擊，是何異借外人之利刃，加諸全農之頸項乎，須知我國農民與洋米勢不兩立，祇希望政府堅築關稅壁壘，以保護國農，何得自壞藩籬，借異種以殺同種，如謂國產米質太劣，不合廣東人口味，則廣東人未必個個都有食油米之資格，不知鄉下人祇求一飽，決不鄙視國米。若有錢階級，洋米之貴賤，均不成問題，且改良米質，權在政府，政府事前不爲之指導，臨時又來打官腔，唱高調，農民未必心甘，況同屬中國人，我們能食者，廣東人豈獨不能下咽乎，是米質一事，實在不成問題也。（廿六年四月八日）

洋米免稅銷粵

（長沙市民日報）

湖南近年以來，農村經濟衰敗，已經瀕於破產的狀態了。部分的固由於「天災」與「人禍」所造成，但洋米侵佔市場，日見擴大，長江流域，漸及於九江漢口等地，使湘米銷場日狹。內地穀米，雖遇豐稔之年，因爲糧價低賤，農民徒獲得量的勝利，依然不能維持其成本，這是農村破產的根本原因。

去年湘粵通車，恰好又是國內豐收之歲，我們湘省當局與粵省當局訂定了湘米銷粵辦法，湘米得此新銷場，自然是極好的機會。所以這幾個月來，不僅農村有復蘇之象，卽長沙市場因農村活潑的關係，也頓漸有生氣。不意近日財部忽批准粵省洋米免稅進口案。這事，曾引起各產米省份的嚴重反對，然其結果，終屬無效！

據中央當局，對記者談話云：『粵省前此因民食恐慌堪虞，提上項辦法呈請救濟，中央在相當限度予以核准者。實因現已在青黃不接之時，粵省米價因奸商屯積操縱，日見上漲，人民求食維艱，中央爲顧念粵民痛苦，故准予洋穀米進口免稅，俾資增加市場米穀數量，期以人爲方法，謀粵省糧價之平準』，理由是這樣的。從大致上看，免稅救濟民食，誰說不應該呢？不過，在『國民經濟建設運動』口號之下，這種開門揖盜自壞藩籬的辦法，未免有些矛盾。

現在，湖南政府與商人方面，對洋米忽然免稅進口案，反對得非常厲害，因爲中央此項出爾反爾的矛盾一來，不僅使國米運銷商人，遭受莫大損害，而湖南農村值此春耕時候，存穀既無出路，經濟上影響所及，勢必秋收受損亦極大。以故一面免稅實行，一面反對文電，依然不絕。

攷此次湘米銷粵，中途忽遭此挫折。一方面，固由於中央自壞藩籬；而另一方面，實由於湘省政府與人民缺乏計算。因爲湘米銷粵，爲一種新途徑，事前對本身既無精密的調査，究竟湖南食粮本年除自給以外，尙能有若干出口，雖政府與地方負其責者，亦不敢向人作具體答案。事後又不預爲防範，設法保證，使粵人無饑饉之虞，加之(一)去年秋冬河水枯涸，運輸不便，年底發生來源缺乏之象。(二)鐵路雖通，車輛不足，長沙存貨，不易運出，致粵省呈現恐慌狀態。有此兩大原因，於是造成粵省洋米商人操縱恐嚇機會。這是失敗的主要原因。古語云：『東隅已失，桑榆非晚。』好在：『失敗乃成功之母。』希望政府與商人對今後，注意以下的幾件工作：

一。從事秋收後全省粮食產量精確的調查。

二。設法使產地及出口的交通便利并從事交通工具的改良。

三。出口沿路及銷場地，應多設囤積棧。

四。用政府力量從事疏銷工作。

以上不過幾件極普通的治標工作，至於改良品種，檢驗品質；增加產量等那更是治本的必要工作了。

（廿六年四月七日）

广东省卅二年度征收征借粮食分配预算表

广东省政府粮政局　编

極機密

廣東省卅二年度征收征借糧食分配預算表

附：本表說明

廣東省政府粮政局編印

卅三年元月

廣東省三十二年度徵收徵借糧食分配預算表

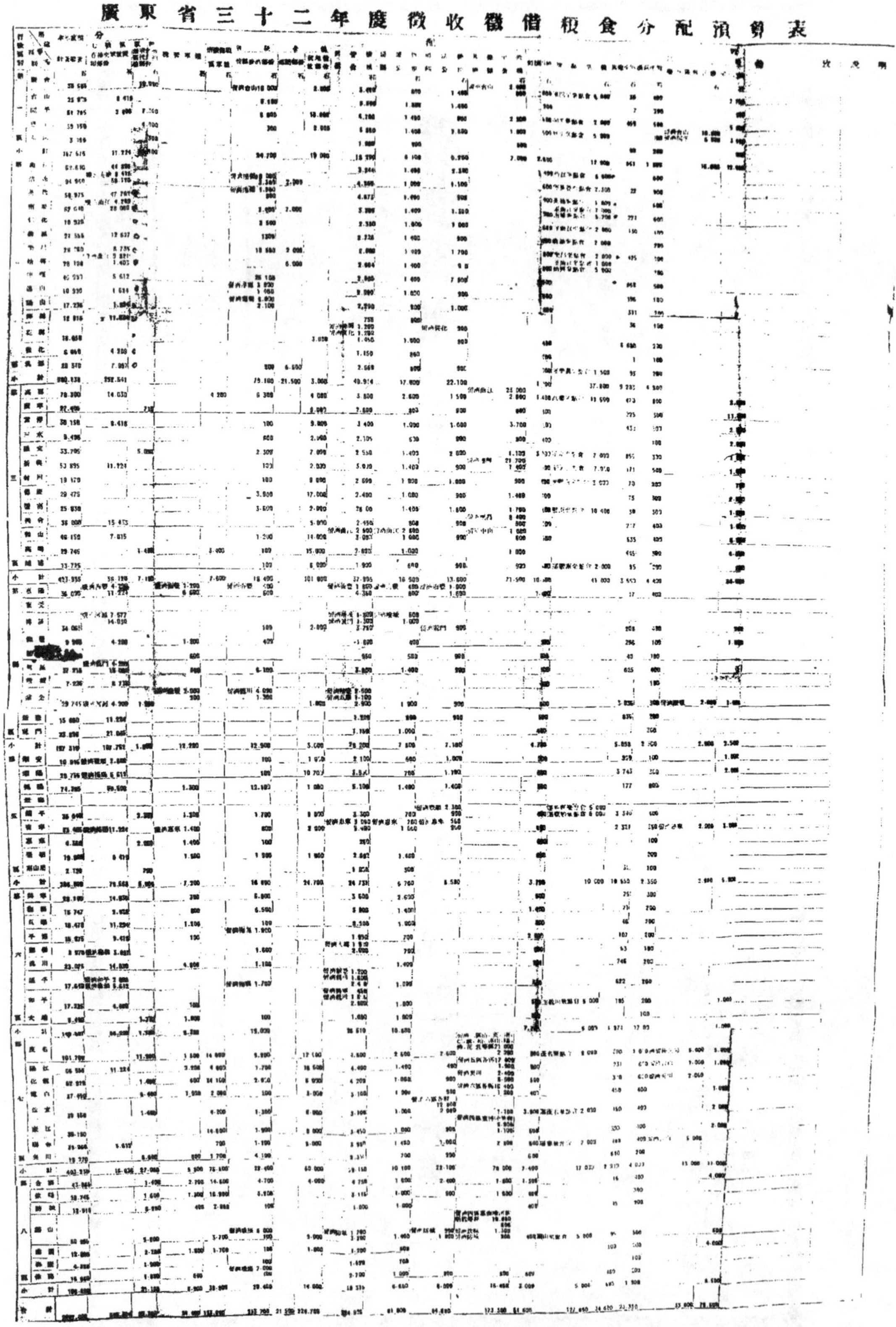

區別	縣別	計算總數	分配		積穀	公糧		省級
第一區	[illegible]	35 585		19.000	10 000		2.000	3.400
	台山	25 975	8 410		8.100			9.000
	開平	51 705	3 000	7.300	6 000		10.000	4.200
	[illegible]	55 150		4.000	300		2.000	5 850
	[illegible]	3 169		300				1.000
小計		167 675	11 224		24.700		19 000	18 290
第二區	南[illegible]	62.610	44 800					3.244
	[illegible]	94 950	58 110		3.360	2.000		4.300
	[illegible]	58 975	47 707		1.000			4.875
	[illegible]	67 640	28 000		1.000	7.000		5.300
	[illegible]	10 920			3 500			2.380
	[illegible]	27 565	12 637		1300			2.724
	[illegible]	28 780	8 735		10 560	2 000		2.000
	[illegible]	78 100	1.403			6.000		2.604
	[illegible]	45 257	5 612		25 100			2.000
	[illegible]	10 930	1 614		1 000			2.000
	曲江	17.236			2.100			2.290

廣東省卅二年度征收征借糧食分配預算表說明

一、預計征起數係按各縣歷年征收粮食成績參酌本年度所定考成標準之征借糧額核定最低限度需要數量必須於開征後四個月依額征足

二、配撥七戰區軍糧總額爲糙米二十二萬四千大包折谷六十二萬八千五百四十四市石表列無軍倉設置地區代爲借撥部份應扣抵糙米一萬四千大包折谷三萬九千二百八十四市石將來如有超撥應向兵站收回不足則依額補交

三、借撥四戰區軍糧將來由四戰區兵站運交西江倉庫歸還於必要時撥作民糧調節民食

四、撥濟別縣之軍糧應由撥濟縣份負責運到指定交接地點會同受濟縣份各派負責交收人員眼同點交軍糧機關接收以省手續

五、省級公糧奉准劃撥四十四萬市石表列數量係從寬預留將來仍將盈餘部份照數返納至就地發放部份所得價款由糧政局在曲江或饒糧地區或鄰省按額購回以資供應

六、所有司法田管儲運及其他中央駐粵機關之公糧以就地配撥爲原則如本縣所征糧食不敷分配則在指定征粮較多縣份留濟此項留濟公粮應由領糧機關自行負責提運或委托當地機關團體代售得價在駐在地自行購糧盈虧自理

七、擬請中糧應由指定各縣於卅三年一月以前依額撥運集中聚點倉備用俟由糧政局酌量分撥各縣調節民食

八、留濟別縣之民糧由受濟縣份先行繳價負責運回本縣

九、表列損耗準備數量係屬預計將來仍以報准核銷之數為準

十、表列征收征借及各項分配糧額均屬預計數量將來各縣將實際征起糧食及實需分配各項軍粮公糧數量詳報粮政局後另行修正

十一、各縣縣長或倉庫主任對於表列各項分配糧食非經報奉核准或奉到省政府（或糧政局或糧政局儲運處）提糧電令不得擅行劃撥

十二、表列軍糧公粮數量均係按配撥糙米數額依照糧食部以前規

四

定谷米換算成率折合稻谷計算（即按稻谷一市石折合糙米七一・二八市斤）惟最近准糧食部電知嗣後本省谷米換算成率應酌核提高改爲稻谷每市石折合糙米五市斗重七十五市斤此後各縣配撥軍糧公糧如係規定以米交付者應照新定成率辦理其預計所餘粮額應悉數撥作準備粮食

十三、各縣帶征縣級公粮係專備配撥縣級公教團警公糧之用不列入本表征收征借糧食之內

十四、各縣軍事人犯囚粮應遵行政院卅二年六月十四日仁嘉字第一三三六五號訓令規定辦法辦理并應專案報候核定指撥

十五、表列分配各項軍糧係由卅二年十月起至卅三年九月底止公糧係由卅三年一月至十二月底止：

广东省三十五年度行政会议田粮部门提请各专员市县局长注意事项续编

广东田赋粮食管理处　编

中華民國三十五年八月

廣東省三十五年度行政會議田粮部門提請各專員市縣局長注意事項續編

廣東田賦粮食管理處編

廣東省三十五年度行政會議田糧部門提請各專員市縣局長注意事項續編

一、田賦

(一)田賦征收實物

(1.)旺征增員　本年田糧經費中央力求緊縮核定本省旺征期內臨時員丁費僅能酌增倉丁茲按各倉轄區本年度征實征借攷成標準額規定在旺征期內凡征實征借額超過三千石者准增一丁超過六千石者准增二丁每丁月支薪餉三萬元以十一十二兩個月爲限各縣務于本年十月十五日前將調整糧區後各倉轄區賦額及本年度征實征借攷成標準額專案列報以憑核發該項臨時倉丁經費

(2.)滯納處罰　田賦征收實物依章原限開征後三個月收齊逾期加征滯納罰息惟實施改訂財政收支系統會議時經　主席縱與　部長徐商定展期至三十六年二月一日起執行加罰仍候糧部正式文電核定飭遵

(3.)雜地折價　各縣山林湖蕩池塘不產稻谷地區折價征實標準前經分區核定九區瓊崖各縣亦已由瓊

二

崖辦公處報奉 省府核定以每市石一萬元爲折征標準其餘田畝仍應全數征實不得藉詞請求折征

（4.）暫收處理粮戶如因本年旱造災歉于晚造收獲前確屬無力照額納足時准先暫收半數并依部定辦法按日由收納倉逐戶登入暫繳粮食登記簿同時在粮票通知聯背面及粮串存根聯複寫註明暫收數量及月日作爲臨時收據俟晚造補納清楚再行割串給領糧戶如未轉通知聯到繳即須另給檢算單代替并由征收人員分別在粮票通知聯（或檢算單）及粮票存根聯蓋章負責該項暫繳粮食須按旬逐日逐戶錄呈該管鄉鎮辦事處及縣府查考并以一份張貼粮倉當眼之處以示公開而杜流弊其餘帳簿格式及一切手續悉依本處子儉致穗田尹二（二〇二）代電辦理

二、粮食

（一）粮食管理

（1.）市塲管理 各縣糧食重要集散市塲應參照廣州市現行管理辦法（見法令彙編）實施市塲管理初步可勸導糧商集中公開交易以防操縱

（2.）產銷調查 爲民食調節依據各縣務須核實調查統計使本省糧食產銷得到精確數字調節方針不致錯誤

（3.）糧商登記 爲粮食管理最基本工作各縣多未切實執行凡未舉辦者或已舉辦而中輟者均限於本年年底完成

(二)粮食分配

(1.)保安部隊公粮 保安司令部食米保安團隊公粮應在帶收公粮繳省五成項下支報不能混入公粮結算

(2.)各縣三十四年十至十二月份公敎團警公粮挪用賦谷應按米每市石一八二五元谷每市石九一二元五角計價解繳國庫檢具出售實物報告表連同繳欵書及名冊報處核銷至三十四年五至九月及三十五年度挪用賦谷由各該縣長負責購谷歸倉並先依電限分月將挪用數列表報處

(3.)司法囚粮 奉粮食部核復以司法囚粮奉 行政院令自三十五年起停發實物連同副食費合併改發膳食費由司法行政部向財政部請欵送發司法機關向市面採購

(4.)行政囚粮應遵照寄押禁軍事人犯口粮及用費支給辦法辦理(一)未决軍事犯寄押於各省新監所及各縣監所者口粮由送押機關或部隊負擔(二)省縣行使軍法職權機關(如保 部專署縣府未决軍犯口粮應分列入省縣預算不敷得依法動支預備金(三)已决軍事犯在各縣監執行者不論有無軍人身份其口粮費用概由縣地方負担(四)在省監所執行已决軍犯無軍人身份者其口粮用費歸司法機關負担有軍人身份者口粮歸國防部負担用費由司法機關儘原預算勻支不敷由國防部補助上項人犯均自三十五年一月起不發實物

(5.)卅五年度本省田賦恢復征實後囚粮可否改發實物問題經電奉粮食部核復囚粮仍由各需粮機關自行撥欵購辦不發實物業經轉飭各縣遵辦有案

(6.)税務機關卅三年公粮原奉令一至三月份發實物四月份起改由財政部發代金惟各縣間有經先行全

四

部已撥實物該項四至十一月超撥公糧數經奉糧食部核准照當地代金折價收回解庫并轉飭各縣遵辦有案

（7.）電政機關州三年公糧原奉令發給實物前因本處存糧不敷因應呈奉糧食部核示改由交通部發代金惟因奉令過遲致各縣多有先行借撥實物後以收回困難亦經呈奉核復照當時當地代金標準折繳價款解庫並轉飭各縣遵辦有案

（8.）查歷年各省縣撥交軍糧因部隊手續不備換據困難致案懸難結現奉糧食部後勤總部未梗餘配（卅五）第（八三三一）號代電訂頒解決辦法如次（一）各縣無補給機關撥糧通知書或撥糧文電僅憑部隊受領証所撥之糧其受領証合於規定及無塗改字樣者准由當地兵站或補給機關即予換據至該項軍糧應否發給及有無重領情事另由補給機關逕與部隊結算（二）便條及臨時收據所發之糧如關防私章俱全者或無關防之私人便條而有撥糧文電足資証明者亦准由兵站儘先換發惟私人借據及番號不明印跡模糊甚或塗改數字未加蓋印戳者應由各縣自理以杜流弊（三）各縣取得部隊領據換給撥糧單交部隊自赴鄉鎮領糧其鄉鎮又向經領之部隊索取條據者應由各縣併同受領証掉換不得分別使用（四）各縣州四年底以前代補之糧因部隊整編兵站改組如確無法換據時得向各省田糧處逐一查明彙列總表并檢同原始憑証報由糧食部核定後轉交聯勤總部查案一次清換以資結案（五）爲防止流弊起見各縣代補之糧無論受領証或便據均應於本辦法文到之日起在兩個月期內如限交換完畢其有因情形特殊未能如限辦結者亦應於限期內申叙理由報由主管機關轉報備案并應于限期屆滿後兩個月內辦理完畢不得再行延展倘一方拖延不辦致發生種種困難情事應各自分別負責聯勤總部及糧食部均不予受理等因各縣應速切實遵辦

三、會計

(一)機構及經費

(1.)各縣田粮科人員經准由九月一日起照本處前頒各級田粮科編制十足用人以利業務推進

(2.)各縣田粮科七八兩月份編制經費本處原規定係照編制七成用人據報各縣有十足用人七折支薪情事核與預算法案不符應注意更正否則審計機關必將超額人員薪津剔除

(3.)各縣田粮科及鄉鎮辦事處收納倉七至九月份經補費因粮食部尚未撥到本處爲顧全各縣員役生活起見經照各縣田粮科七八月份應領經補費總額墊發三分之一交由省行滙發各縣田粮科及鄉鎮辦事處收納倉經補費當於九月二十日前照七八月份成案墊發一部由各市縣局長具領各縣收到時應卽通知主辦會計人員入帳清發切勿擱存挪用并應卽分別款項塡具四聯印領交田粮科長及主辦會計員會簽後呈繳本處存轉備查

(4.)各縣田粮科鄉鎮辦事處及集中倉經補費應由縣政府按月彙編「經常費支出累計表」「經常費收支對照表」「生活補助費收支對照表」「生活補助費報核名册」各二份繳本處查核并以乙份連同支出憑証逕送審計處審銷

(5.)上列田粮經補費應編之各項會計報表應就各該月「已收轉發」或「借入轉發」部份先行按月編報如將來補領轉發時可將此「補領轉發」部份列入當月份編報應切實督飭田粮科會計人員注意辦理切勿積壓

（二）會計人事

（1）各縣田粮處七一改科後原任會計人員應繼續原職工作不得擅行撤換如有更動必要應即開具事實檢呈証據呈處核辦否則如因人事撤換而影响舊帳之淸理現任縣長應連帶負責在未經本處核准撤換前所有撤換人員薪津一律不准動支存候解决以示限制

（2）各縣長對田粮科會計人員應切實督飭遵守規則依時到公對長官依法交辦之會計事務應如期淸理不得任意積壓幷對其操守勤惰時加考核本處爲明瞭田粮會計人員工作情形起見正擬定田粮會計人員平時成績考核表式頒發各縣按月塡送本處考核

（3）田粮機構改隸後所有本省田粮會計人員經奉令歸省政府會計處指揮監督本處前經頒發田粮會計人員任用審查表式飭將現任會計人員詳細履歷及証件呈繳本處核轉省府會計處派委有案應轉飭從速辦理

田赋粮食法令汇编

广东田赋粮食管理处　编

中華民國三十五年九月

田賦糧食法令彙編

黃秉勛

凡例

田賦粮食法令彙編

凡例

一、本編分爲上下兩册共八章，上册：一、特載，二、組織，三、官規，四、田賦，五、糧食，（甲、儲運，乙、配撥，丙、管制，丁、積谷。）下册，六、賦籍（甲、整編賦籍，乙、土地陳報，丙、田賦推收。）七、人事，八、會計。

二、凡有關田賦之特殊文獻與通電均擇要列入特載欄

三、本編所載法令凡有「戰時」字樣及田糧機構變更名稱應予修正外其餘前省田賦管理處及省糧政局訂頒法令在新法令未頒布前仍適用。

田賦粮食法令彙編目錄

上册

第一章　特載

一、實施改訂財政收支系統以後關於田賦糧　之緊急措施案　（卅五年六月六日實施改訂財政收系系統會議修正通過）（行政院卅五年七月十八日節京叁字六〇〇八號訓令頒行）
二、改訂財政收支系統後國地共有各稅征收劃撥交代程序案　（卅五年六月六日實施改訂財政收支系統會議通過。）
三、省政府代電以奉　主席蔣電示田賦復征實物事宜轉飭切實遵行報核由　（三十五年八月二十三日）
四、糧食部代電以奉　國民政府令飭嚴密檢舉田糧弊端仰遵辦由　（三十五年八月十四日）
五、糧食部頒示收復區淪陷期間田賦一律免予追征電　（三十四年十二月十八日）

第二章　組織

一、各省（市）田賦糧食管理處組織規程　（三十三年四月二十七日）（行政院第六一一次會議過通）（待修正）
二、各縣（市）田賦糧食管理處組織規程　（三十二年四月二十七日　行政院第六二一次會議通過）（待修正）
三、各縣（市）田賦糧食管理處鄉鎮辦事處設置辦法　（同右）（待修正）
四、各省田賦糧食管理處儲運處組織通則　（三十二年四月二十七日　行政院第六二一次會議通過）（待修正）
五、各縣（市）征借實物監察委員會組織規程　（三十三年十二月十九日院會公佈）
六、各鄉（鎮）征借實物監察委員會組織規程（同右）

第三章　官規

一、田賦征實及征借糧食工作獎懲規則　（三十四年二月二日糧食部令頒發）
二、戰時田賦征收實物催征欠賦考成辦法　（三十二年一月十二日院令公佈）
三、戰時田賦征實暨征購糧食考成辦法　（三十二年一月十二日院令公佈）
四、戰時田賦征實及征購糧食給獎暫行辦法　（三十二年一月十二日院令公佈）

五、財政部經辦田賦推收人員考核辦法　（三十年十月八日院令公佈）

六、各省縣（市）田賦糧食管理處交代規則　（三十五年一月十三日糧食部令頒發）

七、廣東省田賦征實及征購糧食工作競賽施行細則

第四章　田賦

一、戰時田賦征收實物條例　（三十・年九月十九日公佈）

二、集進征借糧食實施規則　（三十三年七月三日院令修正公佈）

三、廣東省三十三年度集進征借糧食施行細則　（省田賦處三十三年申銑蓮田二1521代電頒行）（待修正）

四、田賦征收實物驗收規則　（三十三年六月十三日院令公佈）

五、勘報災歉條例　（三十四年十月十五日國府明令公佈）

六、修正土地賦稅減免規程　（三十一年四月二十八日院令公佈）

七、修正戰區土地賦稅減免及耕地荒廢救濟暫行辦法　（三十一年一月十三日　財政部頒）

八、各省田賦改征實物後業戶不繳完糧補救辦法　（三十一年七月卅一日　財政部頒）

九、田賦征收實物集體納糧辦法　（三十三年五月二日財政部令）

十、財糧兩部清理各省三十一年度征實征購糧食收撥帳目辦法　（三十四年十一月十一日　部令頒發）

十一、三十四年度豁免田賦省份清理歷年賦糧收支存餘帳目辦法　（三十四年十二月十日　部令頒發）

十二、倂經陷敵各省三十四年度已收賦糧流抵三十五年度田賦辦法　（財糧兩部三十四年戌佳餘田（卅四）半一六四一九號二四二二號代電頒發）本
處卅五年寅魚職尹二字第五八八號代電轉行

十三、敵僞征收田賦及派收糧食申請登記辦法　（省府卅五年七月五日田二四七〇七〇訓令轉行）

十四、二五減租辦法　（三十年十月二十三日院令）

十五、廣東省戰時田賦征收實物及隨賦征購糧食實施辦法　（省賦處卅二年子有韶田二（126）代電頒行）（待修正）

十六、廣東省各縣（市）田賦征收實物集體納糧辦法　（省田賦處卅二年十一月十四日韶田二（2600）號訓令頒行）

十七、廣東省地籍整理及土地陳報業竣縣份土地賦稅征收實物實施辦法　（省田賦處卅二年卯佳韶田二（874）代電頒行）

十八、廣東省戰時山林湖蕩池塘宅地賦稅征收辦法　（省田賦處三十一年丑灰韶田二（686）代電頒發）（待修正）

十九、廣東省各縣（市）不產稻谷地區田賦改征實物及折價繳納暫行辦法　（省田賦處三十年酉養韶田二（682）代電頒行）

二十、廣東省田賦征收實物三十一年糧食庫券抵繳三十三年度田賦辦法　（省政府三十三年未寢韶田機（59）號代電頒行）

廿一、廣東省三十二年征借糧食庫券處理辦法　（省政府卅三年五月十日韶財田二（10115）訓令頒行）

廿二、廣東省欠賦催征施行細則

廿三、廣東省政府卅一年戌梗護二第（54743）代電通飭各縣清收欠賦要點　（省府卅一年十一月廿三日護二字（54743）代電通飭）

廿四、辦理災歉減免田賦手續 （地政署糧食部財政部於卅四年八月廿二日頒行）
廿五、田賦暨地價稅減免表及塡送說明書 （於卅五年一月廿五日以秘尹二（206）代電奉財政部粮食部頒發轉行）
廿六、私立救濟設施減免賦稅致核辦法 （省田粮處卅五年寅柬秘尹二（588）通飭）
廿七、廣東省卅四年度已收賦穀流抵卅五年度田賦補丰辦法 （省田賦處卅二年未皓韶田二一八七一代電）
廿八、輕微災歉不得率行呈報減賦電 （省田賦處卅二年酉佳韶田二（2348）代電）
廿九、征起新賦實物應實收實報如有虛收虛報即以擅挪賦實論代電 （三十二年酉魚韶二（2315））
三十、征購改爲征借代電 （省田賦處卅二年寅世韶田二（814）代電）
卅一、通飭注意串票保管及盤串事項代電
卅二、擬定各縣比節戳記式樣檢發遵照電
卅三、卅年第二期及卅一年第一期田賦戰區奉准減半征收地區在未奉令前征過實物及稅欵流抵發還處理要點 （省田賦處亥銑韶田二（4289）代電轉行）
卅四、委員長電飭切實査催大戶辦法四項 （省田賦處卅二年酉删韶田二（23895）代電
卅五、廣東省戰時沙田稅改征實物辦法 （奉財政部卅一年一月十九日渝賦四七六〇二號指令修正省田賦處卅一年二月八日韶田二字（916）訓令頒行）
卅六、修正廣東省沙田登記規則 （民國廿七年六月十三日公佈同年七月一日施行 廣東省政府第八屆委員會第一〇四次會議決議通過）（待修正）
卅七、沙田稅改訂稅率辦法
卅八、各屬沙田屬於水坦草坦部份准予援照山林湖蕩征收辦法辦理案
卅九、公有土地管理辦法 （糧食部三十五年五月十五日頒行）
四十、鄉鎮辦事處經收粮食登記簿暫繳粮食登記簿及撥出粮食登記簿格式及說明 （粮食部卅四年九月七日餘田（卅四）（一九二〇九）訓令頒本處子寢總田尹二（二〇二）代電轉行）
四十一、征粮辦法六項 （國防最高委員會第一九七次常務會議通過 行政院卅五年七月廿七日節京三（七〇二六）訓令頒行）

第五章 粮食

甲 儲運

一、糧倉籌設及管理規則 （原名「糧倉籌設及管理通則」於卅年十二月廿日奉行政院勇三字二〇五七六號指令飭遵三十二年七月改名爲「糧倉籌設及管理規則」）
二、糧食倉庫修建辦法 （原名「糧食倉庫修建暫行辦法」於卅年十二月廿日奉行政院勇三字二〇五七六號指令飭遵三十二年七月改名爲「糧食倉庫修建辦法」）
三、糧食檢驗及分級規則 （原名「糧食檢驗及分級暫行規則」於三十年十二月奉行政院勇三字二〇五六號指令飭遵三十二年七月改名爲「糧食檢驗及分級規則」）

四、倉庫病虫害防治暫行辦法　（查原辦法見部頒糧政法規內未註有公佈日期無從査悉）
五、糧食部糧食運輸辦法　（原名「糧食部所屬各機關辦理糧食運輸進行程序」於卅一年五月十日本部倉儲字一七二一二號通令頒行卅二年七月改名爲「糧食部糧食運輸辦法」）
六、食糧部合理倉庫暫行辦法草案　（糧食部卅年九月頒佈試行）
七、糧食倉儲及運輸損耗率計算規則　（省田糧處卅四年申寒平田四代電公佈）
八、卅四年度軍事征傭伕馬車船租力給與標準表　（奉糧部卅四年未準餘配輸一五七四六代電頒發案經於三十四年以亥世穢田尹儲配472代電通飭各縣田糧處各集點各倉運輸站自奉電日起實行）
九、接收糧食工廠公司暨糧食倉庫處理綱要　（糧食部三十四年十月一日餘財字第二一一二三號訓令頒發）
十、各糧政機關接收敵僞糧食及其他資金登帳編報辦法（奉糧食部三十五子年魚京餘會字第六二號代電頒發）
十一、廣東省糧政局儲運處經管征實征購倉庫霉爛屯糧暫行辦法　（原辦法見前糧政局所印糧政法令彙編第二輯未註有施行日期無從査悉）
十二、修正廣東省征實征借糧食加工盈餘分配辦法　（廣東省政府三十五年未虞田三457代電頒發）
十三、廣東省戰時田賦征收實物霉壞處理及處置暫行辦法　（廣東省政府第九屆委員會第二八一次會議通過施行）
十四、處理偏遠縣區征存糧食辦法　（糧食部卅二年卯梗餘儲四一八四二號代電頒發）
十五、各縣（市）田賦征實及征借糧食收解運撥及結報辦法　（粮食部三十五年未廻餘配輸京第八四四一號代電頒發）

乙　配撥

一、軍糧交接辦法　（三十二年軍委會卯支政需籌代電頒發）　（三十二年糧食軍政後勤三部寅禡籌代電抄發）
二、各省黨務工作人員購領省縣公糧辦法　（三十二年七月十四行政院仁公字第一五五一號令發）　（三十二年八月八日裕糧字第五〇三二四函中央幹事會黨）
三、寄押寄禁軍事人犯口糧及用費支給辦法　（行政院三十二年仁嘉字第二八二一四號令行三十三年一月遵行）
四、價撥各省征實餘糧調劑民食辦法大綱　（三十一年二月三十一日行政院核准）
五、免賦省市軍糧採購辦法　（行政院三十四年酉魚午三電公佈）
六、廣東省發放征實征購餘糧調劑民食辦法　（糧食部三十一年亥儉有配四代電核准廣東省政府賜糧三禡字第七一三二六號訓令頒行）
七、廣東省戰時各縣市局辦理軍糧獎懲暫行辦法　（廣東省政府第九屆委員會第三〇五次會議修正通過）　（待修正）

丙　管制

一、非常時期違反糧食管理治罪暫行條例　（國民政府三十年五月十二日公佈）
二、糧商登記規則附解釋：一、合作社營糧食業務登記辦法　（糧部卅一年二月十六日公布施行）
二、合作社供購糧食辦法
三、禁釀區內糖房製造酒精原料使用糧食管理辦法

三、禁止糧食輸入港澳電令（附本省執行査禁米糧走私出口人員注意事項）（省府未文田三（四七四二二）代電頒行）
四、糧情調査手册（糧部州三年六月頒發）
五、糧情調査手冊修訂事項（糧部三十五年四月七日除調（七五一四）代電）
六、收復地區各縣市局辦理電報糧情工作注意事項（糧食部三十四年九月十四日頒行除調一九七八一代電）
七、廣東省糧食節約運動實施辦法（附廣東省政府辰儉代電核定禁釀精米四項辦法）（省府辰儉田三四六六七一代電通飭）
八、廣州市糧食市場管理暫行辦法（省糧食調節會議第七次常會通過田糧處辰寒田三一六二八代電頒行）
九、廣東省沿海各縣市局防止偸運糧食出關辦法
附：一、加强糧食市場管理七項辦法（田糧處辰馬三代電頒行）
二、解釋市場管理七項辦法（田糧處已寒尹三一九九八代電解釋）
三、修正糧食市場管理規則（省政府三十五年七月十八日修正頒行）

丁　積穀

一、修正廣東省各級谷倉保管委員會組織規程（附編制預算表）（廣東省民政廳廿七年一月通飭施行）
二、廣東省各縣市分期建倉積谷計劃（廣東省政府廿六年十月通飭施行）
三、各縣局推行鄉倉應注意事項（廣東省政府卅年四月通飭施行）
四、廣東省査驗各級倉廒卅二年度積谷實施細則（廣東省政府第五七八次會議決議同年以省府亥齊炎韶戰代電通飭各區專署各縣市政府知照）
（待修正）
五、廣東省各縣倉及倉谷抵押借款舉辦農村貸款暫行辦法（廣東省政府第九屆委員會第二八六次會議修正通過）
六、整理各縣（局）倉儲應注意事項（廣東省政府二十年三月民社三五四八八四寅齊代電頒行）
七、廣東省卅一年度各縣收納盈餘縣級公糧加强縣倉管理辦法（廣東省政府第九屆委員會第三八一次會議通過）
八、清理卅三年度以前地方積谷應注意事項（廣東省政府三十五年一月四日頒行）
九、廣東省各縣局三十四年度儲糧積谷敎養實施辦法（廣東省政府三十五年一月廿四日頒行）

特載

第一章　特載

（一）照錄糧食部提實施改訂財政收支系統以後關於田賦「糧食之緊要措施案」及決議全文

民國三十年四月五屆八中全會鑒於戰時財政經濟上之迫切需要決定將田賦收歸中央接管並改征實物同年六月第三次全國財政會議復議定各項具體辦法卽付實施全國上下深知此爲抗戰時期中央統籌調度籌濟軍糈民食以求安定民生爭取勝利之必要措施一致熱烈擁護協助推行五年以來各級地方政府及經辦機關懍於責任之重大困心衡慮悉力以赴任何勞怨在所不辭農民地主視爲國民應盡之義務輸財納粟踴躍爭先任何艱苦在所不計際此實施成果雖未能盡如人意而戰時財政經濟得此支持於爭取勝利關係極大而大多數勞苦民衆出糧出力貢獻國家紓此國難尤足感念

田賦爲土地之歲收原屬國家正供自民國十六年國府頒下劃分國地收支標準將田賦改歸地方以後所有將征經征事務概歸省縣政府負責辦理中央僅負指導監督之責民國三十年收歸中央接管因戰時財政利在統籌而征收實物穩定經濟尤須通盤籌劃以劑盈虛乃設專管機關由中央直接指揮辦理各級地方政府或受委託或兼辦或居協助地位共同策進又以戰時環境變動多端一切政制不能不因時因地而施故五年之間改革頻仍迄未形成永久統一之體制此次六屆二中全會以抗戰勝利結束爲迅謀健全地方財政以積極完成地方自治實施憲政起見決卽改訂財政收支系統大法關於土地稅類之收入以百分之七十撥歸省縣中央僅保有百分之三十今後田賦收入在地方財政經濟上之比重遠較中央爲大是在充實地方財政之外兼有回復戰前舊制之意所有田賦之整理征收當以省市縣政府爲中心主辦其事中央當盡規劃輔導督促考核之責現有各級田賦糧食收儲運機關自當本此原則分別移轉歸併以期簡化機構集中事權

田賦征收實物困難滋甚流弊亦多抗戰期間排除困難毅然出此甘冒指責人民怨苦不一而足顧在過去五年之間當國家艱危之會政府藉此措施掌握實物軍糧以供應民食獲得調劑糧價比較穩定民生得以安定其有助於戰時軍事政治財政經濟之處爲識者所公認勝利以後政府軫念民生疾苦首頒免賦明令收復省區先行停止此後政府糧食來源顯然短絀大部軍糧出於價購都市民食無糧調劑糧價造成糧荒國計民生交受其困此種事實亦屬有目共睹六屆二中全會對此問題反復討論確切指示在復員期間經濟未復常軌以前軍糧全恃價購必致刺激糧價造成糧荒權衡利害

田賦仍宜暫行征實蓋我國幅員遼闊交通不便復員工作未易立即就緒大戰之後元氣必傷善後建設頭緒紛繁經濟困難甚於戰時中外古今如出一轍糧食一環爲全民生活所關財政收支系統改訂以後田賦收入又爲地方財政命脈所繫在此經濟情況之下爲求軍糈民食獲得供應調劑避免軍民爭食糧價獲得穩定一般人民生活減輕威脅同時爲謀地方財政保持均衡藉維現狀起見本年田賦必須仍行征收實物

田賦爲土地所有人經常之負擔政府征收以其收益爲依據有一定限度本年征實各省多屬備遭蹂躪而新經收復之省區民困已深一般農民負擔礙難加重後方各省多爲本年免賦省區明令早頒必須顧及然而軍糧需要仍鉅雖大量緊縮中央及地方財政又均極端艱困征實省區祇恃田賦所得未能適應需要免賦

省區更非另籌辦法不可如果事前不予熟權利害一次籌足臨時張羅無所措手必蹈去年免賦各省覆轍不但政府捉襟見肘窮於應付而事實需要不能不取之於民民間所受擾累甚於有計劃之征取本年征購軍糧地方攤派經費所生之後果可爲殷鑒故本年免賦辦法必須量爲變通田賦征實以外必須斟酌需要辦理征借其在有糧之戶於收穫之際酌情輸納無異及時儲蓄而當前國家需要之迫切經濟危機之嚴重尤非實施有糧出糧有錢出錢有力出力之政策莫可挽救深願政府同人社會賢達率先倡導鼓勵全民一致奮起仍本戰時犧牲精神忍此須臾痛苦完成一簣之功確保勝利之果

基於上述意見特將有關田賦糧食方面各項緊要措施條例於後以乞指正

甲、關於征收征借者

一、上年明令免賦省份計廣東廣西湖南湖北浙江江蘇安徽江西山東山西河南河北綏遠察哈爾熱河遼寧安東遼北吉林松江合江黑龍江嫩江興安台灣等省暨南京上海青島天津北平等市本年田賦仍一律征收實物並爲適應軍食及地方需要仍舉辦征借

二、依照明令本年應行免賦省份計四川西康雲南貴州福建陝西甘肅寧夏青海新疆等省暨重慶市爲適應軍食及地方需要起見其應免田賦分三年平均減免本年田賦征實及征借糧食各照定額三分之二

三、田賦征實標準仍照現行田賦征收實物條例第六條之規定按賦額每元征稻谷四市斗或小麥二市斗八升爲準各省市縣賦額有畸輕畸重情形者照已往辦法酌量增減征率並得由各該省市主管田糧機關秉承省市政府會商各該省市參議會根據實際情況擬具調整辦法報經財政糧食兩部核定施行

四、征借標準仍照現行田賦征收實物條例第八條之規定辦理征實省份以征一借一爲準免賦省份以田賦應征實物額爲準

五、爲改善地方公教人員待遇安定生活增進工作效率並免除額外攤派起見本年度仍帶征公糧但應依照現行田賦征收實物條例第八條之規定以征實額三成爲限分配省市縣兩級公教人員其分配辦法由各該省市政府統籌核定

六、征借糧食仍照往年成例不發庫券不計利息就糧票內載明自第五年起分五年平均攤還

七、本年到期應還之糧食庫券本息一律照案償還征實省份抵繳本年徵額免賦省份抵繳本年借額

八、各縣市田賦有因災減免者應依照法定程序勘報核定不得估計總數預請減免并嚴禁謊報災情及預請留糧扣糧

九、各省開征日期依照各地農產收穫遲早情形分別核定

十、實物驗收以及征收考成獎懲等項悉照現行法令辦理

乙、關於機構及經費者

一、田賦暫行征收實物期間中央主管機關爲財政糧食兩部其兩部間職權之劃分依行政院三十四年二月令頒調整案之規定辦理

二、在地方以省市縣政府爲主管機關所有田賦之征收整理及征借糧食之一切業務自三十五年度起即劃歸省市縣政府負責辦理

三、中央原設之各省田賦糧食管理處一律改隸省政府受省主席之指揮監督並受財糧兩部部長之指揮繼續執行原有職務縣市級機構及各級儲運機構隨同移轉但本年開征期迫爲爭取時機免妨業務起見所有各級機構組織體制人事暫仍其舊概不變更其各省市縣原未設置獨立機構所有事務歸其他機關兼辦亦仍其舊

四、各縣鄉鎮辦事處或征收處及收納倉庫集中倉庫等之設置由各省政府考查實際需要情形分別核定

五、爲達成任務防止弊端起見所有各級征糧監察委員會之組織應切實加強並督促依照現行法令切實行使其職權

六、各級田賦糧食管理機關及儲運機關改隸以後各該機關經常辦公及用人等經費應即列入省市縣政府預算歸各該省市縣庫開支並自本年七月一日起實行

七、本年下半年度內關於糧食之征收倉儲運輸交接等各項業務費暫由中央負担先儘三十五年度國家總預算所列經費動支後之餘額分配撥用其有不足者由各省市政府考查實際需要數額咨商糧食部辦理追加預算

八、自三十六年度起關於田賦糧食所需各項經費依各省市縣田賦糧食分配成數按成分攤分別列入其預算

丙、關於劃撥交收者

一、各省市縣征收田賦部份按照規定成數分配在各省為中央三成省二成縣（局）市五成在院轄市為中央四成市六成征借部份全歸中央帶徵公糧全歸地方

二、各省市縣（局）歷年田賦舊欠仍照案追收其在中央核定配額以內者歸中央在核定配額以外超收者歸地方

三、各省市徵糧中央應將田賦所征實物及征借所得糧食由各該省市縣（局）征收機關分別征集運至水陸交通便利地點交由糧食部指定之機關或倉庫接收其交接機關地點數量由糧食部與各省市政府視需要及交通情形分別商酌規定至田賦折征法幣區域中央應得部份即由經征機關隨征隨解當地國庫或指定代理國庫之銀行核收

四、各省政府為謀所屬各縣市局調劑盈虛平均發展起見得於縣級應得土地稅總收入百分之五十內酌提一部份為統籌調劑之用其辦法由各該省政府擬定咨商財政糧食兩部核定之

五、本年征實省區中央應得田賦所征實物及征借所得糧食由糧食部指撥用途其撥用順序首為扣抵本年到期應還糧食庫券本息次為本省所需各項軍糧又次為發補鄰省軍糧再次為調劑民食免賦省區征借所得實物除首先扣抵到期應還庫券本息及配撥本省軍糧外得以餘額撥補省縣地方仍在免賦期間中央應行補助各該省縣數額內扣算

六、關於實物之交接撥付等詳細手續另以規則定之

以上所擬係舉大端是否有當請候

公決

決議：修正通過修正之點如下

一、甲項第一款末句「仍舉辦征借」改為「仍酌辦征借」

二、甲項第二款「其應免田賦分三年平均減免本年田賦征實及征借糧食各照定額征三分之二」改為「其應免田賦分二年平均減免本年田賦征實及征借糧食各照定額征二分之一」

三、甲項第三款「酌量增減征率」句以下刪去

四、甲項第四款全文改為「征借標準以征一借一為最高額其因賦額過重糧產特少或收成荒歉者分別核減之」

五、甲項第七款「一律照案償還」句以下刪去

六、乙項第四款關於倉庫建設問題由糧食部與各省田糧處長會商另擬計劃專案辦理

七、乙項第六款全文改為「各級田賦糧食管理機關及儲運機關改隸後本年下半年度各該機關經常辦公及用人等經費仍由中央負担」

八、乙項第八款在省市縣之上加「中央」二字

九、丙項第二款「歷年田賦舊欠」句下加「除規定應予豁免或剔除者外」句

十、丙項第五款「徵實隨」改為「各省區」「再次為調劑民食」句以下全刪去

(二)財政部提為改訂財政收支系統後國地共有各稅征收劃撥交代程序案提案第二號

理由

查新訂財政收支系統實施辦法已規定土地稅(田賦地價稅土地增值稅)營業稅遺產稅等為各級政府所共有關於各該稅稅款之如何繳納劃撥與報省之程序以及移交接管之辦法均應詳加釐訂以利推行

辦法

(一)全國財政收支系統修訂後中央省(市)縣共有各稅之征收繳納及撥發悉依下列規定辦理之

1.遺產稅由中央機關征收之省縣(市)(局)之營業稅及地價稅土地增值稅一律由縣(市)徵收機關統一征收之

2.縣轄市營業稅本年度暫仍由中央機關征收地價稅土地增值稅交由市級原有征收機關征收

3.縣(市)稅務機關名稱應稱為某某省某某縣(市)稅捐征收處其人員由省財政廳提請省政府委派經費列入縣(市)預算其屬於中央省縣共有之稅款其徵收經費應比例分攤由縣(市)統收統支

4.由中央征收機關征收者地方政府應加協助

5.國地共有各稅由中央征收機關征收者應由納稅人先行解繳代理國庫之銀行由縣市征收機關征收者應由納稅人先行解繳代理省庫之銀行

各征收機關應於每旬終了時按照比率分配詳細計算分別填具繳款書解繳各級公庫

6.依照規定得由征收機關自行收納之稅款征收機關應於規定日期按比率分配分別逕行解繳各級公庫

7.各征收機關應將共有各稅按照各級政府分配數額分別列帳按旬編製征納報告表分別填列中央省市縣應分配之稅款(包括征收費)及其總額由縣(市)征收機關征收者應分別報送縣政府市財政局省財政廳及當地直接稅局列帳并以一份送省審計處查照由中央征收機關經征者應分別報送上級主管機關省財政廳市財政局縣政府列帳并以一份送省審計處查照

8.共有各稅各級政府編列預算之辦法另訂之

(二)各省(市)縣(市)田賦糧食管理機關或直接稅機關經辦之土地稅(即地價稅與土地增值稅)業務應於卅五年七月一日起悉交各該省縣地方征收機關接辦其移交接管辦法另定之

(三)各省(市)縣(市)田賦糧食管理機關或直接稅機關經辦契稅業務應于卅五年七月一日起移交各該省財政廳各該縣政府所指定之機關其移交接管各辦法另訂之

(四)各省市直接稅機關經辦營業稅應于卅五年七月一日起移交各該省財政廳及各縣稅捐征收處院轄市營業稅於卅六年一月起移交其因籌備不及者得酌量延展移交日期在移交以前之稅收作為委託中央代徵

以上所擬是否有當敬請

公決

（三）省政府代電以奉　主席蔣電示田賦復征實物事宜轉飭切實奉行報核由

各縣市政府管理局均鑒奉主席蔣午寢交彷電開「查抗戰期間爲求供應軍糧調節民食穩定經濟以爭取勝利起見故于三十年起實施征糧國策五年之間人民之報效孔多國家之裨益彌大勝利以後爲期與民休息去年九月政府乃毅然頒佈前後方各省市分年免征田賦一年之令主管機關對于今後田賦并有恢復折征法幣之議無如受降以來復員工作既迭遭波折整軍大計又不容遷延經濟之危難加甚難民之流徙愈多中央爲衡時局權衡計熟權得失僉覺在復員期間經濟未復常態以前田賦仍宜征收實物且以地方財政亟待改善復決定改訂財政收支系統將大部分田賦收入劃歸省縣地方以期掃除非法攤派減輕人民痛苦至本年六月間財政糧食兩部爲實施上項決策召集各省市長官及財糧主持人員來京會議由中財主持決定辦法其中重要之點（一）上年免賦各省市本年應征田賦一律徵收實物（二）本年應行免賦各省市之田賦改分二年平均各減一半（三）爲適應中央及地方糧食需要仍酌辦徵借并仍帶徵省縣公糧以爲改善地方公教人員待遇之用此實針對當前國計民生情勢所需爲不得已之措施在各應行免賦省份本年雖仍有一半之負担然明年即予減免時間尚有先後之分而課額并無輕重之別與中央去年免賦明令實際初無出入尤以本年七月起改訂之財政系統既徇各方之需求而符實施則省縣地方財政大部份需賴田賦收入以資支應庶不致過事攤派轉增騷擾證諸去年先免田賦各省縣地方因經費無着人民困于苛派之流弊則本年後方各省尤不宜徒沽免賦之名而貽病民之實除各省市應征糧額及征收詳細辦法飭由行政院糧食部另文行知外務盼該省市政府遵照核定數額如期開征依限完成毋稍延滯並須向省市參議會及各方賢達說明一致贊助協力倡導務期照案完成以勝利成果而竟一簣之功是所厚望除分電各省市參議會及黨部團部一致協助外並盼將辦理情形具報」等因奉此自應遵辦除電請省市參議會黨部青年團一致贊助外合亟電仰遵照務應仰體國策切實奉行嚴督所屬黽勉將事盡量簡化征納手續便利輸將嚴禁違法攤派綜清積弊併洽請當地黨團議會一致贊助協力倡導嚴密監察隨時檢舉期達便民除弊之目的而竟庫充民實之全功是所厚望仍將遵辦情形隨時具報爲要主席薛卓英未梗田二印中華民國三十五年八月二十三日

（四）糧食部代電以奉國民政府令飭嚴密檢舉田粮弊端仰遵辦由

廣東田賦糧食管理處奉國民政府七月十五日令開查本年田賦爲調劑民食穩定國內經濟起見仍須繼續征實征借實非得已所有各級辦理糧政人員務必廉潔從公妥慎辦理倘有舞弊營私擾害人民情事一經查實定予依法嚴懲并着監察及各級民意司法機關隨時糾舉以肅官常此令等因查本部自成立以來對於糧政弊端處辦向極嚴厲本年繼續征實征借凡我糧政人員自應恪遵明令所示除弊便民之旨益自奮勉守法奉公俾征實任務圓滿達成倘敢以身試法本部長職責所在必依法嚴懲決不寬貸茲將應行嚴辦事項列舉如下：（一）征收征借應征之糧數額載明於各縣印發之糧串內如有大頭小尾浮收於糧串所載數額以外

浮派浮收者（二）征收征借帶征公粮之驗收均以法定市制量器或衡器爲標準如有以老斗老秤浮收者（三）徵收徵借帶徵公粮未經呈准擅自折收價款者（四）以劣谷掉換好谷或私擅貸放或出售圖利者（五）斗手秤手使用技巧浮收者（六）虛報收數或侵吞罰谷者（七）對納粮人留難需索者（八）倉經運人員監守自盗摻雜摻水捏報損耗損失或侵吞倉谷者（九）挪存粜中費運費遲延發放或尅扣數額者（十）交撥粮食使用不合法之量衡器或使用技巧營私者以上十項任犯其一凡經查實無論其人之地位如何均應立即依法送交司法機關嚴辦其有挾嫌誣告者亦依法治罪除由中央分區組設督導團暨本部隨時派員查察并電請各省市政府各區監察使署各省臨時參議會及高等法院嚴密糾舉外各級田粮機構主管長官督粮人員及各縣市鄉鎮監察委員會應即隨時注意防範切實檢舉不得稍有玩忽合行電仰凜遵并轉飭所屬及各縣市鄉鎮征借實物監察委員會遵照爲要粮食部未寒督一京印

（五）粮食部核示收復省區淪陷期間田賦一律免予追征電

急廣東省政府田粮處密查各收復省市本年度田賦業經府令全部豁免茲爲廣佈免賦實惠澈底解除民困起見所有該省自淪陷之日起至收復之日止歷年田賦除被敵僞征收者准由人民持同完納憑證向當地主管機關申請登記以備政府對敵清算外一律不得補行追征自電達之日起如有不肖員司或違令徵收或藉端勒索應即依法嚴懲不得稍有瞻徇以維功令除呈院核備並分電外特電即轉飭遵照仍將辦理情形報核爲要粮食部儉田二（1218）（1027）印

組織

第二章 組織

（一）各省（市）田賦粮食管理處組織規程

三十二年七月二十七日行政院第六一一次會議通過

第一條 財政粮食兩部爲管理各省（市）各土地賦稅粮食特設立各省（市）田賦粮食管理處冠以省（市）名（例如陝西田賦粮食管理處以下簡稱本處）

第二條 本處隸屬財政粮食兩部并受省政府主席之指揮監督

第三條 本處關於主管事務得對縣長發佈命令并得承辦省政府文稿

第四條 本處設五科至七科分掌左列各款事務

一、關於文書人事出納庶務及其他事項

二、關於土地賦稅行政稽征及隨賦購粮與賦谷派募之管理事項

三、關於賦地册籍之整理及契稅官産之稽征清理管理事項

四、關於收納集中聚點倉庫之修建管理及粮食之收納事項

五、關於粮食之分配加工運輸交撥事項

六、關於粮食之調査管制調節及採購搶購事項

七、關於賦稅及購粮財務事務

本處設科數目由財政粮食兩部查酌各省賦稅多寡及業務繁簡分別核定之各科款科職掌之劃分凡設五科者前項第一第七兩款爲第一科掌理事務第二款及第四款收納倉庫之修建管理爲第二科掌理事務第三款爲第三科掌理事務第五款及第四款集中聚點之倉庫之修建管理爲第四科第四科掌理事務第六款爲第五科掌理事務設六科者前項第一第七兩款爲第一科掌理事務其餘二至六各款各設一科掌理設七科者前項一至七各款各設一科掌理之

第五條 本處設處長一人簡任綜理全處事務設副處長二人簡任分別協理土地賦稅粮政事務

本處處長得由財政廳長兼任之

第六條 本處設秘書二人至四人薦任辦理機要文牘綜理文稿及其他交辦事項

第七條 本處設科長五人至七人薦任科員二十五人至八十人辦事員二十人至八十人均委任承長官之命辦理各科事項

第八條 本處設會計主任一人統計主任一人薦任助理員十人至四十人均委任承長官之命并依國民政府主計處組織法及主計處辦理各機關歲計會計統計人員暫行規程之規定辦理歲計會計統計事項

第 九 條　本處設技正一人至三人荐任技士二人至六人技佐二人至六人均委任承長官之命辦理倉儲驗收加工運輸及賦籍整理等技術事項

第 十 條　本處設督導員五人至三十人其中三人至二十人薦任餘委任承長官之命辦理督徵調查視察等事項

前項督導員數額應視各省糧額及縣份之多寡由財政糧食兩部會同核定之

第十一條　本處得酌用雇員

第十二條　本處職員之任用除主計人員另有規定外薦任以上人員由本處遴選合格人員依法呈請任用委任人員由本處依法呈請委用雇員由本處雇用並報請備案

第十三條　本處編制表另訂之

第十四條　本處辦事細則由本處擬定呈請財政糧食兩部核定施行

第十五條　本處爲辦理糧食之管制儲運調節事務得設管理及業務機構其組織規程另訂之

第十六條　各縣（市）田賦糧食管理處組織規程另訂之

第十七條　本規程未盡事宜得隨時呈請修正之

第十八條　本規程自公布之日起施行

(二)各縣(市)田賦粮食管理處組織規程

三十四年四月廿七日
行政院第六一一次院會通過

第 一 條　本規程依據各省（市）田賦粮食管理處組織規程第十六條之規定訂定之

第 二 條　各縣（市）田賦粮食管理處均冠以縣（市）名（如恩施田賦粮食管理處以下簡稱本處）

第 三 條　本處對於主管事務得對鄉鎮長發佈命令

第 四 條　本處設二科至五科分別掌理左列事項

一、關於文書人事出納庶務事項
二、關於土地賦稅行政稽征及隨賦購粮與積谷派募管理事項
三、關於賦地冊籍之整理及契稅官產之稽征清理管理事項
四、關於收納及集中倉庫之修正管理及粮食之收納儲備事項
五、關於粮食之分配加工運輸交撥事項
六、關於粮食之調查管制調節及採購徵購事項
七、關於賦稅及購粮財務事項

第 五 條　本處設科數目由省田賦粮食管理處依照賦稅額之多寡及業務繁簡分別擬定呈請財政粮食兩部核定之各科職掌之劃分其設二科者前條第一第六第七各款爲第一科掌理事務餘爲第二科掌理事務設三科者前條第一第七各款爲第一科掌理事務第二第三各款爲第二科掌理事務餘爲第三科掌理事務設四科者前條第一第七各款爲第一科掌理事務第二第三各款爲第二科掌理事務第四第五各款爲第三科掌理事務第六款爲第四科掌理事務設五科者前條第一第七各款爲第一科掌理事務第二款爲第二科掌理事務第三款爲第三科掌理事務第四第五各款爲第四科

掌理事務第六款至第九款掌理事務

第六條　本處設處長一人薦任總理全處事務但處長由縣長兼任時得設副處長一人薦任協理處務

第七條　本處設秘書一人委任辦理機要文牘總核文稿及其他交辦事項

第八條　本處設科長二人至五人科員六人至二十五人辦事員二人至十五人均委任承長官之命辦理各科室主管事務

第九條　本處設技士一人至二人技佐二人至三人其設五科者各增設一人均委任承長官之命辦理倉儲驗收加工運輸及賦籍整理等技術事項

第十條　本處設督征員一人至十人委任辦理催征催購及督導倉儲搬運加工等外勤事項

前項督征員數額由省田賦糧食管理處按照各縣（市）糧額多寡面積大小分別核定之

第十一條　本處設會計員一人助理員二人至十人均委任承長官之命並依國民政府主計處組織法及主計處辦理各機關歲計會計統計人員暫行規程之規定辦理歲計會計統計事項

第十二條　本處得酌用僱員

第十三條　本處職員之任用除會計人員另有規定外科長技士督征員由省田　粮食管理處遴選合格人員依法呈請任用其餘人員由本處依法任用僱員由本處僱用並呈報備案

第十四條　本處編制表另定之

第十五條　本處於田賦旺征期間爲辦理購粮財務得設置臨時稽核員及付款員其辦法另定之

第十六條　本處在整理賦地冊籍舉辦土地陳報時應設置編查隊其組織員額另定之

第十七條　本處得就事實上之須要分區設置辦事處其設置辦法另定之

第十八條　本規程自公佈之日施行

（三）各縣（市）田賦粮食管理處鄉鎮辦事處設置辦法

三十二年四月廿七日行政院第六一一次院會通過

第一條　本辦法依據縣（市）田賦粮食管理處組織規程第十七條之規定訂定之

第二條　各縣（市）田賦粮食管理處鄉鎮辦事處（以下簡稱辦事處）冠以所在地名如某某縣田賦粮食管理處某某鄉（鎮）辦事處

第三條　各縣（市）田賦粮食管理處應按賦稅粮食徵額購額多寡粮區分佈情形以及交通狀況分別設置辦事處每縣以不超過五處爲原則但幅員遼闊征收征購儲運數量特多之縣得專案呈准增設之

第四條　辦事處轄境之半徑以一日能挑運往返者爲原則但賦額不及實征稻谷一萬市石者應改設巡迴辦事處並應於開征前將其駐留地點征收區域征收日期及收納倉庫地點等項報告週知

第五條　辦事處對於主管業務推行事項對鄉鎮長得發通知並有指揮監督轄境內各保甲長之權

第六條　辦事處設置稽征儲運兩股分掌左列事項

甲、稽征股

一、關於征收賦稅粮食之核算督催報解事項

二、關於賦稅粮食調查統計報告事項

三、關於征冊粮票等領發保管事項

四、關於征購粮食財務事項

五、關於災歉發生賦稅減免調查報告事項

六、關於契稅征收及整理事項

七、關於田賦催收及有關賦籍整理之協助事項

乙、儲運股

一、關於收納倉庫之修建配備與管理事項

二、關於粮食之驗收及其成色之檢定事項

三、關於征存粮食之保管及防除損耗事項

四、關於粮食之加工與包裝事項

五、關於糧食之集中運輸及撥交事項

六、關於積谷派募事項

七、關於糧食管制事項

第七條　辦事處設主任一人承縣（市）田賦糧食管理處之命總理處務必要時得設副主任一人協理處務其副主任遴選得以轄境內鄉鎮長兼任之

第八條　辦事處設稽征股長儲運股長各一人稽征員倉庫管理員運務員助理員警丁各若干人承長官之命辦理稽征儲運事項

第九條　辦事處主任副主任股長稽徵員倉庫管理員運務員助理員等均由縣（市）田賦粮食管理處就甄詢合格具有經驗人員取具保證後派充之

第十條　辦事處人員之編制應儘量緊縮以能辦理經常事務為度旺征及集運繁忙期間得呈准僱用臨時員警滋征期間或集運工作辦竣後辦事處人員得由縣（市）田賦粮食管理處調派清理業務並協助辦理造填征冊粮票整理賦籍征收契稅及推收等事項

第十一條　辦事處應按照實際征額在所在地配置收納倉庫其轄境內縣（市）田賦粮食管理處設置之集中倉庫亦歸辦事處管轄

第十二條　前條收納倉庫以每處一倉為原則必要時至多分設四處並以離辦事處至多二華里為限其管理人員就第八條規定之倉庫管理員助理員派充

第十三條　倉庫管理規則另定之

第十四條　田賦徵收法幣及折徵棉花之區域辦事處設置辦法另定之

第十五條　本辦法自公佈之日施行

（四）省田賦粮食管理處儲運處組織通則

三十二年四月二十七日行政院第六[illegible]次院會通過

第一條　本通則依據各省（市）田賦粮食管理處組織規程第十五條之規定訂定之

第二條　征實征購數量較多或供應軍粮特繁之省份得由省田賦粮食管理處呈准粮食部設置儲運處

第三條　儲運處辦理左列各項業務

一、粮食之收儲保管與配撥事項

二、集點倉庫之設置與管理事項

三、粮食之加工與包裝事項

四、粮食運輸之規劃及運輸工具之調配事項

第四條　儲運處對於主管業務得對各縣（市）田賦粮食管理處發佈命令

第五條　儲運處設左列各組室

（一）總務組　掌理文書人事出納庶務及不屬其他各組室事項

（二）倉儲組　掌理粮食之收納倉儲加工包裝事項

（三）配運組　掌理粮食之分配運輸交撥事項

（四）會計室　掌理歲計會計統計事項

第六條　儲運處設處長一人副處長一人均簡任待遇由省田賦粮食管理處遴員呈請粮食部派充之

第七條　儲運處設秘書一人組長三人技正一人專員二人至六人均荐任待遇技士一人至三人稽核二人至六人荐任或委任待遇組員十六人至三十六人業務員十人至三十人均委任待遇其名額依儲運處編制表之規定其薪級之核叙依儲運處職員薪級表之規定

第八條　儲運處秘書組長技正專員由處長遴員呈請省田賦粮食管理處派充其餘人員由處派充呈請省田賦粮食管理處備案統應由省田賦粮食管理處轉報粮食部備查

第九條　儲運處設會計主任一人由省田賦粮食管理處依法呈請核派並受儲運處長之指揮監督執行職務其佐理員就第七條規定名額內依法任用之

第十條　儲運處因事務之必要得酌用僱員

第十一條　儲運處為調度各地運輸事務得設置運輸站設置及組織應先由省田賦粮食管理處轉呈粮食部核定

第十二條　因軍事上及地理上之需要得分區設置儲運分處儲運分處之設置及其組織應先呈由省田賦粮食管理處轉呈糧食部核定

第十三條　儲運處辦事細則由省田賦粮食管理處訂定之呈報粮食部備案

第十四條　本通則自公佈日施行

（五）各縣（市）征借寔物監察委員會組織規程

第一條　各縣（市）政府為加强監察力量推進徵借實物工作設徵借實物監察委員會（以下簡稱本會）

第二條　本會掌理左列事項

一、宣傳徵借實物之意義

二、勸導糧戶踴躍輸納

三、協助徵借機關推進徵借工作

四、調查評議徵借實物糾紛

五、檢校驗收工具監督收納倉廒

六、檢舉徵借弊端

七、建議徵借改進事項

八、其他有關實物徵借監察事項

第三條　本會設置委員十一人至十五人由縣（市）政府遴聘左列各項人員充任之

一、縣（市）參議會參議長副參議長

二、縣（市）黨部代表

三、縣（市）三民主義青年團分團部代表

四、縣（市）農會代表

五、縣（市）農業改進機關代表

六、縣（市）合作指導機關代表

七、縣（市）糧食業同業公會代表

八、本地公正士紳三人至七人（一二等縣七人三四等縣五人五六等縣三人）

前項委員均為無給職其任期除參議會議長副議長外均為一年連聘得連任

第四條　本會置主任委員副主任委員各一人由委員互選之主任委員綜理會務副主任委員處理會務

第五條　本會在征借實物旺征期內每半月開會一次淡征期內每月開會一次由主任委員召集之必要時得召集臨時會議

本會會議時對於實物徵借事項如有質詢應由縣（市）徵借機關負責人出席說明必要時並應提出書面答復之

第六條　本會向縣（市）田賦糧食管理機關建議推進徵借工作辦法及檢舉徵借弊端不採納時得呈請上級主管機關處理

第七條　前條之檢舉如經查明為不實不公者應由省市政府立即改組該監察委員會如係委員個人徇私挾嫌故意誣陷者該委員應負刑事罪責

第八條　本會委員應隨時分赴各鄉（鎮）徵借場所巡視考察並指揮監察各鄉鎮征借實物監察委員會執行職務

第九條　本會委員為無給職但因公下鄉時得酌支交通費

第十條　本會以事務之繁簡得設事務員一人至三人承辦會內各項事務以就有關機關人員調用為原則其專設之事務員並得酌支薪給

第十一條　本會對縣（市）以上各機關用呈對縣（市）同級及縣（市）以下各機關法團用函對人民用通知或答復對各鄉鎮征借實物委員會用令

第十二條　本會經費應連同各鄉鎮征借實物監察委員會辦公費編入縣市預算按月由縣（市）庫撥支

第十三條　本會由縣市政府刊製木質鈐記一顆頒發啓用

第十四條　各縣市政府得於各鄉鎮征收處設鄉鎮征借實物監察委員會其組織規程另定之

第十五條　本規程自公布之日施行

（六）各鄉（鎮）征借實物監察委員會組織規程

第一條　本規程依各縣（市）征借實物監察委員會組織規程第十四條之規定訂定之

第二條　各鄉（鎮）征借實物監察委員會（以下簡稱本會）應冠以所在地之名稱（某某縣（市）某某鄉（鎮）征借實物監察委員會）

第三條　本會設於各鄉（鎮）徵借機關所在地以其征收區域爲監察範圍

第四條　本會掌理左列事項

一、宣傳征借實物之意義

二、勸導糧戶踴躍繳納

三、協助征借機關推進征借工作

四、調查評議征借實物糾紛

五、檢校驗收工具監修收納倉庫

六、檢舉征借弊端

七、建議征借改進事項

八、其他有關實物征借監察事項

第五條　本會設委員九人至十一人由縣（市）政府會同縣（市）征借實物監察委員會遴聘各中心學校校長鄉（鎮）民代表及公正士紳五人至九人充任之

本會委員均爲無給職其任期除中心學校校長外均爲一年連聘得連任

第六條　本會置主任委員及副主任委員各一人由委員互選之主任委員綜理會務副主任委員協理主任委員處理會務

第七條　本會在征借實物旺征期內每半月開會一次淡征期內每月開會一次由主任委員召集之必要時得召開臨時會議

第八條　旺征期內本會委員應輪流親赴驗收場所指導糧民完納解釋疑問監視驗收

第九條　本會鈐記由縣（市）政府依照規定刊發之

第十條　本規程自公佈之日施行

第三章　官規

(一)田賦征實及征借糧食工作競賽規則

第一條　爲激勵各級辦理田賦人員競進精神提高征實征借工作效率起見特訂定本規則

第二條　本競賽以左列機關爲單位

(一)鄉鎮辦事處

(二)縣田賦糧食管理處

(三)省田賦糧食管理處

第三條　本競賽分爲三級

(一)第一級爲縣就其所屬鄉鎮辦事處舉行競賽選擇前三名獎勵之

(二)第二級爲省就其所屬縣處與縣處舉行競賽選擇前三名獎勵之

(三)第三級就省處與省處間舉行競賽選擇前三名獎勵之

第四條　本競賽之主持評判機關如左

(一)第一級競賽由各縣田賦糧食管理處主持評判之

(二)第二級競賽由各省田賦糧食管理處主持評判之

(三)第三級競賽由糧食部主持評判之

第五條　本競賽之時期以田賦開征後計滿二個月爲第一次競賽以截止至次年二月底爲第二次競賽

第六條　各省辦理競賽如因災歉及其他特殊情形經糧食部核准得延長第二次競賽期限

第七條　各級競賽單位應將各該單位征實征借實物總額勻作十成第一次競賽以實收七成以上爲及格第二次競賽以全數收齊爲及格

第八條　本競賽之獎懲除由各級主管機關另訂辦法外其成績特優者函報工作競賽推行委員會依照獎勵辦法辦理之並將該項成績作爲各省(縣市)政務考績之參考

第九條　本規則施行細則由各省田賦糧食管理處擬訂呈核施行

第十條　各省(縣市)田賦管理處其未改組爲田賦糧食管理處辦理田賦征實及征借糧食工作競賽時得比照本規則規定辦理之

第十一條　本規則經工作競賽推行委員會委員會議通過後函請糧食部通飭施行

(二)戰時田賦征收實物催征欠賦考成辦法

三十二年三月十八日
韶田二6[illegible]8訓令轉行

第一條　本辦法依照戰時田賦征實暨征購糧食考成辦法第十四條之規定訂定之

第二條　戰時田賦征收實物催征欠賦考成辦法除法令另有規定外悉依本辦法辦理

第三條　前條所稱欠賦指下列兩款而言

一、至截限日止尚未完納之當年新賦

二、以前各年份舊賦

第四條　各省縣(市)田賦管理處應將截限以前民欠總額分別年度列表層報備案

第五條　各省縣(市)催征欠賦應按照截至每年二月底止截限以前民欠總額分作十成核計自三月一日起以三個月為第一期第一期征起六成第二期征起四成均須如期照數征齊其征收成績每三個月考核一次

第六條　各縣(市)處應收各該糧戶欠完年份賦額及其真實姓名與住址等查造欠賦清冊於各規定期內分別催追

第七條　各縣(市)經征官其催征欠賦照每期應征數征足八成者記功一次征足九成者記大功一次如期征齊者記大功二次

第八條　各縣(市)經征官催征欠賦每期征起成數不及各該縣(市)應征數五成者申誡不及四成者記過一次不及三成者記大過一次不及二成者免職

第九條　戰時縣(市)長征實徵成分數應照原案規定應佔其總考成百分之三十五其兼任縣(市)田賦管理處處長者依本辦法第七八兩條所得之獎懲亦對其本職發生聯帶效力

縣(市)田賦管理處處長應受專賣處分時應與各該省田賦管理處商同該省省政府先行核明分別函報財政部糧食部會同內政部呈報行政院核定之

第十條　各省經征官其催征欠賦照各該省每期應征數征足七成者記功一次征足八成者記大功一次征足九成者記大功二次照額全數征齊者給予特別優獎

第十一條　各省經征官催征欠賦每期征起成數不及各該省應征數四成者申誡不及三成者記過一次不及二成者記大過一次不及一成者免職

第十二條　各省縣(市)經征官催征欠賦每期征起各該省縣(市)應征數七成以上者得酌給獎金其辦法另訂之

第十三條　第一期未征足之欠賦應併入第二期應征數內如數征足

第十四條　各省縣(市)經征官應得獎懲就其相當部份互相抵銷(如記功可與記過抵銷等等餘類推)

第十五條　各省縣(市)催征欠賦以征收之新賦作抵欠賦而為虛偽之報告者依刑法第二百十三條送司法機關治罪

第十六條　直隸於行政院之市催征欠賦考成準用本辦法關於縣(市)之規定

第十七條　本辦法自公布之日施行

（三）戰時田賦征實暨征購糧食考成辦法

三十三年三月十八日
略田二638號訓令施行

第一條　戰時田賦征收實物暨征購糧食之考成依本辦法辦理之經核准折價征收之田賦其考成亦適用本辦法規定

第二條　各省田賦管理處正副處長為省經征官各縣（市）田賦管理處正副處長為縣（市）經征官按其責任與征收征購成績分別考核之

第三條　田賦征收實物及征購糧食以開征後兩個月為初限以截至次年二月底止為截限初限為給獎期限截限為考成期限但收獲特早或特遲之省分其截限日期得由財政部會同糧食部專案核定之

第四條　各省縣（市）經征官應於截限屆滿之後按照應征應購數分別將已完未完已購未購數額造具簡明清冊報由省處彙報財政部糧食部以憑考核前項給獎辦法另訂之

第五條　各縣（市）經征官於截限以前照該縣（市）應征數應購數收足八成五以上者嘉獎九成以上者記功一次九成五以上者記大功一次照額全數征齊者記大功二次並給與特獎

第六條　各縣（市）經征官於截限以前照該縣（市）應征數應購數征收不足八成五者申誡不足八成者記過一次不足七成五者記大過一次不足七成者免職

第七條　各縣（市）經征官獎懲由該省田賦管理處擬定呈部核辦其由縣（市）長兼任縣（市）田賦管理處處長者兼處長與副處長之獎懲應分別輕重擬定之

第八條　戰時縣（市）收征實征購考成分數遵照通案規定應佔其總考成百分之三十五其兼任縣（市）田賦管理處處長者依本辦法第六七兩條應得之獎懲亦對其本職發生聯帶效力
縣（市）田賦管理處處長應受免職處分時應由各該省田賦管理處商同該省省政府先行核明分別函報財政部糧食部會同內政部呈報行政院核定之

第九條　各省經征官於截限以前照該省應征數應購數收足八成以上者嘉獎八成五以上者記功一次九成以上者記大功一次九成五以上者記大功二次照額全數征齊者給予特別優獎

第十條　各省經征官於截限以前照該省應征數應購數征收不足八成者申誡不足七成五者記過一次不足七成者記大過一次不足六成者免職

第十一條　各省經征官之獎懲由財政部核辦咨送糧食部並呈報行政院備案

第十二條　各省縣（市）經征官應得功過得就其相當部份互相抵銷（如記功可與記過抵銷嘉獎可與申誡抵銷等等餘類推）

第十三條　各省縣（市）應征數應購數遇有災歉或特殊情形經呈報核准減免者應予剔除計算如經征官一年數任者得依照限額分前後任並計仍於已完未完分數內各就在任日期據實考核并得除去停征日期

第十四條　戰時田賦征收實物催征欠賦考成辦法另訂之

第十五條　各省田賦征實暨征購糧食考成辦法施行細則由各省田賦管理處依照本辦法之規定並參酌其實際情形擬定呈請財部會同糧食部核定施行

第十六條　各縣（市）長及各省自治人員協催田賦征實及征購糧食考成辦法施行細則由各省省政府參照本辦法縣經征官之規定并斟酌其實際情形擬定咨請財政部會同糧食部核定施行

第十七條　直隸於行政院之市田賦征實及征購糧食部之考成準用本辦法關于縣（市）之規定其依本辦法第十五條及第十六條規定之施行細則由市田賦管理處市政府分別擬定咨請財政部會同糧食部核定施行

第十八條　本辦法自公布日施行

（四）戰時田賦征實暨征購糧食給獎暫行辦法

卅二年三月十八日
部田二1698訓令轉行

第一條　本辦法依照戰時田賦征實暨征購糧食考成辦法第三條及田賦征收實物催征欠賦考成辦法第十二條之規定訂定之

第二條　爲鼓勵征實征購工作成績優異人員以期迅赴事功達成重大任務起見特訂定本辦法

第三條　各縣（市）經征官在每年新賦開征後兩個月初限期內田賦實征數糧食實購數超過該縣（市）應征數應購數七成以上者其超過七成部份分別依左列各款規定提獎

一、超過在八成以下者每市石提獎一元

二、超過不滿九成者其超過八成部份每市石提獎二元

三、超過在九成以上者其超過九成部份每市石提獎三元

第四條　各省經征官在每年新賦開征後兩個月初限期內實征數實購數超過該省應征數應購數七成以上者其超過七成部份分別依左列各款規定提獎

一、超過在八成以下者每市石提獎三角

二、超過不滿九成者其超過八成部份每市石提獎六角

三、超過在九成以上者其超過九成部份每市石提獎一元

第五條　各縣（市）經征官依照田賦征收實物催征欠賦考成辦法第五條之規定每期征起欠賦在各該縣（市）每期應征數七成以上者其超過七成部份當年新賦每市石提獎一元以前年份舊賦每市石提獎二元

第六條　各省經征官依照田賦征收實物催征欠賦考成辦法第五條之規定每期征起欠賦在各該省每期應征數七成以上者其超過七成部份當年新賦每市石提獎一角以前年份舊賦每市石提獎二角

第七條　本辦法第三、四、五、六、四條獎金應分別分配給與各該省縣（市）征收人員及協催人員其分配比例應由各該省田賦管理處擬定呈報財政部會同糧食部核定之

第八條　各省縣（市）應領獎金應由各該省田賦管理處備具經常門臨時部份概算書及請獎清冊各七份專案呈報財政部專案核發前項請獎清冊應詳列「縣區別」「應征（購）數」「七成數」「實征（購）數」實征（購）超過七成數及其應領獎金數」「實征（購）超過八成數及其應領獎金數」「實征（購）超過九成數及其應領獎金數」「應領獎金合計數」「備考」各欄

第九條　各省縣（市）田賦管理處領得獎金後應立即發給應領獎金人員不得擅挪積壓

第十條　受獎金人員應備具親自簽名蓋章收據由各該省縣（市）田賦管理處依照法定手續報銷

第十一條　本辦法自公佈之日施行

(五)財政部經辦田賦推收人員考核辦法

三十年十月八日院令公布

第一條　各省縣經辦田賦推收人員之功過均依本辦法考核之

第二條　各省縣市辦理田賦推收人員經查覺有不稱職守情事應照下例規定加以處分

甲、各縣市辦理田賦推收主管人員有故意延滯不如期竣事者記大過一次辦理錯誤不可恕宥者記大過二次有受賄情弊者分別情節輕重撤職或移送司法機關處理

乙、土地移轉逾期不聲請推收全縣市在五戶以上者主管人員應予記過一次在十戶以上者記大過一次二十戶以上者記大過三次三十戶以上者撤職

丙、土地移轉逾期不聲請推收全鄉鎮在三戶以下者該鄉鎮辦理推收人員應予記大過一次在三戶以上者記大過二次六戶以上者減薪一成二個月十戶以上者撤職

丁、各鄉鎮辦理推收人員有瀆職受賄情事分別情節輕重予以撤職或從嚴懲處

第三條　各縣市辦理田賦推收人員經查明能恪盡職守者應照下例規定加以獎勵

甲、各縣市主管人員辦理推收毫無錯誤迅速確實記大功二次

乙、人民於土地移轉後悉能按期聲請該推收縣市主管人員應予記大功二次或晉升一級該鄉鎮辦理推收人員酌予晉級加薪

第四條　全省各縣市辦理田賦推收人員有百分之二十以上受處分者省主管人員應予記過二次有百分之四十以上者應予降級百分之五十以上者應予撤職

第五條　依照第二條第三條所行之考核事宜由省政府或中央主管機關派員調查分別呈請執行之其關於鄉鎮辦理推收人員考核部份並得由縣主管機關派員查明執行並呈報省主管機關備查

第六條　依照第四條所行之考核事宜由中央主管機關於每年年終執行之

第七條　凡依本辦法獎懲者其功過得對等相抵

第八條　本辦法施行細則由各省辦理田賦推收之主管機關擬定呈准施行

第九條　本辦法如有未盡事宜得隨時呈請修正之

第十條　本辦法自公布之日施行

(六)各省縣(市)田賦糧食管理處交代規則

第一條　本規則依照公務員交代條例并參照各省辦理田賦征實征借實際情形訂定之

第二條　各省縣(市)田賦糧食管理處主管人員(以下簡稱各省縣(市)田糧處主管人員)前後任交代時應依公務員交代條例第三條之規定由其上級主管機關派員公同監盤委員

第三條　前後任交代事項其期限及責任依照公務員交代條例第四條辦理之

第四條　卸任人員辦理交代時得調用原機關各經辦人員以幫同辦理接任人員對於卸任人員調查核算造報圖表等事項應予以充分之便利

第五條　各省縣（市）田糧處主管人員除於更迭或裁併時應正式辦理交代外每逢年度之六月末日應辦理假交代但接任不足一月者得併入下期辦理

第六條　各省縣（市）田糧處主管人員前後任應交代之事項如左

1.國庫所撥經臨各費（如經常費生活補助費公糧費及賦政各費等）之實領實支及其餘存數

2.部撥糧食價款及儲運業務費（各種糧價款儲運包裝費等）之實領實支及其餘存數

3.部撥民食調節資金收付盤撥數額及核准撥售徵存餘糧已售未售數額價款收解國庫數額

4.徵實征借糧食與帶征縣級公糧及田賦稅款額已收已解與部撥價款經辦之征購採購搶購委購各種糧食已購已撥或劃撥與未撥各數及其餘存數

5.賦稅各款及糧食之民欠結存數及蠲免數

6.票照存根及未用票照與票照性質類似之各種單據

7.田賦全部征冊及舉辦土地陳報地方所有圖冊

8.公有土地及公有產業之冊籍契據其他有關憑證

9.民田及其他各種土地（如公學屯營衛田等）畝額賦額之冊籍

10倉庫及驗收工具暨其他各種設備

11員役及其他名冊

12印章譯本各種文卷圖書儀器表冊

13會計簿籍會計憑證及會計報告決算報告糧食收支計算書表等之底本

14施政計劃工作報告考核記錄及政績交代比較表

15法規章則及各項印刷冊籍

16其他應行列案移交之公有財產及物品除列第六款票照存根祇交後任接收備查無庸列冊呈核又第七至第十六各款清冊在分期編造假交代時得免予造報行正式交代時再行加造移交後任接收呈報至第一至第五各款不論假交代正式交代均應分別造具清冊呈核移交

第七條　前條交代事項在縣（市）田糧處包括所屬征收處及倉庫

第八條　正式交代及假交代各項清冊均應同式造具三份以一份呈送上級主管機關查核一份由該主管人員或卸任人員存查至正式交卸時各該機關所存之一份應移交後任接收不得缺畧

第九條　假交代清冊呈核期限不得逾本年之八月

第十條　每期假交代截止以後繼續辦理各項表冊簿籍之登記及征解實物或款項之手續均應與前期假交代分截劃清并由主管人員及經辦人員會蓋印章許用無庸更換以節靡費

第十一條　各省縣（市）田糧處主管人員辦理假交代一次或若干次後如值正式交卸應即銜接末次假交代截至交卸前一日止之任期造具正式交代清冊連同原任各次假交代清冊一併移交後任接收該主管人員如未辦理假交代即奉令正式交卸應將截至交卸前一日止之任期造具正式交代清

册移交後任接收

後任人員接到前項清册後應即會同監盤委員依照公務員交代條例第六條及第七條之規定限十日內一併切實盤査如認交代清楚除假交代清册只須將會同盤査經過具報直屬上級主管機關備査外其餘正式交代清册應由後任人員會同監盤委員査明後會銜呈送上級主管機關査核並出具交代清結證明書交由卸任人員轉報備査

第十二條　分設兼副處長之各省縣（市）田粮處其兼處長與副處長同時奉令交卸任兼處長將同卸任副處長負責辦理依本辦法第十一條之規定造具正式交代清册經監盤委員會及後任人員核明後會銜呈報上級主管機關備核副處長單獨交代時應將特別規定由副處長單獨負責經管事務造具交代清册由兼處長核明移交接任副處長并會報上級機關備案

第十三條　卸任人員依本辦法第七條第六款以前各款所造之正式交代清册應銜接前任正式交代清册或本任末次假交代清册其依第六款以後各款所造之正式交代清册應銜接前任正式交代清册

第十四條　卸任人員應俟交代清楚取得新任及監盤委員會銜出具交代清結證明書後始得離去任地副處長、如奉令單獨他調時并應取得兼處長清結證明書否則如有交代不清情事該兼處長仍應負責

第十五條　後任人員對於卸任人員交代案內無論假交代或正式交代清册如發現有虧挪粮食短少款項財產文卷圖册暨公務員交代條例第十二條之情弊時應即據報上級主管機關依法懲處核追賠償其結報期限得呈請延長具報

第十六條　卸任人員接准新任咨轉或奉上級主管機關令咨前條新任揭報事項時應即隨時査明呈復如有應繳粮食或款項亦應照數補繳倘延不補繳或未申復者除照公務員交代條例第九條之規定分別停止任用外并得依其情節移送司法機關依法懲處

第十七條　卸任人員依公務員交代條例第四條但書之規定或其他事故以該機關佐理人員代辦交代時應先呈報上級主管機關核准前項代辦交代人員對于交辦文件應署名蓋章但仍以卸任人員名義行之

第十八條　各省田粮處前後任交代清册應呈粮食部査核各縣（市）田粮處前後任交代清册應呈報該管省田賦粮食管理處査核并轉報粮食部備案

第十九條　後任人員對於接收之粮款公物如有私自挪用變賣情事一經査實應即予以撤職並依情節輕重依法懲辦

第二十條　卸任人員如交卸時尚有應領及抵解之款項或劃撥之實物應于一個月內由新任負責代爲分別請領抵解清楚不得另立交抵由單

第二十一條　田賦已徵者應隨時繳解或劃撥未徵者歸後任接徵不得於交代時預行徵券抵解違者應由新任據實呈核追賠議處

第二十二條　前後任辦理交代逾限處分除正式交代依照公務員交代條例第九條及第十一條之規定辦理外其假交代清册依照本辦法第十條審核期限逾限一個月以上者申誡二個月以上者記過三個月以上者記大過四月以上者撤職

第二十三條　各省縣（市）田粮處會計人員辦理交代時應依照修正各級政府機關主辦會計人員辦理交代細則之規定辦理之

第二十四條　各省縣（市）田粮處所屬征收處主管人員前後任交代時準用本規則之規定辦理

第二十五條　各省縣（市）土地陳報辦事處主管人員前後任交代時準用本規則之規定辦理

第二十六條　各縣（市）田賦粮食管理處粮倉管理員交代辦法另定之

第二十七條　本規則如有未盡事宜得隨時修正之

第二十八條　本規則自公佈之日施行

（七）廣東省田賦徵實及征購粮食工作競賽施行細則

三十一年十二月十一日

韶田二4256代電頒發並奉財政部渝田核64636、糧食部渝儲36516指令核准備查

第一條 本細則依田賦徵實及徵購粮食工作競賽通則（以下簡稱通則）第九條規定訂定之

第二條 通則第六條規定第一次競賽由開徵日起至本年十二月底止第二次競賽由三十二年一月起至二月底止但截至十月底前作小賽一次十一月起以後每旬小賽一次第一次及第二次競賽以十二月下旬及二月下旬累計分數爲競賽分數

第三條 每次競賽均在賽期後二十日截數逾期報數者入下次計算但二月下旬逾期不報者作棄權論

第四條 各縣徵收處應將競賽期內征實徵購數量依前條規定期限迅速表報縣田賦管理處其有電話通訊者得先用電話報告隨後補具報表

第五條 各縣田賦管理處應將競賽期內征實征購數量依第三條規定期限迅速電報省田賦管理處

第六條 報數不實或收少報多者主持考核機關應嚴懲之

第七條 競賽分數按收數多少及先後分別核定依參加競賽者所報征起數與應征總額之百分比求得之例如征起數爲應征總額百分之十五則分數爲十五分其不足一分之零數留入下旬計算

前項應征總額以核定各該單位三十一年全年（即三十一年二期及三十二年一期）之最低限額爲標準

第八條 十月底前分數准作加一計十一月份分數准作加一計十二月份分數作平計三十二年一月份分數作九五折計二月份分數作九折計第一次競賽以滿足七十分以上爲及格第二次競賽分數與第一次分數合併計算以滿足一百分爲及格

第九條 競賽名次先後依分數多寡定之主持考核機關應將每次小賽及競賽結果彙列名次及成績分數分發所屬參加競賽之各機關對於成績低劣落後者應隨時提出警告使其力爭上游對於成績優良者並應隨時鼓勵使其保持優勝

第十條 每次競賽結果除成績及格者均予嘉勉外並選最優等前三名依通則第八條獎勵之

第十一條 本細則由廣東省田賦管理處會同廣東省粮政局擬訂呈奉財政粮食兩部核准施行

田賦

第四章 田賦

（一）戰時田賦征收實物條例

三十三年九月十九日行政院公佈
省府處卅四年辰有戰蔵田二180號代電轉行

第一條　戰時田賦征收實物依本條例之規定

第二條　本條例所稱田賦爲經中央核定各省市縣原有科則之田賦及經辦竣土地陳報改訂科則之田賦

前項田賦正附各稅應合併征收

第三條　戰時田賦一律征收實物其有特殊情形地方得呈經行政院核准按照當地市價折收國幣

第四條　爲適應戰時需要凡已依法開辦土地稅之市縣其農地區域得征收實物

第五條　征收實物就各地方生產稻谷或小麥征收之不產稻谷或小麥之地方得由省市田賦管理機關呈准財政部糧食部折征雜糧其折征比例由財政部會同糧食部定之盛產棉花之地方其植棉土地得將應納田賦改征棉花征棉實施區域由財政部會同糧食部定之

第六條　田賦征收實物依各省市縣冊載賦額爲基數並依左標準折征之

一、征收稻谷區域按賦額每元折征稻谷四市斗

二、征收小麥區域按賦額每元折征小麥二市斗八升

三、征收棉花區域按賦額每元折征皮棉五市斤

前項賦額較輕或較重之區域糧棉價格相差過甚之地方得經行政院核定酌量增減其征率

第七條　農地土地稅征收實物其折征率由各省市田賦管理機關比照鄰近征收田賦區域農地之實物折征率并參酌規定地價時之糧價妥爲擬訂呈請財政部會同糧食部核定之

第八條　辦理田賦征實地方除征棉土地外得隨賦征購或征借糧食其標準以實物額之一倍爲原則仍依當地糧產多寡分別增減之並得呈准以征實額三成爲範圍帶征縣級公糧

第九條　征購或征借糧食得採用累進辦法由財政糧食兩部擬定呈經行政院核准後施行之

第十條　實物驗收工具採用市制量器或衡器採用量器者以市石爲計算單位其尾數至合爲止合以下四捨五入採用衡器者以市擔爲計算單位其尾數至兩爲止兩以下四捨五入一省內以不得同時使用兩種驗收工具

第十一條　田賦向土地所有權人征收之其設有典權之土地向典權人征收之

第十二條　田賦由納稅人自向征收處繳納不得由任何個人或團體征收代納但稅戶自願組織集中納稅者不在此限

第十三條　田賦之征收由縣市田賦管理機關辦理征收棉花地方辟收事項由縣市田賦管理機關辦理經收事項由花紗布管制機關辦理征收國幣地方其征收款項事宜由代理公庫之銀行辦理如無代理公庫之銀行代收時由縣市田賦管理機關辦理

第十四條　田賦以每年一次征收爲原則其開征日期由省市田賦管理機關參照所征實物收獲時期呈請財政部糧食部會同核定之

第十五條　在田賦開征前一個月征收機關應將開征時期地點及一切納賦須知事項佈告週知並印發通知單分送納稅人

第十六條　田賦征收實物應於農產物收獲後一個月內開征自開征之日起滿三個月收齊逾期尚未繳納者依左列規定處罰之

一、繳納逾期未滿一個月者照應完糧額加征百分之五

二、繳納逾期一個月以上未滿二個月者照應完糧額加征百分之十

三、逾期兩個月以上尚未繳納者由縣市田賦管理機關開列欠賦名單送請縣市政府傳案追繳并照欠額加征百份之二十

第十七條　欠戶經傳案追繳仍不繳納者由縣市田賦管理機關聲請司法機關強制提取其收益或其他資金抵償欠賦

第十八條　前條收益不足抵償或無收益及其他資金提取時由縣市田賦管理機關聲請司法機關將欠賦土地及其他定著物拍賣抵償如有餘款交還原欠賦人

前項土地及其他定著物如劃拍賣一部分即足抵償欠賦者應僅拍賣一部份

第十九條　欠繳征購征借糧食及縣級公糧者得比照前三條之規定辦理

第二十條　業戶遠出或住址不明無法傳案追繳者應由佃戶代完照數抵納地租

第二十一條　業戶短匿糧額者得按短匿糧額二倍以上五倍以下處罰之

前項短匿糧額如業戶自行首報者免予處罰

第二十二條　土地受災或公用之減免田賦辦法及戰區田賦征收減免辦法由行政院定之

第二十三條　除本條例規定外不得再以土地爲對象帶征或攤派任何稅捐

第二十四條　征收人員如利用職務司弊舞弊者依法從重處罰

第二十五條　各省市徵實徵購或徵借事宜應由省市田賦管理機關依照本條例之規定擬具實施辦法呈請財政部糧食部會同核定之

第二十六條　本條例自公佈日起施行

(二)累進征借糧食實施辦法

(省田處卅二年未世迷田二一628代電轉行)

第一條　財政部爲實行累進征借糧食以平均人民負担起見特訂定本法辦

第二條　累進征借糧食以業主在縣(市)境內所有田畝之賦額總數爲征收之標準其土地之跨連兩縣(鎮)以上者由業主居住之鄉鎮就其在各鄉鎮內所有田畝賦額應納之糧食數額一併征收之

第三條　累進征借糧食其累進起點等級及累進征借率由各省處按照該省賦額多寡地權分配土地收益等情形擬呈財政部核定後分飭各縣市處遵辦前項累進征借大戶等級之劃分每省最高不得超過五級其起借級之累進征借率比照普通征借率一成至五成擬定每級遞增率亦同

第四條　業戶所有土地之賦額除按普通征借辦法比例征借外在累進起點以上之賦額分級採全額累進制征借例如業戶所有土地賦額列爲甲級即以

定之甲級累進征借率乘其超過累進起點部份之賦額不分級累積計算

第五條　各縣（市）累進征借糧食與田賦征實及征借糧食併同一次辦理其進行程序如次

甲、劃分田畝賦額等級

（一）凡已辦全縣（市）業戶總歸戶之縣（市）應於田賦開征一個月前分別根據歸戶冊劃分田畝賦額等級查明填入征冊

（二）凡已開始舉辦或準備舉辦全縣（市）業戶總歸戶之縣（市）其業務統限於田賦開征兩個月前辦竣并應即依照前項規定劃分田畝賦額等級填入征冊

（三）凡賦籍已經整理本年不及辦理總歸戶之縣（市）根據戶領坵冊劃分田畝賦額等級填入征冊

（四）凡未辦理全縣（市）業戶總歸戶之縣市統限於田賦開征兩個月前依照糧食部頒發之各省市大糧戶調查辦法辦竣調查工作并應即根據大糧戶歸戶統計表劃分田畝賦額等級分別填明核計累進征借數額

乙、核計累進征借糧食額率

各縣（市）辦竣劃分田畝賦額等級後應即按照省處呈報核定之分級累進征借率根據田畝賦額等級核計各戶應納累進征借數額其累進征借數額應與普通征借數額同時分別填入原有歸戶冊或征冊并將累進等級及該級累進征借率填入征冊內業戶姓名之上端及附註欄內

丙、印製糧票

累進征借糧票分存根收據通知三聯（格式附後）由各省縣（市）處應納累進征糧食之糧戶戶數另行印製所需經費由省處核計報請糧食部撥發

第六條　本辦法公佈以後除土地令法移轉外人民不得藉口贈與繼承等原因分析產業企圖逃避負担否則查明後處以應繳征借額二倍至五倍之科罰

第七條　凡非正當原因爲分析產業企圖逃避負担或糧政賦政人員隱蔽事實者准由人民告訐經查明屬實後發給前條罰額半數之奬金

第八條　實行捐獻糧食之省份其累進捐獻辦法準用本辦法之規定

第九條　本辦法施行細則由各省處擬定呈准施行

第十條　本辦法自公佈之日施行

（三）廣東省三十三年度累進征借粮食施行細則

省田處卅三年申銑連田二1521代電頒行

一、本細則依據財政部頒累進征借糧食實施辦法第九條規定訂定之

二、累進征借糧食在累進起點以下之稅額免予累進起點以上者分五級累進征收每級均按全額累進剩除起借點以內之稅額免予加征外其超過起點部份即按各級累進征率乘其超過部份之稅額不予分級累積計算其累進起點等級及累進征借率規定如次

（甲）臨時地稅縣份以二十九年度稅額爲準并定年繳稅額十元者爲累進起點

甲級稅額在超過十元以上未滿三十元者每元累進征借四市升

乙級稅額在三十元以上未滿六十元者每元累進征借八市升

丙級稅額在六十元以上未滿一百元者每元累進征借一市斗二市升

丁級稅額在一百元以上未滿二百元者每元累進征借一市斗六市升

戊級稅額在二百元以上者每元累進征借二市斗

（乙）地價稅縣份以土地測量登記後稅額爲準并定年納稅三十元者爲累進起點

甲級稅額在超過三十元以上未滿一百元者累進征借二市升

乙級稅額在一百元以上未滿二百元者每元累進征借四市升

丙級稅額在二百元以上未滿三百元者每元累進征借六市升

丁級稅額在三百元以上未滿六百元者每元累進征借八市升

戊級稅額在六百元以上者每元累進征借一市斗

（丙）土地陳報縣份以陳報後稅額爲準并定年納稅五十元者爲累進起點

甲級稅額在超過五十元以上未滿一百五十元者每元累進征借五市合

乙級稅額在一百五十元以上未滿三百元者每元累進征借一市升

丙級稅額在三百元以上未滿五百元者每元累進征借二市升

丁級稅額在五百元以上未滿一千元者每元累進征借三市升

戊級稅額在一千元以上者每元累進征借四市升

三、實施辦法第四條之規定茲列舉說明之

設某甲在臨時地稅縣份年納稅額二十元設普通征借率每元征借二市斗五市升計應征借實物五市石另依累進征借甲級定率每元加征四市升除累進起點部份不計外其超過部份十元實應加征實物四市斗其乙丙丁戊各級均依此例按各級累進征借率加征之

四、本年累進征借糧食應依核定分級定率按戶核計累進征借數量填入田賦征冊之內與征實征借實物同時辦理比餉

五、本年累進征借糧食不另印發串票即在田賦串票各聯上加蓋戳記註明其戳式如下

累進征借		
等級	每元累進率	應繳累進征借實物
		石　斗　升　合

六、業戶如以非正當原因申請推收過戶企圖逃避負担經辦人員應切實查明依章辦理如有從中舞弊者依照懲治貪污暫行條例第三條之規定從嚴治罰

七、本細則自呈奉核准後施行

（四）田賦徵收實物驗收規則

第一條　田賦征收實物之驗收除法令別有規定外依本規則之規定

第二條　驗收之稻麥稻谷應以品質乾潔顆粒充實者爲限其標準如次

一、稻谷含雜質（稗粒沙粒泥土虫蝕及其他雜物）不滿千分之三水分不滿百分之一•五每市石在一百〇八市斤以上者爲合格

二、小麥含雜質不滿千分之四水分不滿千分之一四、五每市石在一百四十五市斤以上者爲合格

三、包谷含雜質不滿千分之四水分不滿千分之一七、七每市石在一百三十五市斤以上者爲合格

其他雜糧之驗收標準應由各省按實際情形參照前項規定擬定報請財政部核定之

第三條　實物合於前條規定之標準者不得拒絕驗收其不合標準者得令糧戶自行翻晒或除去雜質後驗收之

第四條　驗收實物以最近一年內收獲之谷物爲限其有潮濕發芽霉爛變質不堪存儲者應予拒收

第五條　各省如因水旱虫災致實物成色不合第二條規定之標準者得由財政部更訂其標準

第六條　驗收實物應以市制量器或衡量爲驗收工具各地習慣之量衡器不得使用

第七條　驗收員丁如有故意變更經檢定合法之衡量器容量或重量及浮收勒索規費等情事應分別依刑法或懲治貪污條例處斷

第八條　每一驗收單位於量器或衡器兩種之中限用一種但應製備其他一種以便互相校正

第九條　每一驗收單位用衡器爲主要驗收工具者應製備秤兩具用量器爲主要驗收工具者應製備三斗）或五斗）一斗一升一合之量器各一具

第十條　每縣田賦管理機關應製備法碼或量器檢定器以爲檢校驗收工具之用

第十一條　新衡量器使用前應經度量衡機關檢定烙印每年田賦開征前應將原用衡量器復送度量衡機關校檢準確並應在旺征期內每半月檢定一次淡征期內每月或每兩月檢定一次

第十二條　衡量器具應置於乾燥處所保持準確如發現不準確時應即停止使用送請檢驗修理其不能修理者應即繳銷另製新器

第十三條　未設度量衡檢定機關之縣應由縣政府及縣田賦管理機關派員會同辦理衡量器檢定烙印及校正事宜

第十四條　征收機關應預將各保完糧日期排定公佈屆時按到場先後發給號牌依序驗收並應於驗收後隨時製給收據

第十五條　凡過斗過秤過車所餘實物應悉由糧戶携回

第十六條　驗收地點應有糧戶休息棚及茶水等設備在旺收時期應臨時加僱員丁並得分組驗收

第十七條　糧戶對於驗收有異議時得聲請該管征收處覆驗覆驗後仍有異議時得聲請征糧監察委員會評定

第十八條　各省征借或征購糧食及帶征縣級公糧之驗收準用本規則之規定

第十九條　驗收人員徇私受賄不照規定標準驗收者除將劣質實物勒令退換外並依法嚴加懲處

第二十條　本規則自公佈日施行

（五）勘報災歉條例

國民政府三十四年十月十五日明令公佈

第一條　各地遇有水旱風雹虫害諸災及他項災害其勘報事宜均依本條例辦理

第二條　被災地方應由當地鄉鎮公所即將被災狀況報由縣（市）政府會同田糧管理處派員實地初勘屬實後立報省政府並另造災歉狀況表呈核

第三條　省政府據前報告後應即會飭民政、財政廳及田賦糧食管理處派員馳往覆勘屬實後即由省政府根據覆勘報告核定災害成數依第八條之規定減免田賦先行如期開征並將當年減免後之征糧數額暨實預計數商糧食部核定仍以覆勘災歉狀況表分送糧食部財政部及地政署備查糧食部認爲有必要時得派員抽查

第四條　報災限期夏災限八月十五日秋災限十一月十五日爲止但因臨時急變成災者不在此限前項限期氣候較遲之區域得酌量展限

第五條　勘災限期旱虫各災縣（市）政府及田粮管理機關據報後應隨時履勘並限五日內勘畢風水雹災及他項急災應立時履勘並限三日內勘畢省派員覆勘應於據報後五日內出發於到達災地後五日內勘畢

第六條　地方續被災害除旱虫各災仍依限勘報外他項續災在未覆勘前應併入原限勘報若初災勘限已過者准另超限勘報

第七條　地方勘報夏災情形較輕尚可播種秋禾者統俟秋穫時再行勘定分數其向不播種秋禾者即在夏災時勘定分數

第八條　各省核定被災減免成數應以被災地畝中稔年成收穫總量爲標準其收穫未達二成者准免全賦收穫二成以上未達三成者減免田賦十分之八收穫三成以上未達四成者減免田賦十分之七收穫四成以上未達五成者減免田賦十分之六收穫五成以上未達六成者減免田賦十分之五收穫在稔六成以上者不予減免

其隨賦征借糧食及帶征縣級公糧隨同田賦減免

第九條　被災地方有應行振濟者由省政府核明災況及災民人數發款振濟並分咨財政部粮食部備案

其災情重大或被災區域較廣時得將被災確實情形報請中央補助

第十條　縣長市長縣市田賦管理機關主管人員勘報災歉有左列各欵之一者應依法交付懲戒

一、地方遇有災害不及履勘或勘後並不呈報或呈報不實者

二、地方報災後如將所報災地留待勘報分數不令趕種致誤農事者

三、初勘覆勘逾本條例所定期限者

會勘人員有前項第一欵或第三欵情事者亦應依法交付懲戒

第十一條　院轄市或相當於省縣之行政區域其轄境內發生災歉時準用本條例之規定辦理

第十二條　本條例施行規則由各省省政府按照各該省情形擬訂呈請行政院核定之

第十三條　本條例自公佈日施行

（六）修正土地賦稅減免規程

三十一年四月二十八日院令公布

第一章　總　則

第一條　本規程依土地法第三百二十七條三百二十八條之規定訂定之

第二條　土地賦稅減免事宜悉依本規程之規定辦理

第三條　土地賦稅之減免以依照本規程核定者爲限其減免賦稅原因業經變更後應即照常征稅

第二章　減免賦稅標準

第四條　公用土地及因公征用之土地應一律免稅但不作公用之土地不在此限

第五條　業經立案之私立學校及其有學校性質之私立學術機關辦理具有成績者其用地如不以營利爲目的得呈請免稅

第六條 業經立案之私立公園及體育場如係絕對公開不以營利爲目的者其用地得呈請酌予減稅但所減稅額不得超過原稅額之半

第七條 業經立案之私立農林試驗場辦理十年以上具有成績者其用地得呈請酌予減稅但所減稅額不得超過原稅額之半

第八條 業經立案之公共醫院辦理五年以上對於公共福利具有成績者其用地得呈請酌予減稅但所減稅額不得超過原稅額之半

第九條 業經立案之私設慈善機關辦理社會救濟事業五年以上具有成績者其用地如不以營利爲目的得呈請免稅

第十條 業經立案之私立公共墳場如不以營利爲目的共用地得呈請免稅

中華民國　　年　　月　　日　縣市及田賦管理處（簽名蓋章）造

縣市政府印信

（主管機關長官）
（興辦事業人）

（勘報災歉公用土地）部份總計　（鄉鎮案）

土地面積　　畝　　分　　厘

減免稅款　　元　　角　　分

減免實物　　石　　斗　　升

縣市田賦管理處印信

縣市　民國　　年度減免賦稅清冊

縣市 減免賦稅清冊 第 頁

鄉鎮名稱	花戶名稱	減免原因	免賦面積	減免成數	原征額數		減免實數		備考
					國幣數	折征實物種類數量	國幣數	折征實物種類數量	
			畝		元	石	元	石	

30公分　25公分　2公分　2公分　2公分　3公分　14公分　21.5公分

糧食法令彙編 第四章 田賦

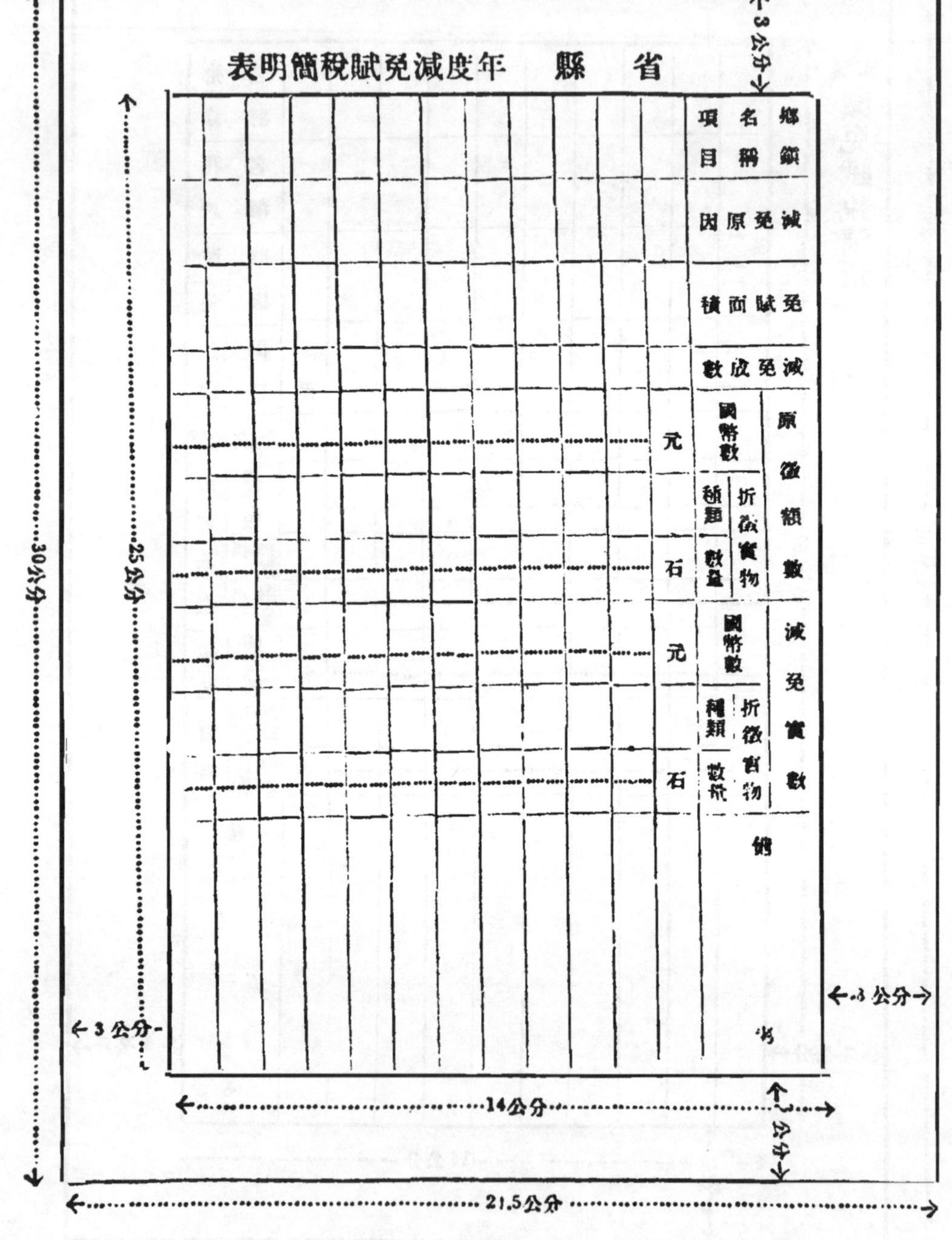

省　縣　年度減免賦稅簡明表

鄉鎮名稱	項目	減免原因	免賦面積	減免成數	原徵額數			減免實數			備考
					國幣數	折徵實物		國幣數	折徵實物		
						種類	數量		種類	數量	
					元		石	元		石	

九八

第十一條　私有森林用地免賦稅依森林法及森林法施行規則之規定辦理

第十二條　人民或團體辦理其他公益事業如不以營利爲目的其用地得呈請酌予減免賦稅

第十三條　民營鐵路及汽車路與地方交通及生產事業有重大關係者其用地得呈請減免賦稅

私有土地依土地法第三百二十七條第二款至第九款各項事業及民營鐵路或汽車路租用時其應納土地賦稅仍由業戶完納

第十四條　勘報災歉之地方應就被災年份按照核定被災成數實減實免

未依法改征土地稅地方得仍照省市政府咨請核准減免田賦成案辦理

第十五條　被災地畝如係因山崩地陷水冲沙壓永遠不能墾復者應予免稅

第十六條　因調劑社會經濟狀况得由地方政府察酌實際需要轉請減免賦稅

第三章　減免賦稅程序

第十七條　依照本規程第四條至第十三條第一項之規定請減免賦稅土地應由主管機關或興辦事業人造具清冊送請縣市田賦管理處會同縣市政府勘查屬實後會呈省田賦管理處會同財政廳及主管地政機關復核並造具減免賦稅簡明表轉請內政部財政部及有關部會會同核定後予以減免並轉呈備案前項清冊應造二份分存省縣市田賦管理處簡明表應造五份一份送內政部一份送關係部會三份送財政部分別呈轉

第十八條　依照本規程第十四條第十五兩條之規定減免賦稅者應於災案核定後先行減免同時由縣田賦管理處造具減免賦稅清冊會同縣市政府齎呈省田賦管理處會同財政廳及主管地政機關造具減免賦稅簡明表轉送內政財政兩部會同轉呈備案前項清冊應造二份一份留作縣田賦管理處作減免賦稅底冊一份送呈省田賦管理處備案簡明表應造四份一份送內政部三份送財政部分別存轉

第十九條　依照本規程第十六條之規定減免賦稅者應由縣市政府會同縣市田賦管理處會同財政廳及主管地政機關核塡簡明表四份一份呈內政部三份呈財政部會核轉呈予以減免

第二十條　中央直轄市賦減免賦稅事項應比照本章各條關於省之規定辦理減免賦稅冊表式樣另訂之

第四章　附則

第二十一條　土地增值稅及市地改良物稅應比照地價稅減免成數一律減免未依法改征土地稅地方田賦附加應隨同正稅減成免數一律減免

第二十二條　本規程自公布之日施行

塡造冊表說明

清冊由縣田賦管理處編造會同縣市政府齎呈省田賦管理處其由主管機關或興辦事業人編造者由縣田賦管理處會同縣市政府核轉簡明表由省田賦管理處編造依照規定手續會同財政廳及主管地政機關分別送請核轉調劑社會經濟狀况案件應即參照此項冊表式樣隨時編造專案核轉

封面首應標明減免賦稅年份屬於災歉部份者並應於封面上標明「勘報災歉部份」總計若干鄉鎮屬於公用部份者標明「公用土地部份」總計若干案「土地面積」及「減免賦額」「減免實物」三項應按照表內「免賦面積」及「減免實數」兩個所列數目分別彙計塡列務必總數相符

清冊每頁除項目外計十行分別鄉鎮按戶塡列「鄉鎮名稱」下塡明某鄉鎮分次排列「花戶名稱」欄按照原有糧戶姓名塡列「減免原因」欄屬於災案

者按照災案實況填明水旱雹蝗水冲沙壓字樣屬於公用土地者按公用性質填明鐵路公路學校等字樣「免賦面積」欄分戶填明應減免之畝分釐位以下四捨五入而無畝分者應按征收標準折合填列「減免成數」欄按照減免情形填明永遠豁免除全部豁免減免幾成（例如減免十分之一即填減免一成）等字樣「原征額數」及「減免實數」兩欄之國幣數均按三十年度省縣正附稅額數目填列分位以下四捨五入折征實物數均按折定之實物數目填列合位以下四捨五入輸納在前應予流抵或一時不能耕種限期墾復者應於備考欄內分別註明流抵數目或墾復年限

簡明表每張除項目及合計兩項外計十行凡同屬一鄉鎮及減免原因暨成數相同者均合併填列一行以每一縣市一張爲原則填滿十行者可酌量增加張數「減免原因」「免賦面積」「減免成數」「原征額數」「減免實數」及備考各欄均參照清冊部份之說明分別彙計填列

清冊封面各頁均應會蓋縣市政府及縣市田賦管理處印信其已啓用主管機關之印信者亦應加蓋簡明表各張均應會蓋主管省市財政廳局省田賦管理處主管地政機關印信於表之眉端

此項冊表式樣自三十年度減免賦稅案件起實用所有二十九年以前各案仍依原有式樣及手續填報

（七）修正戰區土地稅減免及耕地荒廢救濟暫行辦法

三十一年八月十三日部頒

第一條　戰區土地賦稅與田租之減免及荒廢耕地之救濟依本辦法之規定戰區田賦改徵實物得適用本辦法之規定

第二條　本辦法所謂戰區指左列各種地區

甲、已經淪陷爲敵人控制之地區

乙、淪陷後經克復之地區

丙、爲我派出武力控制能行使政權之地區

丁、接近戰區及將成爲戰區之地區

前項各種地區及其範圍由省政府認定之

第三條　第二條各種地區之土地賦稅應酌予減免如左

一、甲種地區之土地賦稅確實無法徵收者豁免

二、乙種地區之土地賦稅在克復一年內照原稅額減半改徵實物

三、丙種地區之土地賦稅照原稅額減半改徵實物必要時得按當地官價折徵法幣

四、丁種地區之土地賦稅照原稅額改徵實物必要時得按當地官價折徵法幣

第四條　第二條乙種及丙種地區承租人應繳之租額以不超過原租額三分之二爲原則

第五條　第二條各種地區情況變更時土地租稅之減免應按實際情形照第三條第四條之規定辦理

第六條　乙丙丁三種地區之耕地如地主離鄉無人經管得由鄉鎮公所（聯保辦事處）代爲管理收取佃租代納賦稅並得就代管餘額酌收代管費但不得超過代管餘額十分之二前項代管之耕地應收之佃租應納之賦稅代管之餘額及所收之代管費應報縣政府備案

第七條　前項耕地如無人耕種時得由鄉鎮公所（聯保辦事處）實行指定當地農民耕種依前條之規定代納佃租代納賦稅並就代管餘額酌收代管費

第八條　前條耕地抗敵軍人之家屬有優先承租權

抗敵軍人之土地如無壯丁不能耕種時得由縣政府指定當地農民代為耕種其耕地收穫除繳納佃租外由代耕農人與抗敵軍人家屬平均分配之

第九條　本辦法施行細則由各省政府訂定並分呈行政院及軍事委員會備案

第十條　本辦法由行政院會同軍事委員會公佈施行俟戰事結束時廢止之

（八）各省田賦改徵實物業主收租不敷完粮補救辦法

財部三十一年七月卅一日渝田賦◎8174號田二代電頒發本處（2791）代電轉行

一、耕地租賃契約如原係訂定以金錢繳納地租而不敷完糧者，自田賦征收實物後應按其耕地收穫之正產物改繳實物之數額以民國二十五年所繳金額計算當地耕地正產物之價額為準，民國二十六年以後立約者以其約定金額折算立約時耕地正產物之價格為準。

二、耕定租賃契約訂定繳納實物或改繳實物仍不敷完糧者得請求增加地租但不得超過耕地正產物收穫總額千分之三百七十五。

三、關於前二條之爭議或佃戶抗不繳租得向司法機關起訴司法機關就其佃戶付租之判決並依照職權宣告假執行。

（九）田賦徵收實物集體納粮辦法

一、田賦征實縣份為減輕納糧旅費加強征收效率得依本辦法之規定實行集體納糧

二、各縣田賦開征前應由征收機關倡導糧民實行集體納糧

三、集體納糧以保為單位得按糧戶數多寡組設若干小組每組以十戶至五十戶為限並以自由組合為原則但糧額較多之戶不願參加者聽其單獨輸納前項單獨輸納之糧戶如不於限期內自動完納該保保長應負責報告征收機關派警傳催

四、保長對於該保內集體納糧事務負組合指揮監督之責

五、集體納糧之小組應冠以「　縣　鄉　保第　集體納糧組」字樣其組織如下

一、設組長一人由該組糧戶公推主持集體納糧事宜

二、登記員一人由該組糧戶公推負登記該組戶戶名糧額并彙集通知單轉造名冊頒發糧票之責

三、保管員一人由該組糧戶公推負初驗運送及完納之責

四、運伕若干人由糧戶充担

六、集體納糧辦法如左

一、先將組內各糧戶應完賦糧根據納糧通知單塡造糧額清冊由組長携赴征收處所覆核并請示完糧日期

二、擇定保內適中地點為組內戶糧集合賦糧之所

三、如期運送賦糧赴征收處所完納領回糧票轉發糧戶

七、鄉鎮辦事處對於集體納糧應予優先徵收之便利

八、集體納糧費用應按糧額多少比例負担不得巧立名目另有任何攤派或需索
九、鄉鎮保長辦理集體納糧應列爲考成之一
十、各省集體納糧辦法應根據本辦法訂定之
十一、本辦法自頒布之日施行

財政粮食兩部清理各省卅一年度征實征購粮食收撥帳目辦法

第一條 財政糧食兩部爲徹底清理各省三十一年度征實征購糧食收撥存餘帳目特訂定本辦法

第二條 各省清理三十一年度征實征購糧食帳目應由省田賦管理處會同糧政局辦理其征起數及撥交數之計算均自三十一年新征開征之日惟征起數應截至三十二年度新賦開征之日止撥交數應截至三十三年六月底止在田糧機構合併省份由省田賦糧食管理處負責辦理其征起數及撥交數之計算均自三十一年新賦開征之日起至田糧機構合併之日止并以各縣處所送三十一年度撥糧收據報告聯及副收據聯爲清理根據

第三條 各省田賦管理處負責清理副收據聯糧政局負責清理報告聯均按原編字號及撥交先後每縣分訂征實征購二冊冊首附粘簡明統計註明撥交糧食品種及數量以備查考如有舊欠及滯納罰谷應另訂一冊以免淆混

第四條 前條報告聯及副收據聯經田賦管理處及糧政局分別整理完竣裝訂成冊後雙方應派員會同核對如有疑義并應行縣查明俟每縣核對無訛後由省糧政局分別征實征購出具該縣總收據除以存根聯存查以報告聯逕呈糧食部查核外以副收據及正收據各一聯交由省田賦管理處分別存查并呈送財政部查核(總收據格式(一)附後)

第五條 田糧機構合并省份副收據聯及報告聯均由省田賦糧食管理處清理並核對每縣核對無訛後仍比照前條規定分別征實征購出具該縣總收據分別存查并呈送財糧兩部查核總收據格式(二)附後

第六條 各省田賦管理處或田賦糧食管理處應根據縣處業務報表中所報三十一年度徵實徵購收起及撥交糧食數字與整理副收據聯所得撥交數字互相核對如有收起尚未撥出者應飭速撥已撥未取得收據者飭速取正式收據

前項三十一年度各縣徵實徵購徵起數已取得收據撥交數未取得收據撥交數及未撥交數應列表與該縣總收據一併分呈財糧兩部查核如有經財政部核准列除之損耗亦得列入表內(表式附後)

第七條 各省田賦管理處及糧政局或田賦糧食管理處清理三十一年度徵實征購糧食帳目得自行擬具施行細則報請財糧兩部核定

總收據填註說明

一、總收據格式(一)係田賦糧食未合併省份填用，格式(二)係田賦糧食管理處填用
二、字號以省名簡稱編列如江西省爲贛字第〇〇號他省同此
三、撥交機關應填某某省〇〇縣田賦(或田賦糧食)管理處
四、摘要「來源」欄每縣應按三十一年度「征實」及「征購」分開二總收據其他歷年欠賦及滯納罰谷另開一總收據其各年度欠數或加罰穀數於備考欄內註明

五、糧食「品類」欄應以稻或麥爲限配額以稻核定之省份如征獲其他雜糧概用稻谷折合塡列配額以麥核定之省份如征獲其他雜糧概用小麥折合塡列配額稻麥均有者如征獲其他雜糧得按核定比率分別稻麥折合塡列

六、糧食「數量」欄應以市石爲限如係他種單位應折成市石小數以合爲斷合以下四捨伍入

總收據格式(一)

接糧總收據

第一聯……存根

字第　　號

撥交機關	糧食				備考
	所屬年度	來源	品類	數量	

右列糧食已如數收到留此備查

○○省糧政局（或糧食儲運局）局長（簽名蓋章）

會計主任（簽名蓋章）

中華民國　　年　　月　　日

此聯省糧政局（或儲運局）存查

字第　　號

接糧總收據

第二聯……請收據

字第　　號

撥交機關	糧食				備考
	所屬年度	來源	品類	數量	

右列糧食已如數收到此致

○○省田賦管理處

○○省糧政局（或糧食儲運局）局長（簽名蓋章）

會計主任（簽名蓋章）

中華民國　　年　　月　　日

此聯交省田賦管理處備查

字第　　號

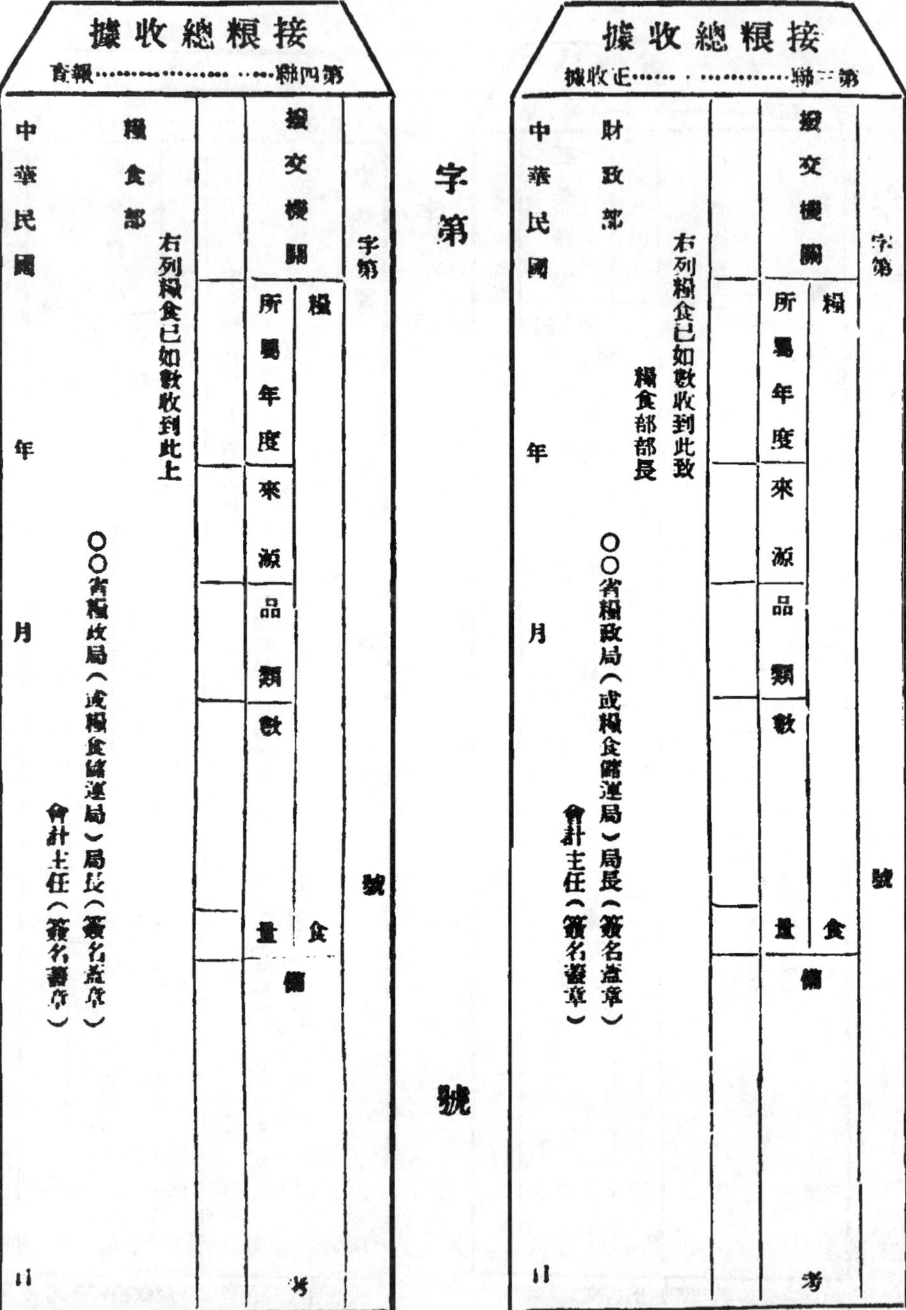

接糧總收據

第二聯　正收據

字第　　號

撥交機關	糧食				備考
	所屬年度	來源	品類	數量	

右列糧食已如數收到此致

糧食部部長

財政部

○○省糧政局（或糧食儲運局）局長（簽名蓋章）

會計主任（簽名蓋章）

中華民國　　年　　月　　日

此聯由省糧政局（或儲運局）交省田賦管理處彙呈財政部轉送糧食部蓋印後送還

字第　　號

接糧總收據

第四聯　報查

字第　　號

撥交機關	糧食				備考
	所屬年度	來源	品類	數量	

右列糧食已如數收到此上

糧食部

○○省糧政局（或糧食儲運局）局長（簽名蓋章）

會計主任（簽名蓋章）

中華民國　　年　　月　　日

此聯由省糧政局（或儲運局）呈送糧食部

總收據格式(二)

字第　號

接糧總收據

第一聯……存根

字第　號

撥交機關	糧食				備考
	所屬年度	來源	品類	數量	

右列糧食已如數收到留此備查

〇〇田賦糧食管理處處長（簽名蓋章）

會計主任（簽名蓋章）

中華民國　年　月　日

此聯田賦糧食管理處存查

字第　號

接糧總收據

第二聯……收據

字第　號

撥交機關	糧食				備考
	所屬年度	來源	品類	數量	

右列糧食已如數收到此致

財政部
糧食部部長

〇〇田賦糧食管理處處長（簽名蓋章）

會計主任（簽名蓋章）

中華民國　年　月　日

此聯由田賦糧食管理處呈送
財政部轉送糧食部審印送還

接粮總收據

第三聯……………報查

第　　字　　號

撥交機關	粮食				備考
	所屬年度	來源	品類	數量	

右列粮食已如數收到此上

粮食部

○○田賦粮食管理處處長（簽名蓋章）

會計主任（簽名蓋章）

中華民國　　年　　月　　日

此聯由田賦粮食管理處呈送粮食部

○○省○○縣清理三十　　年度征實征借購粮食征起撥出各數報告表

年　月　日填

類別	征起數		撥交數		核定損耗數	未撥數（即存留數）
征實						
征購						
歷年舊欠						
滯納罰谷						
備註						

說明：

1. 本表應造兩份與該縣總收據同時分呈本兩部查核
2. 已取收據撥交數應與總收據內列數相同
3. 本表糧食種類以稻或麥爲限核定配額時稻麥均有之省份得按核定時之比率分列其他各種雜糧均折成稻麥
4. 數量以市石爲單位小麥至合爲止合以下四捨五入
5. 核定損耗數以曾經本財政部核准列除者爲限應將核准電文字號列入備註中未經核准之損耗仍應視同存數列入未撥數內

（十一）三十四年度豁免田賦省份清理歷年賦糧收支存餘帳目辦法

一、糧食部爲清理三十四年度豁免田賦省份歷年賦糧收支存餘帳目特訂定本辦法

二、前條所稱清理賦糧帳目省份係指浙江安徽江西湖南河南山西綏遠湖北廣東廣西等十省而言

右列各省在三十四年度豁免田賦期內應以清理歷年賦糧收支存餘帳目爲中心工作之一

三、第一條所稱歷年賦糧係指三十、三十一、三十二、三十三、四年度及三十四年度在田賦豁前已收起之賦糧而言

四、清理賦糧收入係包括歷年征實（折征法幣）征購征借累進征借欠賦滯納罰糧及倉餘等項糧食

撥糧係指由征實（折征法幣）征購征借累進征借舊欠滯納罰谷倉餘等糧食收入項內撥出之軍糧中央公糧省級公糧縣級公糧（佛湖南省）歸還借糧（包括糧食庫券抵納數）中央分配縣市田賦撥實部份因糧佚糧專案糧損耗損失等糧食

存餘糧食係指各該年度各項糧食實收數與實撥數之差額而實收撥及存餘糧食填列之表格式樣另訂之

五、各省縣清理歷年賦糧收支存餘帳目每年度征起數及撥交數之計算均自各該年度田賦開征之日起至翌年度田賦開征前一日止各年度之舊欠及滯納罰谷應分別年度填入收起年度之表內

六、各省縣清理賦糧帳目應由各縣田賦糧食管理處分別辦理各省處選派幹練人員分赴各縣督促清理工作並抽查縣處及鄉鎮辦事處所呈報之糧食（折征法幣）收支數額與實際收支是否相符

各縣糧食（折征法幣）收入數字應以實際收入數爲根據如與以前呈報省處數量有出入時應於備考欄內註明原因省處派赴各縣督理糧帳人員應將征糧底冊及已發未發糧票一併抽查其是否符合無訛

糧食（折征法幣）支出數字應將各該項糧食（折征法幣）已取收據撥交數及未取收據撥交數分別填列其取得臨時收據或未取得收據者均須於備考欄內註明未能換取原因損耗損失糧食已呈奉核備者列入已取收據撥交數內未奉核備者（損耗分法定標準以內或超額者）應列入未取收據撥交數欄內亦應於備考欄內詳註原因以資查核

七、各縣糧食收支帳目之清理工作限於三十五年二月底以前完成并將各該縣各年度糧食收支存餘數量表均繕正兩份呈報省處查核其撥糧單據（折征法幣解款書）亦應同時按原編字號及依照撥解日期先後裝訂成冊彙呈省處其撥糧單據（解款書）已經呈送者應開列清單註明字號呈送以備查考

八、省處於接到各縣處清理糧食帳目表冊後應切實分別查核遇有應行更正或核註之處應於原表「省處核簽」欄內詳爲簽註并彙列總表附同各縣處原表各一份限三十五年三月底以前呈送本部備核

九、本部接到各省彙報之糧食收支存餘總分表經查核後即派員抽查倘有數目不實扶同徇隱或誤謬不淸情事得按情節輕重分別將省縣兩級主管人員議處其如期報部內容翔實者并由部擇尤嘉獎

十、三十四年度征實（折征法幣）征借在豁免以前已收糧食抵納三十五年度田賦辦法另訂之

十一、各省田賦糧食管理處清理全省各縣歷年度賦糧收支存餘帳目得以本辦法爲範圍自行擬具施行細則通飭施行一面報請本部備查其因賦政機關組織變動應如何銜接轉承便於清理各該省處并得視實際情形於訂定該項施行細則時規定之

(省名)田賦糧食管理處三十　年度賦糧收支存餘數量表

收入				支出			存餘	備考
科目＼類別	造串數	配征數	實征數	科目＼類別	已取收據撥交數	未取收據撥交數		
征實				軍糧				
征購				中央公糧				
征借				省級公糧				
累進征借				縣級公糧				
舊欠				歸還借糧(包括糧食庫券抵納數)				
滯納罰谷				中央分配縣市田賦撥實部份				
倉餘				囚糧				
				失糧				
				專案糧				
				損耗　收納倉損耗				
				損耗　集中倉損耗				
				損耗　運輸損耗				
				損失				
				其他				
合計				合計				

處長　　會計主任　　主管科長　　覆核　　製表

說明：本表說明與縣表1.2.3.項同

糧食法令彙編　第四章　田賦　　一九

〇〇省（縣名）田賦糧食管理處三十　　年度賦糧收支存餘數量表

卅　年　月　日至卅　年　月　日止

賦額		征率	征實 征借（購）		開日 征期		征糧品類	

收			入	支		出	存餘	備考	省處核簽
類別／科目	造串數	配額數	實征數	類別／科目	已取收據撥交數	未取收據撥交數			
征實				軍糧					
征購				中央公糧					
征借				省級公糧					
累進征借				縣級公糧					
舊欠				歸還借糧（包括糧食庫券抵納數）					
滯納罰谷				中央分配縣市田賦撥實部份					
倉餘				囚糧					
				伕糧					
				專案糧					
				損耗：收納倉損耗					
				損耗：集中倉損耗					
				損耗：運輸損耗					
				損失					
				其他					
合計				合計					

處長　　會計主任　　主管科長　　復核　　製表

說明：

1. 各縣如有本表所未列之支出科目得按實際情形增列
2. 糧食品類以各省主征稻谷或小麥爲準其有搭征雜　折征糙米或法幣俱應依照法定折合率折成稻谷或小麥共各項折合率及收起法幣與解庫各數均應分別在備考欄內詳細註明
3. 糧食以石爲單位法幣以元爲單位
4. 表起訖日期係指某年度田賦開征之日至翌年度田賦開征之日止

(十二)曾經陷敵各省三十四年度已收賦糧流抵三十五年度田賦辦法

一、曾經陷敵各省三十四年度征實征借及縣級公糧已由國府明令豁免其在豁免以前已征起之征糧借糧應依本辦法之規定分別流抵三十五年度田賦

二、前條所稱流抵之糧係指田賦征實隨賦征借糧食兩項而言縣級公糧并不在內

三、各縣田賦流抵應於卅五年度田賦開征前佈告說明俾衆週知並在新賦糧票通知聯上加蓋「上年免征前已完納之田賦及借糧准憑糧票收據抵繳本年田賦」戳記以憑扣算

四、三十四年度征實三十五年度改爲折征法幣之區域應將應行流抵之三十四年度實物在三十五年度應征實物數內減除後再將其餘應繳部份折征法幣如三十四年度係征法幣三十五年度改征實物之區域應將三十四年度已完法幣數照三十四年度折率折回實物在三十五年度應繳實物數內扣減繳納

五、三十四年度已收田賦及借糧流抵新賦後如尚有餘額應遞移至次一年度流抵以抵清爲止

六、三十四年度納糧收據應由業戶持向鄉鎮辦事處呈驗後在新賦糧票各聯「流抵欄」內加蓋「三十四年度已完征糧借糧若干流抵本年新賦」戳記及經辦人名章

七、業戶持有三十四年度納糧收據繳納新賦時經收人員應予核明扣除流抵糧額後以實應收數驗收入倉同時於倉庫帳簿及糧串上分別加蓋「三十四年度糧食流抵訖」戳記經辦事處除分別鈐號記帳外應分別於征冊日記簿及上年征冊上加蓋同樣戳記並另製備流抵登記簿以便花對按旬造具流抵花名清冊三份塡明糧票字號及流抵数額除存留一份外餘二份送由縣處核轉省處査核抵帳

前項流抵減免數應以「收入退還數以前年度」科目出帳

八、三十四年度完糧之業戶如因產權轉移發生戶名更易或分合情形得由原戶將完糧收據於完納新賦時一併携帶呈繳由各辦事處査明舊征冊及推收冊核算流抵並分別於征冊日記簿及新有串據註明變動分合戶名以憑查對其流抵賦糧由新舊業戶雙方自行處理

九、隨賦縣佃業戶因戶名更易辦理流抵應携同三十四年度完糧收據並取具當地保甲長證明書呈驗不得移甲抵乙

十、本辦法自公佈之日起施行

（十三）敵僞征收田賦及派收粮食申請登記辦法

第一條　爲調查收復地區在淪陷期間被敵僞征收田賦及派收粮食數量以備政府對敵清算賠償起見特依豁免田賦實施辦法第三條之規定訂定本辦法

第二條　凡收復地區人民在淪陷期內被敵僞征收之田賦及派收之粮食均應依照本辦法之規定向當地主管機關申請登記

第三條　申請登記表由各省（市）級主管機關參照附發表式（附表一）並斟酌各該省（市）實際情形擬訂統籌印製分發各縣（市）應用

第三條　本辦法所稱主管機關爲各省縣田賦粮食管理處未設田賦粮食管理處者爲省（市）縣政府

第四條　各縣（市）申請登記日期由各省（市）級主管機關斟酌實際情形自行規定並限兩月內辦理完竣

第五條　申請登記表由各縣（市局）級主管機關發交鄉鎮保甲長轉發各糧戶填報並檢同納糧憑證層轉縣級主管機關彙核無誤後發給正式收據（附表二）其無完納憑證或證件遺失者應取具當地鄉鎮公所證明書

第六條　縣級主管機關應於全縣登記工作辦竣一週內編製全縣各年度被敵僞征收田賦派收粮食數量清冊彙報省級主管機關

省級主管機關應於各縣清冊報齊後編製各縣被敵僞征賦征粮清冊彙報糧食部核轉行政院核備

第七條　各省縣（市）田粮機關或縣（市）政府辦理上項工作應調用原有人員辦理至申請登記表冊之印製費用並應在各該省縣（市）田賦粮食管理處經常費或代辦田粮業務補助費項下統籌勻支不得呈請增加經費

第八條　各省縣（市）主管機關不得向申請登記人民收取任何費用違者則依法嚴懲

第九條　本辦法自公布之日施行

（一）　　省　　縣（市）敵僞征收田賦及派收粮食申請登記表

申請人					
姓名		年齡		籍貫	省　縣市
住址	鄉鎮	保	甲		

年度	二十六年度			
類別	征收田賦		派收粮食	
土地畝分				
賦額				
征派收種類	實物	現鈔	實物	現鈔
征派收標準				
數量	石	元	石	元
證件				
合計	實物：　石			
	現鈔：　元			
備考				

二十九年度				二十八年度				二十七年度			
派收食粮		征收田賦		派收食粮		征收田賦		派收食粮		征收田賦	
現鈔	實物	現鈔	實物	現鈔	實物	現鈔	實物	現鈔	實物	現鈔	實物
元	石	元	石	元	石	元	石	元	石	元	石
實物： 石				實物： 石				實物： 石			
現鈔： 元				現鈔： 元				現鈔： 元			

三十年度				三十一年度				三十二年度			
征收田賦		派收糧食		征收田賦		派收糧食		征收田賦		派收糧食	
實物	現鈔	實物	現鈔	實物	現鈔	實物	現鈔	實物	現鈔	實物	現鈔
石	元	石	元	石	元	石	元	石	元	石	元
實物：石				實物：石				實物：石			
現鈔：元				現鈔：元				現鈔：元			

	三十三年度				三十四年度				總計			
	征收田賦		派收食糧		征收田賦		派收食糧		征收田賦		派收食糧	
	實物	現鈔	實物	現鈔	實物	現鈔	實物	現鈔	實物	現鈔	實物	現鈔
	石	元	石	元	石	元	石	元	石	元	石	元
實物：	石				石				石			
現鈔：	元				元				元			

附繳證件

說明

1 征派糧食種類須分別註明谷麥或其他雜糧現鈔須註明法幣或偽鈔券

2 征收標準應以土地每畝或賦額每元征谷或征幣數額計列

3 敵偽所征派之田賦糧食無論正稅或附加應一併計列

4 證件遺失及無証件者須取具當地鄉鎮保甲長證明書

5 當地淪陷及收復日期應於備考內分別註明年月日

中華民國　　年　　月　　日申請人　　（簽名蓋章）

省　　　縣

糧戶歷年被敵偽征派糧賦申請登記存根

申請人姓名	
年齡	
籍貫	
住址	

歷年敵偽征派糧賦數				
類別	征收		派收	
	田賦		糧食	
征收種類	實物	現鈔	實物	現鈔
數量	石	元	石	元
合計	實物：　　石		現鈔：　　元	
備考				

右項申請登記糧食及現鈔數量經核尚合已准備查

田賦糧食管理處處長

經手人

中華民國　　年　　月　　日

省　　　縣

糧戶歷年被敵偽征派糧賦申請登記收據

申請人姓名	
年齡	
籍貫	
住址	

歷年敵偽征派糧賦數				
類別	征收		派收	
	田賦		糧食	
征收種類	實物	現鈔	實物	現鈔
數量	石	元	石	元
合計	實物：　　石		現鈔：　　元	
備考				

右項申請登記經核尚合准予備查此證

田賦糧食管理處處長

經手人

中華民國　　年　　月　　日

（十四）二五減租辦法

行政院三十四年十月二十三日令

一、凡本年已免田賦省份佃農應繳地租一律照租約或本年約定之應繳額減四分之一

二、地主與佃農間如遇佃租糾紛得由任何一方報告報當地鄉鎮長爲之調解調解不決者呈請縣政府處理縣政府於必要時得會同有關機關團體組織佃租委員會裁決强制執行之

三、實施減租縣份得斟察當地實際情形依據中央命令擬訂〇〇縣減租實施辦法呈准省政府佈告施行

四、省政府對於各縣辦理減租應認眞督察務期公平切實並嚴密考核隨時呈報行政院核辦

五、經政府規定於明年度豁免田賦一年之省份上項減租辦法於明年度實行。「第一條所謂已免田賦省份指浙、皖、贛、鄂、湘、粤、桂、晉、綏、蘇、冀、魯、察、熱、東北九省及京滬平津青島大連哈爾濱各市第五條所謂明年度豁免田賦一年之省份指川、康、滇、黔、閩、陝、甘、寧、青、新各省及重慶市」

（十五）廣東省戰時田賦征收實物及隨賦征購粮食實施辦法

奉財糧部卅一年寅養代電修正省田處卅二年子有韶田二126號代電轉行

第一條　本辦法依據戰時田賦征收實物暫行通則第二十四條並遵照　委員長辰世侍秘寵之規定訂定之

第二條　本省臨時地稅及農地地價稅（以下統稱田賦）征收實物除法令別有規定外依本辦法之規定辦理

沙田稅征收實物辦法另訂之

第三條　田賦征收實物帶征縣級公糧及隨賦征購糧食標準就依二十九年臨時地稅稅額（即減除三十年度倍征之數）爲折征基數征實定爲每元三市斗帶征縣級公糧定爲每元一市斗辦竣土地測丈及土地陳報縣份其標準另定之征購定爲駐軍特多產糧較豐縣份每元三市斗其餘各縣每元二市斗

隨賦征購定爲每市石價九十元以三成付給法幣七成付給糧食庫券

第四條　凡依照前條規定征收實物帶征縣級公糧及隨賦征購後除積谷一項仍照舊辦理外所有按田畝課征之捐費或派收谷米一律取銷並不得再以地爲對象另立名目帶征或攤派任何稅捐

第五條　本省各縣田賦定于十月一日開征限開征後三個月內一次征足必要時得提前開收

帶征縣級公糧及隨賦征購應隨田賦一次收納其開征及限滿日期與前項相同

第六條　征收機關應于每年開征兩個月前按照定核該年田賦征實帶征縣級公糧及隨賦征購糧食標準根據征稅冊分戶編造糧票

第七條　糧票分四聯第一聯爲「通知單」第二聯爲「驗收單」第三聯爲「收據」第四聯爲「存根」其式樣應參照財政部所頒田賦征收實物聯單格式擬定呈請核定後頒用

第八條　征收機關應于每年開徵一個月前將糧票第二聯驗收單截送經收倉庫保管備用並將糧票第一聯通知單交由征收人員或鄉鎮保甲長按戶分發切業

戶經常外出或不在本地者前項通知單應交由代理人或佃戶代收並負代納之責前項佃戶代納之糧即憑糧票收據在應納租谷內扣還

第九條　各業戶接到征收糧票通知單後應於規定繳納期內按照核定賦額帶同通知單向指定倉庫繳納由倉庫檢出糧票第二聯驗收單查對無誤即將實物驗收登賬並於該戶驗收單上加蓋年月日收訖戳記及收糧人員收款人員印章內轉征收處辦理換發糧票收據手續田賦征收實物如係逾期應依照規定滯納罰率核算罰息在通知單及驗收單上分別註明並在數字上加蓋章記再行驗收但隨賦征購糧食及帶征縣級公糧逾期得免加罰

第十條　各縣設立征收處及收納倉庫其地點及數目由縣田賦管理處體察地方情形根據各鄉（鎮）賦額核定呈報省田管處核定之

前項收納倉庫以利用原有倉庫並修葺舊倉及祠廟公共房屋征用或租用民倉店舖為原則確有不敷再行新建

第十一條　接近游擊地區及濱海地區之收納倉庫所收實物應隨時由縣市局政府運赴後方較安全之集中倉庫保管其縣境全部或一部淪為游擊區之縣份應酌量運赴較安全之鄰縣商請代為設倉保管辦法由雙方協議報請糧政機關核定之

第十二條　收納倉庫驗收實物應照財政部田賦征收實物驗收暫行通則之規定辦理

第十三條　倉庫管理與損耗列報悉依財政部各縣（市）糧倉管理暫行之規定辦理

第十四條　倉儲實物其撥交悉依各省征收征購糧食交接辦法之規定

第十五條　填發糧票收據對於數目字應盡用大寫不得塗改挖毀如有錯誤須連存根四聯另造更正四聯串票一併呈繳省田賦管理處核驗註銷換發

第十六條　糧串通知單及收據不收工本費但業戶遺失上項通知單時須依照規定繳納手續費呈請征收機關另填核算單代替通知單

第十七條　各縣田賦管理處及征收處對於核算發票比銷等事宜應指定人員分別負責辦理列表呈報省田賦管理處備案

第十八條　征收實物于製發收據後應根核存根隨即查對征冊按戶比銷不得積壓

第十九條　串票比銷查對稅冊如發覺有短收情事應即通知業戶補繳賦額補送四聯串票依照規定手續辦理收解

第二十條　田賦改征實物後應將原有臨時地稅隨戶征稅總分冊或地價稅戶冊繼續使用並將改征實物賦額註明冊內以便比銷俟用滿五年後再行改編

第二十一條　各縣區鄉鎮保甲長應負協助征收田賦之責其獎懲辦法另訂之

第二十二條　各縣土地賦稅減免勘報災歉戰區土地租稅減免及耕地荒廢救濟實物驗收糧倉管理應遵照修正土地賦稅減免規程修正勘報災歉規程戰區土地租稅減免及耕地荒廢救濟暫行辦法田賦征收實物驗收暫行通則各縣（市）糧倉管理暫行通則辦理

第二十三條　本辦法如有未盡事宜得隨時呈請修正之

第二十四條　本辦法呈奉財政部核定施行並轉呈行政院備案

（十六）廣東省各縣（市）田賦征收實物集體納粮辦法

（本處卅二年十月十一日粵田二2000號令）

第一條　本辦法依據部頒田賦征收實物集體納糧暫行規則第十條之規定訂定之

第二條　各縣（市）推行集體納糧除法令另有規定外悉依本辦法辦理

第三條　集體納糧以自由組合為原則其完納手續規定如左

（一）集體納糧組長應指定日期約集業戶繳交實物即日彙送收納倉驗收

（二）業戶按照田賦管理處所發征收田賦通知單填列應繳實物額照數繳交納糧組公開檢查成色後即予驗收

（三）集體納糧組應依照　部頒田賦征收實物集體納糧暫行規則第六條第一項規定造具納額清冊業戶繳交實物後應即登記入冊并先製發手簿交業戶存執業戶繳交實物後即于手簿登記蓋章俾資存據

（四）納糧組將實物繳交倉庫驗收完畢後應按戶領回收據分發各戶收執

第四條　各縣（市）推行集體納糧應切實依章辦理嚴禁交由鄉保甲長大戶代收代管或包收包繳鄉鎮保甲長只負協助及報告責任

第五條　各縣（市）所屬征收處應按月將集體納糧組別組長姓名繳納實物數量彙案列報縣府備查

第六條　集體納糧役用應按該組實際需要費用由該組業戶及公正人士公開議定按糧額多少比例負担不得需索苛派

第七條　本辦法如有未盡事宜得隨時修正之

第八條　本辦法自呈奉核准之日施行

（十七）廣東省地籍整理及土地陳報完竣縣份土地賦稅征收實物暫行標準

卅二年七月十三日韶田二1553訓令修正

第一條　本標準依據戰時田賦征收實物暫行通則第七條之規定暨財政部三十一年六月二十五日渝田籍字第（66348）號及同年六月二十七日渝田籍字第（66432）號兩代電所定原則訂定之

第二條　凡地籍整理及土地陳報完竣之縣份土地賦稅征收實物除宅地山林荒曠及不產糧食之池塘湖蕩仍征地價稅外其餘耕地賦稅征收實物悉照本標準辦理之

第三條　地籍整理及土地陳報完竣縣份在田賦征收實物期間一律照新訂賦額折征實物並以各該縣土地整理前一年賦額爲各該縣原征糧額

第四條　從三十二年度起每年度賦糧額即根據各該縣原征糧額比較本省該年度奉規定征收新糧總額增減之成數比例增減配征其原賦負担過重或過輕縣份得酌量實情增減之

說明：（例如三十年度全省征糧額爲一百萬市石某縣賦額十萬元該年度每元折征二市斗原征糧額爲二萬市石三十一年度全省配征糧額增加五成爲一百五十萬市石某縣三十一年度每元即折征三市斗應征三萬市石）

第五條　前條所定各縣每年征收糧額以地籍整理或土地陳報完竣後新訂之賦額除之即得該年每元折征實物標準呈准征收之

說明：（例如三十一年度某縣原征賦額一十萬元折征實物二市斗即應征糧額爲二萬市石該縣土地經整理後新訂賦額爲三十萬元每元即折征實物一市斗每元折征率計至升止升以下細數化零爲整計算之）

前項新訂賦額配征實物時須先將宅地山林荒曠湖蕩等地賦額除出計算

第六條　隨賦征購糧食及帶征縣級公糧應依第四條及第五條之規定配征之

第七條　本標準未規定事項悉依廣東省戰時田賦征收實物及隨賦征購糧食實施辦法辦理之

第八條　本標準如有未盡事宜得隨時呈請修正之

第九條　本標準呈奉核准後施行

（十八）廣東省戰時山林湖蕩池塘宅地稅征收辦法

三十一年一月十日韶田二686代電修正頒行

第一條 本辦法依據廣東省戰時田賦征收實物實施辦法第二條第二款之規定訂定之

第二條 本省各縣山林湖蕩池塘宅地賦稅之征收除法令別有規定外依本辦法之規定辦理

第三條 本辦法所稱山林湖蕩池塘宅地包括菓園山坦壙塘在內概依各縣地籍冊或田畝調查冊所載地目爲準前項地目如有變更使用時得申請縣田賦管理處派員勘明變更之

第四條 各縣山林湖蕩池塘原納臨時地稅或地價稅者得據業主之申請照本省戰時田賦征收實物標準將應繳稻谷數額折價繳納國幣

第五條 前條稻谷折價標準每年于開征前一個月由縣田賦管理處會同縣糧食管理機關及糧食公會或商會按照該縣開征前六個月稻谷市價平均數協商擬訂呈由省田賦管理處核定後報部備查

第六條 各縣城市宅地原征臨時地稅者得照本省臨時地稅征實標準將原征額征收實物其加征之稅額仍征國幣但准將應征實物按市價折合國幣繳納其原征地價稅者如其地價係在最近估定得照地價征收國幣如估定已久與現時地價相差甚遠者可依法從新估定征收國幣

第七條 本辦法未規定事項悉依廣東省戰時田賦征收實物辦法及經征施行細則之規定辦理

（十九）廣東省各縣不產稻谷地區田賦改徵實物及折價繳納暫行辦法

（三十年十月六日財政部渝賦二1970號電修正）

第一條 本省各縣市局不產稻谷地區田賦之征收除法令另有規定外依本辦法辦理

第二條 各縣市局應以原有縣稅捐征收分處所轄區域爲單位其耕作地面積在百分之七十以上保種什糧者得征收等價什糧但每一經征分處所轄區域內以征收一種爲限其耕作地面積在百分之七十以上保不產稻谷什糧者得折價征收

第三條 前條征收什糧及折價征收地區之認定應由各縣市局政府會同縣田賦管理處切實調查繪圖劃分呈報省田賦管理處核定後報部備案

第四條 前條劃定地區如與事實不符或農作物有變更時省田賦管理處得隨時變更之

第五條 征收等價什糧之種類由省田賦管理處會同省糧食管理局會商規定之經征分處轄區內所產什糧不屬規定其耕作面積在百分之七十以上者得折價征收

第六條 折價征收應照核定卅年度稅額每元改征稻谷二市斗爲標準依各該縣開征前六個月稻谷市價平均數伸算折徵國幣征收什糧及折價糧收縣份其加征之臨時地稅仍照原加征額征收法幣

第七條 前項市價每年于開征前一個月由縣田賦管理處會同縣糧食管理委員會及糧食同業公會共同查報呈由省田賦管理處核定後報部備案

第八條 在同一征收區域內之田賦稅款應一律征收指定實物或折價繳納

第九條 折價征收之田賦收據由省田賦管理處印發其式樣另定之（在未印發前暫以財政部印製之臨時地稅收據改用）

第十條　折價繳納國幣應由經征機關依照公庫法辦理其指定征收之什糧仍由縣糧食管理機關負責經收保管

第十一條　本辦法如有未盡事宜隨時呈請修正之

第十二條　本辦法由廣東省田賦管理處訂定呈　財政部核准備案後公布施行並分送省政府查照

(二十)廣東省田賦征收實物卅一年糧食庫券抵繳卅三年度田賦辦法

（奉財糧兩部卅三年十月廿九日85696代電核准備案）

一、三十一年度隨賦征購糧食本省經按照征購糧額三成發給法幣七成發給財政部糧食部三十一年發行之糧食庫券（以下簡稱庫券）此項庫券依照規定自民國三十三年起分五年平均償還即自本年起每年以面額五分之一連同利息一併准予抵繳各該縣應征之田賦實物

二、甲縣之庫券以抵繳甲縣之田賦爲限未到期還本付息之庫券不得抵繳

庫券抵繳田賦祇限於田賦征收實物部份抵繳之征借及縣級公糧暨帶征積谷不得抵繳

三、庫券抵繳田賦以本戶原應領之庫券抵繳本戶之賦額爲限如業戶持有糧庫券其面額超過該戶卅一年度征購糧食應領之數額時其超過部份不予抵繳

四、業戶持券申請抵繳三十三年度應納田賦實物應先由各縣田賦征收處根據該戶三十一年征實征購糧串存根聯或業戶收執之收據聯作對庫券面額與該戶原應領之庫券數額相符後方得辦理抵繳手續

五、庫券每張均有附券五號每號均註明憑券抵繳某年田賦及還本付息之數帶征收處依照前條核明相符後即將庫券第一號附券截下（按年抵繳依號截留不得紊亂）妥愼保管其餘應發還原持券人并應在征收本年新賦該戶串票各聯上填註本年抵繳還本付息合計之實物數量及收回糧食庫券號數加蓋征收處主任名章依照征收程序由業戶到倉庫照抵繳後實應征之賦額完納之

六、凡併戶免領庫券之業戶應行集體納糧仍約同原併戶抵繳之

七、業戶持有三十一年庫券或因管有田產全部售出或奉准免賦致無從抵繳又或先經清納新賦未及抵繳者准向縣田賦管理處申請登記發還本年應抵繳之本息實物此項申請期間於征收本年新賦開征時起至截限屆滿後兩個月爲止由縣田賦管理處核明彙呈省田賦管理處會商省糧政局核准後以實物發還其處理手續參照第四第五兩條之規定

八、庫券抵繳田賦辦法應于開征時廣爲宣達其手續征收人員應負解釋指導責任如有故意留難勒索營私舞弊依法從嚴治罪

九、本辦法自呈准公布日施行

(廿一)廣東省卅二年度征借糧食庫券處理辦法

一、廣東省卅二年度征借糧食庫券之處理除法令另有規定外悉依本辦法辦理

二、本年度征借糧食全部發給糧食庫券不付現金

三、每戶征借數量在五市斗以上者應發兌換糧食庫券（以下簡稱糧券）但只予兌至斗止斗以下升合零數因無等額糧券不予兌付每戶征借數量未滿五市

斗者不予兌付糧券至卅二年度征借糧券逾本期屆時即憑原有田賦串票「兌券聯」兌取本息

四、糧券之領收兌付及帳項之處理由省政府交由廣東省銀行（以下簡稱省銀行）辦理並委托財政部廣東省田賦管理處（以下簡稱省田賦處）負責監理稽核事宜

五、省銀行應於每縣設立卅二年度征借糧券兌付處辦理兌付庫券事宜

六、省銀行每次領到糧券應即依照省政府每次所定轉發各縣數量配運各縣兌付處兌發並通知省田賦處備查其兌付費用在部撥卅二年度征借糧券兌付運送補貼費內開支

七、各縣兌付處奉發到糧券後應即通知縣田賦處並商定開兌日期預先會銜公告週知

八、各縣兌付處憑糧戶之兌券聯驗明粘上省縣田賦處關防印鑑相符後即予照付不得留難並將該兌券聯收存作帳

前項兌券聯如係縣田賦處呈經省田賦處核准自印之串票除由省田賦處將其數量及字軌號數開列清表函送省銀行辦理外兌換處只憑縣田賦處關防印鑑驗明核兌

九、省田賦處應將印鑑拓模檢送省銀行轉發各兌付處存驗各縣田賦處應將印鑑拓模逕送各該縣兌付處存驗

十、各縣兌付處應按日將糧券領兌結存數額列具日報表按旬列具旬報表逕送縣田賦處及省銀行查核並由省銀行按月彙編月報表分送省田賦處及省政府核備日報旬報月報表格式另定之

十一、糧券兌付期間暫定為六個月由糧券配運到省日起計必要時得由省政府命令延長之

十二、省銀行應於糧券兌付期間屆滿後兩個月內彙齊各縣結算報告及兌餘糧券數額彙編總結算報告並將各縣兌餘糧券列具清册呈省政府核辦

十三、辦理兌付卅二年糧券手續運送等補貼費定為一百五十二萬元另監理稽核經費定為八萬元均請糧食部撥由省政府轉發省銀行及省田賦處備用

十四、省銀行及各兌付處運送及存放糧券應由當地縣政府軍警及鄉鎮公所同負保護之責如因不可抗力致受損失時得取具當地行政機關證明文件呈省政府轉報糧食部核辦

十五、有關兌付糧券各種章則法令應隨時由省田賦處抄送省銀行及由縣田賦處抄送縣兌付處備查

十六、本辦法自公布日施行並報糧食部備案

（廿二）廣東省欠賦催征施行細則

奉財政部子刪渝田賦77174代電修正卅一年丑元韶田二368代電轉行

第一條　本細則依據欠賦催征通則（以下簡稱通則）第十一條之規定訂定之

第二條　欠賦應由縣田賦管理處（以下簡稱縣處）查明欠戶姓名（公共團體負責人或經管人姓名）住址賦額分別鄉鎮列具清單送會縣（市）政府（以下簡稱縣府）依案追繳并依照修正田賦征收實物滯納處分辦法辦理

前項欠戶之負責納賦人如係公務人員其服務機關在縣內者得併請該上級主管長官責令依限清完或扣薪代納其服務機關係在縣外者得併報請省田賦管理處（以下簡稱省處）轉請其主管長官責令依限清完

第三條　縣級行政機關欠賦應由縣處商請縣府照所欠賦額扣發該機關經費縣以外行政機關欠賦應由縣處呈請省處核轉辦理

第四條　征收新賦時應查明欠賦一併追繳倘欠戶過鉅確係無力一次清完者得分別年度并按照年度先後次序具限完納但未納上年度者不得完納下年

度以免漏稅

第五條　富紳大戶公務人員欠賦逾限未清縣處故存瞻徇敷衍不為傳案追繳應由省處或轉請省政府懲戒

第六條　鄉鎮保甲長應切實負責協助催征如故意諉卸應由縣處商請縣府從嚴懲處之

第七條　省處應隨時派員抽查縣處征冊縣處應隨時派員抽查征收處征冊稽核比銷完欠如有不實者依通則第九條送請治罪

第八條　通則第十條所稱欠賦係以冊籍遺失或調查錯漏地址不明戶名錯誤不能查催者為限其提獎官價由縣處呈請省處擬定報由　財政部核定之

第九條　本細則如有未盡事宜得隨時呈准修正之

第十條　本細則由廣東省田賦管理處訂定呈奉　財政部核定公佈施行

（廿三）省政府三十一年戌梗讓二第54743代電通飭各縣清收欠賦要點

一、現任黨團軍政教育人員及其家屬應納之田賦應率先繳納並限于本年度開征後三個月清完如逾限未完其服務機關在縣內者即函請該管長官督飭清繳如仍不繳納應傳案追繳其服務機關在縣外者應開列欠戶姓名稅額及其服務機關報告省政府及省田賦管理處核辦一面仍就近追繳

二、縉紳及大戶應儘先完納如逾限未完者依法追繳處罰

三、公共團體之田賦應限期清繳逾期未繳者應依縣頒欠賦催征通則辦理

四、凡有恃勢抗繳者加重處罰

（廿四）辦理災歉減免田賦手續

卅二年十月廿八日解田二12496訓令

一、各縣（市）鄉鎮因災減免賦額應依呈奉中央核准之災歉狀況表所列被災成數為準并由縣（市）處依照核定之免賦清冊分別減免各戶賦額購額及縣市公糧隨征額同時減免其折免實物數應按免賦年份之征率購案計算

二、各糧戶減免數額核定後應減免之田賦尚未完納者即其應減免清冊於當年田賦糧票各聯「災歉減免數」欄內分別填註如糧票內未印該欄時應于票面加蓋「該戶本年因災奉准減免征額若干購額若干縣市公糧若干實應繳糧額若干」戳記按減實數目征收全免者不得征收并註銷其糧票

三、各糧戶減免數額核定後田賦業已完納在前者當年已征已購之數均不退還按下列手續流抵次年應繳糧額

甲、憑業戶已領完賦糧票核對免賦清冊按減免當年應免未免數額流抵

乙、流抵田賦以業主本戶為限不得移甲抵乙

丙、田賦滯納處分所繳糧數不得流抵次年田賦

丁、不減免田賦流抵次年其當年已完田賦之糧票應由業主持向縣處鄉鎮辦事處（征收處）呈驗後在糧票及存根兩聯上加蓋「本戶田賦因災減免流抵××年征額若干購額若干縣市公糧若干」並在製發流抵年份田賦糧票各聯「災歉減免數」欄內加蓋「××年災免流抵征額若干購額若干縣

市公糧若干」戳記及經辦人員名章，但呈驗後之糧票不必收回，仍發交業主收執。

戊、由鄉鎮辦事處（征收處）按旬造具流抵花名清册三份（塡明糧票字號及流抵數額），除存留一份外，其餘二份送由縣處核轉省處覆核抵賬。

己、流抵災免數應以「收入退還數—以前年度」科目出賬。

庚、流抵年份之滯納加罰數仍照原有繳糧額計算，不除災免數。

辛、流抵田賦應於開征前佈告說明，俾衆周知，仍將流免征實征購及縣市公糧額分別統計列表報核。

廣東田賦糧食管理處訓令

粤田尹二字第三四四號

令各縣田賦糧食管理處

案奉

地政署 本年八月廿二日 政價〇六一一〇
糧食部 粮田（卅四）一七五〇二
財政部 財直五七〇一七
號訓令開：

「查現行減免土地賦稅簡明表及減免賦稅清册格式，因稅法業經修正，如地價稅改爲累進稅率後之核計減免，該表根本不適塡用，亟應加以修訂，以應需要。茲特另擬田賦暨地價稅減免表及塡造說明各一份，并將原減免土地賦稅簡明表及減免賦稅清册註銷，除呈縣核備外，合行檢發田賦暨地價稅減免表及塡造說明各一份，仰即遵照，并轉飭遵照。此令」

等因，并附頒田賦暨地價稅減免表及塡造說明各一份。奉此，自應遵辦。除分令外，合將奉頒原表式及塡造說明書各一份，隨令抄發，仰即遵照辦理！

此令

計附發田賦暨地價稅減免表及塡造說明書各乙份

中華民國三十四年十二月 日

處長 蕭文尹

（廿五）田賦減免表塡造說明

本表計分九欄，第一「戶名」欄按照册載糧戶姓名塡列，第二「土地坐落」欄塡土地所屬之鄉鎮名，第三「土地面積」欄塡明應減免田賦土地之畝分，向無畝分者按照征收標準折合塡列。第四「減免原因」欄屬於災案者，依照災情實況塡明水旱蟲蝗水冲沙壓等字樣，屬於公用土地者，按公用性質塡明綫路公路學校等之名稱。第五「減免成數」欄按照減免情形塡明「全部豁免」「減免幾成」（例如減免二分之一即塡減免五成）等字樣。第六「減免年限」欄應塡自本年度起「減（或免）征幾年」或「自本年度起永遠豁免」或「減（或免）征一年」等字樣。第七「原征額數」及第八「減免實數」兩欄之額數均按當年册載賦額數目塡列折征實物數，按折征實物數目塡列。倘係再以實物數折征法幣者，則塡折征法幣數額。繳納在前應予流抵或將不能耕種限期墾復者，應於第九「附註」欄內註明流抵田賦年度數目或墾復年限。其發生災歉或調劑社會經濟狀況請減免土地賦稅之地域較爲普遍者，減免表之「戶名」欄免予細列，僅列業戶總數，而以「減免成數」相同者爲標準，分別鄉鎮彙總塡列。惟應將勘定災案或核准調劑社會經濟狀況案件令文字號註明「備註」欄內。本表各頁均應會蓋土地賦稅經征機關及各縣市政府印信。

省　縣市　年度田賦減免表

(1) 戶名	(2) 土地坐落	(3) 土地面積 畝分厘	(4) 減免原因	(5) 減免成數	(6) 減免年度	(7) 原征額數 賦額 元角分	(7) 原征額數 折征實物 種類	(7) 原征額數 折征實物 數量 石斗升合	(8) 減免實數 賦額 元角分	(8) 減免實數 折征實物 種類	(8) 減免實數 折征實物 數量 石斗升合	(9) 附註
合計												

3公分　54公分　27公分　2公分　2公分　14公分　3公分　19公分

地價稅減免表填造說明

本表計分十二欄第一「戶名」一欄按地價稅冊所載戶名(申請人姓名或機關名稱須與之一致)填列第二「地號」一欄按地政機測量登記時所編之土地號次填列第三「土地坐落」一欄按土地所在地之鎮區巷里等名稱填列第四「土地面積」欄填明應減免地價稅之土地畝分第五「減免原因」欄關於災案者按災情實況填明「水沖沙壓」等字樣屬於公用土地者填明鐵路公路學校等名稱第六「減免成數」欄按減免情形填明「全部豁免」「減免幾成」(例如減免十分之一即填「減免一成」等字樣第七「減免年限」欄應填「自本年度起減(或免)征幾年」或「自本年度起永遠豁免」或「減(或免)征一年」等字樣第八「原征[illegible]稅額」欄內「地價總額」分欄填明本戶在本縣(市)內所有土地總地價額[illegible]核計之應征稅額填列第九「減免地價數額」欄係將減免土地按減免成數計算應減免之地價額填入第十「現征稅額」[illegible]「地價總額」與第九欄之[illegible]數填入「稅額」分欄係以一欄地價額按規定稅率計算所應稅之稅額填入第十一欄「減免[illegible]欄「稅額」與第十欄「稅額」差數填入其按地價稅折征實物者並應按折征標準核計減免賦物數額填入「折征實物[illegible]委等其輸納在前應予註抵減「減不能超[illegible]限期懇復〃予第十二「附註」欄內註明流抵田賦年度數目或懇復年限[illegible]減免土地賦稅之地域內得普遍行時免表之「社、「戶名」欄免予細列僅列業戶總數而以「減免成數」相同者為標準分別鄉鎮彙總填列惟應將勘定災案或核准調劑配合經濟狀況案件令文字號載明「備註」欄內本表各頁均應會蓋土地賦稅經征機關及縣市政府印信

省 縣市 年度地價稅減免表

(1) 戶名	(2) 地號	(3) 土地坐落	(4) 土地面積	(5) 減免原因	(6) 減免成數	(7) 減免年限	(8) 原征總稅額		(9) 減免地價稅額	(10) 現征稅額		(11) 減免實數		(12) 備考
							地價總額	稅額		地價額	稅額	稅額	折征實物	
			畝分厘				元	元角分	元	元	元角分	元角分	石斗升合	
合計														

2公分 22公分 27公分 2公分 3公分 14公分 2公分 19公分

（廿六）私立救濟設施減免賦稅考核辦法

第一條 私立救濟設施減免賦稅之考核除法令別有規定外悉依本辦法辦理

第二條 私立救濟設施申請減免賦稅應將其固定財產依照左列規定詳細造冊呈報社會行政主管官署核轉社會部分別咨請財政部地政署核定之

甲、屬於地產者應詳載左列事項

1.種類

2.座落四至及面積

3.定着物情形及其現值

4.申報地價或估價

5.每年收益

6.每年應納賦稅額

7.現時使用狀況及使用人姓名職業與居地或住址

8.所有權來歷

9.業已依法登記者其登記號數及所有權狀或他項權利證明書號數

乙、屬於股票或其他有價證券者應詳載左列事項

1.名稱

2.發行機關及負責人姓名

3.股額或證券數額

4.總值

5.還本付息期限

6.每年收益

7.每年應納捐稅額

8.票券保管處所及保管人姓名職業與居地或住址

9.所有權來歷

丙、屬於現金者應詳載左列事項

1.金額

2.存放處所

3.每年收益

4.每年應納捐稅額

5.保管人姓名職業及居地或住址

6.現欵來歷

丁、屬於生產事業或從事勞動所得之收益者應詳載左列事項

1.種類

2.生產勞動概況

3. 每年收益估計

4. 其他

戊、關於定額補助者應詳載左列事項

1. 補助之機關團體或個人

2. 補助現金或實物總額

3. 每年補助次數

4. 補助期限

5. 有無指定用途

第三條　私立救濟設施之一切財產應將全部實狀或契據呈送主管官署鈐印

第四條　私立救濟設施收支數目應逐日登入帳簿所有單據應一律妥爲保存其保存期限不得短於十年

第五條　凡呈准立案之私立救濟設施成立在五年以上對於社會救濟事業着有成績者該核准後得享受左列待遇

甲、自身用地准予依法免稅

乙、有收益之人地或房屋股票債劵現金孳息及生產勞動收益等其直接使用於救濟事業者分別情形准予減稅及免稅

第六條　凡有左列情事之一者不得呈請減稅或免稅或已受減稅或免稅待遇者並得由主管官署會同財務財政及土地行政官署予以撤銷

甲、未經依法立案者

乙、違反法令情節重大經撤銷交案或勒令停辦者

丙、自動申請停辦或解散或變更業務性質無關救濟者

丁、利用其事業爲宗教或別有作用之宣傳或兼營私人謀利之事業經查明屬實者

第七條　凡有左列情事之一者不得呈請全部減稅或免稅其已享有減稅或免稅待遇者由主管官署會同財務行政及土地行政官署予以部份或全部撤銷

甲、所辦事業不完全屬於救濟性質者

乙、自動申請變更後之業務不完全屬于救濟性質者

第八條　本辦法自公布日施行

事由：轉發部頒(34)年度已征賦穀流抵辦法並頒發本省補充辦法仰遵辦報核由

廣東田賦糧食管理處代電

致穗尹二字第588號
中華民國　年　月　日

縣政府田賦糧食管理處均覽案奉財政糧食部戌佳餘田(卅四)字第一六四一九 三四二一一號代電會頒會經陷敵各省三十四年度已徵賦穀流抵三十五年度田賦辦法草案乙份飭遵照並飭屬遵照等因奉此自應遵辦查本省實際情形有爲原頒流抵辦法草案所未包括者當訂經定本省補充辦法七項以利流抵處理除呈部核

辦外茲特併同原章頒流抵辦法草案隨電檢發仰即切實遵辦報核為要處長蕭次尹致實魚穆尹二印附發會經陷敵各省卅四年度已收賦粮流抵卅五年度田賦辦法草案及廣東省卅四年度已收賦粮流抵卅五年度田賦補充辦法各乙份

（廿七）廣東省卅四年度已收賦粮流抵卅五年度田賦補充辦法

（一）本辦法係體察本省實際情形根據財粮兩部會頒修經陷敵各省三十四年度已收賦粮流抵三十五年度田賦辦法草案（以下簡稱部頒流抵辦法草案）訂定之

（二）州四年度隨賦帶征縣級公粮曾經製發粮票征起部份准此照部頒流抵辦法草案流抵卅五年度縣級公糧惟該項收起公粮應專儲保管不得動用

（三）州四年度地方倉儲積谷仍於賦代收除前經隨賦代收部份外餘由粮戶照額補足粮戶補繳積谷時應持同州四年度完票據呈繳鄉鎮公所驗明後加蓋「該戶州四年度隨賦代收積谷經照轉帳抵納」戳記內轉經收人員核明扣減後照實應籌集數量補收入倉并在州四年度按賦代收積谷收據各聯加蓋「該戶前經隨賦繳納積谷〇十〇石〇斗〇升〇合領有州四年度〇字〇號粮票收據」戳記製發粮戶收執

（四）凡因應付軍粮急需經向粮戶預借州四年賦谷者一律由縣田糧處刊製「該戶州四年度免粮賦前經預借谷賦）十〇石〇斗〇升〇合」木戳分蓋于該戶州四年粮票各聯背面填明數量加蓋縣處關防及兼副處長原鄉鎮辦事處主任粮倉管理員名章并將正面原填應征應借各數劃去然後將收據聯製發預于粮戶收執作為正式借證票據俾于（35）年度完時賦持憑抵納當年田賦征實征借累進征借部份如曾發臨時收據者并應一律收繳回銷作廢嗣後如再發覺有臨時收據或違法借征情事即以舞弊論處

（五）州四年度免賦前征起征實征借累進征借或預借軍粮賦谷如州五年度抵納後常有餘額時應分在（34）（35）兩年度粮票加蓋「州四年度已完征粮借粮除流抵外尚餘（若干石）准流抵（36）年度田賦」戳記除收回（34）年度存根外并將（35）年新票製發粮戶收執

（六）州四年度免賦前征起數應即結算清將楚粮戶姓名住址賦額征起征實征借累進征借縣級公粮積谷數量及製發粮票字號等項造具清冊快郵報核其預借賦谷發票清理手續亦限本年三月底前辦理完竣隨即將粮戶姓名住址原征賦額預借賦谷數票字號預借日期等項造具清冊繳憑核辦

（七）關于各項流抵處理手續除本辦法規定外其餘悉依部頒流抵辦法草案規定辦理

（廿八）奉電飭輕微災歉不得率行呈報減賦電仰切實遵照由

卅二年未皓都田二1871代電轉行

各縣政府
縣田賦管理處均鑒：現奉財政部本年七月二十日渝田賦字第（87907）號代電開：「查田賦征實兩載于茲以人民之深明大義踴躍輸將與各級工作人員之努力推行前方軍糈賴以供給後方民食得以維持有裨抗戰貢非淺鮮本年新賦開征在即各地旋情入夏以來雨水調和秋收豐稔已有相當把握當不致有嚴重災歉發生惟每屆此際報災請減賦額者常過為慣例委座上年中馬手啓電合輕微災歉不得率行呈報民眾士紳間應一體凜遵政府爆關尤應切實奉行務本此旨通令所屬曉諭民衆切實遵照俾使賦政順利推進」等因令此自應遵照除分電外合行電仰切實遵照處長張××未皓都田二

(廿九)電飭征起新賦實物應實收實報如有虛收虛報卽以擅挪賦實論處仰遵照由

三十二年酉佳韶田二2348代電

各縣田賦管理處：本年新賦業經開征每旬電報征數格式亦經頒發嗣後各縣征起征實征借應實收實報如有虛收虛報提谷不出即以擅挪賦實論處並須由該副處長負責塡還每旬表報應于旬末後三日內塡繳毋得延誤爲要處長張副處長黃酉佳韶田二

(三十)征購改爲征借代電

三十二酉魚韶田二2315電

各縣田賦管理處：案准省政府電以本省本年征購糧食經提送省參議會議決遵照　委座意旨改爲征借並提經本府四六四次會議決議通過請查照辦理等由特電飭如次(一)征借糧食不發三成法幣全部發給糧食庫券到期抵納實物人民更叨實惠應注意宣傳征借利益(二)糧串征購二字應改爲征借付款聯免塡造加蓋「征借免付價款」戳記作廢聽候派員監焚(三)尅日布告週知并將布告繳核處長張副處長黃酉魚韶田二2315印

(卅一)代電通飭注意串票保管及盤串事項

本處卅二年寅世韶田二1814代電

各縣縣政府各縣田賦管理處　查各縣田賦未改征實物前征收臨時地稅或地價稅係用三聯複寫收據原屬活串自改征實物後遵照部定改用四聯板串此種板串利弊參半以言其利開征前已妥先造串征收時毋庸塡串節省時間增加徵收效率且板串比較活串可以減少大頭小尾之流弊征收期滿後亦易檢查欠戶姓名稅額隨時得限串追收以言其弊每年應征賦額未能掃數清收卽每年已造之串必有積存年復一年汗牛充棟鼠咬虫蝕保管困難抽飛洒詭寄流弊堪虞凡此弊端各該縣處長務宜充分體察設法預防必須隨時親往各征收處指導保管方法并盤查票根及現存串票數目以保安全無弊本處茲爲利便稽核加強串票保管責任起見特規定截至本年三月底止各縣處及征收處結存各種未用串票應由征收處列具清册呈由縣處彙齊　限四月底前再彙報本處核備嗣後追收欠賦用出串票應按旬列報字軌號數以憑註銷征收處主任如遇交代應列具串票清册呈報縣處縣處處長如遇交代應列具串票清册呈報本處串票如有短少或遺失非有正當理由作爲私賣舞弊論處并由該縣處長負賠償責任除隨時派員抽查暨分電外合行電仰遵照辦理具報毋稍　違誤爲要處長張○○寅(卅一　韶田　印

(卅二)奉電擬定各縣比銷戳記式樣電發遵照

卅二年辰蒸韶田二1198代電

各縣田賦管理處：現奉財政部田賦管理委員會卅二年四月廿三日渝田賦字0951號訓令開：「據報該省東江所屬各縣歷來辦理比銷皆用刻「已完」或「完訖」等字樣木戳蓋于某年度之下作爲業戶已納某年度稅賦憑據其他西北江各縣均多沿用此種方法固屬簡便然未免過于粗率易滋流弊現當整辦總歸戶之際似可改用註記收據字軌號數以替代木戳以重比銷而便稽核等情查註銷册號應將收據號數逐戶註明以便稽考據呈前情合行令仰該省參照辦理爲要此令」等因奉此自應遵辦除分電外合行擬定比銷戳記式樣隨電頒發仰即依式刊用并將最近辦理比銷情形具報爲要處長張辰蒸韶田二附發比銷戳記式樣

戳記式樣
年　月　日已完　字第
收據　字　號比銷訖

（卅三）三十年第二期及卅一年第一期田賦戰區奉准減半征收地區在未奉令前征過實物及稅欵流抵發還處理要點

卅一年十二月十六日韶田二14289代電頒行

一、核定減半征賦之戰區在未奉核定減征前已十足完納卅年第二期及卅一年第一期田賦實物及稅欵者其繳過實物得抵納卅一年第二期及卅二年第一期田賦應征實物其繳過稅欵准申請發還所有征過實物及稅欵數目應由縣田賦處按鄉查明填列鄉鎮名稱原征稅額減半征收實物及稅欵額已征數及未征數開具清表于奉令十日內專案報核

二、申請抵納實物及發還稅欵之業戶應將三十年第二期及三十一年第一期田賦收據送征收處核明應抵納實物及應發還稅欵數目分別註明於收據上加蓋征收處主任私章在發還稅欵未撥到前幷由征收處將發還稅欵部份暫先墊發領欵憑證以三聯複寫地稅收據改用（附格式）連同該戶原呈田賦收據一併發還業戶收執

三、業戶完納卅一年第二期及卅二年第一期田賦實物時得提出經征收處核明簽註抵納之田賦收據向倉庫照據簽註抵納數抵納實物倉庫收存抵納收據作帳并在卅一年第二期及卅二年第一期田賦收據上加蓋

本收據實收實物內有　石　斗　升　合 係上年已收抵納數並收回　字　號收據

木戳以資識別

四、收納倉准業戶持據抵納卅一年二期及卅二年一期之田賦時因無實物收入毋庸列入收撥日報表內可另表列明抵納數目附入收撥日報表連同收回之原發稅票送征收處

五、征收處收到收繳倉呈繳之抵納數另表及收回原發稅票核算相符後即在田賦征撥旬報表備註欄內註明該旬抵納數量及收回原發稅票張數毋庸列入本旬收入及本旬征解數欄內并將收回稅票隨表呈縣處存核

六、縣處核算各征收處附繳之收回稅票與旬報表內備註欄所列數目相符後編造實物收撥旬報表時應在備註欄內註明該旬抵納數量及收回原發稅票張數并將該稅票繳呈省處該抵納數毋庸入帳亦不必列入旬報表之本旬征起數及撥解數欄內

七、縣處奉到部撥退還稅欵實際發還業戶時應交由征收處分別驗發並將收回領欵憑證收存彙繳縣處查核登帳後專案繳呈省處核銷

（卅四）奉　委員長電飭切實查催大戶辦法四項

本處卅二年四月韶田二1335代電

處急各縣田賦管理處：現准廣東省政府轉送轉飭各區專員暨各縣市局長酉儉財15206代電開：「現奉　委員長蔣巾馬來秘電開查田賦征收實物暨征購糧食業已辦理兩年推行成績大體尚良軍糧民食賴以至鉅惟近據報該省尚有大戶欠糧不納風氣地方政府或多所顧忌不惟不敢清查催繳甚者故意代為掩飾示好鄉紳中央配額難以收齊而民欠尚在五成以上似此情形妨礙賦政糧政之推行至鉅本年新賦開征在即務必切實注意查催大戶茲定辦法四項（一）大戶新賦應繳者分別通知限期提前完納舊欠未繳者應勒令補繳（二）各縣市政府及田賦管理處對于富紳大戶欠糧催征不力或竟未催征者應予嚴厲處分（三）迭催不繳之富紳大戶各縣市政府及田賦管理處應報請上級機關并追上級機關如有延擱即以扶同論處（四）欠糧大戶如該管縣市政府及田賦管理處不

予彙報而由他人發覺者該管縣市長處長依法懲處以上四項仰即遵照並轉飭所屬一體遵照辦理等因仰即切實遵照辦理並由各縣市局函田賦處並轉飭一體凛遵爲要」等由准此，自應遵照　委員長電示辦理除分電外合行電仰該處即便遵照辦理爲要處長張副處長黃酉𠕇韶田二

（卅五）廣東省戰時沙田税改征實物辦法

奉　財部卅一年一月十九渝賦47602指令修正
本處卅一年二月八日韶田二916訓令頒行

第一條　本辦法依據廣東省戰時田賦征收實物實施辦法第二條第二款之規定訂定之

第二條　本省各縣沙田税沙田地税（以下簡稱沙田税）之征收除法令別有規定外悉依本辦法之規定改征實物

第三條　本辦法所稱沙田税係指沿江沿海沿河濱水之區一切游積漲生田坦如圍田潮田桑田桑基魚塘草坦水坦草造鹹田荒田洲圍蝕蚺塘圳等所課之沙田賦税而定

第四條　本省征收沙田税依據各屬所編沙田税實征冊所載頃畝數爲準前項征冊如未編成或因戰事遺失暫依各該業佃上年原納税率爲按畝征課標準并得于開征前責成業主佃戶向經征機關申報補編入冊征納

第五條　本省沙田税之改征依照各該縣原納沙田錢糧及沙捐護耕費或沙田地税原征額額改訂新税率爲征收實物標準每元折征谷稻兩市斗各縣税率另表規定所有佃戶原納沙税二成及護耕費半數准予豁免

第六條　本省各縣沙田税每年以兩個月爲征收期間一次征足一年間之實物其開征日期依廣東省戰時田賦征收實物實施辦法第六條之規定

第七條　沙田改征實物後概由業主負完納賦税之義務但除原征沙捐戶負担二成護耕費佃戶負半數暫予豁免外其業主應繳賦額以前佃戶與業主有分担契約者仍依其約定分担之業主應繳之税款得由佃戶先行繳納向業主照分配數扣租歸墊

第八條　本辦法所未規事項悉依廣東省戰時田賦征收實物實施辦法經征經收施行細則暨廣東省田賦改征實物減免辦法辦理之

第九條　本省沙田税征收章程沙田改征地税試辦章程沙田登記規則與現行辦法不相抵觸者未在修正之前仍得適用之

第十條　本辦法如有未盡事宜得隨時呈請修正之

第十一條　本辦法經　財政部核准備案後公布施行

附各縣沙田征率一覽表

地域	原征沙田税率	田賦改征實物訂定每畝征率	備考
南番	一二〇	八〇	改訂田賦税率全數由業主負担將佃戶原納沙捐二成及護耕費五成一律豁免以示扶助耕農之意
中順	一二〇	八〇	改訂各屬沙田每畝征率以者征稻谷標準每元折征兩市斗計算

東莞	一二〇	八〇	
東莞萬頃沙	八五	六〇	
東莞總置海南柵	七〇	五〇	
新會	九二	六五	
潮陽	三五	三〇	
欽廉	一〇	一〇	
台赤	二〇	一〇	
寶安			該縣沙田業經測丈登記完竣其沙田稅按估定地價值百税二計算

(卅六)修正廣東省沙田登記規則

民國二十七年六月十三日公佈同年七月一日施行
廣東省政府第八屆委員會第一〇四次會議决議通過

第一章　總　則

第一條　本規則參照土地法土地登記各條規定制定之

第二條　本省境內沙田無論公有私有均應依本規則登記

第三條　本規則所稱沙田係指沿海沿江河滘水之區一切淤積漲生田坦如圍田潮田桑田桑基葵田葵基魚塘草坦水坦罾滘鹹田荒田洲圍魚坦蠔蜆塘坦等而言

第四條　沙田登記以廣東財政廳爲主管機關所屬沙田征收處或未設有征收處之縣政府爲協助登記機關

第五條　沙田所有權登記確定後應即發給土地所有權狀並附田圖他項權利登記確定後則發給土地他項權利證明書
前項權利書狀由財政廳製定之

第六條　土地所有權狀及土地他項權利證明書因關係全省土地登記事宜由財政廳填就送由廣東省地政局記載入册並加蓋官印再行頒發

第七條　本規則施行前曾領有清理沙田執照及沙田登記確定證者均應依照本規則聲請换領土地所有權狀

第八條　所有權以外之他項權利如地上權永佃權地役權典權抵押權等在本規則施行前已設定者應於所有權登記時同時聲請登記前項他項權利之登記應由權利人會同所有權人提出證明文件向財政廳或沙田所在地之征收處暨未設有征收處之縣政府聲請之

第九條　關於沙田權利在登記程序進行中所發生之爭議當事人得向土地裁判所提出訴訟在土地裁判所未成立以前暫由當地法院審判之

前項爭議未解決前登記程序暫行中止

第十條　本省境內之沙田其權利之得喪變更非經依照本規則登記不生效力

第十一條　登記完竣區域內之沙田應依法評定地價與普通民田同樣征收地價稅所有從前征收之護耕費沙捐錢糧以及其他附加稅捐一律廢止之

前項評定地價得採用廣東省地政局各縣市地價估計暫行規則之規定

第十二條　凡個人或法人團體非有中華民國國籍者不得享有各項登記權利

第十三條　沙田登記之面積以市制尺為標準（舊有排尺每畝伸合市制尺一畝二分六厘二毫四絲六忽）

第二章　登記程序

第十四條　本省境內之沙田其登記期間以六個月為限但必要時得延長之

第十五條　沙田所有權人或占有權人應於登記期間內向財政廳或沙田所在地之沙田征收處暨未設有征收處之縣政府聲請登記

第十六條　聲請所有權或他項權利登記應檢同證明文件繳驗并攝具影片及填具聲請書

前項聲請書由財政廳印備轉發各沙田征收處及縣政府免費發給之

第十七條　聲請登記之沙田如未經測量附有田圖者應飭聲請人按址引勘繪圖存粘其前已測量之沙田圖如聲請人認為經界含糊或面積不符及其他疑義者得聲請複丈

前項測量及複丈所需費用由聲請人負担之

第十八條　聲請所有權登記如有他項權利存在時應於聲請書內一併聲敘之

第十九條　聲請登記應提出左列文件

一、聲請書

二、證明登記原因文件（如清理沙田執照沙田登記確定證及紅契等）

三、土地所有權狀或土地他項權利證明書

四、依法應提出之寫繪圖式

證明登記原因文件為確定判決書時得不提出前項第三第四兩款之文件及為第一次所有權登記時不適用前項第三款之規定

第二十條　聲請書應記載左列事項並由聲請人或代理人簽名蓋章聲請人如為法人時則由代表人簽名蓋章

一、業主之姓名籍貫年齡住所職業

二、土地標示

三、登記原因及年月日

四、登記標的

五、沙田或權利之價值
六、有無共有權及他項權利關係其權利人之姓名住所及權利事項
七、年月日
八、聲請人之姓名籍貫年齡住所職業如業主與聲請人爲同一人時可以免寫
九、代理人或代表人聲請時代理人或代表人之姓名籍貫年齡住所職業
十、其他應記明之事項

第二十一條　聲請登記應由業主或代理人聲請之但代理人聲請時應由業主出具登記委托書
公有沙田之登記可由保管機關作成登記原因證明書囑托財政廳登記之

第二十二條　聲請登記爲權利人或義務人之繼承人時除提出證明文件外並應取具紳耆之保證書保證聲請人爲合法繼承人

第二十三條　登記人因更名聲請登記者應取具四鄰或店舖之保證保證其爲原登記人

第二十四條　聲請爲變更權利之登記若登記上有利害關係於第三人時則聲請書應附具第三人之承諾書或與可對抗之公文書件

第二十五條　聲請更正登記或回復已塗銷之登記能登記上有利害關係於第三人時准用前條之規定

第二十六條　沙田所有權人或占有人倘不依期聲請登記經該沙田所在地之征收處或縣政府發覺查實後即將該沙田業戶姓名土名面積四至繪具圖說呈報財政廳以適宜方法催告之
前項催告限期定爲一個月

第二十七條　催告期滿後沙田所有權人或占有人不履行登記手續者其沙田由財政廳暫管如經六個月以上仍不聲請登記者以無主沙田論先行公告三月如期滿無人提出異議即作爲公有沙田由財政廳將該沙田面積及核定底價公開投變之

第二十八條　各沙田征收處或縣政府收到聲請人之聲請書除將收件年月日收件號數記載於聲請書外須立即將書件影片連同所收登記費升科花息轉呈財政廳依章辦理

第二十九條　財政廳審查無疑義時除將原件加蓋審查訖之戳記並註明聲請書字號審查年月日發還原聲請機關轉發原聲請人外即行公告

第三十條　公告應揭示之地方除依土地法第一百條第一項之規定外並須登載當地之通行報紙
前項公告期限定爲三個月登載當地報紙期限定爲一個月

第三十一條　在公告前已取得所有權以外他項權利之人尚未聲請登記者於公告期間內須聲請爲所有權以外他項權利之登記

第三十二條　公告期滿如無異議即爲所有權確定之登記並依次爲所有權以外他項權利之確定登記依本規則第五條之規定分別辦理

第三十三條　沙田所有權及所有權以外他項權利如有移轉變更消滅分割時亦應聲請登記由財政廳換給權利書狀

第三章　登記簿册

第三十四條　沙田登記所用之書表簿冊依內政部所頒格式製定之
前項書表簿冊及其他所有項目得酌量實際情形分別暫緩設置

第三十五條　登記簿冊依地籍測量時所劃定之沙段爲標準每沙段各爲一冊前項登記簿採用活頁編訂依地段號數順次編定之

第三十六條　登記簿於每宗沙田各備登記用紙一份若一宗沙田跨於二沙段或以上者得在其面積較大之一沙段登記簿上登記之但應將跨連情形於各關係沙段內之登記簿分別標明之

第三十七條　登記簿應附備索引簿及共有人名簿

第三十八條　登記簿索引簿共有人名簿登記地圖與土地所有權狀土地他項權利証明書之存根須永遠保存之聲請書及其他登記用紙自收到聲請書之日起保存十年

第三十九條　登記簿冊及其他附屬文件非遇有非常事故時不得携出原保管機關之外

第四十條　領有土地權利書狀者遇有喪失得請求補發但須登報一個月並取具切實保証暨提出喪失原因及其他關於土地權利之証據申請補發

前項申請由財政廳查明屬實並經過公告一個月如無異議時始准予補發之

第四十一條　凡遵章繳納抄錄費者得請求財政廳發給登記簿謄本或節本

第四章　登記徵費

第四十二條　凡聲請為第一次所有權登記者按照申報價值繳納登記費千分之二但前已繳費登記領有沙田登記確定證者准予免收其未領有上則清理沙田執照者併應依左列規定帶征升科花息

一、無清理沙田執照者每畝國幣四元

二、有中則清理沙田執照者每畝國幣一元二角

三、有下則清理沙田執照者每畝國幣二元四角

四、清理沙田執照未載明等則者每畝國幣三元

前項征收花息數目在潮州欽廉各屬及寶安縣七折征收之

第四十三條　實測田畝如超過清理沙田執照所載面積其超過部份應照前條第一項第一款及第二項之規定補征花息

第四十四條　蠔埕蜆塘聲請為第一次所有權登記如無清理沙田執照者一律每畝帶征升科花息國幣二元

第四十五條　土地所有權狀及土地他項權利證明書每張應繳費額依左列之規定

一、沙田或權利價值不滿一百元者國幣二角

二、沙田或權利價值在百元以上未滿五百元者國幣五角

三、沙田或權利價值在五百元以上未滿一千元者國幣一元

四、沙田或權利價值在一千元以上未滿五千元者國幣二元

五、沙田或權利價值在五千元以上未滿一萬元者國幣五元

六、沙田或權利價值在一萬元以上者國幣十元

第四十六條　聲請為所有權移轉變更之登記者依權利價值繳納登記費千分之一

第四十七條　聲請為所有權以外他項權利取得設定移轉變更之登記者依權利價值繳納登記費千分之一

第四十八條　聲請為左列各項登記者每件繳納登記費國幣一角

一、更正登記

二、塗銷登記

三、更正登記

四、住所變更登記

第四十九條　抄錄費每百字國幣一角不滿百字以百字計算

第五十條　凡請求閱覽與其利害有關之登記簿及其附屬收據者准予免費

第五章　懲罰

第五十一條　凡逾登記期間聲請登記者應依左列規定處罰

一、每逾期一個月照應繳升科花息遞加罰鍰一成但至多以加至五成爲限

二、每逾期一個月照應繳登記費遞加罰鍰一成但至多以加至五成爲限

第五十二條　聲請人如以欺詐方法或僞造證據蒙混聲請登記者除沒收所繳各費撤銷聲請登記案外依法懲辦之

第五十三條　沙田登記收入之稅收一律以九成解庫一成解廳其中以五厘爲辦理田沙登記人員及協助沙田登記人員之獎勵金

第六章　附則

第五十四條　本規則修正呈奉　省政府核准公布施行

第五十五條　本修正規則施行日起原有廣東全省沙田清理章程廣東全省沙田清佃章程及廣東全省沙田登記章程一併廢止之

（卅七）電飭沙田稅改訂稅率辦法仰遵照辦理報核

卅二年九月廿七日韶田二2167代電

〇〇縣田賦管理處覽查各屬沙田稅係按畝課征與一般民田按價征稅辦法不同原訂各縣沙田每畝稅率較諸民田平均每畝稅率高低不等負担失平茲爲調整各縣沙田稅率使與民田負担平均起見特核定凡辦地籍整理或土地陳報縣份所有沙田應併入民田部份一律估價定稅編入民田冊征收其餘臨時地稅縣份之沙田應由各該縣田賦管理處根據沙田實征冊所載各類沙田參照田畝與充時民田地價等級估定每畝地價按值百課一稅率改編征冊報候核定除分電外合行電仰遵照辦理具報仍先將該縣原有各種沙田面積稅額分類列表繳核爲要處長張〇〇副處長黄〇〇申（感）韶田二印

（卅八）通飭各屬沙田屬於水坦草坦部份准予援照山林湖蕩征收辦法辦理仰遵照由

卅二年九月八日韶田二2054號代電

分送台山新會中山赤溪番禺恩平南海寶安東莞潮安潮陽揭陽澄海饒平普寧惠來合浦防城欽縣田賦管理處暨該縣政府覽查沙田稅原係按畝課征不分沙田

種類一律照規定稅率征收征實征購辦法與一般田賦同前據揭陽縣田賦管理處以負擔不公業戶繳納困難擬按照各類沙田收益分級課征以不減少原征總額爲標準呈請核示前來當以原則可行通飭擬訂分級課征稅率呈候核定在案現據各縣田賦管理處呈復辦理困難擬不採行等情經分別核飭准予緩辦惟查各屬沙田屬于水坦草坦部份多無生產收益爲體恤業戶負担起見茲核定由本年度起所有水坦草坦未經築圍成田蒔禾者一律准照廣東省戰時山林湖蕩池塘宅地賦稅征收辦法折價繳納除分電外合行電仰遵照並日佈告週知仍將上項土地面賦積額分別統計列表報核爲要處長張　副處長黄　申（齊）賦田二印

（卅九）公有土地管理辦法

糧食部卅五年五月十五日京餘田（卅五）一九五九訓令頒發
本處於卅五年六月廿五日以尹二字第〇〇五四號訓令轉行

第一條　公有土地除法令別有規定外均依本辦法管理之

第二條　本辦法所稱公有土地指國有土地及定着物而言

第三條　地方政府依土地法第十二條之規定對于管轄區內公有土地除法令別有規定外有使用收益之權前項使用收益之土地應由地方政府將土地座落四至面積地目地號地價及收益情形編具公有土地清冊分報主管部署備查

第四條　公有土地之管理包括放租放領等事項由土地管理機關辦理之受財政部之指揮監督

第五條　公有土地之地籍整理事項由地政機關辦理之

第六條　在財政收支系統改訂前由縣（市）政府報經主管部署或其所屬主管機關暨由省縣府轉報主管部署或行政院所核准歸縣（市）使用收益之公有土地由各縣（市）公有款產管理委員會管理之但應於本辦法頒行後三個月內將土地坐落四至面積地目地號地價收益情形及定着物數量造具清冊由縣（市）政府分報主管部署備查在財政收支系統改訂後已經各縣（市）政府依使用收益之公有土地應依第三條後項之規定補辦報核手續

第七條　本辦法第三第六等二條規定歸各縣（市）政府使用收益以外之公有土地由財政部委由各省（市）財政廳（局）管理之會由各省（市）財政廳（局）移交各級田賦受理機關接管及其他中央委託縣（市）機關代管之國有（包括原屬省有）土地於本辦法頒行後均應分別移交各該財政廳（局）接收管理之

第八條　公有土地依左列規定管理之
一、已經使用獲得收益之土地予以放租其辦法由管理機關擬訂呈請主管部署核定之
二、已經荒廢之土地會同當地地政及業務機關辦理放墾地方政府辦理定期招墾事宜其辦法由管理機關會同有關機關擬訂呈請主管部署核定之

第九條　公有土地其未經放租放墾或放租期滿者依左列規定放領之
一、由管理機關將土地坐落四至面積地目地號地價收益情形定着物數量及放領底價繪具圖說分報主管部署轉報　行政院核准轉呈　國民政府備案後始得公告放領
二、放領時以核定領價爲底價超過底價最高者承領之二人相同者以抽籤法決定之
三、放領價款以財產權利售價科目悉數解繳國庫核收並將繳款日期繳款書字號及繳收庫名報請財政部及地政署備查並由當地地政機關予以登記發給土地所有權狀及勘圖

第十條 公有土地除縣（市）使用收益其地租及孳息應解繳縣庫外其餘應以財產孳息收入科目悉數解繳國庫

前項地租如係實物應按當地市價呈准變賣繳解之

第十一條 公有鹽地放租放領應會同當地鹽政機關辦理之

第十二條 人民佔用公有土地合于民法第七百六十九及第七百七十兩條之規定者應於本辦法頒行後三個月內向該管地政機關登記所有權

不合前項規定之公有土地佔用人于本辦法頒行後六個月內不向各省（市）財政廳（局）申報承租者經人舉發除收回該土地暨追繳歷年應納之全部地租及孳息外並移送司法機關以竊佔究辦其自行申報承租者得免追究

前項被佔用之土地任何人均可舉發獎懲辦法另定之

第十三條 中央及各省（市）各級黨政軍機關不以營利爲目的需用公有土地時應商請該土地管理機關分報主管部署轉呈行政院核准無償撥用並轉報國民政府備案

公用事業機關依前項規定無償撥用之公有土地其因使用土地之事業盈餘應依法繳解國庫公有營業機關需用公有土地時應依該土地管理機關呈請核定之放租辦法承租使用

第十四條 本辦法頒行前已經核准撥用公有土地之機關應將土地坐落四至面積地目地類地價收益情形及定着物數量造具清冊報請管理機關分報主管部署備查其未經核准已予使用者應補報核撥手續

依前條核准撥用及由國家征收購置建築公有土地之機關對該土地應負保管責任不得毀損其因全部或一部不需用時應移交土地管理機關並照前條規定轉報 國民政府備案

前項撥用及征收購置建築之機關因奉令撤銷應於辦理結束時將全部撥用征收購置建築之土地移交土地管理機關並報請備案其因奉令改組應移交新成立之接替機關照前條之規定報請移轉撥用

第十五條 各省（市）財政廳（局）對公有土地管理經費得按業務實際需要編造經費概算撥給之

第十六條 各省（市）財政廳（局）應按月將公有土地管理情形收入數額表報主管部署備查

第十七條 公有土地涉及私權糾紛時應由司法機關處理之

第十八條 本辦法頒行前各省（市）有關處理公有土地單行辦法與本辦法抵觸者應即呈請行政院修正之

第十九條 本辦法自公佈之日施行

（四十）廣東田賦粮食管理處代電 粮總尹二字第二〇八號

各縣田賦粮食管理處戌養奉粮食部本年九月七日餘田（廿四）字第（19209）號訓令開「查鄉鎮辦事處爲征借粮食收撥之直接機關對於粮食出入必須設置各項簿表詳細登載以便清結並爲統一格式便利登記填報起見特規定下列三項（一）各鄉鎮辦事處必須設置經收粮食登記簿暨撥粮食登記簿及撥出粮登記簿三種共登記簿格式經訂頒發遵行（二）收撥粮食旬報表關係賦粮之稽核至爲重要填列必須詳明確實尤須按旬造報以便利實施計應採用抄報方式按旬照上項收撥登記簿格式將各項記錄逐日逐項抄錄送呈縣處查核登記（三）以上各項登記簿由縣處遵照規發交各鄉（鎮）辦事處備用登記簿須加蓋騎縫印以昭慎重以上各項仰即遵照並將辦理情形呈復備核爲要」等因附發登記簿格式三份奉此自應遵照除呈復外合將原件抄發仰即遵照務於明年開

征前依式製發備用本年未免賦前如已開征或有暫收征借情事並應依式補辦登記簿楚以備隨時盤查稽核爲要此令長蕭次尹 子儉 糧田尹 二印附抄發登記簿格式三份

中華民國三十五年　月　日

縣　鄉(鎮)辦事處經收暫繳糧食登記簿

月 日	鄉 保	納糧人姓名	通知書字號	暫繳糧數			備考
				品種	數量	折合稻谷或小麥	
		本 共收數					本日實收數連前累計數均剔木戳每日記帳在最後末一戶後蓋印此項木戳再行結算記入
		連前累計數					

說明：(一)糧戶應繳糧食以一次繳足爲原則如因特種原因未能一次繳足皆繳一部份者此項經收之糧食應逐日逐戶登入暫收糧食登記簿以便結算

(二)同時在糧票通知聯背面及糧票存根聯註明收到某種糧食若干石斗升合並批明月日作爲臨時收據

(三)糧戶如未得通知聯則須另給核算單替代通知聯並須在該糧票存根聯上註明收到某種糧食若干石斗升合

(四)征收人員須分別在糧票通知聯(或核算單)及糧票存根聯蓋章以明責任

(五)征收人如不將暫繳糧數分別在糧票存根聯及通知聯或核算單填明倘被查覺即以企圖侵吞賦糧論處

(六)暫繳糧食中如完納清楚製給糧票收據聯時須於暫繳糧食登記簿該戶項下備考欄內註明完竣字樣並另登經收糧食登記簿以便稽考核算

(七)征棉鄉(鎮)由省處仿此簿格式重製頒行

(八)本簿由保管員登錄並由該處主任於本日共收數欄內蓋章負責

(九)暫繳糧食須按旬逐日逐戶抄錄呈報該管縣級田粮機關查考

鄉(鎮)辦事處經收糧食登記簿

月 日	鄉 保	倉別	納糧人姓名	通知單字號	年度	田賦成地價稅	品種	數量 征實	數量 征借	數量 累進征借	數量 縣級公糧	數量 積谷	數量 滯納處罰	備考
本日共收數														本日共收數連前累計數均刻木戳每日登帳完畢後末一戶蓋印此項本數再行結算記入
連前累計數														

說明:(一)凡糧戶完納清楚繳給糧票收據時將經收糧食分類填入各該糧項食欄內
(二)經收糧食須按旬逐日逐戶抄錄呈報該管縣田機關糧查考
(三)糧戶如完納舊欠須填明年度逐一登錄
(四)糧戶中除完納賦糧外如另納法幣須在備考欄內註明
(五)本簿由保管員登錄並由該處主任於累計數欄內蓋章負責
(六)征糧鄉(鎮)及所征法幣縣份由省處仿此簿格式重製頒行

縣 鄉(鎮)辦事處撥付糧食登記簿

月 日	倉別	接領糧機關	支付証字號	撥付糧 品種	撥付糧 數量	撥付糧 領糧收據字號	備考
本日共撥數							本日收撥數連前累計數均刻本戳每日記帳在最末一戶之後蓋印此項本數再行結算記入
連前累計數							

說明:(一)本簿由保管員記入並由該處主任於連前累計數欄內蓋章負責
(二)征糧鄉鎮由省處仿此格式重製頒行
(三)每日實撥糧食品種須折合稻谷或小麥數量於備考欄內填註明白
(四)撥付糧食須按旬逐項抄錄送呈該管縣級田糧機關查考

(四一)行政院訓令　節京叁字第7026號

事由：關於卅五年度田賦征實及征借糧食事宜

令廣東省政府

查三十五年度田賦征實及征借糧食前經訂定實施改訂財政收支系統後關於田賦糧食之緊急措施方案呈奉　主席蔣核定通令遵辦又征實征借糧食辦法六項暨額並經報奉　國防最高委員會第一九七次常務會議通過並奉　主席蔣分電各該省市切實辦理並通電各省民意機關黨部團部一體協助進行各在案茲該省本年度應征糧額計征實谷四・二○○・○○○市石征借谷二・一○○・○○○市石省縣級公糧谷一・四○○・○○○市石現瞬屆開征之期除令糧食部分別規定各省市啓征日期外應從速籌備開征並參照歷年征糧成例及此次財糧會議所定要點妥訂詳細辦法及一切應行規劃準備事項飭由主管機關隨時辦理務希體認此爲國策所關亦爲當前財政經濟命脈所繫一面妥爲規劃先期召集各級主辦人員詳明指導並嚴切告誡毋任有誤解法令怠忽職務或營私舞弊情事發生　商會同參議會黨部團部向人民剴切宣導對於各級主辦機關嚴密監察並協助其排除阻碍解決糾紛使官民之間無所隔閡征糧工作順利完成除分行外合行抄發國防最高委員會通過之征辦糧法六項令仰遵照並轉飭遵照此令

附抄發征糧辦法六項一份

院長　宋子文

抄發征粮辦法六項

一、由國府明令本年後方應行免賦各省改爲分兩年平均豁免

二、分區組設督糧團團員由　國府於監察委員參政員中選派分區巡迴督導征糧工作

三、由中央黨部團部通令各級黨團人員對於征糧工作在各地一致協助

四、由宣傳部指導各地報館一致主張並協助

五、本年征糧工作已交由地方辦理地方所得成分亦較大由行政院通令各該省府責成各級經辦主管人員嚴除弊端便利手續減耗人員痛苦並責成各行政督察專員督促考核之責

六、由國府明令凡征糧舞弊員工一經查實依法重懲

糧食

（甲·儲運）

第五章 粮食

甲、储运

(一)粮仓筹设及管理规则

原名「粮仓筹备及管理通则」于三十年十二月廿日奉 行政院勇三字二〇五七六号指令饬遵三十二年七月改名为「粮仓筹设及管理规则」

第一章 总则

第一条 本部所属机关关于粮仓之筹设管理及经营粮食储存业务除法令另有规定外悉照本规则办理

第二条 仓储管理之目标力求修建工程合理化管理方法科学化业务处理精确化用费度支经济化期以最少之人力物力获取最大之效果

第三条 本规则指示仓储筹设管理经营之概略所有关于每一重要事项得仍由储运业务机构斟酌当地实际情形另定详细规章办理

第二章 仓储筹设

第四条 本部所属仓库筹设机关筹设储粮仓库对其管辖区内原有公私仓库之情况应先切实调查用作设计之参考

第五条 仓库调查应注意左列各点

一、原有仓库修建是否合理有无损坏以及必须培修之容量须分别予以检查

二、其他公私仓库每一单位之名称地点业主仓库构造容量交通起卸情形等项均须分别调查

三、检查及调查结果应加整理汇编统制图表备供设计参考并呈部查核备案

第六条 本部所属机关若须改修或增筹仓库应于每年一月底以前将管辖区内下年度所需储存粮地点需仓容量共需经费等编制修仓建库计划书呈部核定

第七条 编制修建仓库计划应分下列各项

一、概说 简要说明修建仓库之原因及计划实现后可能获得之效果

二、仓库配备 根据各地提储粮食数量比照原有仓库容量分别计算每一地点应增筹容量若干即可适应需要

三、实施办法 说明修建仓库工程推进办法如施工办法实施步骤施工进度督导办法完工期限主持机构等

四、經費預算　包括修建倉庫工程費地基購置費用具設備費工程設計費管理費及準備費等

第八條　勘覓倉址應注意左列各點

一、水陸交通便利者

二、水位安全地質乾燥者

三、地勢平坦者（指新建倉庫）

四、無顯著目標及四週無引水材料之建築物者

五、利用公共房屋儲谷原有房屋之墻壁樑柱堅整裝修後可保持三年以上之安全程度者

六、附近有空坪塘壩可資利用者

第九條　修建倉庫設計務須注意下列各項必要設施

一、防濕方面　倉頂堅牢勿使雨水滲漏倉壁外表敷塗防水性材料倉內設置地板倉庫四週開設排水溝

二、防熱方面　倉庫應南北向西及西南墻壁加厚或牆外植樹成蔭壁外表塗白色屋頂下設天花板

三、防蟲方面　倉壁表面須光滑平坦每一倉廒各自獨立使能密閉必要時可實施燻蒸

四、防鼠雀方面　倉牆外面上下加設防鼠斜條倉門外設防鼠板開口處設置鐵紗網

五、通風換氣方面　開設倉窗上下兩及天花板須設通氣洞並於開口外面加設能啟閉之板門

六、修建倉庫以堅固耐用合乎稻米儲藏爲度

第十條　本部所屬機關修建倉庫應辦理下列事項

一、詳擬修建倉庫須知（包括倉庫種類倉址勘擇設計要項招工手續及圖說合約內之估單預算編製格式等）監工須知及驗收倉庫工程應注意事項等分別呈核頒發

二、修建倉庫工程進度須按期呈部查核備案

三、工程完竣驗收後應檢同圖說預算估單合同工程結算表驗收證明書各三份呈部查核備案

第十一條　修建倉庫須備繪倉庫平面側面及剖面圖註明尺寸方向并編製詳細施工說明工料估價單預算書等呈直屬主管機關核准辦理

第十二條　修建倉庫在施工期間應派工程人員監工并按日報告工程進度以資考核

第十三條　倉庫修建完竣後經手人監工員及包商應即會同呈請直屬主管機關派員驗收

第十四條　倉庫工程驗收員應根據工程設計圖說估單合約會同詳驗收并詳加檢驗若無訛誤即造具驗收倉庫工程報告書呈報並發驗收證明書

第三章　倉務管理

第十五條　本部所屬機關對其所屬倉庫之人事以及倉庫用具設置應妥慎督導辦理以利管理實施

第十六條　每一倉庫可酌設管理人員

第十七條　每一倉庫之包圍區內附設檢驗谷物處理及其他倉儲用具均須預爲檢查修整按倉庫種類容量及貯量類別購備

第十八條　倉庫所用量衡器須經度量衡檢定機關檢定蓋有法定烙印或鏨印者爲合格其直屬主管機關并須頒發標準量衡器以資核對

第十九條　每一倉庫之業務計劃管理經費預算應於次年度開始前三個月編擬送呈直屬機關核定

第二十條　本部所屬機關對其所屬倉庫之人事以及倉庫用具之配備等應頒發下列規章令飭注意辦理並呈部查核辦理

一、倉庫管理人員服務規程說明在職期間及交接時應注意事項

二、倉庫管理人員工作成績考核規則規定各倉庫管理人員請假及獎懲辦法

三、量衡器具管理及使用方法詳定購置使用校驗抽驗等注意事項

第四章　業務處理

第二十一條　本部所屬機關對於倉庫辦理糧食儲存業務應規定業務處理手續令飭辦理

第二十二條　倉庫管理人員糧食入倉須根據情況切實檢驗不合標準者須處理妥善方可入倉其檢驗應注意事項如次

一、子粒是否整潔齊勻充實

二、顏色是否純正

三、有無虫蛀霉爛生芽及夾什物

四、長期貯藏糧食含水量有無超過百分之十三·五

第二十三條　糧食過斗過秤包裝搬運均須派員監看並記載其數量

第二十四條　糧食堆置以分級儲藏及利以通風防濕防熱搬運與檢查為原則

第二十五條　儲糧堆置妥竣後應即辦理保險並填寫下列表單

一、收糧收據　交付押運員或寄儲機關註明糧食種類及實收數量

二、登記貨賬　記載來源種類實收數量等級各項以便存查

三、糧食進出日報表　於進倉欄內記載糧食種類數量來源等級憑單字號等以便作根

四、倉號牌　所記各項與前條相同將此牌懸于糧食堆置處以便隨時檢查

第二十六條　糧食在存儲期間倉庫管理人員每週須詳為檢查一次其主要事項如左

一、倉內外溫濕度及儲糧溫濕度變化之比較

二、倉房之天花板地板牆壁門窗等項有無破壞情事

三、儲糧受虫霉鼠雀害情形

四、其他事項

第二十七條　儲糧如有生蟲發霉潮濕發熱情事應即分別輕重依照左列辦法處理

一、調節倉內溫濕　若發現倉內溫濕度高於倉外時應即開放門窗及通氣洞引入較冷燥空氣減低儲糧溫濕反之則應緊閉門窗

二、翻倉　發現存糧發熱應即實施翻倉使其溫度減低

三、車晒　發現存糧受潮發熱或虫害應將受害糧食搬至晒坪曝晒使其乾燥並用風車扇吹驅除害虫

四、日光隔離　於晒坪上平鋪草木灰或穀糠厚約二寸上舖蘆席上鋪受虫害之糧食每隔一小時取去一層最後將席下之草木灰或穀糠投入火

中燒燬

五、毒氣燻蒸　若虫害較重車晒無效者須利用密閉倉庫或燻蒸室將虫害粮食搬入施放毒氣燻殺

六、清潔倉庫　虫害糧食處理之後須將倉房掃除清潔後再儲糧食以免藏匿害虫徵菌

七、庫倉發生鼠害應畜猫捕捉及購置有效捕鼠器及毒餌誘殺

第二十八條　倉庫處理被害存糧應將被害粮食種類處理數量耗損數量處理用費等項詳爲記載報核

第二十九條　倉庫辦理業務直屬上級機關須隨時派員抽查其要點如下

一、倉內儲粮量是否與帳簿及表報所列相符

二、倉內儲粮有無受潮發黴發熱生虫發芽及其他變質損壞情事

三、包裝有無損壞

四、鼠類有無潛滋及毀壞倉房情事

五、倉庫有無破毀

六、包裝堆積是否合理

七、倉庫設備如何

八、倉房是否整潔

抽查情形應詳爲呈報如發現錯誤須即糾正

第三十條　儲粮出倉須派員監看過斗過秤搬運並記載出倉數量粮食出倉後應即記貨帳粮食出進日報表其要項與進倉時相彷並將倉房用具清潔整理完竣

第三十一條　倉庫糧食進出須按日填報倉存糧日報表（包括日期品名摘要憑單號入倉量出倉量結存量各項）及按月填報存糧月報表（包括品名等級原存量新收量損耗量及結存量）

第三十二條　本部所屬機關對于所屬各倉處理倉務應編定左列規章呈部核備頒發

一、谷類檢驗須知　規定各種糧食分級標準及檢驗應注意事項與簡便方法

二、倉儲檢查辦法　規定倉庫管理人員檢查倉儲方法及注意事項

三、糧食翻晒辦法　規定呈請翻晒派員監督等手續及翻晒應注意事項

四、儲糧自然損耗率標準酌各地自然環境規定各種糧食在一定儲存期限內其最大消耗不得超過百分數

第三十三條　本部所屬機關辦理倉儲業務應將各倉糧食進出結算等數量按週按月列表彙報本部備核

（二）糧食倉庫修建辦法

原名「糧食倉庫修建暫行辦法」於卅年十二月二十日奉　行政院勇叁字二五〇七六號指令飭遵三十二年七月改名爲「糧食倉庫修建辦法」

第一章　總　則

第一條　本部爲使各地現有倉庫及以後修建倉庫合于貯藏以減少糧食在貯藏上損耗起見特訂定本辦法此後各地倉庫之修建除法令另有規定外悉依本辦法行之

第二條　本辦法所指之倉庫係專指貯藏一切糧食之公有倉庫而言倉庫管理人員對直接管轄之倉庫如認爲與本辦法之原則有不合者應擬具修改計劃報主管長官呈請修改各地新修建之倉庫應悉依本辦法辦理

第三條　修建倉庫得分散爲若干單位每單位容量至少須滿三千市石最多以五萬市石爲限但各單位之分佈仍應顧及管理上之便利

第四條　各縣修建倉庫容量在一萬石以上時應召集當地公正士紳工程及農業技術機關主管人員組織修建倉庫工程委員會其組織法另訂之

第五條　工程經辦人員如有營私舞弊情事依懲治貪污暫行條例之規定從重治罪承包人串通舞弊者連罪

第二章　倉庫種類

第六條　倉庫依其修建程度分爲下列二種

一、新建倉庫

（1）甲種倉庫…覓地新建材料堅牢一切設備合于貯儲上之防熱防濕防蟲等之理想條件而能耐久者是

（2）乙種倉庫…覓地新建材料及設備未全合于理想條件而不能十分耐久者是

二、修理倉庫

（1）甲種修理倉庫…就祠堂廟宇公共房屋或民房加裝倉廒地板天花板者是

（2）乙種修理倉庫…就原有祠堂廟宇公共房屋或民房加裝倉廒者是

（3）堆積所…純爲臨時性質就原有房屋用閑席圍堆下墊老糠或竹席者是

第七條　各地應行修建倉庫之種類由主管機關指定未經指定者應事先繪具建築圖樣及施工說明呈報主管機關核准轉報糧食部備案

第三章　倉址

第八條　設倉地址應具備左列各條件

一、距水道及陸路交通線在一華里以內且近糧食集散地點者

二、水位安全地質乾燥無水淹之虞者

三、地勢平坦者

四、附近無容易目標且有茂密樹林足資掩蔽者

五、四隣無易于着火之建築物毗連者

六、倉外及鄰近有空場可資利用翻晒者

七、附近有加工設備地點可資利用者

第九條　凡符合上列條件之地畝及房屋可分別徵用或租用修建倉庫但應儘先利用公有地產祠堂廟宇等公共房屋

第四章　工程設計

第十條　設計倉庫工程時務必注意于能否適合倉庫建築上之防熱防濕防蟲防鼠防雀之五大條件同時並應顧及倉庫容量之經濟及合理之利用

第十一條　修建倉庫對於牆壁樑柱牀脚搭口等一切材料之强弱配合均須視該倉庫預定容量之壓力膨脹爲對象妥爲斟酌以策安全

第十二條　倉庫方向必須置于東西長而南北短之位置以極力縮小西方及西南方牆壁面積雖西及西南方牆壁二三尺之處特設板坪成竹籬

第十三條　新建倉庫牆壁之自地面至高約四尺之牆脚部份務必使用水泥磚石或石塊等堅固材料並裝設防鼠斜條

第十四條　倉牆應加塗石灰使成白色但爲避免襲起見得酌用淺灰色絕對不得用黑色

第十五條　倉底除必不得已得用三合土地外務宜設置高約離地二尺以上之地板

第十六條　倉頂務須爲二層屋頂下層屋頂之斜度應以每水平一尺之長度豎高一寸五至二寸並于每二平方丈至三平方丈開設直徑七八寸之通氣孔一個

第十七條　倉庫屋簷應最少伸出屋外五尺並於廊屋與屋頂連接之處裝設防鼠斜條

第十八條　倉房內離牆一尺左右之處應設置離地八寸至一尺之木欄

第十九條　倉內板壁及各種建築材料務宜不使有凸凹不平及裂縫之處如有此種情形應用石灰填塞

第二十條　倉門之尺寸最少應爲淨寬五尺淨高七尺最大淨寬七尺二寸淨高七尺五寸

第二十一條　倉窗之設置在倉庫正面每長十五尺至十八尺應開設一個在側面開設一個惟倉庫稍深時側面可開設二個其位置應兩壁相對設置且應直接位於屋簷之下窗之大小應爲寬二尺五寸至三尺高約二尺之昇橫長方形

第二十二條　倉壁下方應設置圓形或長方形之下壁通氣孔圓形者之大小約爲直徑六七寸長方形者寬五六寸長七八寸下壁通氣孔之個數應與下層屋頂之通氣孔數相等

第二十三條　倉庫各部之構造務使毫無間隙門窗務使易於術閉及塗封門窗及通氣孔等一切開口均應設置木蓋及鐵絲網或孔眼五分以下之竹網且應能在倉外開閉

第二十四條　倉庫容量在五千市石以上之倉庫除堆積糧食之倉房外應附建面積約七至十四方丈之蒸薰室一所

第二十五條　在日照時間較少之地方容量在一萬市石以上之倉庫應附建乾燥室一二所

第二十六條　倉庫四周應開闢溝坑對修理倉庫其原有之溝坑尤須注意疎濬務使倉基乾燥並應於四周加植易成蔭之樹木

第二十七條　每一單位倉庫之辦公室宿舍及厨房等之附屬房屋之位置務宜與倉房有相當之距離

第五章　招　工

第二十八條　各地修建倉庫或採承包制或派員直接修建由主管機關視當地實際情形決定之

第二十九條　工程招包時承包人應具左列各種資格

一、須執有政府頒發之營造業登記證書者（承包修理倉庫可通融辦理）

二、具有修建倉庫經驗及優良技能者

三、品性忠實具有營業道德者

四、能取得擔保該項工程全部價款資格之殷實保証者

第三十條　每一工程招包時須舉行合法之投標手續並應將投標經過報告主管機關備核

第六章　經費

第三十一條　修建倉庫經費之支付手續應由主管機關視當地情形訂定之

第三十二條　除爲購置全部材料有殷實之舖保得預付全部工價達百分之五十外其餘應於開工後按工程進度分期付給但須將全價百分之十留俟驗收後再行清結

第七章　監工

第三十三條　建倉機關對新建之倉庫應指派技術人員負責監工

第三十四條　監工人員應包工人之請求對工程設計圖說不明瞭處有詳加指示及解說之義務

第三十五條　監工人員應查照圖樣及施工說明於工程之各階段隨時予以嚴密之監視

第三十六條　監工人員如認某工匠之技能過劣者得責令包工人更換

第三十七條　監工人員如發現包工人對於該項工程能力不能勝任或不接受指揮與糾正時應隨時呈報主管機關核辦如徇情敷衍致貽誤工程監工人員應與包工人員負連帶責任

第三十八條　監工人員應填送各種監工報表其表式由建倉機關訂定之

第八章　驗收

第三十九條　修建倉庫主管機關對於新建倉庫應請各省審計處及省政府派員會同驗收修理倉庫得由主管機關派員驗收之

第四十條　驗收人員應根據工程設計圖樣及施工說明詳加檢驗尤須注意左列事項

一、倉庫各部高度寬度長度是否相符

二、容量是否與預定數相符

三、材料品種大小尺寸是否符合

四、各種構造是否相符

五、倉內設備是否齊全

六、有無超過限期及應罰金額

第四十一條　驗收人如發現工程錯誤或不相符合之處有修改可能者應責令修改不能修改者擬具辦法報請主管機關核辦

第四十二條　每一工程經合法驗收後應由包工人出具工程包險單呈送主管機關存查

第九章　附則

第四十三條　本辦法施行以後各省修建倉庫主管機關現行之修建倉庫規章應即廢止如有特殊情形得自訂細則仍須報請糧食部核准後方可發生效力

第四十四條　本辦法自公佈日施行

（三）糧食檢驗及分級規則

原名「糧食檢驗及分級暫行規則」於三十年十二月奉　行政院勇叁字二〇五七六號指令飭遵三十二年七月改名為「糧食檢驗及分級規則」

第一條　關於糧食之檢驗及分級除法令另有規定外悉依本規則行之

第二條　所指糧食暫以稻米小麥及玉蜀黍為限其他雜糧檢驗及分級辦法另定之

第三條　關於各地糧食之檢驗及分級除本部糧食機構應事實上之需要得為左列之設備

一、各種度量衡器

二、分水測定器

三、容重測定器

四、篩度器

五、木手鏟

六、溫度計

七、擴大鏡

八、其他各種檢驗及分級上必需之化學物理器材

第四條　檢驗及分級方法分為簡易檢驗與精密檢驗二種依其設備狀況實施之簡易檢驗包括下列六種

一、視覺之鑑別

二、觸覺之鑑別

三、聽覺之鑑別

四、嗅覺之鑑別

五、齒咬之鑑別

六、簡單器具之利用

第五條　各種糧食檢驗及分級標準除各省檢驗及農業機關依當地糧食品種性質特為規定呈報糧食部核准備案者外最低應依下列標準辦理

(一)稻谷之檢驗及分級標準

等級	每升稗子最多粒數	紅米最高百份率	雜物最高百份率	每市石最低市斤數	附註
一	一〇〇	一	〇、一	一一〇	凡含水份量超過百份之十六谷粒變色或發黴有惡劣氣味及不合最低任何標準者均爲不合格之糧食不予驗收
二	二〇〇	五	〇、二	一〇八	
三	四〇〇	一〇	〇、五	一〇六	
四	八〇〇	三五	一、〇	一〇三	
五	一二〇〇	四〇	二、〇	一〇〇	

(二)米之檢驗及分級標準 分爲白(熟米與糙犢)米二種

(1)白(熟)米

等級	含水份量	每市石最低市斤數	最大限度 每升稗子粒數	最大限度 每升粗砂粒數	最大限度 碎米%	其他雜物%	附註
一	一四%	一五八	〇	〇	五	〇、〇一	(一)一等米應以無稗爲原則惟因加工設備等關係每升稗子數之最大限度不得超三〇粒
二	一四、五%	一五七	五〇	二	一〇	〇、〇三	(二)如有霉氣及變色之情形得拒絕驗收
三	一五%	一五五	八〇	四	一五	〇、〇五	
四	一五、五%	一五三	二〇〇	八	二〇	〇、〇七	
五	一六%	一五〇	三〇〇	一五	三五	〇、〇九	

(2)糙(犢)米

等級	含水份量	每市石最低市斤數	最大限度 每升稗子粒數	最大限度 每升粗砂粒數	最大限度 碎米%	其他雜物%	附註
一	一四%	一五六	三〇	一	二	、〇九	如有霉氣及變色之情形得拒絕接收
二	一四、五%	一五〇	五〇	二	五	、一〇	
三	一五、%	一四八	八〇	三	八	、一五	
四	一五、五%	一四七	二〇〇	五	一〇	、二〇	
五	一六、%	一四四	三〇〇	一〇	一八	、三五	

（三）小麥之檢驗及分級標準

等級	含水份量	每市石最低市斤數	損壞粒最高百分率	雜粒與雜物最高百分率
一	一三、五%	一五〇	二	一
二	一四%	一四五	四	三
三	一四、五%	一四〇	七	五
四	一五%	一三五	一〇	七
五	一五、五%	一三〇	一五	一〇

（四）玉蜀黍之檢驗及分級標準

等級	含水份量	每市石最低市斤數	碎粒與雜物最高%	損壞粒最高%
一	一四%	一四〇	二	三
二	一五、五%	一三五	四	五
三	一七、七%	一三〇	六	七
四	二〇、%	一二〇	八	一〇
五	二三、%	一一〇	一〇	一五

第六條　各地糧食之驗收應以第三等品質為標準最低亦不得低於五等品質低於五等品質之糧食得呈報主管機關核定驗收

第七條　驗收糧食至少須就其全數十份之三加以檢驗並註明應列之等級

第八條　驗收人員不得接受交繳人之招待倘有故意挑剔或勾結以圖營私舞弊情事依懲治貪污暫行條例之規定從嚴治罪

第九條　驗收人員每次驗收後應將下列各項情形報告主管機關長官

一、交驗人之姓名

二、檢驗糧食之種類及其數量

三、檢驗時間及地點

四、檢驗方法

五、檢驗糧食應列之等級

六、包裝方法

七、檢驗人之姓名

第十條　驗收人驗畢後除依上列各項報告主管機關外應交驗人之請求得發給證明書

第十一條　本規則自公佈之日施行

（四）倉庫病蟲害防治暫行辦法

第一條　各地糧食倉庫病蟲害之防除除法令另有規定外悉依本辦法行之

第二條　倉庫病蟲害之防除應以防範於未然爲原則

第三條　倉庫病蟲害防除之方法應經濟易行而收效大者始可施行

第四條　爲預防倉庫病蟲害之發生除倉庫建築應依本部糧食倉庫修建暫行辦法修建外凡入倉長期儲藏之糧食均須具備左列之條件如不合者在入倉前應加處理

（一）糧食之含水分量應在百分之十三、五以下

（二）糧食中應絕對無有生活力害蟲之存在

第五條　新糧與陳糧應隔離儲藏

第六條　關於倉庫病蟲害防治之技術必要時得請農業技術機關派員實施倉庫人員應儘量協助

第七條　在糧食入倉前應將倉庫內部澈底查檢打掃乾淨如有水濕之處應敷生石灰使之乾燥如發現木板上有蟲巢縫隙應用石灰粉塞或石灰水塗刷必要時得使用薰蒸法

第八條　對入倉之糧食應詳加檢查如發現有生活力之害蟲每升在二十隻左右時應使用人工處理法妥爲處理如在三十隻以上時應使用薰蒸法薰蒸後始可入倉

第九條　糧食入倉後應按照本部糧倉設備及管理通則對倉內之溫濕度妥爲調節

第十條　屯積之溫度每日應分處測定如發覺有發熱過高時應考察其原因妥爲處理

第十一條　糧食入倉後應按期檢查貯糧內病蟲害之消長情形並詳記載檢查次數最少每半月一次

第十二條　檢查貯糧中病蟲害消長情形時如發覺有積蟲猖獗現象應設法施行人工處理如情形極端嚴重不能以人工處理法制止時應即商請就近農業技術機關派員薰蒸

第十三條　施用人工處理法時應酌量情形選用日曬翻倉及過風等方法

第十四條　使用薰蒸法時應視當地情形酌用二硫化炭氰酸氣及氯化苦等藥劑

第十五條　本辦法自公佈日施行

（五）糧食部糧食運輸辦法

原名「糧食部所屬各機關辦理糧食運輸進行程序」於三十一年五月十日本部餘儲字一七二一二號通令頒行三十二年七月改名爲「糧食部糧食運輸辦法」

第一章　總則

第一條　各糧食業務機關辦理糧食運輸業務悉照本辦法之規定

第二條　本辦法所稱糧食運輸係指糧食由徵集地點或指定縣集中地點運往其他指定地點之運輸而言

第三條　本辦法係指示辦理糧食運輸之概略所有每一程序之重要事項得另訂規章各機關得編訂實施細則或附則其尚未頒行者應各依據業務需要於不抵觸本辦法範圍以內先行擬編暫行辦法呈部核定施行

第二章　運輸調查

第四條　各業務機關對其主管轄區域內之運輸事項應每年詳密調查一次

第五條　舉行運輸調查應與其他調查機關或交通運輸機關密切聯絡利用各機關原有資料斟酌採用

第六條　運輸調查包括運輸機構運輸綫路輸具輸力運輸站埠設備運輸費用運輸行程運輸情況運輸規章等八項其範圍摘要如左

一、運輸機構調查

1政府機構　分管制機構及業務機構二者分別調查

2人民機構　分業務機構同業組織及社會組織三者分別調查

舉行此項調查應求明瞭其機構名稱地址負責人姓名機構性質業務範圍及可供糧運利用之程度與辦法

二、運輸綫路調查

1陸運路綫　分鐵路公路獸力人力車路及馱運路綫分別調查

2水運路綫　分輪運航路木船航路及其他航路分別調查舉行此項調查應求明瞭其綫路起訖經過地點里程及可通行工具類別綫路運輸能力可供糧運利用之程度與辦法

三、輸具輸力調查

1陸路運輸工具　分火車汽車獸力車人力車分別調查

2水路運輸工具　分輪船木船及其他工具三者分別調查

3輸力　分人力獸力二者分別調查

舉行此項調查應求明瞭其類別名稱數量每單位裝載量可供糧運利用之數量與能力

四、運輸站埠設備調查

1站埠設備　分火車站汽車站　輪船碼頭木船碼頭各項分別調查

2裝卸能力　分裝卸工具能力裝卸人伕能力分別調查

舉行此項調查應求明瞭站埠設備概況裝卸設備及裝卸人伕數額組織能力用以明瞭是否與糧運需要可以適應

五、運輸費用調查

分運價價率駁載費裝卸費關儲費過斗費包裝費保險費等

舉行此項調查應求明瞭每一運輸綫運輸各種糧食每一市石之費用

六、運輸行程調查

此項調查應求明瞭每一綫路利用各種運輸工具及輸力在不同季節往返運輸所需之時日

七、運輸情况調査
此項調查應求明瞭天時季節地理人事經濟所能影响於各運輸綫路之情况

八、運輸章則調查
此項調查應求明瞭其他運輸機關辦理糧運之一切手續及託運辦法等用爲編訂糧運章則之參考

第七條　前條各項調查完畢後應加整理彙製下列各種圖表
一、運輸綫路圖
二、運輸里程表
三、運輸日程表
四、經常經營運輸機構所有運輸工具及輸力概況表
五、民有運輸工具及輸力概況表
六、重要站埠運輸設備一覽表
七、各綫路運輸情况一覽表
八、有關運輸機構一覽表

第八條　本區運輸情况中變動最繁與糧食運輸關係最爲密切而重要隨時注意查察俾對於已有資料得以隨時修正補充使益臻完備關於運輸費用價率及運輸概况二者每月必須調查一次編製運輸費用價率變動月報表及運輸概况變動月報表

第九條　運輸調查應於每年六月底調查完竣於七月底以前檢附各種整理後之圖表資料郵寄本部供下年度辦理糧運之參考價率變動月報表及概况變動月報表應在次月上旬快郵呈部

第三章　運輸計劃

第十條　各機關在辦理運輸業務以前應先編製運輸計劃

第十一條　編製運輸計劃應先取得下列資料
一、徵集糧食數量　應將本區各縣徵收徵購糧食名稱數量暨集中地點期限各種資料統計列表
二、分配糧食數量　應將供應軍糧公糧及調劑市場民食等分配數量分別根據交收地點表列需要糧食名稱數量日期等事項統計列表
三、其他明令規定完成運輸任務之條件

第十二條　編製運輸計劃應嚴切注意下述二項原則
一、糧食運輸數量龐大編訂計劃時必須設法儘量利用原有輸送機構人員設計綫路輸具及輸力並發動民間運輸工具及輸力用以減輕糧運業務及費用
二、編訂運輸計劃必須注意各種運輸工具之特性以期計劃切合實際

第十三條　編製運輸計劃應依下列程序

一、糧食調撥計劃 根據各地徵集及需要數量確定各徵集地區糧食所應供應之地區及其數量

二、糧食運輸數量配備計劃 根據上項調撥計劃參配各種運輸之特別選定輸運路綫及每月配運之數量

三、糧食運輸設備計劃 根據上項運輸數量配備計劃參酌各運輸綫之運輸設備現況確定糧食運輸設備配備計劃此項計劃應包括下列各部份

1 糧食輸具輸力之配備

2 糧食運輸線路設備之配備

3 糧食運輸站埠設備之配備

4 糧食運輸包裝材料之配備

5 糧食運輸其他設備之配備

四、糧食運輸業務機構及人員配備計劃 根據運輸數量及運輸設備之配備計劃決定運輸業務機構之規模組織及需要人員數額

五、糧食運輸費用概算 根據上述資料及調查所得運輸概況資料即可擬編糧食運輸費用概算

第十四條 運輸計劃應包括下述各種文件

一、概況 需要說明糧食運輸計劃之內容

二、糧食運輸計劃圖

1 糧食調撥圖 表示徵購糧食及需要糧食之調撥情況

2 糧食運輸機構工具設備配備計劃圖

三、糧食運輸計劃表

1 糧食調撥計劃表

甲、以徵集地區爲主體用數字表列徵集地區糧食所應供應之需要地區及其各個數量

乙、以需要地區爲主體用數字表列需要地區糧食之供應來源及其各個數量

2 糧食運輸數量配備計劃表

甲、各起運到達地各月起運到達數量配備表

乙、各糧運路線各月各段運輸數量配備表

3 糧食運輸工具及輸力配備計劃表

甲、各糧運路線各月各段運輸工具及輸力應配備數額計劃表

乙、各種運輸工具及輸力各月應配備數額計劃表

4 糧食運輸人員配備計劃表

甲、外部處理糧食運輸實務需要人員數額配備計劃表

乙、內部管理糧食運輸業務需要人員數額配備計劃表

5 糧食運輸線路設備配備計劃表
6 糧食運輸站埠設備配備計劃表
7 糧食運輸包裝材料配備計劃表
8 其他糧食運輸設備配備計劃表

四、糧食運輸費用概算

1 糧食運輸業務費用概算

甲、運費
乙、裝卸費用
丙、包裝費用
丁、保險費用
戊、管理費用
己、其他運輸費用

2 糧食運輸資產支出概算

甲、輸具輸力購製費用
乙、運輸線路設備費用
丙、運輸站埠設備費用
丁、其他運輸設備費用

五、附屬文件

1 資產支出科目各項製造購置計劃書
2 糧食運輸業務機構組織規程及系統表
3 糧食運輸業務機構人員名額配備表及薪津等級表

第十五條 糧食運輸計劃應於每年八月底以前編訂完竣繕寫四份快郵呈部核定

第四章 運輸業務

第十六條 各機關辦理運輸業務時應根據糧食運輸計劃辦理

一、關於運輸機構者 儘先利用原有機構與之商訂承運或兼運辦法必須自設置機構者應即擬訂組織規程組織系統申請審核

二、關於運輸業務人員者 儘先與原任用機關或本人商洽調用借用或委任其須自行遴選任用者對於工作人員名額應按照配備表及薪津等級表以及任用規程參照任用之其需大量雇用者得斟酌實際需要專設訓練班訓練或委託教育機關代為訓練或商調其畢業學員任用

三、關於運輸工具及輸力者 儘先與所有機構或所有人商訂租用託運各種辦法其須自行購備者應擬具購置或製造計算書及其他配備之計劃表附送呈核

第十七條　各地糧食之收集配撥時有變動各綫運輸情形亦多變化原定運輸計劃因事實上窒礙必須隨之更張根據當地運輸實情編訂糧食運輸調度辦法以期運糧調度之靈活迅捷與正確

第十八條　辦理糧食運輸業務利用舟車裝載或人獸馱運其運行途中舟車人員之編組管理指揮運行途中事變之處理各省應就運輸業務之需要分別規訂下列一種或數種運行辦法

一、汽車運行辦法

二、獸力車人力車運行辦法

三、木船運行辦法

四、人力獸力運行辦法

第十九條　糧食儲運業務之處理手續如裝載起運中轉到達交收及事變之處理應各就運輸業務需要分別規定下列一種或數種糧食運輸業務處理手續

一、火車運輸糧食處理手續

二、汽車運輸糧食處理手續

三、輪船運輸糧食處理手續

四、木船運輸糧食處理手續

五、人力獸力運輸糧食處理手續

六、人力獸力車運輸糧食處理手續

第二十條　糧食運輸業務應就運輸業務實際情形規定各項登記稽核辦法

第二十一條　糧食運輸業務實施之成績應隨時報告本部其應呈送本部核查之運輸業務報告如左

一、日報　暫不規定俟必要時以命令定之

二、旬報

1 各起運／到達地起運／到達數量旬報表

2 各重要地起運到達經過存儲數量旬報表

3 各種運輸工具起運數量旬報表

4 各種運輸工具及輸力控制數量旬報表

5 各種運輸工具及輸力運行停息修理旬報表

6 糧食包裝材料收發存儲旬報表

7 各種運輸工具輸運費用支出旬報表

8 各種運輸工具及輸力運輸事變旬報表

三、月報

1 至 8 同上述

9 各種運輸工具及輸力購製進度月報
10 各種運輸設備購製進度月報
11 各種運輸工具修養成績月報
12 糧食運輸業務機構人員更動月報

四、年報 暫定運輸業務年報一種內中應包括下列各部份

1 概況 將年報內容以簡要文字說明之

2 業務概況 應附具下列各種年報

甲、各起運到達地起運經過到達存儲糧食數量年報

乙、各種輸具輸力起運糧食數量年報

丙、各種輸具輸力運輸事變年報

3 運務概況應附具下列各種年報

甲、各種輸具輸力控制數量年報

乙、各種輸具輸力運行停息年報

丙、各種輸具修養年報

4 運輸設備概況 應附下列各種年報

甲、輸具輸力購製概況年報

乙、運輸包裝材料購製收發年報

丙、其他運輸設備購製設置年報

5 財務概況 應附具下列各種年報

甲、運輸業務費用支出年報

乙、運輸資產費用支出年報

6 總務概況 應將機構人事變動及其他總務事項編成年報

第二十二條 日報呈送方法隨時以命令定之
旬報應於每旬後十日內
月報應於每月後半個月內快郵呈部
年報應於翌年二月內編造完竣快郵呈部

第五章 附則

第二十三條 本辦法自本部公佈之日起施行

（六）糧食部合理倉庫修建暫行辦法草案

糧食部卅年九月卅日頒佈試行

第一章 總則

第一條 本部爲使各地現有倉庫及以後修建倉庫合于貯藏以減少糧食在貯藏上損耗起見特訂定本辦法此後各地倉庫之修建除法令另有規定外悉依本辦法行之

第二條 本辦法所指之倉庫係專指貯藏一切糧食之公有倉庫管理人員對直接管轄之倉庫以認爲與辦法之原則有不合者應擬具修改計劃主管長官呈請修改各地新修建之倉庫應悉依本辦法辦理

第三條 修建倉庫得分散爲若干單位之容量至少須滿一千市石最多以五萬市石爲限但各單位之分佈仍應顧及管理上之便利

第四條 各縣修建倉庫容量在一萬石以上時應召集當地公正士紳工程及農業技術機關主管人員組織修建倉庫工程委員會其組織法另定之

第五條 工程經辦人員如有營私舞弊情事依懲治貪污暫行條例之規定從重治罪承包人串通舞弊者連坐

第二章 倉庫種類

第六條 倉庫依其修建程度分爲下列二種：

一、新建倉庫

（1）永久性倉庫………覓地新建材料堅牢一切設備合于貯藏上之防熱防濕防虫等之理想條件而能耐久者是

（2）半永久性倉庫………覓地新建材料及設備未全合于理想條件而不能十分耐久者是

二、修理倉庫

（1）全修理倉庫………就祠堂廟宇公共房屋或民房加裝倉廒地板天花板者是

（2）半修理倉庫………就原有祠堂廟宇公共房屋或民房加裝倉廒者是

（3）堆積所………純係臨時性質就原有房屋用圍席圍堆下墊老糠或竹席者是

第七條 各地應行修建倉庫之種類由主管機關指定未經指定者應事先繪具建築圖樣及施工說明呈報主管機關核准轉報糧食部備案

第三章 倉址

第八條 設倉地點應具備左列條件

一、距水道及陸路交通線在一華里以內且近糧食集散地點者

二、水位安全地質乾燥無水淹之虞者

三、地勢平坦者

四、附近無空曠且樸且有茂密樹林足資掩蔽者

五、四鄰無易于着火之建築物毗連者
六、倉外及鄰近有空場可資利用翻晒者
七、附近有加工設備地點可資利用者

第九條　凡符合上列條件之地畝及房屋可分別征用或租用修建倉庫但應儘先利用公有地產祠堂廟宇等公共房屋

第四章　工程設計

第十條　設計倉庫工程時務必注意能否適合倉庫建築上之防熱防濕防虫防鼠防雀之五大條件同時並應顧及倉庫容量之經濟及公理之利用

第十一條　修建倉庫對于牆壁樑柱基脚落口等一切材料之強弱配合均須視該倉庫預定容量之壓力膨力爲對象妥爲斟酌以策安全

第十二條　倉庫方面必須置于東西長而南北短之位置以極力縮小西方及西南方牆壁面積離西及西南方牆壁三二尺之處應特設板坪或竹籬

第十三條　新建倉庫牆壁之自地面至高約四尺之牆脚部份務必使用水泥磚石或石塊等堅固材料並裝設防鼠斜條

第十四條　牆壁應加塗石灰使成白色但爲避空襲起見得酌用淺灰色絕對不能用黑色

第十五條　倉底除必不得已得用三合土地外務宜設置高約離地二尺以上之地板

第十六條　倉頂務須爲二層屋頂下層屋頂之斜度應以每　早一尺之長度升高一寸五至二寸並于每二平方丈開設直徑七八寸之通氣孔一個

第十七條　倉庫牆簷應最少伸出至外　尺並於　與屋頂連結之處裝設防鼠斜條

第十八條　倉房內離壁一尺左右之處應設置離地八寸至一尺之木柵

第十九條　倉內板壁及各種建築材料務宜不使有凸凹不平及裂縫之處如有此種情形應用石灰塡塞

第二十條　倉門之尺寸最少應爲深寬五尺深高七尺最大深寬七尺二寸深高七尺五寸

第二十一條　倉窗之設置在倉庫正面每長十五尺至十八尺應開設一個在側面開設一個惟倉庫稍深時側面可開二個其位置應兩壁相對設置且應直接位于屋簷之下窗之大小應爲寬二尺五寸至三尺高約二尺之長橫長方形

第二十二條　倉壁下方應設置圓形或長方形之下牆通氣孔之個數應與下層屋頂之通氣孔數相等

第二十三條　倉庫各部之構造務使毫無間隙門窗務使易於密閉及整齊窗門及通氣孔等一切開口均應設置木蓋及鐵絲網或孔眼五分以下之竹網且應能在外開閉

第二十四條　倉庫容量在五千市石以上之倉庫除堆積糧食之倉房外應附建面積約七至十四方丈大之燻蒸室一所

第二十五條　在日照較少之地方容量在一萬市石以上之倉庫應附建乾燥室一二所

第二十六條　倉庫四周應開闢溝坑對修理倉庫其原有之溝坑尤須注意疏濬務使倉基乾燥並應於四周加植易成蔭之樹木

第二十七條　每一單位倉庫之辦公室宿舍及厨房等之附屬房屋之位置務宜與倉房有相當之距離

第五章　招工

第二十八條　各地修建倉庫或採承包制或派人直接修建由主管機關視當時實際情形另定之

第二十九條　工程招包時承包人應具左列各種資格

一、須接有政府頒發之營造業登記証書者（承包修理倉庫可通融辦理）

二、具有修建倉庫經驗及優良技能者

三、品性忠實具有營業道德者

四、能取得担保該項工程全部價款資格之殷實保証者

第三十條　每一工程招包時須舉行合法之投標手續並應將投標經過報告主管機關備核

第六章　經費

第三十一條　修建倉庫經費之支付手續應由主管機關視當地情形訂定之

第三十二條　除為購買全部材料有殷實之舖保得預付全部工價百分之五十至百分之七十外應於開工時先付全價百分之一工程過半時再付三分之一餘數俟驗收後再行清結

第七章　監工

第三十三條　建倉機關對新建倉庫應指派技術人員負責監工

第三十四條　監工人員應包工人之請求對工程設計圖說不明瞭處有詳加指示及解說之義務

第三十五條　監工人員應按照圖樣及施工說明於各階段隨時予以嚴密之監視

第三十六條　監工人員如認某工匠之技能過劣者得責令包工人更換

第三十七條　監工人員如發現包工人對於該項工程能力不能勝任或不接受指揮與糾正時應隨時呈報主管機關核辦如徇情敷衍至貽誤工程監工人員應與包工人員負連帶責任

第三十八條　監工人員應填送監工各種報表其表式由建倉機關訂定之

第八章　驗收

第三十九條　修建倉庫主管機關對於新建倉庫應請各省審計處及省政府派員會同驗收修理倉庫得由主管機關派員驗收之

第四十條　驗收人員應根據工程設計圖樣及施工說明詳加檢驗尤須注意左列事項

一、倉庫各部高度寬度長度是否相符

二、容量是否與預定數相符

三、材料品質大小尺寸是否相符

四、各種構造是否相符

五、倉內設備是否相符

六、有無超過限期及應罰金額

第四十一條　驗收人如發現工程錯誤或不相符合之處有須改可能者應責令修改不能修改者擬具辦法報請主管機關核辦

第四十二條　每一工程經合法驗收後應由包工人出具工程保險單呈送主管機關存查

第九章　附　則

第四十三條　本規則施行以後各省倉庫規章應即廢止如有特殊情形得自訂附則仍須報請糧食部核准後方可發生效力

第四十四條　本辦法自公佈日施行

(七)粮食倉儲及運輸損耗率計算規則

第　一　條　糧食在倉儲及運輸過程中自然發生之損耗悉依本規則辦理

前項糧食係指稻米小麥麵粉及指定之雜糧而言

第　二　條　前條損耗三分為左列三種

一、倉儲損耗因翻晒清倉及過風等倉儲損耗中因保管時間關係所發生之一切損耗屬之

二、運輸損耗因裝卸運搬過擋等關係所發生之損耗屬之

三、收交損耗因接收及交時將衡器或量器上所生之差異暨接收後屯存未及一月即行發出所生之損耗屬之

第　三　條　倉儲損耗率依左表之規定

糧食種類／損耗率%／儲存時間	稻穀	糙米	熟米	麵粉	甘薯	甘薯絲	備攷
一月以上至三月以內	〇、二五	〇、五	〇、七	〇、四	二	一	
三月以上至六月以內	〇、五	〇、八	一、〇	〇、七	五	一、八	
六月以上至九月以內	〇、七五	一、一	一、三	一、〇	七、五	二、四	
九月以上至一年以內	一、〇	一、四	二、六	一、三	一〇	三	
一年以上至一年半以內	一、二五	一、七	一、九	一、六			
一年半以上至兩年以內	一、五	二、〇	二、二	一、九			

附記：（一）凡儲藏在一月以內再行發出得依照第五條所定收交損耗率報耗一次

（二）凡儲藏在一年以上者依其超逾時間比照右列各相當期間之損耗率增加計算之

（三）粟穀䅘子蕎麥之損耗率與稻谷同小麥稷米高粱粟 燕麥大麥之損耗率與糙米同豆類玉蜀黍之損耗與熟米同玉米粉蕎麥粉燕麥粉之損耗率與麵粉同馬鈴薯之損耗率與甘薯同

第四條 運輸損耗率依左表之規定

運輸日程	運輸工具 ＼ 損耗率 ＼ 品種	稻谷	糙米	熟米	小麥	麵粉	小米	玉蜀黍	豆類	稷米	玉米粉	蕎麥粉	燕麥粉	甘薯	甘薯絲	備考
五十公里以內	火車	〇、二〇	〇、二〇	〇、二二	〇、二〇	〇、一八	〇、二二	〇、一〇	〇、一〇	〇、一〇	〇、一八	〇、一一	〇、一八	〇、一〇	〇、一八	
	汽車	〇、二〇	〇、二〇	〇、二二	〇、二〇	〇、一八	〇、二二	〇、一〇	〇、一〇	〇、一〇	〇、一八	〇、一一	〇、一八	〇、一〇	〇、一八	
	人力獸力車	〇、三〇	〇、三〇	〇、三一	〇、三〇	〇、三七	〇、三三	〇、一八	〇、一五	〇、一五	〇、二七	〇、二三	〇、二七	〇、一五	〇、二七	
	人力挑獸力馱運	〇、二五	〇、三五	〇、三一	〇、三五	〇、三二	〇、三八	〇、一八	〇、一八	〇、一八	〇、二二	〇、二六	〇、三二	〇、一八	〇、三二	
	木船	〇、二〇	〇、二〇	〇、二二	〇、二〇	〇、一八	〇、二二	〇、一〇	〇、一〇	〇、一〇	〇、一八	〇、一五	〇、一八	〇、一〇	〇、一八	
	輪船	〇、一五	〇、一五	〇、一七	〇、一五	〇、一三	〇、一七	〇、〇八	〇、〇八	〇、〇八	〇、一三	〇、一一	〇、一三	〇、〇八	〇、一五	
五十一公里至一百公里	火車	〇、二五	〇、二五	〇、二八	〇、二五	〇、二三	〇、二八	〇、一三	〇、一三	〇、一三	〇、二三	〇、一九	〇、二三	〇、一三	〇、二三	
	汽車	〇、二五	〇、二五	〇、二八	〇、二五	〇、二三	〇、二八	〇、一三	〇、一三	〇、一三	〇、二三	〇、一九	？	〇、一三	〇、一三	
	人力獸力車	〇、四五	〇、四五	〇、五四	〇、四五	〇、四一	〇、五四	〇、二三	〇、二三	〇、二三	〇、四一	〇、三五	〇、四一	〇、二三	〇、四一	
	人力挑獸力馱運	〇、五五	〇、五二	〇、六〇	〇、五五	〇、五〇	〇、六〇	〇、二八	〇、二八	〇、二八	〇、五〇	〇、四一	〇、五〇	〇、二八	〇、五〇	
	木船	〇、三二	〇、三二	〇、三五	〇、三二	〇、二九	〇、三五	〇、一六	〇、一六	〇、一六	〇、二九	〇、二四	〇、二九	〇、一六	〇、二九	
	輪船	〇、二〇	〇、二〇	〇、二二	〇、二〇	〇、一七	〇、二二	〇、一〇	〇、一〇	〇、一〇	〇、一七	〇、一五	〇、一七	〇、一〇	〇、一七	

一百另一公里至一百五十公里						一百五十一公里至二百公里						二百另一	
火車	汽車	獸力車	人力肩挑獸力馱運	木船	輪船	火車	汽車	獸力車	人力肩挑獸力馱運	木船	輪船	火車	汽車
〇、三〇	〇、三〇	〇、六〇	〇、七五	〇、四四	〇、二五	〇、三五	〇、三五	〇、七五	〇、九五	〇、五六	〇、三〇	〇、四〇	〇、四〇
〇、三〇	〇、三〇	〇、六〇	〇、七五	〇、四四	〇、二五	〇、三五	〇、二五	〇、七五	〇、九五	〇、五六	〇、三〇	〇、四〇	〇、四〇
〇、三三	〇、三三	〇、二七	〇、八二	〇、四八	〇、二八	〇、三九	〇、三九	〇、九〇	一、〇四	〇、六二	〇、三四	〇、四四	〇、四四
〇、三〇	〇、三〇	〇、六〇	〇、七五	〇、四四	〇、一五	〇、三五	〇、二五	〇、七五	〇、九五	〇、五六	〇、三〇	〇、四〇	〇、四〇
〇、二七	〇、二七	〇、五四	〇、六九	〇、四〇	〇、二二	〇、三二	〇、三二	〇、六一	〇、八七	〇、五〇	〇、二六	〇、三六	〇、三六
〇、三三	〇、三三	〇、七二	〇、八二	〇、四八	〇、二八	〇、三九	〇、三九	〇、九〇	一、〇四	〇、六二	〇、二四	〇、四四	〇、四四
〇、一五	〇、一五	〇、三〇	〇、三八	〇、二二	〇、一三	〇、一八	〇、一八	〇、三八	〇、四八	〇、二八	〇、一五	〇、二〇	〇、二〇
〇、一五	〇、一五	〇、三〇	〇、三八	〇、二二	〇、一三	〇、一八	〇、一八	〇、三八	〇、四八	〇、二八	〇、一五	〇、二〇	〇、二〇
〇、一五	〇、一五	〇、三〇	〇、三八	〇、二二	〇、一三	〇、一八	〇、一八	〇、三八	〇、四八	〇、二八	〇、一五	〇、二〇	〇、二〇
〇、二七	〇、二七	〇、五四	〇、六九	〇、四〇	〇、二二	〇、三二	〇、三二	〇、六八	〇、八七	〇、五〇	〇、二六	〇、三六	〇、三六
〇、二二	〇、二二	〇、四六	〇、五六	〇、三三	〇、一八	〇、二六	〇、二六	〇、五八	〇、七一	〇、四二	〇、二二	〇、三〇	〇、三〇
〇、二七	〇、二七	〇、五四	〇、六九	〇、四〇	〇、二二	〇、三二	〇、三二	〇、六八	〇、八七	〇、五〇	〇、二六	〇、三六	〇、三六
〇、一五	〇、一五	〇、三〇	〇、三八	〇、二二	〇、一三	〇、一八	〇、一八	〇、三八	〇、四八	〇、二八	〇、一五	〇、二〇	〇、二〇
〇、二七	〇、二七	〇、五四	〇、六九	〇、四〇	〇、二二	〇、三二	〇、三二	〇、六八	〇、八七	〇、五〇	〇、二七	〇、三六	〇、三六

公里至三百公里				三百另一公里至四百公里						四百另一公里至五			
人獸力車	人力肩挑獸力獸運	木船	輪船	火車	汽車	人獸力車	人力肩挑獸力獸運	木船	輪船	火車	汽車	人獸力車	人力肩挑獸力獸運
○、九○	一、一五	○、六八	○、三五	○、四五	○、四五	一、○五	一、三五	○、八○	○、四○	○、五○	○、五○	一、二○	一、五五
○、九○	一、一五	○、六八	○、三五	○、四五	○、四五	一、○五	一、三五	○、八○	○、四○	○、五○	○、五○	一、二○	一、五五
一、○八	一、二六	○、七五	○、四○	○、五○	○、五○	一、二六	一、四八	○、八八	○、四六	○、五五	○、五五	一、四四	一、七○
○、九○	一、一五	○、六八	○、三五	○、四五	○、四五	一、○五	一、三五	○、八○	○、四○	○、五○	○、五○	一、二○	一、五五
○、八一	一、○六	○、六一	○、三○	○、四一	○、四一	○、九五	一、二四	○、七二	○、三五	○、四五	○、四五	一、○八	一、四二
一、○八	一、一六	○、七五	○、四○	○、五○	○、五○	一、二六	一、四八	○、八八	○、四六	○、五五	○、五五	一、四四	一、七○
○、四五	○、五八	○、三四	○、一八	○、二三	○、二三	○、五二	○、六八	○、四○	○、二○	○、二五	○、二五	○、六○	○、七八
○、四五	○、五八	○、三四	○、一八	○、二三	○、二三	○、五三	○、六八	○、四○	○、二○	○、二五	○、二五	○、六○	○、七八
○、四五	○、五八	○、三四	○、一八	○、二三	○、二三	○、五二	○、六八	○、四○	○、二○	○、二五	○、二五	○、六○	○、七八
○、八一	一、○六	○、六一	○、三○	○、四一	○、四一	○、九五	一、二四	○、七二	○、三五	○、四五	○、四五	一、○八	一、四二
○、六九	○、八六	?	○、二六	○、三四	○、三四	○、八一	一、○二	○、六○	○、三○	○、三八	○、三八	○、九二	一、一六
○、八一	一、○六	○、六一	○、三○	○、四一	○、四一	○、九五	一、二四	○、七二	○、三五	○、四五	○、四五	一、○八	一、四二
○、四五	○、五二	○、三四	○、一八	○、二三	○、二三	○、五二	○、六八	○、四○	○、二○	○、二五	○、二五	○、六○	○、七八
○、八一	一、○六	○、六一	○、三○	○、四一	○、四一	○、九五	一、二八	○、七二	○、三五	○、四五	○、四五	一、○八	一、四二

百公里		五百另一公里至七百公里						七百另一公里至一千公里					
木船	輪船	火車	汽車	人力車	人力肩挑駄運	木船	輪船	火車	汽車	人力車	人力肩挑駄運	木船	輪船
〇、九二	〇、四五	〇、五五	〇、五五	一、三五	一、七五	一、〇四	〇、五〇	〇、六〇	〇、六〇	一、五〇	一、九五	一、一六	〇、五五
〇、九二	〇、四五	〇、五五	〇、五五	一、三五	一、七五	一、〇四	〇、五〇	〇、六〇	〇、六〇	一、五〇	一、九五	一、一六	〇、五五
一、〇二	〇、五一	〇、六一	〇、六一	一、六二	一、九二	一、〇四	〇、五七	〇、六六	〇、六六	一、八〇	二、一四	一、二八	〇、六三
〇、九二	〇、四五	〇、五五	〇、五五	一、三二	一、七五	一、〇四	〇、五〇	〇、六〇	〇、六〇	一、五〇	一、九五	一、一六	〇、五五
〇、八二	〇、三九	〇、五〇	〇、五〇	一、三二	一、六一	〇、九四	〇、四三	〇、五四	〇、五四	一、三五	一、七九	一、〇四	〇、四七
一、〇二	〇、五一	〇、六一	〇、六一	一、六二	一、九二	一、一四	〇、五七	〇、六六	〇、六六	一、八〇	二、一四	一、二八	〇、六三
〇、四六	〇、二三	〇、二八	〇、二八	〇、六八	〇、八八	一、五二	〇、二五	〇、三〇	〇、三〇	〇、七五	〇、九八	〇、五八	〇、二八
〇、四六	〇、二三	〇、二八	〇、一八	〇、六八	〇、八八	〇、五二	〇、二五	〇、三〇	〇、三〇	〇、七五	〇、九八	〇、五八	〇、二八
〇、四六	〇、二三	〇、二八	〇、二八	〇、六八	〇、八八	〇、五二	〇、二五	〇、三〇	〇、三〇	〇、七五	〇、九八	〇、五八	〇、二八
〇、八三	〇、三九	〇、五〇	〇、五〇	一、三二	一、六一	〇、九四	〇、四三	〇、五四	〇、五四	一、三五	一、七九	一、〇四	〇、四七
〇、六九	〇、三三	〇、四一	〇、四七	一、〇四	一、三一	〇、七八	〇、三七	〇、四五	〇、四五	一、一五	一、四七	〇、八七	〇、四一
〇、八三	〇、三九	〇、五〇	〇、五〇	一、三二	一、六一	〇、九四	〇、四三	〇、五四	〇、五四	一、三五	一、七九	一、〇四	〇、四七
〇、四七	〇、二三	〇、二八	〇、二八	〇、六八	〇、八八	〇、五二	〇、二五	〇、三〇	〇、三〇	〇、七五	〇、九八	〇、五八	〇、二八
〇、八三	〇、三九	〇、五〇	〇、五〇	一、三二	一、六一	〇、九四	〇、四三	〇、五四	〇、五四	一、三五	一、七九	一、〇四	〇、四七

一千公里以上														
火車	○、六二	○、六五	○、七二	○、六五	○、三九	○、七二	○、三三	○、三三	○、三三	○、五九	○、四九	○、五九	○、一三	○、五九
汽車	○、六五	○、六五	○、七二	○、六五	○、五九	○、七二	○、三三	○、三三	○、三三	○、五九	○、四九	○、五九	○、二三	○、五九
人力獸力車	一、六五	一、六五	一、九八	一、六五	一、四九	一、九八	○、八三	○、八三	○、八三	一、四九	一、二七	一、四九	○、八二	一、四九
人力肩挑獸力馱運	二、一五	二、一五	二、三六	一、一五	一、九八	二、三六	一、○八	一、○八	一、○八	一、九八	一、六一	一、九八	一、○八	一、九八
木船	一、二八	一、二六	一、四二	一、二八	一、一五	一、四二	○、六四	○、六四	○、六四	一、一五	○、九六	一、一五	○、六四	一、一五
輪船	○、六○	○、六○	○、六八	○、六○	○、五二	○、六八	○、三○	○、三○	○、三○	○、五二	○、四四	○、五二	○、三○	○、五二

附記

（1）凡未滿十公里者不得列報運輸損耗只准列報收交損耗一次

（2）本表所定耗率係指包裝運輸而言倘遇散裝運輸則比照各欄規定增加損耗率百分之二十核計但散步運輸祇適用於糧政機關其他軍糧兵站機關不准適用

第五條　收交損耗依糧食收交之次數而定每次之損耗率最高不得超過萬分之五但倉儲在一月以上或經過運輸已報有倉儲或運輸損耗者不得另行列報收交損耗

第六條　因運輸上之必要於中途掉換運具者須各該運具之每段運程滿五十公里始准分段報耗如其中有不滿五十公里之運程部份得併入其所接續之其他運具之運程列報至所報運耗并得擇取各該運具中較高之耗率計算但在某一批運輸中如使用各種不同之運具而其中又有同一運具使用二次或二次以上者則該種運具祇准報耗一次（例如起初用船運中間改用車運最後又用船運則該兩次船運須將其運程合併後作一次列報）

第七條　屯儲糧食須於全部發出或主管更動移轉保管時始得按照各該主管機關規定程序報耗一次不得隨時報耗以杜流弊但有特殊情形者（如被炸火水災等得呈准派員監盤核實報耗）

第八條　糧食收交倉儲運輸均以無損耗為原則本規則所定損耗率係屬最高限額如有事實上不能避免之損耗祇能在定率以下核實列報絕對不准列報超耗倘有謊報不實情事一經查覺或被告發即依懲治貪污條例之規定從重治罪

第九條　糧食在儲運期間遇有不可抗力情事發生損失時（如沉船翻車被炸被劫水火災等）應由主管人員詳陳事由並檢齊證明文件專案呈報各主管機關查核後轉報中央主管機關核辦

第十條　因過失或保管不力以致發生損耗或所報損耗超過規定標準率者均應依照其數量責令賠償實物或照當時當地市價折賠現款

第十一條　本規則自公佈之日施行

（附註）本規則係奉　行政院三十四年平三字第六二四三號訓令通飭頒行並報請　國防最高委員會核備在案

廣東田賦糧食管理處

年度糧食倉儲損耗報告表（舉例）　年　月　日　字　號

縣別							合計
倉址							
倉名							
建築情形	新倉						
	修理倉						
	舊倉						
	民房						
倉房有無破漏情形							
管理人員姓名							
儲糧種類	稻谷	2000石					2000石
	熟米						
	糙米						

類數量	小麦						
	其他						
屯儲情形	散袋						
	袋装						
	圍屯装						
出倉數量		.000石	500石	490石048			1990石048
損耗數量		4石	2石	3石925			9石952
損耗原因	虫害						
	霉变						
	失竊						
	火災						
	其他						
損耗百分率		4%	4%	8%			

進出倉年月日	進倉	31年10月6日	同左	同左			
	出倉	32年4月10日	32年4月20日	32年9月1日			
損耗是否超過規定	超定數量						
	末						
辦理經過							
呈部請示文號	字號文別						
	月日						
奉部核示文號	字號文別						
	月日						
備考							

兼處長　　副處長　　科長　　會計員　　製表員

糧食運輸損耗月報表

中華民國　　年　　月　　日　　第　　頁

運輸區別		里程公里	日期		行程日期	糧食種類	包裝情形	輸具輸力種類	起運數量	到達數量	運輸損耗數量	實際損耗數	規定損耗率	比較	備考
起點	訖點		起運	到達											

處主任　　副主任　　會計員　　複核　　製表

（八）事由：爲奉電轉發軍事征僱伕馬車船給與辦法仰遵照由

廣東田賦粮食管理處電 粮田尹儲字第472號
中華民國卅四年十二月卅一日

各縣田賦粮食管理處各業點倉庫各運輸站均覽現奉粮食部本年未東餘配輸（15744）代電開查調整粮食運輸水陸運價一案前經本部以午灰餘配輸代電開示六項原則飭遵照在案茲奉軍事委員會卅四年七月十三日勤辦字第（122）號訓令內開查卅三年度軍事征僱伕馬車獸及木船租力給與標準係上年十一月頒佈實施半年以來因物價不斷波動該項給與已不適用茲特重新制定卅四年度軍事征僱伕馬車船租力給與辦法隨令頒佈自本年七月份起實施本辦法實施以後所有卅三年度軍事征僱伕馬車獸及木船租力給與標準以及本會及軍政部暨後方勤務總司令部等先後特准臨時增加之各種征僱給與着即一律廢止仰即遵照並飭屬一體遵照爲要等因附發軍事征僱伕馬車船給與辦法一份奉此自應遵辦惟查如無餘額可支伕粮省份其口粮大米二十九市兩或麵粉二十六市兩仍照前代電所列原則第三條乙項參照該省各區平均米代金折價比例折算並擬定價率呈核由該處擬定實行日期報備等因附發軍事征僱伕馬車船給與辦法二份奉此自應遵照爲分飭如下（一）奉頒新給與標準該縣應自奉電日起實行（二）船民伕口粮因本省實物不敷發配着定每市石米（3000）元計算折價發給（三）該處運價照此項標準調整後共需增加運費若干連同未撥運費尚應補撥若干仰即切實估計概算先行電處另補編運費追加預算呈核（四）該處現存（33）年度賦實數量若干仰分別倉存地點及應運地點詳列報核除分電外合抄發原辦法一份仰即遵照仍將奉電日期具報處長蕭次尹亥世儲田尹儲配印附抄發軍事征僱伕馬車船給與辦法一份

軍事征僱伕馬車船給與辦法

一、本辦法依據戰時軍事機關或部隊征僱民伕辦法及戰時軍事機關或部隊征用征購或租僱馬騾車輛辦法並斟酌實際情形制定之

二、本辦法所稱之伕馬車船係指担任軍事運輸之民伕馬騾驢牛駱駝及各種手車火車木船等項而言

汽車及火輪船之給與另行規定木輪船給與按照交通部航政機關規定之軍運運價發給如未經該局規定時按當時當地商運價格八折發給均不適用本辦法規定之給與

三、本兵工同屬服役待遇自應昇等之原則特參照國軍給與及物價狀況以維持人獸最低生活及輸具效能爲標準而規定各種給與其比額如次

甲、伕粮按照士兵主食定量同等給與

乙、工資以數民伕之副食茶水草鞋等費爲準的照列兵待遇給與之

丙、乾糧以數馬騾驢牛駱駝等之草料掌釘等費爲準的照國軍馬乾及掌釘費給與之

丁、車船租金按工具折舊及維持其效能之最低費用（如修理及配備附件）規定之

四、爲適應各地物價之狀況特行分區給與其區域暫行劃分如次但新疆情形特殊另行規定

甲區——川康滇黔四省

乙區——不屬於甲丙兩區之全國各地區

丙區——蘇浙皖贛粵閩六省

五、依據右述規定之各種給與如附表第一二

六、本辦法之實施由軍事委員會以命令定之

三十四年度軍事征僱伕馬車輛租力給與標準表

附表第一

類別	載重公斤數	甲區 工資	甲區 乾糧	甲區 車租	乙區 工資	乙區 乾糧	乙區 車租	丙區 工資	丙區 乾糧	丙區 車租
口糧		大米二十五市兩								
伕	四〇	二〇〇	—	—	一五〇		—	一〇〇	—	—
馬騾	六〇	二〇〇	三〇〇	—	一五〇	二五〇	—	一〇〇	二〇〇	—
驢牛	五〇	二〇〇	二〇〇	—	一五〇	一八〇	—	一〇〇	一六〇	—
駱駝	一五〇	二〇〇	三〇	—	一五〇	二五〇	—	一〇〇	二〇〇	—
手車	六〇	二〇〇	—	五〇	一五〇	—	五〇	一〇〇	—	五〇
鐵輪大車 一馬曳	二〇〇	二〇〇	三〇〇	二〇〇	一五〇	二五〇	二〇〇	一〇〇	二〇〇	二〇〇
鐵輪大車 二馬曳	四〇〇	四〇〇	六〇〇	二〇〇	三〇〇	五〇〇	二〇〇	二〇〇	四〇〇	二〇〇
鐵輪大車 三馬曳	六〇〇	六〇〇	九〇〇	二〇〇	四五〇	七五〇	一〇〇	三〇〇	六〇〇	二〇〇
膠輪大車 一馬曳	四〇〇	二〇〇	三〇〇	四〇〇	一五〇	二五〇	四〇〇	一〇〇	二〇〇	四〇〇
膠輪大車 二馬曳	八〇〇	四〇〇	六〇〇	四〇〇	三〇〇	五〇〇	四〇〇	二〇〇	四〇〇	四〇〇
膠輪大車 三馬曳	一二〇〇	六〇〇	九〇〇	四〇〇	四五〇	七五〇	四〇〇	三〇〇	六〇〇	四〇〇

（每日給與單位：元）

附記

一、本表所列口糧係以大米為準其不產米區域則折發麵粉二六市兩或包谷粟谷油麥各三二市兩或蕃薯四〇市兩

二、各種輸力之每日行程除牛車定為二〇公里外其餘均定為三〇公里

三、本表所定之各種給與係以載重公斤數為標準計算如載重超過公斤數則加給獎金其計算標準如下（一）伕馬騾驢牛手車均以十公斤為一級駱駝以二〇公斤為一級載重每超過一級加給獎金五〇元（二）大車以一〇〇公斤為一級每超過一級加給獎金二〇〇元其超過載重量不滿一級之半數者（伕馬騾驢牛手車為五公斤駱駝為二〇公斤大車為五〇公斤）不予加給在半數以上者按一級加給

四、征僱輸力担任往返運輸回空時口糧乾糧照數發給工資車租折半發給

征僱輸力因雨雪停運時口糧乾糧照數發給工資折半發給車租不發

五、短程運輸不滿二〇公里以及裝卸伕均按實際運量以每公斤里折合運價加倍發給工資不發口糧其行程在二〇公里以上者按一日計照本表規定發給

六、凡徵僱民伕得以一〇人至二〇人馱獸以一〇頭至一五頭（四）車輛以六輛至一〇爲一班每班設組長一名每五班設隊長一員除按民伕待遇發給糧食外隊長每員每日津貼五〇元班長每名每日津貼二〇元

担位	船伕人數	每日給與								
		甲區			乙區			丙區		
		船戶租金	船伕工資	合計	船戶租金	船伕工資	合計	船戶租金	船伕工資	合計
三十公担以下	四	二〇〇	八〇〇	一、〇〇〇	二〇〇	六〇〇	八〇〇	二〇〇	四〇〇	六〇〇
三十一公担至五十公担	五	三〇〇	一、〇〇〇	一、三〇〇	三〇〇	七五〇	一、〇五〇	三〇〇	五〇〇	八〇〇
五十一公担至一百五十公担	六	四〇〇	一、二〇〇	一、六〇〇	四〇〇	九〇〇	一、三〇〇	四〇〇	六〇〇	一、〇〇〇
一百零一公担至一百五十公担	七	五〇〇	一、四〇〇	一、九〇〇	五〇〇	一、〇四〇	一、五四〇	五〇〇	七〇〇	一、二〇〇
一百五十一公担至二百公担	八	六〇〇	一、六〇〇	二、二〇〇	六〇〇	一、二〇〇	一、八〇〇	六〇〇	八〇〇	一、四〇〇
二百零一公担至二百五十公担	九	七〇〇	一、八〇〇	二、五〇〇	七〇〇	一、三五〇	二、〇五〇	七〇〇	九〇〇	一、六〇〇
二百五十一公担至三百公担	十	八〇〇	二、〇〇〇	二、八〇〇	八〇〇	一、五〇〇	二、三〇〇	八〇〇	一、〇〇〇	一、八〇〇
三百零一公担至五百公担	十二	一、〇〇〇	二、四〇〇	三、四〇〇	一、〇〇〇	、八〇〇	二、八〇〇	一、〇〇〇	一、二〇〇	二、二〇〇
五百零一公擔至七百公担	十五	一、二〇〇	三、〇〇〇	四、二〇〇	一、二〇〇	二、二五〇	三、四五〇	一、二〇〇	一、五〇〇	二、七〇〇
七百零一公擔至一千公担	十八	一、五〇〇	三、六〇〇	五、一〇〇	一、五〇〇	二、七〇〇	四、二〇〇	一、五〇〇	一、八〇〇	三、三〇〇

附記

一、船伕工資，係按每人日給甲區二〇〇元，乙區一五〇元，丙區一〇〇元計算

二、船伕除給工資外，每人每天發給食米二十五市兩

三、川康滇黔四省區，適用甲區給與，不屬於甲丙兩區之地區適用乙區給與，蘇浙皖贛粵閩六省區，適用丙區給與

四、木船在一千公擔以上者每加五百公擔每日增加船租三百元船伕一名

五、木船每日行程上水以二十公里下水以四十公里爲標準平均每日行三十公里

六、西北各地及新　按照當地運價八折付費

（九）接收粮食工廠公司暨粮食倉庫處理綱要

一、收復區內屬於粮食加工製造之工廠或公司暨粮食倉庫在省境內由省田賦粮食管理處或其所派人員接收在市區內由粮政特派員辦公處或其所派人員接收其接收處理照本綱要之規定

二、接收之粮食工廠公司及倉庫（以下簡稱廠倉）就其性質分別爲下列三類

第一類：1.日軍在華所設之廠倉2.日本經濟商業團體或其人民在華所設之廠倉3.僞組織所設之廠倉4.日僞軍政機關合組設置之廠倉5.日僞機關與日本經濟商業團體或其人民合辦之廠倉6.日僞侵中國政府在戰前所設之廠倉 .附敵附逆漢奸所設之廠倉

第二類：1.日僞機關與中國人民合資設立之廠倉2.日本經濟商業團體或其人民與中國經濟商業團體或人民合辦之廠倉3.日僞侵佔中國政府與人民合辦之廠倉4.原爲中國人民所設經日僞擴展合併或收買之廠倉

第三類：1.日僞侵佔中國人民所設之廠倉2.日僞侵佔盟國人民所設之廠倉3.日僞侵佔盟國人民與中國人民合辦之廠倉

三、第一類廠倉除軍需乾粮工廠由軍政部接收外均由各該省田粮處或市特派員辦公處（以下簡稱接收單位）或其派員負責接收管理並繼續經營

四、第二類廠倉由各接收單位或其派員先行接收繼續經營其原有中國人民部分股權或產權詳確查明報部核辦

五、第三類廠倉原爲中國或盟國人民所設經日僞强制侵占查明確實其合法股權或產權依然存在並無其他糾紛者應由各接收單位或其派員會同原股權或產權所有人或其代表人共同接收暫交原股權人或產權人負責代爲接管繼續經營各接收單位仍負監督之責俟所有權依法確定後即行發還盟國人民所設之廠倉接收時並應通知各該國使領館派員參加接收

六、接收廠倉時應注意查明左列事項呈報本部

1.廠倉組織及其資本

2.機器廠房倉庫堆棧碼頭及附屬工具設備

3.原料物料製成品半製品副產品及儲存物品

4.雇用技術管理人員職工人數及組織系統表

5.重要文件契約帳冊單據報告圖表

6.有無股權產權及債權債務之糾紛

7.最近之資產負債表及財產目錄

8.已往及最近之生產情形及營業狀況

七、接收第一類廠倉時其日僞所委經理廠長或負責人在廠或在當地者應責令造具前條各項清表詳細會同點收簽名蓋章證明如原負責人均已逃逸或離開當地一時無法招致者應邀請當地政府及同業公會分派人員會同點收製表共同簽章證名

八、接收第二類廠倉時除依照第七條辦理外並應邀同中國人民部份原股權或產權所有人或代表人參加點收製表並簽章證明倘原股權或產權人一時無法招致者仍依照第七條辦理

九、接收第三類廠倉時除照第五、七、八條辦理應造具清冊二份以一份呈部一份交原股權或產權人收執所有參加接收人員均應簽章證明

十、接收時應切實注意查察有無隱匿盜賣毀損一切資產物料帳目現金諸弊端如遇有此項弊端發生應報請主管機關依法從嚴究懲

十一接收之工廠及公司應儘量維持現狀繼續生產照常供銷同時視其需要性質產銷情形分別詳擬業務計劃預算書表於接收後至遲於一個月內呈部核定如因情形特別複雜產權債務糾紛待清或機件資產損失過多一時無法復業或竟無繼續經營價值者應一面儘速分別清理整頓或保管一面詳細呈部核示

十二、接收之廠倉一律暫用現有名稱但現有名稱係用日文或株式會社等日本名稱者應即取銷改用譯名

十三、各廠倉接收前後一律商派憲警守衛

十四、各接收單位及接收人員對於接收之手續法律之程序會計之審核廠務之監督業務之管理均應詳細嚴密謹慎致嚴必要時得延聘法律會計或技術顧問協同辦理

十五、各接收單位接收廠倉應需之接收費用得核實支撥仍報部核備

十六、接收經營之工廠及公司以自給自足為原則在業務計劃未核定以前如因繼續生產週轉資金短絀或原料缺乏得由接收單位就實際情形酌予墊撥或呈部核辦

十七、接收之倉庫堆棧碼頭及其附屬工具設備應一律照常管理所有必需管理或修繕費用得由接收單位核實支撥仍報部核備

十八、接收之成品如因質地不宜保管或已發生變質者應由接收單位妥速處理或變價仍報部核備

十九、接收經營之廠倉應按月造具營業會計月報轉由接收單位呈部備核其業務簡單範圍較小之廠倉得免報備核

二十、接收廠倉之原用人員除必須暫行留用之技術管理及會計人員外一律促其交代清楚後解散之其暫留人員並應詳加考察取具保證報由接收單位查核

廿一、接收接辦及暫留人員均應勤慎廉潔嚴謹服務以謀業務之發展與改進不得有絲毫委靡腐化情形其有成績不良工作不力或影響廠倉信譽者應受嚴厲之處分

廿二、接收後繼續經營之糧食加工製造工廠及公司其管理辦法另訂之

(十)各糧政機關接收敵偽糧食及其他資產登賬編報辦法

一、各糧政機關接收敵偽糧食糧款現金土地房屋機器舟車家俱牲畜及其他一切資產均應照實際接收數量及品名分別設賬以前未登賬者應於奉到本辦法後補登

現金或銀行存款應按法幣偽幣各種外幣分別立戶偽幣外幣及黃金並應按法定比率折成法幣記賬

二、接收敵偽糧食及其他資產登賬時除記明原接收資產之品名等級數量單位（即米若干市石房屋若干間機器若干部）外並應記明價格前項價格以各該機關開始接收日當地市價為準以法幣元為單位該地無市價者由接收機關自行評定之評定之價格本部或敵偽產業處理機關認為不當時更正之

三、接收敵偽糧食及其他資產奉准撥用時或出售移交發還（指接收後查明非敵偽所有應予發還者而言）均應取具合法憑證照接收時原估價格列賬其奉准出售者照出售時當地市價或本部核定之價格收取價款列賬出售價格與接收價格之差額以「出售資產盈餘」或出售資產虧損科目處理之如有毀損霉變等事實時應於報經本部核准備案後按原入賬價格登賬列銷

四、接收敵偽粮食及其他資產應予點收清楚後編具接收清冊或財產目錄一式兩份呈部核備敵偽原編清冊或目錄經點收相符者准以原件呈部毋庸另編但其中有用日文記載者應譯成中文

前項接收清冊財產目錄應將（1）類別（2）品名及等級（3）單位（4）數量（5）單價（6）總價分別列明

在未奉到本辦法前已送之清冊及目錄未具備本條規定之條件者准免另編其未經編報部份應於奉到本辦法十五天內照本條規定補報

五、接收敵偽粮食及其他資產應於每月月終彙編接收敵偽粮食及其他資產動態報告表一式二份呈部核備

前項動態報告表應將（1）類別（2）品名（3）上月結存數量及價值（4）本月增加數量及價值（將本月新接收數撥入數借入數收回借出數分別列明）（5）本月減少數量及價值（將本月撥出數讓與數出售數出借數移交數發還數毀損數霉變數分別列明均按接收價格計算關於出售部份另附出售資產盈虧計算表將接收價格及出售價格分別明列）（6）本月結存數量及價值分別列明

六、各粮政機關應就截至三十四年十二月底止接收情形編具接收敵偽粮食及其他資產分類統計表一式二份於三十五年一月三十一日以前呈報核備

前項分類統計表分（1）粮食（分爲稻谷米小麥大麥麵粉雜粮食油菜籽及粮食工廠各項製成品副產品等項）（2）粮袋（分爲蔴袋布袋草袋等項）（3）現金及銀行存款（分爲法幣偽幣外幣黃金等項）（4）土地（5）房屋（分爲倉庫工廠辦公房屋等項）（6）機器（7）車（分爲輪船木船汽車板車人力車等項）（8）傢俱（9）牲畜（10）其他等十類按被接收之敵偽機關分戶將接收每一戶每一類每一項之價值（以法幣元爲單位）列入

七、各粮政機關應就截至三十四年十二月底止接收敵偽粮食及其他資產動態情形編具動態統計表一式二份於三十五年二月十五日以前呈部核備

前項統計表應將（1）類別（2）接收數（以法幣元爲單位以下同）（3）撥用數（4）轉讓數（5）出售數（6）出借數（7）移交數（8）發還數（9）毀損霉變數（10）實存數分別列明均按接收價格計算出售部份另附出售資產盈虧統計表

八、各粮政機關依照本辦法應設置之帳簿及記賬程序由各機關參酌接收業務繁簡自行擬定呈部核備

九、本辦法實施後各粮政機關對於接收敵偽粮食及其他資產如仍不登賬編報或故意遲編延誤者得查明情節議處

十、本辦法自部令公佈之日施行

（十一）廣東省粮政局儲運處經管徵實徵購倉庫翻晒屯粮暫行辦法

第一條　廣東省粮政局儲運處因三十一年度本省淫雨成災所有征實征購倉庫（包括各縣（局）倉庫及車站倉庫以下簡稱倉庫）屯穀有時須加翻晒特制訂本辦法關於本年度屯穀翻晒事宜除法令另有規定悉依本辦法辦理

第二條　倉庫管理人員如發覺屯穀一部或全部受濕或變質而又未屆交撥期間時應即造具屯穀請求翻晒表（附表式一）及翻晒費用概算由各該倉庫主任逕呈儲運處核准後翻晒之並轉報粮食部備案

第三條　屯穀受濕或變質程度嚴重不及呈報核准時倉庫主任得權宜處置施行翻晒惟應即電呈儲運處備案並依前條規定補辦各項手續

第四條　應予翻晒之屯穀其數額在五十市石以下者應由各該倉庫自行督理不得報支費用超過五十市石以上者每市石給衛量費及伕力費五分

第五條　翻晒期間倉庫主任須派員每日在場監視所支旅費應在翻晒費內列報

第六條　凡經驗收適合標準或曾施翻晒進倉之糧食其屯儲期間未屆滿六個月者非有特殊原因不得請求翻晒

第七條　翻晒屯糧以經監視人員驗明確屬潮濕或變壞部份為限其尚無翻曬必要部份不得濫行翻曬

第八條　翻曬屯糧應注意天氣在易起暴風雨期內翻曬時應作搶救準備不得使屯糧受濕

第九條　翻晒屯糧須逐日舉行非因天雨或特殊障碍不得間歇翻晒期間不得超過十五日晴天

第十條　翻晒屯糧應注意均勻及晒坪是否乾潔晒糧厚度以不超過二市寸為原則

第十一條　翻晒屯糧時倉庫員工須全體出動在場工作以防意外損耗

第十二條　晒坪應由各倉倉丁利用附近空地修理應用並應修成中部界高四周漸低地形以免積水翻晒屯糧時應先用竹圍竹笪墊底作為晒簟使不致混什沙泥如附近無廣場可資修理應借用民間晒坪

第十三條　翻晒屯糧用具除各該倉庫有者外其餘均應向當地民衆借用並應小心使用用畢由倉庫管理人員負責如數交還

第十四條　每次翻晒糧食倉庫管理人員應會同監視人員將屯糧進出倉及損耗實存數量同量衡核算清楚造具翻紀錄（附表式二）呈報儲運處備核

第十五條　翻晒糧食所生之損耗應歸入倉儲損耗內列報若因特殊情形致損耗超過規定者應由主管人員詳陳事由並檢齊證明文件（包括當地行政長官及本局派往查勘人員之證明）專案摘報本局查實後轉報糧食部核辦

第十六條　屯糧晒畢將進倉時必須先過風車不得留存穀灰凹穀及掺雜沙石等不淨之物

第十七條　倉庫修繕或廒內設備須改善時應於屯糧翻晒倉房出空期間辦理之

第十八條　倉庫管理員須於屯糧翻晒完畢後七日內將翻晒經過情形連同翻晒紀錄及支出費用單據等呈由該管倉庫主任轉呈儲運處核銷

第十九條　翻晒屯糧如違反以上各條規定或有虛報侵吞等情弊除所支費用不予核銷外倉庫人員應從嚴懲處

第二十條　本辦法呈經糧食部核准後施行如有未盡事宜得隨時呈請修正之

廣東省糧政局儲運處××倉庫請求翻晒屯糧報告表

中華民國　　年　　月　　日　　　　字第　　號

<table>
<tr><td>倉庫名稱</td><td></td><td>倉號</td><td></td><td rowspan="3">擬定晒坪</td><td>類別</td><td></td></tr>
<tr><td>倉址</td><td></td><td>修建情形</td><td></td><td>可翻晒擔額</td><td></td></tr>
<tr><td>種類</td><td></td><td>原屯數</td><td></td><td>與本倉距離</td><td></td></tr>
<tr><td>屯糧期間</td><td></td><td>翻晒數</td><td></td><td colspan="2">預定翻晒期間</td><td></td></tr>
<tr><td colspan="2">翻晒原因</td><td colspan="2">倉庫主任查勘意見</td><td colspan="3">附註</td></tr>
<tr><td colspan="2"></td><td colspan="2"></td><td colspan="3">1.本表由請求翻晒屯糧倉庫照式填造三份以二份呈處一份存査
2.請求人及簽具意見人均須簽名蓋章否則無效
3.翻晒原因應詳細填明</td></tr>
</table>

倉庫主任＿＿＿＿＿＿　　管理員＿＿＿＿＿＿　　製表員＿＿＿＿＿＿

倉庫副主任＿＿＿＿＿＿

廣東省糧政局儲運處××倉庫翻晒屯糧紀錄表

中華民國　　年　　月　　日至　　月　　日共　　天　　字第　　號

倉庫名稱		原屯數量		奉准翻晒	日期	
倉址		翻晒數量			文號	

日期		天氣	品種	數量				費用				備考
月	日			出倉數（市石）	入倉數（市石）	損耗數（市石）	百份比	衡量及伕力費	監晒費	其他	合計	
合計												

附注：
1. 核准翻晒日期文號必須填明
2. 費用其他欄非經核准不得填報
3. 本表於翻晒完畢後七日內填繳二份逾期不予核銷

倉庫主任＿＿＿＿　管理員＿＿＿＿　製表員＿＿＿＿

倉庫副主任＿＿＿＿　監視員＿＿＿＿

（十二）修正廣東省征收征借粮食加工盈餘分配辦法草案

一、本省各縣（市）（局）粮食管理處（以下簡稱縣田粮處）征收征購粮食加工應仍照粮食部核定每谷一市石重一百零八市斤折糙米七十六市斤比率計算

二、粮食加工採用包礱制由縣田粮處會同縣政府及該縣征購粮食監察委員會或法院會同派員公開招商投承訂約交礱每批粮食礱成後應會同塡具粮食加工報告表三份（附表一）分存各機關以備抽查

三、縣田粮處辦理加工應每月塡具礱米月報表（附表二）報請廣東田賦粮食管理處核備并按月將礱米數量與盈餘在縣府門前及礱米地點公佈

四、粮食加工應公開招商投承以超過原率最高者承礱不另任加工工資即以副產物抵償所有由倉庫至礱房及運回倉庫之運卸各費及損耗概由承礱商負担

五、粮食加工所得米粮超過粮食部核定成率之盈餘應作如下之處置

一、以百份之四十作修建倉庫

二、以百份之五十作保貼運費

三、以百份之十作員工福利費（省縣各佔半數）

六、粮食加工收支數目應由會計人員依法設立專帳處理其支出憑證應由征購粮食監察委員會簽章證明并按月辦理報銷

七、縣田粮處辦理粮食加工如有將超額米粮隱匿不報者以侵吞公款議處承礱商人如有串同舞弊情事即依法嚴懲

八、本辦法自呈奉　粮食部核定施行

（附表二）

△△縣田賦粮食管理處粮食加工報告表

時間

地點

加工廠名

工具種類

稻谷數量（市石）

加工結果（糙米市斤）

備考

到場人	機關	職別	姓名
	縣政府		
	田賦粮食管理處		
	縣征借糧食監察委員會		

中華民國　　年　　月　　日

（全銜）

△△年度賦谷　　　　△△年　月　日編　第　頁

附表二

日期	提繳稻谷數量（市石）	品種	加工廠名	工具种類	實收糙米數量（市斤）	照部定比率數量（市斤）	超額數量（市斤）	超額變價		備考
								單價	合計	
								元	元	
合計										

兼處長　　副處長　　科長　　會計　　製表

（十三）廣東省戰時田賦征收實物變壞處理及處置暫行辦法

廣東省政府第九屆委員會第（二八一）次會議通過施行

第一條　本辦法根據廣東省戰時田賦征收實物實施辦法經收施行細則第廿二條規定訂定之

第二條　實物變壞處理及處置辦法在中央未頒佈以前暫依本辦法辦理

第三條　本辦法「鄉鎮糧庫」與「供應糧庫」均適用之

第四條　鄉鎮糧庫經管稻谷保存期間規定爲二年（供應糧庫保存期間與鄉鎮糧庫同並准由鄉鎮糧庫入倉日起計）限期將屆時管理人員應先行報請各縣（市）（局）政府儘先提撥以免變壞

第五條　經管實物如遇配運時須按入倉先後次序撥付

前項如係供應糧庫接受其他糧庫撥來經整理後業消失積存性之實物時不受本條文之限制

第六條　鄉鎮糧庫保管委員會（以下簡稱糧保會）主任委員及糧庫管理員應每週檢查倉存實物一次管理員並須隨時體察情形加以整理

第七條　糧庫管理員對所保管實物在保存時間內如有變壞除呈報請（市）縣（局）政府依法處理及處置外所有一切損失均由該管理員負責賠償不得報請報銷

前項規定如有特別原因非人力所能預防挽救經縣（市）（局）政府查明屬實者不在此限

第八條　在保存期間以外如所儲實物將有變壞徵象即須迅速飛報縣（市）（局）政府派員檢查并一面迅速整理其損耗數量並須由縣（市）（局）政府派員在場簽証（如係虫蛀即須用篩簸淨後然後翻晒）經整理之實施如因積存性已銳減應即報請縣（市）（局）政府提前發放

前項變壞實物如經縣（市）（局）政府查明有調換情弊時糧保會主任委員以失察論應受懲處倉庫管理員以侵吞公款論罪除負賠償責任外並依法重處

第九條　縣（市）（局）政府接到前條報到後應于廿四小時內即行派員前往檢查變壞程度協助並指導糧庫迅速整理

第十條　經整理之實物如尚能保持原狀時檢查人員即留回翻回入倉並于倉口處特別標明及將經過情形層報廣東省糧政局（以下簡稱糧政局）備案并將報糧食部備案。

第十一條　所有實物如因變壞程度過重經整理後仍未能全部或一部恢復原狀時檢查人員應以迅速飛報縣（市）（局）政府　縣（市）（局）政府據報後限即刻電報糧政局請示并一面作下列之處理。

1. 檢查倉庫建築設備及堆積情形是否適合妥善有無改良必要

2. 調查保管人員有無調換情弊

3. 研究變壞原因計劃預防方法

第十二條　縣（市）（局）政府奉到糧政局核復後應即會同審計機關或其委託人公開投變或事辦平糶

第十三條　縣（市）（局）政府將變壞實物處理後即將經過情形呈報糧政局核備並將變賣價款繳交公庫。

第十四條　實物變壞損耗非經呈奉核准糧庫管理員不能解除責任並不得將損耗數先行開除但此項損耗數于填報日報表時亦予注明備查

第十五條　實物變壞損耗應由經管糧庫填具損耗表三份送糧政局核辦損耗表格式另定之

第十六條　本辦法如有未盡事宜得隨時呈請修正之

第十七條　本辦法呈奉　廣東省政府核准後施行

（機關名稱）

實物變壞損耗表

中華民國　　年　　月　　日造報

<table>
<tr><th rowspan="2">損耗日期</th><th rowspan="2">儲存期間</th><th rowspan="2">損耗原因</th><th rowspan="2">發現經過</th><th colspan="7">損耗數量</th><th rowspan="2">與總額之比率</th><th rowspan="2">備考</th></tr>
<tr><th>千石</th><th>百石</th><th>十石</th><th>石</th><th>斗</th><th>升</th><th>合</th></tr>
<tr><td></td><td></td><td></td><td></td><td></td><td></td><td></td><td></td><td></td><td></td><td></td><td></td><td></td></tr>
<tr><td colspan="2">查驗人簽註</td><td colspan="2">糧政科核簽</td><td colspan="7">縣（市）局長核示</td><td colspan="2">會計機關會核</td></tr>
<tr><td colspan="2"></td><td colspan="2"></td><td colspan="7"></td><td colspan="2"></td></tr>
</table>

主任委員　　　　管理員　　　　製表員

（十四）處理偏遠縣區征存粮食辦法

一、各省偏僻縣份交通不便地區征起之糧除撥足當地軍公糧及審度情形酌留一部份以備過境部隊臨時補給之用外其餘應照價撥餘糧調劑民食辦法大綱第五條規定照市價九五折出售

二、應出售之糧分爲兩期辦理第一期在四五月份春收青黃不接時期出售三份之一第二期在七八月份秋收青黃不接時出售三份之二以收調節民食平定糧價之效

三、凡征有什糧地方出售存糧應先儘玉蜀黍高粱豆類……………等出售次及稻麥

四、甲地出售之糧必須在需要之乙地同時購進以供配撥並須同時辦理即令售購期間不免稍有先後應以相距日期不致過遠爲度或另籌週轉方法總以同時售購爲主

五、購糧地糧價以差額損失不大爲主如相差過鉅時應事先電部查核並將售糧地區原擬運赴配撥地區所需之運費與購進之差額損失作詳確之比較一併電部

六、各縣備有三十年度征收購征之糧尚未分配撥運者應一次售出以清年度而利調節

七、售出三十一年度糧食之價款應隨收隨解各該省糧食機關轉飭購糧地區以作購糧之用其售出三十年度各縣餘糧之價款由糧政局直接轉解國庫並分報財糧兩部查核轉帳

八、各地售購糧食應分別收入年度糧食種類數量單價總價等項並按征實征購科目逐月造具清表報核

禁碾精米四項辦法

省府辰儉田三4662號代電通飭

一、減低食米精度全省米機祇准碾糙米及中等熟米凡純潔乾燥之糙米碾製熟米成率須超過百分之九十以上不得碾製上白二白等米

二、已封槓磨之米機准予出具切結後解封惟仍封企磨

三、所有揭封米機之槓磨應抽出鋼刀一把改製木刀嵌入以防精碾

四、所有米機商店應即將現存白米數量向當地米業公會登記由公會限期售罄後一律禁售禁運以後應買入或定碾糙米及中等熟米發售

(十五)各省(市)田賦征實及征借糧食收解運撥及結報辦法

糧食部三十五年未删餘配輸京第八四四一號代電頒發

第一章 總則

第一條 各省(市)田賦糧食主管機關辦理田賦征實及征借糧食之收解運撥及結報除田賦折征法幣部份另有規定外依本辦法辦理

第二章 收納

第二條 各縣(市)與院轄市田賦糧食機關田賦征實及征借糧食之驗收適用田賦征收實物驗收規則之規定

第三條 各省(市)級田賦糧食主管機關應飭所屬田賦糧食機關將田賦征實所得糧食依照左列比例隨時分別劃列收帳

(甲)省

一、中央:實收額之三成

二、省級:實收額之二成

三、縣級:實收額之五成

(乙)院轄市

一、中央:實收額之四成

二、市:實收額之六成

第四條 各縣（市）與院轄市征借所得糧食全歸中央

第三章 劃撥

第五條 中央應得田賦征實及全部征借之糧食其劃撥順序如左

一、償還糧食庫券本息

二、依照軍糧配額撥交本省境內駐軍軍糧

三、依照糧食部命令調運出省補給鄰省軍食

四、依據前三項支配後有餘糧時應即妥爲儲備聽候糧食部命令處理各省（市）不得以任何理由自行留用

第六條 各省及院轄市暨各縣（市）應得田賦征實之糧食其劃撥應由省（市）級田賦糧食主管機關擬具計劃呈請省（市）政府核定并報請糧食部備查

第七條 中央在某一省（市）所得田賦征實及全部征借之糧食不敷配撥軍糧時得由糧食部斟酌需用之地區及數量與各該省縣政府商定價格及交接地點優先價購省縣級賦糧其所需運雜各費應包括在購價之內不另給付

第八條 糧食部對於第五條第四項之中央餘糧除確實掌握以爲備儲之用外如遇有左列情形得分別適時處理

一、各地所需調濟民食之糧應由省（市）政府在省（市）級或縣級糧內自行統籌價撥如某地民食急須調濟而其省（市）縣級皆無餘糧可供撥用當地儲備之中央餘糧亦尚未指定用途時得由各該省（市）政府專案報請糧食部核准備價撥讓其價款應即隨收隨解當地國庫

二、糧食部對於某一地區儲備之中央餘糧認爲將來無用途不必久儲時得飭令各省（市）田賦糧食主管機關專案發售其價款應即隨收隨解當地國庫

第九條 各地撥支糧食應使用原收糧時檢定合法之量器或衡器並應以正常方法量交或衡交不得使用技巧

第四章 調運

第十條 各縣（市）與院轄市田賦征實及征借之糧食應由糧戶按照賦額解繳本縣（市）境內指定之收納倉庫驗收之

第十一條 糧食部對於各省（市）田賦征實及征借之糧食應按配定用途飭由各省（市）田賦糧食主管機關核計餘糧就近調配並妥擬集運計劃及用費概算呈請糧食部核定施行

前項集運計劃及概算應將各交接地點應撥軍糧數量與就地配交或由他處調撥數量起運地點里程運輸工具運價及其他各項用費支給標準詳加說明並力求減少不必要之運輸採用經濟省費之運輸工具

第十二條 各省（市）政府對於各該省（市）級田賦征實之糧食及帶征之公糧應按配定用途飭由各該省（市）田賦糧食主管機關妥擬集運計劃及用費概算報請省（市）政府核定施行並報糧食部備案

第十三條 各縣（市）政府對於各該縣（市）級田賦征實之糧食及帶征之公糧應按配定用途飭由各該縣（市）田賦糧食主管機關妥擬集運計劃及用費概算呈請縣（市）政府轉呈省政府核定施行並由省政府轉報糧食部備案

第十四條 各省（市）級田賦糧食主管機關應督飭所屬田賦糧食儲運機關將征實征借所得之糧食於糧戶解繳收納倉庫驗收後分別按照集運計劃迅速

集運入庫存儲不得分散

第十五條　辦理前條集中運輸無論發動民力或征僱輸具均應合理發給費不得強征民伕或剋扣運費並應依左列性質分別領支

一、集運劃歸中央之田賦征實及征借糧食應由各該縣（市）田賦粮食主管機關報請省級田賦粮食主管機關定案呈請粮食部核發費用

院轄市劃歸中央之田賦征實粮食應由市田賦粮食主管機關呈請粮食部核發費用

二、集運劃歸省之田賦征實粮食及帶征公粮應由各該縣（市）政府呈請省政府給費在省預算內列支

三、集運劃歸院轄市之田賦征實糧食應由市田賦粮食主管機關報請市政府給費在市預算內列支

四、集運劃歸縣（市）之田賦征實粮食及帶征公糧應由各該縣（市）政府給費在縣（市）預算內列支

第十六條　各地集運費用應由省（市）級田賦粮食主管機關督飭所屬依照左列規定辦理

一、各縣（市）應將核定運費標準公布通衢並將集運輸力應得之工資及口糧隨時公佈

二、各地運費領到後應從速發放不得拖欠並由各省（市）級田賦粮食主管機關派員監督辦理

第十七條　省（市）級田賦粮食主管機關撥交軍粮應就中央核定各該省（市）軍糧配額與軍粮補給主管機關商定軍糧交接地點及各地分期撥交數量發其圖表會同呈報聯合後勤總司令部及粮食部備核

前項軍粮交接地點應就粮食集中地點或水陸起運地點商定之在軍粮交接地點以前之調運由各省（市）田賦粮食儲運主管機關負責辦理至交接以後之調運由軍糧補給主管機關負責辦理

第十八條　調運出省之田賦征實及征借粮食得由粮食部直轄儲運機關於水陸交通地點接運之

第十九條　凡案撥售中央應得田賦征實及征借粮食其調運業務及應需一切費用均由購粮機關自理

前項規定在以中央應得田賦征實及征借粮食調濟民食時亦適用之

第五章　結報

第二十條　各縣（市）田賦粮食儲運主管機關撥交軍粮時應依照軍粮交接辦法之規定辦理之撥交其他機關接運或專案撥售之粮應取具接收或購粮機關之接糧收據所有收據均應按月彙計總數填具撥粮清冊一份報請省（市）級田賦粮食主管機關查核

第二十一條　各省（市）級田賦粮食主管機關應督飭各縣（市）田賦粮食儲運主管機關將田賦征實及征借粮食之收撥調運實在情形按月編具粮食收撥調運報告（編送辦法由各省（市）自定）暨查核各項收撥調運憑証及收據轉送該管審計機關審核並應照「各省（市）經管中央粮食收支計算書表編報辦法」之規定彙編計算書表檢附撥粮清冊分報粮食部及財政部查核

第六章　附則

第二十二條　本辦法自公佈之日施行

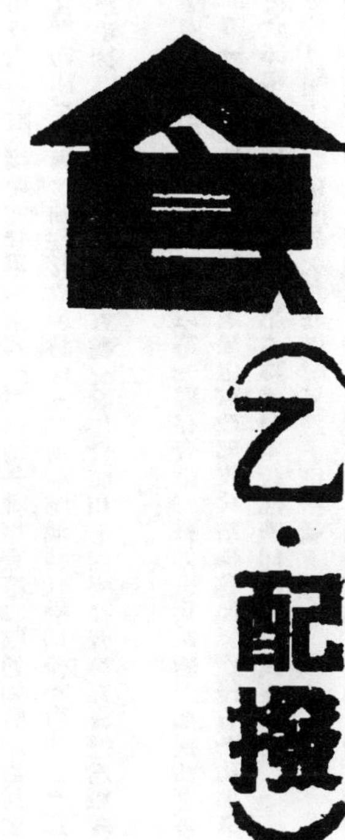

粮食（乙·配拨）

乙、配撥

(一)軍糧交接辦法

三十二年軍委會卯支政諸籌代電頒發
三十二年糧食軍政後勤三部卯頁儲籌代電抄發

第一條　軍糧交接手續悉依本辦法行之

第二條　撥糧機關交付軍糧應按核定交接地點品種數量及期限撥交軍糧機關或兵站機關接收

第三條　凡軍糧兵站糧政倉庫設在交接地點同一城鎮者撥糧機關應將撥交之軍糧逕行運交軍糧或兵站倉庫但既已運集糧政倉庫之軍糧應將待撥數量通知同在一地之軍糧或兵站倉庫備齊受領單位領糧時由軍糧或兵站倉庫派員會同就庫發給

第四條　糧政局在指定交接地點運集已有成數時應隨時填具二聯接糧通知單（附式一）以第一聯存查第二聯通知駐地糧秣處或兵站總監部備查

第五條　糧秣處或兵站總監部接到上項通知單時應立即飭庫（站所）前往接收糧倉庫（站所）應填具五聯印據（附式二）以第一聯存查第二聯送該管糧秣分處或兵站分監（支）部第三聯送糧秣處或兵站總監部第四五聯交撥糧倉庫以第四聯存查第五聯逕送糧政局即以此聯隨時向糧秣處或兵站總監部洽換印據

糧秣處或兵站總監部接到糧政局換據文件應填具六聯印據（附式三）以第一聯存查第二聯如由兵站總監部換據者可送由軍需局或糧秣處登記後轉呈軍政部其由糧秣處換據者此聯併第一聯存查第三聯由糧秣處呈送軍政部或兵站總監部呈送後方勤務部第四、五、六聯送交糧政局糧政局以第四聯存查第五、六聯呈送糧食部糧食部以第五聯存查第六聯送請軍政部蓋印送回或換據糧秣處或兵站總監部及糧政局應將前項領據按月順序編號粘薄於次月底以前呈送不得稽延

第六條　接兵或過境部隊經過地區如無軍糧或兵站機關必須逕向撥糧機關請糧時應依照規定持其補給機關之通知（附式四）連同軍糧受領証（附式五）向撥糧機關洽領撥糧機關發糧後即以軍糧受領証向指定接糧機關抵撥換據原由部隊所持用之領糧証仍應由發糧機關將撥發軍糧品數量填入并簽名蓋章

第七條　各省區每月已交撥軍糧之品種數量應由糧政局根據該月已換收糧印據數量造具月份交接清冊（附式六）并附印據表（附式七）與糧秣處或兵站總監部會銜呈報糧食軍政兩部備查其屬兵站管區者應分報後勤部并加送所在地軍需局（或糧秣處）一份備查此項清冊限次月十五日前報出如交接雙方不在同一地點者應由糧政局在次月底以前逕交糧秣處或兵站總監部核會後逕行分報

第八條　撥交機關撥交之糧以整潔乾燥并按大包爲準米每大包淨量二百市斤中包淨量一百五十市斤或淨重一百市斤小包淨重四十市斤麵粉每袋淨重四十五市斤但遇搭交什糧時其折交標準應按各地品質成份由交接兩方商定會銜報核

第九條　交接雙方如不按照規定之交接地點數量及期限撥交或接收時由各戰（省）區最高軍事長官査明呈報軍事委員會議處

第十條　本辦法如有未盡事宜得隨時修正之

第十一條　本辦法自頒布之日施行前頒三十年度軍糧交接辦法同時廢止

附式一 第一聯撥糧機關存查

糧政局配撥糧軍通知存根

品名	數量		核定撥支地點	備考
	大包數	折合市石數		

右項軍糧業經集中待撥並已通知糧秣廠或兵站總監部查照飭收留此存查

局長 印

局印

中華民國　　年　　月　　日

字第　　號

第二聯送指定之粮秣處或兵站總監部

糧政局配撥軍糧通知單

品名	數量		核定撥交地點	備考
	大包	折合市石數		

右項軍粮業已集中待撥相應通知
查照迅飭接收爲荷此致
粮秣處或
兵站總監部

局印

局長 印

中華民國　　年　　月　　日

附式二

第一聯接收軍糧倉庫（站所）存查

接糧收據存根

倉庫（站所）茲收到

品名	單位	數量 包數	數量 實撥市石數	每包淨重 市斤	淨重總計 市斤	備考

右項軍糧業在　　地接收留此存查

中華民國　　年　　月　　日

倉庫（站所）主管　印

第　　字　　號

第二聯送　　處或兵站分監（支）部

接糧副收據

倉庫（站所）茲收到

品名	單位	數量 包數	數量 實撥市石數	每包淨重 市斤	淨重總計 市斤	備考

右項軍糧業在　　地接收填呈

某糧秣分處或兵站分監（支）部

中華民國　　年　　月　　日

倉庫（站所）主管　印

第　　字　　號

第三聯 運送糧秣處或兵站總監部

字第　　號

接糧副收據

倉庫（站所）茲收到

品名	單位	數量 包數	數量 實撥市石數	每包淨重	淨重總計	備考
				市斤	市斤	

右項軍糧業在　　地接收謹呈

某糧秣處或兵站總監部

中華民國　　年　　月　　日

庫（站所）主管　印

第四聯 撥糧倉庫存在

字第　　號

接糧副收據

倉庫（站所）茲收到

品名	單位	數量 包數	數量 實撥市石數	每包淨重	淨重總計	備考
				市斤	市斤	

右項軍糧業在　　地接收此致

倉庫

中華民國　　年　　月　　日

倉庫（站所）主管　印

第五聯撥糧倉庫送達糧政局

接糧正收據

倉庫（站所）茲收到

品名	單位	數量		每包淨重	淨重總計	備考
		包數	實撥市石數			
				市斤	市斤	

右項軍糧業在　　　　地接收此據

倉庫（站所）主管　印

中華民國　　年　　月　　日

附註：各聯長二十公分上下空白處各二公分共二十四公分粘貼時不必摺疊以期齊整

附式三

糧秣處或兵站總監部

接糧印據存根

第　　字　　號

茲收到

品名	單位	數量		每包淨重	淨重總計	備考
		包數	實撥市石數			
				市斤	市斤	

右項軍糧業已如數收訖留此存查

糧政局或兵站總監部主管

中華民國　　年　　月　　日

印

第一聯糧秣處或兵站總監部存查

糧秣處或兵站總監部

接糧印副據

第　　字　　號

茲收到

品名	單位	數量		每包淨重	淨重總計	備考
		包數	實撥市石數			
				市斤	市斤	

右項軍糧業已如數收訖請

查照轉呈此致

軍需局或糧秣處

某兵站總監部主管

中華民國　　年　　月　　日

印

第二聯兵站總監部送軍需局或糧秣處轉呈軍政部

第三聯由糧秣處呈軍政部或兵站總監部呈後勤部

糧秣處或兵站總監部

接糧副印據

茲收到

品名	單位	數量 包數	數量 實撥市石數	每包淨重	淨重總計	備考
				市斤	市斤	

右項軍糧業已如數收訖謹呈

軍政部或後勤部

某糧秣處或某兵站總監部　主管

中華民國　年　月　日

印

字第　號

第四聯糧政局存在

糧秣處或兵站總監部

接糧副印據

茲收到

品名	單位	數量 包數	數量 實撥市石數	每包淨重	淨重總計	備考
				市斤	市斤	

右項軍糧業已如數收訖此據

某糧秣處或某兵站總監部　主管

中華民國　年　月　日

印

第　　字第　　號

第五聯　糧政局送糧食部存查

糧秣處或兵站總監部

接糧副印據

茲收到

品名	單位	數量 包數	數量 實撥市石數	每包淨重（市斤）	淨重總計（市斤）	備考

右項軍糧業已如數收訖此據

某糧秣處或某兵站總監部　主管　印

中華民國　　年　　月　　日

第　　字第　　號

第六聯　糧政局送糧食部轉軍政部蓋印或換據

糧秣處或兵站總監部

接糧副印據

茲收到

品名	單位	數量 包數	數量 實撥市石數	每包淨重（市斤）	淨重總計（市斤）	備考

右項軍糧業已如數收訖此據

某糧秣處或某兵站總監部　主管　印

中華民國　　年　　月　　日

附：（一）此式第二聯如係糧秣處經辦者併第一聯存查

（二）各聯以二十公分上下空白處各二公分共二十四公分粘貼時不必摺疊以期齊整

附式四

糧秣處（或兵站機關）

發糧通知書存根

字第　　號

承領單位	現有人數	品種	定量	月份	核發數量	單位	備考

右列現品業經通知承領單位填具受領證逕向撥糧機關洽領並以一聯通知撥糧機關照發留此存在

糧秣處長或兵站主管課長　　製單員

中華民國　　年　　月　　日

（第三聯）此聯由發糧機關存在

糧秣處或（兵站機關）

發糧通知書

字第　　號

承領單位	現有人數	品種	定量	月份	核發數量	單位	備考

右項現品業經通知領糧單位具領希即對封照數發給并收取領糧受領證以憑抵發此致

撥糧機關

糧秣處長或兵站主管課長　　製單員

中華民國　　年　　月　　日

（第二聯）此聯通知發糧機關

附式五

發糧通知書

糧秣處（或兵站機關）

承領單位　現有人數　品種　定量　月份　核發數量　單位　備考

右項現品希即填具受領證派員逕赴發糧機關照給領

此致

領糧單位

糧秣處或兵站主管長官

製單員

中華民國　年　月　日

（第一聯）此聯通知領糧單位

單糧受領証存根

（全銜）　月份軍糧受領証

品種　定量　月份　實領數量　單位　備考

右列現品業經照數領訖留此存查

主管　軍需　經領人

印

中華民國　年　月　日

字第　號

此聯[illegible]軍

軍糧受領証

（全銜）　月份軍糧受領証

品　種	定　量	月　份	實領數量	單　位	備　考

右列現品業經照數領訖此請
糧秣處　查照
或兵站機關

主管軍需
經領人　印

中華民國　年　月　日

此聯處存查

軍糧受領証

（全銜）　月份軍糧受領証

字第　號

品　種	定　量	月　份	實領數量	單　位	備　考

右列現品業經照數領訖此請
糧秣處　查照
或兵站機關

主管軍需
經領人　印

中華民國　年　月　日

此聯轉報

附式六

交收方全銜　民國　年　月份軍糧交接清冊

案別	核定交接地點	數量		備考
		大包數	實撥市石數	

附式七

交
收 方全銜　民國　　年　　月份交接軍糧數量印據表

號次	原印據字號	品種	數量		備考
			大包數	實撥市石數	

(二)各省黨務工作人員購領省縣公粮辦法

中央駐省及省級黨團人員在核發實物地區內者得由中央黨部團部在核定預算範圍內將單位名稱地址月需粮額造册送由粮食部核飭當地粮政機關照代金價核實撥售價款繳解國庫

縣級黨務團務工作人員凡在縣級公粮有餘額地方得照代金價在縣級公粮內撥售實物款繳縣庫

(三)寄押寄禁軍事人犯口粮及用費支給辦法

三十三年一月一日公佈

第一條 寄押寄禁軍事人犯口粮及用費依本辦法之規定支給之

第二條 寄押寄禁軍事人犯口粮包括主食費及副食費（煤鹽油菜）用費包括衣被醫藥處亡看守等費

第三條 未決軍事犯寄押於各省新監所及各縣監所者其口粮一律歸送押軍事機關或部隊担負

各省行政督察專員兼保安司令公署暨縣政府行使軍法職權時視同軍事機關

第四條 未決軍事人犯口粮價款由中央軍事機關或部隊送押者准由各該機關或部隊專案列報但有軍事人身份未經開除底缺之人犯原屬單位必停發其本人應得之食粮及副食費

第五條 中央軍事機關或部隊寄押未決軍事人犯所應負擔之口粮其延不清付者由司法行政部檢據與軍政部倂洽清繳或扣還之

第六條 省縣行使軍法職權寄禁寄押未決軍事人犯應負擔之口粮應分別列入省縣預算如有不敷准核實依法動支預備金

第七條 已決軍事犯在各縣監所執行者不論有無軍人身份其口粮及用費概由縣地方負擔

第八條 在各省新舊監所執行之已決軍事犯無軍人身份者其口粮及用費歸司法行政部負擔有軍人身份者其口粮歸軍政部負擔至用費由司法行政部儘原預算勻支如有不敷由軍政部補助之

第九條 寄押寄禁軍事人犯口粮主食部份准改發實物每名每月發食米二市斗一升產麥省份照粮食部規定之比率發給副食費每名每月發給三十元

前項主食所需實物除有軍人身份軍犯口粮歸軍政部負担外餘依征實定價（即中央規定征實谷麥之劃一價格如三十二年度谷每市擔一百元麥每市擔一百二十元三十三年度谷每市擔一百八十元麥每市擔二百五十元全國一律）由縣級公粮項下價撥如有不敷准在省級公粮項下價撥如再不敷准在征實餘粮調劑民食項下價撥均由各監所按照軍犯實有人數備款向粮政機關洽購如均無粮可撥時得改發代金

第十條 寄押寄禁軍事人犯過多省份准事先墊支口粮由司法行政部軍政部各就主管內粮經費項下參照上年度口粮支給實況會同洽酌適當數額預撥一部份々由各省高等法院轉發各監所墊付事後再行結算其應由縣負擔者由縣政府預撥一部份交監所墊付事後再行結算

第十一條 解送軍犯旅費由中央軍事機關或部隊依陸軍暫行給與規則之規定支給其他各機關依解送囚犯辦法辦理

第十二條 本辦法自公布之日施行

(四)價撥各省田賦征實餘粮調劑民食辦法大綱

三十一年三月三十一日行政院核准

一、各省三十年田賦征實除供撥軍粮價撥公粮及專案劃撥之囚粮工食及其他指撥粮食等項外所餘粮食悉作調劑民食之用

二、各省政府欲以征實餘糧調節民食者須就餘糧數量擬具調劑銷售計劃咨請財政糧食兩部會同核定

三、征實餘糧調劑民食者由財政部命令經收機關撥交省糧政局或省政府指定之糧食業務機關接收依照計劃妥爲運用並應由原接收機關塡具印收送糧食部財政部備查

四、前項征實餘糧係就所收原物就地撥交其運輸加工等手續概由各省接糧機關辦理

五、前項餘糧得按當時當地市價減低百分之五定價出售以符調劑民食穩定糧價之旨其價格由財政廳及省糧政局會同核定並同時報財政糧食兩部查核其所收價款應由糧食部負責督促各承辦機關隨時塡報繳款書背之項列以田賦爲項餘穀售價爲目連同現金一并解交當地國庫分庫核收

六、前項餘糧之存儲運輸加工推銷等費用由經辦機關編具概算經省政府審核後咨送財政糧食兩部會同核定此項費用概算可能時應與所擬調劑銷售計劃同時送核

七、前項餘糧之調撥銷售及糧款收支經費出納均須由經辦機關按旬報告財政糧食兩部查核

（五）免賦省市軍粮採購辦法

一、免征田賦省市所需軍糧以就部隊機關學校駐在地采購爲原則如當地糧源確感不敷得由附近產糧較多地區購運補充所有關於省市內軍糧之采辦由省市軍糧采購委員會受省政府主席或市長之指揮監督采辦辦理之省與省間軍糧之購運補濟由軍事委員會軍糧計核會主持核定督飭有關各省市軍糧采購委員會辦理之至由台灣運米及向暹羅越南等地之購運則由糧食部直接派員辦理之

二、各省市軍糧采購委員會以軍政部代表糧食部代表財政部代表省市政府代表省市境內最高軍事機關代表爲委員并以糧食部代表（省田糧處長或市糧政特派員）爲主任委員

三、省軍糧采購委員會事務由省田糧處各科室兼辦不召設人員其購運業務按省境內駐軍分佈情形交通狀況及糧產豐歉委托當地田糧機關辦理如當地無田糧機關者得委託兵站機關或副糧採購組站辦理之各縣以縣境內之田糧機關辦理縣內未設田糧機關者得委托縣政府辦理之市軍糧采購委員會事務由市糧政特派員辦公處人員兼辦不另設人員

四、省市軍粮采購委員會之業務範圍如左

1. 關於本省市軍糧採購地點與數量之配定

2，關於本省市軍糧採購價格之審核

3，關於本省市軍糧採購業務之指揮處理

4，關於軍糧撥交前之儲運保管業務之處理

5，關於軍糧之交撥及包裝材料之製撥

6，關於購糧價款及儲運包裝各費之領撥及報銷

五、軍糧採購分向農民或糧商購買及向市場收購三種

六、採購價格應參照當地市價核定之

七、關於購糧價款及儲運包裝各費之報銷應由省市軍糧采購委員會按月分類各項單據并造具表報一面送由審計機關依法審核一面仍將表報數字轉送軍

事委員會軍糧計核委員會備查

(六)廣東省發放征實征購餘糧調劑民食辦法

糧食部三十一年亥儉有配四代電核准廣東省政府賜糧二經字第七一三二六號訓令頒行

第一條 本省征實征購糧食除撥供軍糧配發公糧及奉准專案劃撥糧食等項外所餘糧食悉作調劑民食之用

第二條 前項餘糧除因軍事變化得一面作緊急處置一面呈報外非先經糧政局核准不得擅自發放

第三條 發放前項餘糧應由各縣政府負責主辦并得召集縣倉庫縣黨部地方法院田賦管理處縣商會縣地方財務委員會縣教育會縣征購糧食監察委員會等機關團體會同辦理

第四條 發放前項餘糧應由已有霉變徵候及交通不便地方無法運出之谷儘先出售

第五條 前項餘糧以就地方散放為原則非經呈准不得擅行運輸加工包裝

第六條 發放前餘糧得按當時當地市價九五折計算其價格由縣政府及會同辦理機關團體擬定報請財政廳及省糧政局會同核定並呈報財糧食兩部備案

第七條 發放前項餘糧所得之價款應於當月填具繳款書連同現款解交當地國庫核收繳款書之填列以田賦為項餘糧售價格為目其格式依照田賦征實物收納劃撥暫行辦法之規定

第八條 發放前項餘糧以市石谷為計值單位承辦機關應按旬填具出售實物報告表送省糧政局備核報告表之格式另定之

第九條 發放前項餘糧不得在價款外附加任何稅捐但附有包裝材料者准將包裝材料價款附加在內

第十條 發放前項餘糧應以計口發售為原則每人每月不得超過稻谷四市斗并應嚴防發生重購套購等情事

第十一條 前項餘糧如因救濟機關慈善團體總購分放時應造具名冊送該管縣政府存核

第十二條 缺糧縣份得呈准省糧政局由餘糧縣份撥劃

前項撥劃餘糧應由請購縣份價領不得記帳所有運輸加工事項由請購縣份自理其費用得加入成本計算

第十三條 缺糧縣份向外縣購運餘糧調節民食時除所收價款應歸還所繳糧價得不適用本辦法第七條之規定外其餘一切發放手續仍應依本辦法之規定辦理

第十四條 本辦法經糧食部核准施行修正時同

縣出售餘粮報告表

中華民國　　年　　月　　日

出售日期			類別	摘要	出售數量								市價	折價	實價	金額									解款憑証		解款日期			備考
年	月	日			萬石	千石	百石	十石	市石	市斗	市升	市合				百萬	十萬	萬	千	百	十	元	角	分	字軌	號碼	年	月	日	
				合計																										

縣長　　會計主任　（簽名蓋章）　糧政科長　　製表員

繳款書

存根聯

預算科目					年月份	金額										
門	部	款	項	目		幣名	千	百	十	萬	千	百	十	元	角	分
繳款人			中文大寫繳款數字			備攷										
收入單位機關及填發機關名稱長官職銜署名簽章					收款國庫	名稱										
						收款日期		年			月			日		
中華民國　年　月　日						主管人員職銜署名簽章										

此聯由填發機關留存備查

繳款書

收據聯

預算科目					年月份	金額										
門	部	款	項	目		幣名	千	百	十	萬	千	百	十	元	角	分
繳款人			中文大寫繳款數字			備攷										
收入單位機關及填發機關名稱長官職銜署名簽章					收款國庫	名稱										
						收款日期		年			月			日		
中華民國　年　月						主管人員職銜署名簽章										

此聯由收款國庫簽証後交回繳款人

繳款書

劃通知收據聯

預算科目					年月份	金額										
門	部	款	項	目		幣名	千	百	十	萬	千	百	十	元	角	分
繳款人			中文大寫繳款數字			備攷										
收入單位機關及填發機關名稱長官職銜署名簽章					收款國庫	名稱										
						收款日期		年			月			日		
中華民國　年　月　日						主管人員職銜署名簽章										

此聯由收款國庫存查

（七）廣東省戰時各縣市局辦理軍粮獎懲暫行辦法

廣東省政府第九屆委員會第三〇五次會議修正通過

第一條　本辦法遵照行政院三十年十月艶三代電暨第七戰區司令長官司令部三十年亥篠辦勇旭代電訂定之

第二條　各縣市局長及其所屬各級人員辦理軍糧之獎勵懲戒除運輸軍糧適用戰時運輸軍糧獎懲暫行辦法辦理暨其他法令另有規定外依本辦法行之

第三條　獎勵分爲記功記大功晋升

第四條　合於左列各欵之一者記功

一、對於核定撥借部隊及運濟隣縣之軍糧能依期如額供應或運濟者

二、對於核定應行征購之軍糧能依期如額按核定公價向民間購足而無藉端騷擾情事者

三、能嚴禁糧食流出敵偽佔領區且可搶購淪陷區餘糧內運以給軍食者

第五條　合於左列各欵之一者記大功

一、對於既經核定撥借軍粮的數後因部隊增加而能迅速設法適時供應者

二、對於核定撥供軍糧因部隊移動而能發動民衆協力輸運適時供應者

三、對於奉令征購軍糧能於核定公價內發動民衆自動減價捐購節省公帑者

第六條　合於左列各欵之一者晋升其限於資歷或編制無可晋升者得破格拔升或改給獎金

一、前方部隊需糧緊急而能適時供應及協助運輸得力因而致有利於軍事上之進展者

二、戰局緊張移轉陣地而能適時將軍糧後運不致資敵者

三、辦理軍糧連記大功三次以上者

第七條　受第四條至第六條各項獎勵者除由省府依章予以獎勵外其有特殊成績者並得由省政府專案呈請獎勵

第八條　懲戒分爲記過記大過降級撤職

第九條　有左列各欵情事之一者記過

一、對於核定撥供部隊及運濟隣縣之軍糧辦理不力或藉詞稽延者

二、對於核定撥供部隊及運濟隣縣之軍糧經部隊催請或上級機關令催仍不能依期如額供應者

第十條　有左列各欵情事之一者記大過

一、對於核定籌購之軍糧無故逾期或無故擅向民間強行貶價征購者

二、對於核定撥供部隊及運濟隣縣之軍糧逾期欠撥經部隊催請或上級機關令催而仍不遵行顯屬有意玩視功令者

三、因怠忽業務致撥供部隊之軍米雜有糠泥沙或濕水而有舞弊情事者

第十一條　有左列各欵情事之一者降級

一、辦理軍糧怠於善良管理人之注意致遭重大損失者

二、對於所屬辦理籌辦軍糧事項發現舞弊而隱匿不報者

三、曾記大過二次以上者

第十二條 有左列各款情事之一者撤職

一、前方作戰部隊需要緊急時力量可能辦到而不予注意協助籌供或諉責致影響軍事上進展者

二、征購軍糧私擅加額或扣發價款或僞報浮報軍糧損失或價款或將軍糧摻雜粃糠泥沙或灌水以圖中飽私囊或有其他舞弊情事

三、有重大過失致征購軍糧受重大損失者

四、連受降級處分二次以上者

第十三條 有第九條至第十條所列各款情節之一如其他法令規定處罰較重者從其規定

第十四條 犯第十條第一款第十一條第八款第十二條第二第三款者除依規定處分外並勒令賠償損失或依軍法懲治之

第十五條 本辦法所規定之功過得衡酌情節准予互相抵銷

第十六條 本辦法呈奉第七戰區司令長官司令部核准施行並報行政院軍事委員會備案

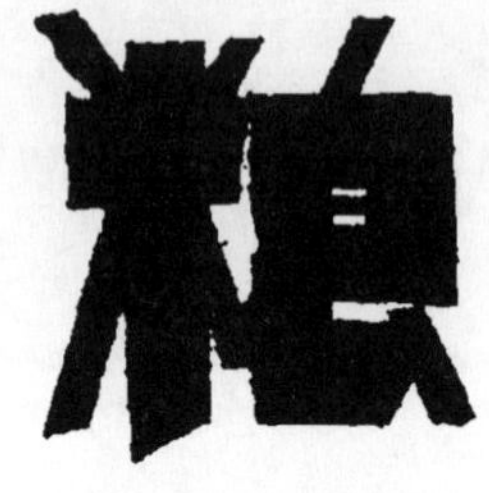

（丙·管制）

丙、管制

非常時期違反粮食管理治罪暫行條例

國民政府三十年五月十二日公佈

第一條　凡在非常時期違反粮食管理之治罪依本條例行之本條例未規定者適用其他法令之規定

第二條　本條例所稱粮食係指谷米小麥麵粉及其他經政府公告管制之雜粮而言

第三條　有左列各款情形之一者以囤積居奇論

一、非經營商業之人或非經營粮食業之商人購囤粮食營利者

二、經營粮食業之商人購囤粮食不遵粮食主管機關規定出售者

三、粮戶或農戶之餘粮經粮食主管機關規定出售而規避藏匿者

前項第三款所稱餘粮係指所有存粮減去應繳積谷應存種子及保持至下屆收穫時之自食量而言

第四條　囤積居奇者依左列各款處斷

一、谷五千市石以上或小麥三千市石以上者處死刑或無期徒刑

二、谷三千市石以上五千市石未滿小麥一千八百市石以上三千市石未滿者處無期徒刑或十年以上有期徒刑

三、谷一千市石以上三千市石未滿或小麥六百市石以上一千八百市石未滿者處三年以上十年以下有期徒刑

四、谷五百市石以上一千市石未滿或小麥三百市石以上六百市石未滿者處一年以上三年以上有期徒刑

五、谷二百市石以上五百市石未滿或小麥一百市石以上三百市石未滿者處六個月以上一年以下有期徒刑

六、谷五十市石以上二百市石未滿或小麥三十市石以上一百市石未滿者處以拘役或一千元以下罰金依前項處斷之案件並沒收其粮食之全部

第五條　需要粮食之民戶存有粮食超過三個月以上之需要量而未依法令向粮食主管機關陳報者沒收其超過數量

需要粮食之公私機關團體存有粮食超過二個月以上之需要量而未依法令向粮食主管機關陳報核准者沒收其超過量

需要粮食之民戶與公私機關團體存有粮食經陳報核准後而繼續購進超過其每二個月之需要量未經向粮食主管機關陳報核准者沒收其繼續購進數

第六條　不依照粮食主管機關所規定之地域期限數量及價格而售賣粮食者科以相當於粮價之罰金

第七條　經營粮食業之商人購進售出粮食不遵照規定登記或報告者科以粮價半數以下之罰金

第八條　公務人員利用職務上之權力機會或方法為自己或他人違反粮食管理法令者依本條例之規定從重治罪

第九條　公務人員或軍警不依法令擅行封閉民倉者處五年以下有期徒刑

第十條　公務人員或軍警執行管理糧食或徵購糧食時如有藉端勒索或其他營私舞弊情事者依修正懲治貪污條例從重治罪

第十一條　對於違反本條例之規定者無論何人得向縣市政府或各級糧食主管機關秘密檢舉

主管機關對於檢舉人姓名應保守秘密

第十二條　檢舉人如有挾嫌誣告情事應依法治罪

第十三條　依本條例判處之罰金或沒收糧食照規定價格折合之價款于執行終結後依左列標準提給獎金

一、由檢舉人檢舉而查獲者檢舉人給予百分之四十查獲機關給予百分之十

二、由執行機關逕行查獲者給予百分之三十

給獎外之餘款應由縣市糧食管理機關專案保管備作糧食平價資金

第十四條　依本條例治罪之案件由有軍法審判權之機關審判呈轉中央最高軍事機關核准執行之關於沒收罰金之執行及提獎由原審判機關移送當地糧食主管機關執行之

第十五條　本條例實施地區以命令定之

第十六條　本條例自公佈之日施行

非常時期違反糧食管理治罪暫行條例解釋

解釋一　經營糕餅商貨商人購進糧食應如何辦理

查糕餅商貨商人（原電稱係以小麥製成細麵糕餅運銷各地）并非經營糧食業之商人自不能援用非常時期違反糧食管理治罪暫行條例第七條之規定但可由各糧食主管機關另行規定限制該項商人購買糧食數量（如不得超過一個月或兩個月之需要量等是）（本部三十年民四申灰代電復第九戰區司令長官部）

解釋二　非常時期違反糧食管理治罪暫行條例第十三條規定查獲機關給予獎金百分之十究應給予該機關抑係給予該機關承辦人員

查依法給予機關之獎金照一般通例及設置本意自在獎勵得力人員此項獎金可由受領機關酌為分給在事出力人員以資獎勵（本部三十年十二月三十日裕民字第八〇七八號函復行政院秘書處）

解釋三　囤穀未滿五十市石有違反糧食管理治罪暫行條例、三條之居奇行爲者應否收繳如何懲辦

查合於第三條第一款規定者依第五條規定辦理合於第三條第二第三兩款規定者依第六條規定辦理

違反糧食管理治罪暫行條例第五條存糧及糴購量超過規定限額時陳報手續如何

查陳報手續由各該戶向當地糧政機關為之（本部三十一年寅梗電復浙江省糧政局）

解釋四　非常時期違反糧食管理治罪暫行條例第十四前段解釋（軍事委員會軍法執行總監部三十一年四月[illegible]元法[illegible]渝代電解釋）則非常時期違反糧食管理治罪暫行條例案件依該條例第十四條規定戰區司令長官部有審判權但須呈由軍事委員會核准執行又關於沒收罰金及提獎應於呈奉核准後移送該管糧食主管機關執行之

糧商登記規則

三十一年二月十三日本部公布

第一條　凡經營左列業務之公司商號經紀行棧倉庫廠坊除依其他法令登記外並應向糧政機關登記領取營業執照

（一）糧食購銷業務

（二）糧食倉庫業務

（三）糧食加工業務（礱米及磨麵）

（四）糧食經紀業務

經營前項第一款至第三款業務之合作社其登記辦法另定之

第二條　凡申請爲糧商之登記者應具備左列之規定

（一）申請經營糧食零整購銷業務者應具有三千元以上之資本

（二）申請經營糧食採購運銷業務者應具有五千元以上之資本

（三）申請經營糧食倉庫業務者應具有存放二百市石容量以上之合理倉庫

（四）申請經營糧食加工業務者應具有加工工具之設備

（五）申請經營糧食經紀業務者應有固定地址及牌號並應具有一千元以上資產之證明凡申請經營業務在一項以上者應各具備其應備之條件

第三條　凡未向糧政機關爲糧商之登記領有營業執照者不得經營糧食業務但左列各款不適用本規則之規定

（一）以個人勞力肩挑負販從事糧食買賣者

（二）糧戶出售其自有糧食者

（三）自用或特種糧倉不以收取倉租爲目的者

（四）自備之加工工具不以代客加工收取費用或出售其成品爲目的者

第四條　糧商之支店或分廠應另行登記領取營業執照

第五條　糧商登記時應塡具登記申請書一份登記表三份向所在縣（市）政府爲之其在直隸行政院之市者應向市糧政局爲之並減塡登記表一份農倉之登記仍依農倉業法及農倉業法施行條例之規定辦理之

第六條　縣（市）政府接到糧商登記申請書及登記表後應加具審核意見於五日內檢同登記表二份轉呈省糧政局核轉糧食部發給營業執照其在直隸行政院之市登記者即由市糧政局核轉糧食部發給營業執照

第七條　糧商營業執照得由糧食部製印發交各省市糧政局代爲核發

但依公司法設立之糧食公司糧食倉庫及糧食加工工廠應由省市糧政局轉報糧食部核發營業執照

第八條　糧商停業歇業解散時應於十日內具文向原登記機關申報並繳銷營業執照其登記事項有變更時應於十日內具文向原登記機關申請登記並換領營業執照

市糧政局或縣（市）政府於接到前項申報後應於十日內公告縣（市）政府於公告後並轉報省糧政局備案

第九條　糧商如以其全部業務轉讓他人時應由讓與人及受讓人於十日內共同具文向原登記機關申請登記並換領營業執照

第十條　省市糧政局應按月將糧商登記情形列表彙報糧食部備查

其依本辦法第五條登記者並應檢附登記表一份

第十一條　糧商登記申請書登記表等應由市糧政局及縣（市）政府依附件式樣印存備領不得索取費用

第十二條　糧商辦理登記時應依印花稅法規定於申請書上貼足印花並繳營業執照成本費五元

第十三條　凡登記營業之糧商應置備簿册逐日詳載營業項款以備糧政機關隨時查閱並須按月將營業狀況填具報告表送由糧食業同業公會轉報市糧政局或縣（市）政府查核縣（市）政府於查核後彙報省糧政局備核

省市糧政局應按月將糧商營業狀況列表彙報糧食部備查

第十四條　凡登記營業之糧商不得經營登記業務以外之其他糧食業務

第十五條　凡登記營業之糧商不得利用糧商名義從事囤積居奇或有冒借及其他違反糧食管理之行爲

第十六條　糧商經准予登記領有營業執照後應即加入所在地糧食業同業公會

同一地區內有同業一家以上而同業公會未組織者應依法組織之

第十七條　糧商登記不實或不於限期內聲請變更轉讓停業歇業解散之登記者處以一千元以下之罰鍰

第十八條　糧商不依規定設置簿册填送表報或記載報告不實者處以五百元以下之罰鍰

第十九條　糧商不加入同業公會者依商業同業公會法第四十二條之規定議處並得由糧政機關撤銷其登記

第二十條　糧商以牌號名稱假借他人營業者撤銷其登記

第二十一條　凡未依本規則之規定登記領有營業執照而經營糧食購銷業務者依非常時期違反糧食管理治罪暫行條例第三條之規定以囤積居奇論罪

第二十二條　凡未依本規則之規定登記領有營業執照而經營糧食倉庫糧食加工或糧食經紀業務者處以一千元以下之罰鍰並得勒令歇業

第二十三條　糧商經營糧食業務超過其登記範圍者依本登記之規定懲處

第二十四條　糧商違反糧食管理法令及其他法令者各依其規定治罪

第二十五條　本規則規定之各項書表格式另訂之

第二十六條　本規則自公布之日施行

附件目錄

（一）糧商登記申請書
（二）糧商登記表
（三）糧商登記表填表須知
（四）營業執照
（五）營業執照填發註銷須知
（六）省市糧政局糧商開業登記月報表
（七）省市糧政局糧商變更轉讓登記月報表
（八）省市糧政局糧商歇業及撤銷登記月報表
（九）糧食零躉歸銷業務報告表
（十）糧食採購運銷業務報告表
（十一）糧食倉庫業務報告表
（十二）糧食加工業務報告表
（十三）糧食經紀業務報告表
（十四）糧商營業狀況表

縣（市）糧商登記申請書

具申請書人　　茲遵照糧商登記規則之規定填具登記表　　份呈請

鈞府／局准予轉請發給營業執照以憑營業謹呈

縣（市）政府

市糧政局

附呈登記表　　份

申請登記商　　號（蓋戳商號戳記）

商號地址

經理人　　（簽名蓋章）

主體人　　（簽名蓋章）

粘貼印花

中華民國　　年　　月　　日呈

县 省（市）粮商登记表

牌号名称	开设地点	开设年月	有限责任或无限责任	已否经公司或商业或工厂登记

经理人姓名	年龄	籍贯	住址

主体人或代表人			
姓名	籍贯	姓名	籍贯
姓名	籍贯	姓名	籍贯

资本额						
来源						
独资	合伙	合股	借款	资本分配	股额	每股金额
备考						

组织概况	经营粮食种类	经营业务种类	
		主要	次要

总店或总厂			分店或联号及分厂	
名称	地点	开设年月	地点	开设年月

倉棧設備								
倉棧名稱	地點	座數	佔地面平方尺	建築材料	建築年份	建築費	專建或改設	其他

加工設備				
品名	數量	發動力來源	價值	備考

運輸設備					
卡車　輛	板車　輛	手車　輛	輪船　隻	木船　隻	其他

每日出品最大限度			現在每日出品數量		
碾米　市石	磨粉　市斤	其他	碾米　市石	磨粉　市斤	其他

營業概況或營業計劃	兼營業務種類及其概況

調查人員報告意見	
縣(市)政府審核意見	
省市糧政局審核意見	
營業執照字號	字第　　　號
核發日期	中華民國　　年　　月　　日
備考	

中華民國　　年　　月　　日　登記申請人(簽名蓋章)　　填具

附註

一、本表長計七市寸闊計十四市寸應依照仿印以免參差而便裝訂

二、本表填甲時應照糧商登記表填表須知逐項填明

糧商登記表填表須知

一　凡經營糧食業務之商人無論專營或兼營均應於申請登記時依本表之規定逐項詳細塡載專營或兼營糧食業務之合作社亦同

二　本表第一欄「牌號名稱」「開設地點」「開設年月」等項在登記時如係爲總店或總廠之登記者應塡明總店或總廠之牌號名稱地址及開設年月如係爲分店或分廠之登記者應塡明分店或分廠之牌號名稱地址及開設年月
「有限責任或無限責任」「已否爲公司登記或商業工廠登記」等項均應由申請登記商各按性質分別塡明

三　本表第二欄「經理人」如係爲總店或總廠之登記者應塡入總店或總廠之經理人姓名年齡籍貫住址等項如係爲分店或分廠之登記者應塡入分店或分廠之經理人姓名年齡籍貫住址等項

四　本表第三欄「主體或代表人」在獨資商店應將出資之人姓名籍貫塡入在合夥商店將合夥股東之姓名籍貫塡入在公司應將董事之姓名籍貫塡入在合作社應將理事之姓名籍貫塡入

五　本表第四欄「資本額」應將額定資本數塡入「來源」可依性質在「獨資」「合夥」「合股」下擇一塡明其實收資本或實際營運資金較額定資本有增減者應在本欄備攷內註明
「借款」係指資本額以外之「公司債」或一年以上之「長期借款」申請登記商如有此項借款或債務者應將數目及性質詳細塡明

六　本表第五欄「組織概況」指申請登記之總店總廠或申請登記之分店分廠內部之組織但關於總分店或總分廠之全盤情況亦應作概括之簡要敘述

七　本表第六欄「經營糧食種類」由申請登記商應塡明其實經營者係谷米麥類或其他糧食如兼營數種糧食者並應將其名稱一一塡明不得遺漏

八　本表第七欄「經營業務種類」由申請登記商應塡明其所經營者係糧食採購運銷或零整躉售抑係糧食倉庫業務糧食加工業或糧食經紀業務等項糧食倉之兼營倉押業務者並應註明兼營倉押業務
糧商於申請登記時應按經營範圍自行認定一項爲主要業務如塡明主要業務係糧食運銷者則其他各項業務爲次要業務如塡明糧食加工主要業務者則其他各項業務爲次要但主要及次要業務均應一一詳細塡明不得遺漏

九　本表第八欄「總店或總廠」「分店聯號及分廠」在登記時如係爲總店或總廠之登記者可依照分店及分廠「坊」塡列如係爲分店或分廠之登記者應將總店及其他聯號塡入（聯號者不必塡）其無分店分廠或聯號者可塡無

十　本表第九欄「倉棧設備」由申請登記商除將規定各項逐項塡明外凡倉棧或其他設備可塡入「其他」項內凡無倉棧設備者可塡無

十一　本表第十欄「加工設備」內「品名」一項應將廠坊機器及其他設備詳細塡入如用機器生產者應將其名稱塡明如用舊式石臼即塡「碓」「磨」「礱」字樣「數量」一項機器應塡明機架磨碓應塡明機座「動力」一項應塡明所用者爲電力水力人力或獸力「來源」一項如係機器應塡名其製造國名及廠名如係磨碓等類則可不必塡「價值」一項應照承受之價值塡明如有其他說明者並應塡入備考項內凡無加工設備或無該項設備者可塡無

十二　本表第十一欄「運輸設備」應將自備之運輸工具塡入如無此項設備者可塡無

十三　本表第十二欄「每日出品最大限度」應照全部加工設備之最大生產能力塡入「現在每日出品數量」應按最近一個月或若干日之平均出品數量塡入無該項出品者均應塡明無

十四　本表第十三欄「營業概況或營業計劃」如係新開設之店廠應將營業計劃簡明塡入如係已經營業請行登記者應將以前經營概況及此後營業計劃簡明塡入

十五　本表第十四欄「兼營業務種類及其概況」指申請登記商在經營糧食業務以外之其他兼營業務如未兼營其他業務者可塡無

十六　本表第十五欄「調查人員報告意見」由縣（市）政府或市糧政局之調查人員塡明申請登記商不必塡

十七　本表第十六七兩欄「縣（市）政府」「省市糧政局」等「審核意見」應由各該主管機關塡明申請登記商不必塡

十八　本表第十八欄「營業執照字號」應由省糧政局審核後塡明申請登記商不必塡

營業執照存根

據　　　呈請在　　　地方開設　　　公司商號請營糧食業務准予登記發給營業執照合填存根備查

商號

開設地點

資本額

營業性質及種類

主體人姓名

經理人姓名

右給　　　存執

中華民國　　年　　月　　日

字第　　號

營業執照

糧食部　為

發給糧商業執照事茲據　　　呈請在　　　地方開設　　　公司商號請營糧食業務請予登記給照前來經審查合格准予登記給照營業

商號

開設地點

資本額

營業性質及種類

主體人姓名

經理人姓名

右給　　　存執

粘貼印花

部長

（代發機關蓋戳）

加蓋官章

中華民國　　年　　月　　日

各省糧政局代發營業執照填發註銷須知

一 營業執照應依省別及登記之「購銷」「倉庫」「加工」「經紀」等主要業務分爲「銷」「倉」「工」「經」四字編號例如發給四川糧食購銷商營業執照應編填川銷字第某號發給貴州糧食倉庫商營業執照應編填黔倉字第某號

二 各省糧政局應在營業執照上年月日前加蓋該局代發戳記并加局長官章例如湖北省糧政局代發者蓋「湖北省糧政局代發」戳記其下並加局長官章

三 營業執照編訂成本凡繳銷之營業執照應加蓋註銷戳記存卷備查並在原號存根上註明繳銷原因及年月日

四 依公司法設立之糧食公司糧食倉庫及糧食加工工廠其營業執照應由各省糧政局核轉糧食部核發

五 執照工本費每張五元應按月報匯糧食部

六 各省糧政局應於每月月終後（次月五日前）以糧商開業登記月報表填具一份連同糧商開業登記表各一份呈報糧食部

省糧政局糧商開業登記月報表

區別	商號名稱	地址	主體人	經理人	資本額	登記業務		經營糧食種類	登記日期	營業執照		備考
						主要	次要			字	數號	

附記

本月份糧商登記共　　件其性質分計如下

採購運銷登記

零售調節登記

倉庫登記

加工登記

經紀登記

局長　　副局長　　科長　　製表員

省（市）粮政局粮商變更或轉讓登記月報表（ 月份）

區別	商號名稱	原發營業執照字號	登記事項	新發營業執照字號	備考

附記	本月粮商變更及轉讓登記共 件其性質分計如下 變更登記 轉讓登記

局長　　副局長　　科長　　製表員

中華民國　　年　　月　　日

省（市）糧政局糧商歇業及撤銷登記月報表　（　　月份）

縣別	商號名稱	原發營業執照		撤銷登記日期及原因						備考
		字	號數	歇業		解散		勒令撤銷		
				日期	原因	日期	原因	日期	原因	

附記	本月份糧商歇業及撤銷登記共　　件其性質分計如下
	歇業登記　　件
	解散登記　　件
	勒令撤銷　　件

局長　　副局長　　科長　　製表員

中華民國　　年　　月　　日

糧食零整購銷業務報告表

年　月

日期	購入糧食				銷售糧食				存儲糧食	
	購入處所	種類	數量	價格	售出處所	種類	數量	價格	種類	數量
合計										

中華民國　年　月　日（店號名稱　蓋章）填報

附註

一、經照糧食業務之商人應於每月月終後（次月五日前）將營業實況填具本表二份加蓋店號名稱章戳送由糧食業同業公會函報市糧政局或縣（市）政府查核

二、經營業務另有其他種類者應依其業務種類分別填報例如兼營其他之業務爲糧食加工應分填糧食加工報告表倉庫業務應分填倉庫報告表餘類推

三、每次填報時應依日期先後將逐日銷購業務情形就表內各項詳細填報不得遺漏

（本表行列於印製時應以三十一行爲標準糧商填用時每次不限於一張）

糧食採購運銷業務報告表

年 月

日期	購入糧食						銷售糧食					
	採購地	商號戶名稱	種類	數量	每石價格	全部價格	銷售地	購戶名稱	種類	數量	每石價格	全部價格
合計												

中華民國 年 月 日 （店號名稱 蓋章） 填報

附註

一、經營糧食業務之商人應於每月月終後（次月五日前）將營業情況塡具本表二份加蓋店號名稱章經由糧食業同業公會轉報市糧政局或縣（市）政府查核

二、經營業務另有其他種類者應依其業務種類分別報塡例如其他之業務係零整購銷應分零整購銷報告表如係加工應分塡加工報告表餘類推

三、每次塡報時應依日期先後將逐日每起買賣業務就表內各項詳細塡報不得遺漏

（本表行列於印製時應以三十一行爲標準糧商塡用時每次不限於一張）

糧食倉庫業務報告表

年　月

日期	存入糧食						提出糧食					
	存戶		種類	數量	堆所	備考	提戶		種類	數量	堆所	備考
	戶名	住址					戶名	住址				
合計												

中華民國　年　月　日　店號名稱　蓋章　填報

附註

一、經營糧食業務之商人應於每月月終後（次月五日前）將營業實況填具本表二份加蓋店號名稱章送由糧食業同業公會轉報市糧政局或縣（市）政府查核

二、經營業務另有他種類者應依其業務種類分別填報例如其他之業務為零整購銷應分填零整購銷報告表如為加工應分填加工報告表餘類推

三、每次填報時應依日期先後將逐日每起存入提出情形就表內各項詳細填載不得遺漏

（本表行列於印製時應以三十一行為標準糧商填用時每次不限於一張）

糧食加工業務報告表

年　　月

日期	原品種類	原品數量	原品價格	加工精度	成品數量	糧食所有人 姓名	糧食所有人 住址	備考
合計								

中華民國　　年　　月　　日　店號名稱　　蓋章　填報

附註

一、經營糧食業務之商人應於每月月終後（次月五日前）將營業情況填具本表二份加蓋店號名稱章戳送由糧食業同業公會轉報市縣政局或縣（市）政府查核

二、經營業務另有他種類者應依其業務種類分別填報例如兼營其他之業務爲零整批銷應分填零整批銷報告表倉庫業務應分填倉庫報告表餘類推

三、每次填報時應依日期先後將逐日加工業務情形就表內各項詳細填報不得遺漏

（本表行列於印製時應以三十一行爲標準糧商填用時每次不限於一張）

糧食經紀業務報告表

年　月

日期	代買糧食 售戶	地址	種類	數量	價格	付款方式 現款	付款方式 期款	現貨或期貨	代賣糧食 購戶	地址	種類	數量	價格	付款方式 現款	付款方式 期款	現貨或期貨
合計																

中華民國　年　月　日（店號名稱　蓋章）填報

附註

一、經營糧食業務之商人應於每月終後（次月五日前）以營業實況填具本表二份加蓋店號名稱章戳送由糧食業同業公會轉報市糧政局或縣（市）政府查核

二、每次填報時應依日期先後與逐日按起買賣業務就表內各項詳細填報不得遺漏

（本表行列於印製時應以三十一行爲標準糧商填用時每次不限於一張）

省 縣（市）糧商營業狀況表

年 月

運商欵目	採購運																	
購入糧食																		
採購地	本縣					外縣										外省		
						縣					縣					省		
種類	穀	米	麥	麵粉	雜糧	穀	米	麥	麵粉	雜糧	穀	米	麥	麵粉	雜糧	穀	米	麥
數量																		
價格 最高																		
價格 最低																		
銷售糧食																		
銷售地	本縣					外縣										外省		
						縣					縣					省		
種類	穀	米	麥	麵粉	雜糧	穀	米	麥	麵粉	雜糧	穀	米	麥	麵粉	雜糧	穀	米	麥
數量																		
價格 最高																		
價格 最低																		
備考																		

銷							銷商	購入糧食							存入糧食	倉庫					
省																數目					
	省							種類	數量	價格 最高 最低	穀	米	麥	麵粉	雜糧	種類	數量	穀	米	麥	麵粉 雜糧
麵粉	雜糧	穀	米	麥	麵粉	雜糧															

省							銷售糧食	種類	數量	價格 最高 最低	穀	米	麥	麵粉	雜糧	提出糧食	種類	數量	穀	米	麥	麵粉	雜糧
	省																						
麵粉	雜糧	穀	米	麥	麵粉	雜糧																	
							備考									備考							

加工

廠坊數目						
原品	種類	穀	米	麥	麵粉	雜粮
	數量					
精度	最高					
	最低					
成品數量						
備考						

經紀

經紀數目						
成交粮食	種類	穀	米	麥	麵粉	雜粮
	數量					
	最高價格					
	最低價格					
備考						

中華民國　　年　　月　　日　　填報

一、各縣（市）政府應於每月月終後（次月十日前）依據各粮商填報之業務報告表彙列本表二份呈報省粮政局以一份轉報粮食部備查市粮政局應彙列本表一份逕報粮食部備查

二、各類粮商數目應就本月份實際開業之數目填列

三、採購運銷欄採購地及銷售地如係外省縣應分省分縣填列

四、粮食種類內雜粮名稱應於備考欄內註明以雜粮爲重要食粮者應將主要雜粮名稱標用專欄填列其餘雜粮另格彙列

五、本表長二十一公分寬三十二公分表內各欄地位可斟酌伸縮

（附）解释

解釋一　糧商違反登記規則第十七十八二十二各條之規定應由該管縣市政府受理其罰鍰用途應遵照本部辰元餘參代電辦理（本部三十一年巳江餘民四代電覆廣東省糧政局）

附辰元餘參代電

糧商違反登記規則第十七十八二十二各條所科罰鍰爲政府行政收入應全部歸公列入縣市算預視爲普通財源（本部三十一年五月以辰元餘參代電各省糧政局又以辰巧餘參代電重慶市糧政局遵照

解釋二　（一）登記合格經營採購運銷業務之糧商赴外縣採購米糧應由原登記機關核發登記證明書以備採購地糧管機關或市場管理人員隨時查驗（二）凡未經核定登記之糧商不論在本縣外縣採購糧食均應依照糧商登記規則第二十一條及二十二條分別處罰（本部三十一年午感有餘三代電覆廣西省政府）

解釋三　查兼營甘薯玉蜀黍及豆類之商號亦應依照糧商登記規則申請登記關於資本額一項並可以其兼營各業之資本總額爲計算標準（本部三十一年亥删餘管三代電覆廣西省政府）

解釋四　（一）糧商登記規則所定之罰鍰勒令歇業及撤銷登記等項處分應先呈經糧政局核准後執行（二）非常時期違反糧食管理治罪暫行條例第七條之規定係指實施本條例之地區糧政主管機關對糧商頒布購進或售出糧食須經登記或報告之法令而不遵照辦理者而言糧商登記規則第十八條之規定係指不依該規則第十三條之規定設置簿冊填送營業實況報告表或記載報告不實者而言兩者立法意旨不同自應依當時發生之事實分別處理（三）民戶與公私機關團體所存糧食如有限制之必要時可由省府因時因地訂定辦法責令陳報并咨部備案（本部三十一年亥銑餘管三代電覆浙江省糧政局）

解釋五　查勒令歇業之處分原則上應爲永久停業并無期間之規定惟觸犯糧商登記規則第二十二條之規定者如向係經營糧食業務僅因未辦登記手續致被勒令歇業可依章補行申請登記主管官署按照實際需要情形及該處所具登記條件審查認爲合格時准再行發給營業執照准其開業（本部三十二年子皓代電覆廣西省政府）

合作社經營糧食業務登記辦法

本部三十一年六月四日餘民字第一九〇三三號訓令頒發

第一條　本辦法依糧商登記規則第一條之規定制定之

第二條　凡依合作社供銷糧食辦法之規定經營糧食供銷業務之合作社應向糧政機關申請登記領取營業執照

第三條　合作社向糧政機關申請登記依糧商登記規則第五條行之

第四條　合作社辦理登記時其書證免貼印花但須繳營業執照費五元

第五條　經營糧食業務之合作社免予加入所在地糧食業同業公會

第六條　凡經營糧食業務之合作社應置備簿冊逐日詳載營業項款以備糧政機關隨時查閱并按月將業務報告表送由聯合社轉市或縣糧政局或縣（市）

政府查核無聯合社時直接呈送之縣(市)政府於查核後呈報省糧政局備核省市糧政局應按月將經營糧食業務之合作社營業狀況列表呈報糧食部

第七條　糧商登記規則第六、七、八、十、十一、十五、十七、十八、二十、二十一、二十二、二十三、二十四各條之規定經營糧食業務之合作社準用之

第八條　本辦法規定各項書表格式另訂之

第九條　本辦法經糧食部社會部會同核定施行修改時亦同

合作社經營糧食業務登記表填表須知

一　凡經營糧食業務之合作社無論專營均應於申請登記時依本表之規定逐項詳細填載

二　本表第一欄「合作社名稱」「開設地點」「開設年月」「核准登記機關」「登記證領發日期及字號」等項在登記時如係爲總社之登記者應填明總社之名稱地址開設年月及該社核准登記機關登記證領發日期及字號如係爲分社之登記者應填明分社之名稱地址開設年月及該核准登記機關登記證領發日期及字號「有限責任或無限責任」一項應由申請登記合作社按性質分別填明

三　本表第二欄「社員人數」如係爲總社登記者應填入總社之社員人數如係爲分社之登記者應填入分社之社員人數并附社員名冊

四　本表第三欄「經理人」如係爲總社之登記者應填入總社之經理人姓名年齡籍貫住址等項如係爲分社之登記者應填入分社之經理人姓名年齡籍貫住址等項

五　本表第四欄「主體人或代表人」應將理事之姓名籍貫填入

六　本表第五欄「資本額」應將額定資本數填入其實收資本或實際營運資金較額定資本有增減者應在本欄備攷內註明

「借款」係指資本額以外一年以上之「長期借款」營業資金指股額以外補充之資金申請登記合作社如有此項借款作務或補充之營業資金應將數目及性質詳細填明

七　本表第六欄「組織概況」指申請登記之總社或指申請登記之分社內部之組織但關於總分社之全盤情況亦應作概括之簡要敘述

八　本表第七欄「經營糧食種類」申請登記合作社應填明其所經營者爲谷米麥麵或其他糧食如兼營數種糧食者應將其名稱一一填明不得遺漏

九　本表第八欄「經營業務種類」申請登記合作社應填明其所經營者爲糧食採購運銷或零整轉銷等項

合作社於申請登記時應按經營範圍自行認定一項爲主要業務如填明主要業務爲糧食運銷者則其他各項業務爲次要但主要及次要業務均應一一詳細填明不得遺漏

合作社於申請登記時應按經營範圍自行認定一項爲主要業務如填明主要業務爲糧食運銷者則其他各項業務爲次要但主要及次要業務均應一一詳細填明」不得遺漏

十　本表第九欄「總分社聯號」在登記時如係爲總社之登記時可僅將分社「坊」填列如係爲分社之登記者應將總社填入其無分社者可填無

十一　本表第十欄「倉棧設備」申請登記合作社除將規定各項逐項填明外凡倉棧其他設備可填「其他」項內凡無倉棧設備者可填無

十二　本表第十一欄「加工設備」內「品名」一項應將廠房機器及其他設備詳細填入如用機器生產者應將其名稱填明如用磨碾者即填「礱」「磨」

字樣

「數量」一項機器應填明爲幾架磨碓應填明爲幾座「動力」一項應填明所用者爲電力水力人力或獸力「來源」一項如係機器應填明其製造國名及廠名如係磨碓等類則可不必填「價值」一項應照承受之價值填明如有其他說明者並應填入「備考」項內凡無加工設備或無該項設備者可填無

十三　本表第十二欄「運輸設備」應將自備之運輸工具填入如無此項設備者可填無

十四　本表第十三欄「每日出品最大限度」應照全部加工設備之最大生產能力填入「現在每日出品數量」應按最近一個月或若干日之平均出品數量填入無該項出品者均應填明無

十五　本表第十四欄「營業概況或營業計劃」如係新設之合作社應將營業計劃簡明填入如係已經開業補行登記者應將以前經營概況及此後營業計劃簡明填入

十六　本表第十五欄「兼營業務種類及其概況」指申請登記合作社在經營糧食業務以外之其他兼營業務如未經營其他業務者可填無

十七　本表第十六欄「調查人員報告意見」由縣（市）政府或市糧政局之調查人員填明登記合作社不必填

十八　本表十七八兩欄「縣（市）政府省市糧政局」等「審核意見」應由各該機關填明申請登記合作社不必填

十九　本表第十九欄「營業執照字號」應由省市糧政局審核後填明申請登記合作社不必填

縣（市）合作社經營糧食業務登記申請書

具申請書人　合作社茲遵照合作社經營糧食業務登記辦法之規定填具登記表

份呈請

鈞府/局准予轉請發給營業執照以憑營業謹呈

縣（市）政府

市糧政局

附呈登記表　份

申請登記合作社　（蓋該合作社記戳）

合作社地址

經理人　（簽名蓋章）

主體人　（簽名蓋章）

中華民國　年　月　日呈

省　縣（市）　合作社經營糧食業務登記表

合作社名稱	開設地點		開設年月		有限責任或無限責任		核准登記機關		登記證領發日期及字號	

社員人數	

經理人姓名		年齡		籍貫		住址	

主體人或代表人	姓名	籍貫	姓名	籍貫	姓名	籍貫

資本額	借款	營業資金	股額	每股金額
備考				

組織概況	

經營糧食種類	

經營業務種類	主要	次要
業務區域及區域內人口		

總社	名稱	地點	開設年月

分社	地點	開設年月

倉棧設備								
倉棧名稱	地點	倉廒	佔地面平方尺	建築材料	建築年份	建築費	專建或改設	其他

加工設備				
品名	數量	原動力來源	價值	備考

運輸設備					
卡車	板車	手車	輪船	木船	其他
輛	輛	輛	艘	隻	

每日出品最大限度			現在每日出品數量		
碾米	麪粉	其他	碾米	麪粉	其他
市石	市斤		市石	市斤	

營業概況或營業計劃	兼營業務種類及其狀況

調查人員報告意見	
縣（市）政府審核意見	
省市糧政局審核意見	
營業執照字號	字第　　號
核發日期	中華民國　　年　　月　　日
備考	

中華民國　　年　　月　　日　登記申請人（簽名蓋章）　合作社填具

附註

一、本表長計七市寸闊計十四市寸應依照仿印以免參差而便彙訂

二、本表填用時應照合作社經營糧食業務登記表填表須知逐項填明

糧食零整購銷業務報告表

年 月

日期	購入糧食					銷售糧食					存儲糧食	
	購入處所	種類	數量	價格		售出處所	種類	數量	價格		種類	數量
合計												

中華民國 年 月 日（合作社 董事）填報

附註

一、經營糧食業務之合作社應於每月月終後（次月五日前）將經營業務實況填具本表二份加蓋合作社章戳由聯合社轉報市糧政局或縣（市）政府查核再無聯合社時直接呈送之

二、經營業務另有其他種類者應依其業務種類分別填報例如兼營其他之業務為糧食加工應分填糧食加工報告表倉庫業務應分填倉庫報告表餘類推

三、每次填報時應依日期先後將逐日購銷業務情形就表內各項詳細填報不得遺漏

（本表行列於印製時應以三十一行為標準合作社填用時每次不限於一張）

糧食採購運銷業務報告表

年　月

日期	購入糧食：採購地	購入糧食：合作社或商戶名稱	購入糧食：種類	購入糧食：數量	購入糧食：每石價格	購入糧食：全部價格	銷售糧食：銷售地	銷售糧食：購戶名稱	銷售糧食：種類	銷售糧食：數量	銷售糧食：每石價格	銷售糧食：全部價格
合計												

中華民國　年　月　日（合作社）蓋章　填報

附註

一、經營糧食業務之合作社應於每月月終後（次月五日前）將營業實況塡具本表二份加蓋合作社章戳送由聯合作社轉報市糧政局或縣（市）政府查核聯合社時直接呈送之

二、經營業務另有其他種類者應依業務種類分別塡報例如其他之業務爲零整購銷應分零整購銷報告表如爲加工應分塡加工報告表餘類推

三、每次塡報時應依日期先後將逐日每起買賣業務就表內各項詳細塡報不得遺漏

（本表行列於印製時應以三十一行爲標準合作社塡用時每次不限於一張）

合作社供銷粮食辦法

一　凡依法成立之各級合作社經各級合作主管機關商准粮食管理機關並依粮食管理機關規定登記後得辦理粮食供銷事宜
二　各級合作社辦理粮食供銷應依粮食管理法令之規定並接受粮食管理或業務機關之指導
三　各級合作社辦理粮食供銷得視其所在地情形與其業務範圍就粮食之運銷分售等項業務選定一種或數種辦理之
四　各級合作社爲辦理供銷粮食得於社内設立專管部份辦理之
五　各級合作社申請辦理粮食供銷時應將供銷區域及供應社員人數經由各級合作主管機關核轉粮食管理或業務機關
六　各級合作社辦理粮食供銷業務時得設倉庫及加工設備與運輸工具等但應報由各級合作主管機關轉粮食管理機關登記
七　各級合作社辦理粮食運銷加工分售等業務所需資金除運用其自籌者外得由合作金庫或有關金融機關貸放之
八　各級合作社批發或零售粮食之價格及其付款方式應依粮食管理或業務機關之規定
九　粮食管理或業務機關於必要時得委託各級合作社代辦其業務區域範圍内非社員粮食之供應事項
十　承辦粮食供銷之合作社如有違反粮食法令行爲粮食管理機關得隨時予以糾正必要時並得商同各該合作事業管理機關予以整理或改組
十一　本辦法經社會部粮食部會同核定施行修改時同

禁釀區内糟坊製造酒精原料使用食粮管理辦法

三十年十一月九日院令核定

第一條　禁釀區内酒精工廠（在四川省及重慶市内以曾在液體燃料管理委員會登記者爲限）自設糟坊或約定糟坊製造酒精原料使用當地所產食粮依本辦法管理之

第二條　酒精工廠應將自設糟坊或約定糟坊關於製造酒精原料使用食粮事項依照規定表式（附後）填具一式五份呈請核發釀造酒精原料糟坊登記證

前項登記證在直轄市由市政府核發在省由省政府規定式樣交由當地縣市政府核發並將財政粮食經濟三部液體燃料管理委員會及當地稅務機關備查

酒精工廠于領到登記證後應轉發各糟坊張貼於釀造場所

第三條　前條填報事項有變更時酒精工廠應於三日内報請當地市縣政府核准并轉財政粮食經濟三部液體燃料管理委員會及當地稅務機關備查

第四條　每一糟坊與酒精工廠訂立供應合約以一家爲限在合約未滿期或解除前不得與另一酒精工廠訂約

以上酒精工廠同時向同一糟坊約釀時軍事工廠有優先訂約權

第五條　已登記之糟坊製釀乾酒及使用粮食數量不得超過核准之數量所產乾酒應全部售給約釀之工廠

第六條　酒精工廠自釀或約釀之乾酒應全部供作製造酒精原料之用非經液體燃料管理委員會核准不得轉售或作其他用途

第七條　酒精工廠自設或約釀之糟坊所釀乾酒應照章納稅

第八條　粮食部液體燃料管理委員會市縣政府及當地稅務機關粮食管理機關得隨時派員致合酒精工廠及糟坊使用粮食與產銷乾酒情形必要時并得稽核簿籍

第九條　違反本辦法第三條或第六條之規定者以違令私釀論照非常時期農礦工商管理條例第三十二條之規定處罰

第十條　本辦法由財政粮食經濟三部液體燃料管理委員會呈准備案後公佈施行

申請登記工廠名稱　　　　　廠址　　　　　經理姓名

每月酒精產量（單位加侖）　　　　　每月需用乾酒數量（單位：市斤）

項別 / 精坊別	名稱	坊址	負責人	每月釀造乾酒		每月需用糧食			核准數量
				數量（市斤）	價值	種類	數量	市担	（單位）：（市担）
自設精坊									
約定精坊									
共計									
審核意見									

填報工廠及負責人簽章　　　　　　核准者簽章

填報日期　　年　　月　　日　　　　核准者日期　　年　　月　　日

禁止粮食輸入港澳電令

國民政府主席蔣中正府參電

廣東省政府羅主席勛鑒 密戌篠府參電計達關於粮食輸入香港事前飭應予解禁原爲便利英方僑胞現查粵省粮食不豐必無餘粮供給香港已答復英方轉向南洋購買故對香港輸出粮食事仍應禁止希即遵照中正由蒋府參印

附錄

加强防止粮食輸出港澳罰則

廣東省政府三十五年子真威比代電

一、濒海縣份以走私情形查復并即召集各米商船 礱米業商人及其同業法團曉以利害大義毋得運儎米粮往港澳及越南飭其連對於走私出口前往港澳越南如有知情不報 負連帶責任並飭出具不私運穀米出口如違甘受嚴重懲處切結

二、獎勵密告私運各縣市緝獲私運出口粮食呈經本府查驗確者即沒收充公并呈准變價給獎給予檢舉人百分之四十給予查獲機關百分之十由執行機關逕行查獲者給予百分之三十餘由縣保管報候處置

本省執行查禁米粮走私出口人員注意事項

省府三十五米安田三四七四二二代電頒行

甲 法案

（一）本省對港澳越南國外輸出粮食仍應禁止一案前奉 主席蔣採中府參電經省府迭電嚴飭沿海各縣市局長遵照嚴密加强查緝偷漏出口起見經省府再飭下列措施

（1）電請廣州行營飭屬嚴密查緝派艦巡截各查緝機關人員如有辦理不力收規縱放或藉口緝私吞沒截扣情弊應即扣留嚴懲

（2）各濱海縣份并即召集谷米商船户礱米業商人及其同業法團曉以大義毋得運儎米粮往港澳越南飭其連保對於走私出口米粮如有知情不報應負連帶責任出具不私運穀米出口如違甘受嚴重懲處切結

（3）獎勵密告私運經省府子真威比（四六〇四〇）代電令飭各縣市緝獲私運出口粮食呈經省政府查屬確實者即沒收充公并呈准變價給獎給予檢舉人百分之四十查獲機關百分之十由執行機關逕行查獲者百分之三十餘由縣保管報候處置

（二）省境內縣際間粮食應絕對自由流通一律免予領證運濟毋得藉端禁遏以期暢通粮運故歲至湛近迭據報仍有藉口維持本縣粮食或以經過各機關法團會議通過限制爲理由禁遏米粮出境者對谷米過境予以留難妨碍自由流通情事亦經省政府通令糾正並佈告週知如有違反自由流通情事准舉發究辦

（三）本省沿海岸線港汊分歧米粮最易外流港澳越南等處自 嚴密防範以維民食經省政府特定凡在沿海岸線縣份民商赴沿海岸餘糧縣購運米糧須先向該管縣市政府取得採購文件赴購并由該管縣市政府通知沿途所經各縣分別負責監督運濟以杜作田三代電通飭在案

乙　走私孔道

糧食偷運出口著名經過寶安屬之南頭、深圳、番禺屬之蓮花山、蓮山、中山屬之大岡、前山、東莞屬之虎門、及珠江口之大剷關等處應注意查緝並偵察其他偷漏地點嚴密查緝

丙　查緝機關

（一）由省政府指派人員分駐各地指揮官兵負責辦理必要時得呈請派艦協助

（二）由廣東全省保安司令部指派官兵川駐各走私孔道秉承省政府派員負責查

（三）由省政府電飭當地海關并飭當地縣政

丁　查緝方法

（一）廣佈綫眼偵查

（二）獎勵告密

（三）與當地駐軍及縣政府區鄉公所聯絡

（四）各隘口或海道酌派員設站查緝

（五）派兵參加海關檢查

戊　處理辦法

（一）凡運輸糧食出口如因接濟軍糧或其他駐外機關經主管機關（兵站或省糧食主管機關）核准特許輸出外其他以任何名義運出糧食概予截留法辦

（二）查獲出口之米穀如携有其他軍政機關證明者得呈准省政府由原機關備文領回惟仍不得輸運出口

（三）船舶携帶穀米出口應核計該船所有人數自食量酌留食用外概予沒收如個人携帶米穀最多不得超過米並拾司碼斤

（四）查獲走私出口之米穀應寄存當地鄉鎮公所或保長辦公處刻即函知縣政府處置其走私出口米穀超過穀五十市石或米二十五市石以上者應將人犯一併拘解縣政府辦理

（五）縣政府對于查獲偷運出口米穀經查屬實如數量未滿穀五十市石或米二十五市石者得由縣政府定價收購撥充軍糈或照市價八折就地發放調劑民食如超過穀五十市石或米二十五市石以上者應連同人犯移送法院依照非常時期違反糧食管理治罪暫行條例第四條規定究辦

（七）查獲私運出口米糧所需搬運伕力等費用先由縣政府在保管糧食平價資金或地方款收入項下支付將來得在沒收米糧變價總額內扣墊

（六）獲案糧食如以不便保管或恐變壞得報省政府核飭縣政府會同有關機關派員監視照當地市價先行投變所得價款由縣政府保管聽候確定依法處置

（八）縣政府辦理查獲走私出口米糧案件應逐案報告省政府察核

全國各省縣市辦理糧情調查大綱

一、凡指定辦理糧情調查各地（見註一）均應由各該地主管糧政單位指派專人負責按日親到糧食市場切實調查各種糧食流通情形進出銷存數量交易價格及糧食市場所發生之各項問題據實報告各該單位供實施管制之參考此外並按月填寫「各種糧食零售價格月報表」分呈糧食部及省糧政機關

二、指定下列各地辦理「甲類糧情電報」

（廣東省）曲　江　高　要　興　寧　茂　名

三、前項指定辦理「甲類糧情電報」各地並應辦理「糧價變動原因電報」「市況旬報」及「各種糧食躉零售價格月報表」

四、指定下列各地辦理「乙類糧情電報」

（廣東省）開　平　連　縣　河　源　豐　順　合　浦

五、前項指定辦理「乙類糧情電報」各地並應辦理「糧價變動原因電報」「各種糧食躉零售價格月報表」

六、指定下列各地辦理「丙類糧情電報」

（廣東省）台　山　清　遠　英　德　樂　昌　始　興　廣　寧　羅　定

七、前項指定辦理「丙類糧情電報」各地並應辦理「各種糧食零售價格月報表」

八、除上列指定辦理甲乙丙三類糧情電報地點外指定下列各地辦理「各種糧食零售價格月報表」

（廣東省）恩　平　新　會　翁　源　陽　山　連　山　乳　源　仁　化　南　雄　花　縣　從　化　三　水　四　會

鶴　山　新　興　雲　浮　鬱　南　封　川　開　建　紫　金　新　豐　惠　來　龍　門　最　寧　揭　陽

五　華　大　埔　蕉　嶺　龍　川　連　平　陽　春　信　宜　化　縣　吳　川　防　城　東　莞　澄　海

寶　安　梅　菉　赤　溪　增　城　饒　平　平　遠　南　山　佛　岡　高　明　博　羅

九、各項「糧情電報」「糧價變動原因電報」「市況旬報」「各種糧食躉零售價格月報表」之辦理方法詳見本手册以下各節

（註一）指定辦理糧情調查地點見二、四、六、八各項所列

一、電報糧情

1. 修正全國糧情電報特約辦法草案

一、全國糧情電報分爲甲乙丙三類甲類逐月之二、四、六、八……等雙日報告指定之兩種糧食躉零售價格乙類按月之一、六、十一、十六、廿一、廿六等日報告指定之

丙種糧食躉售價格丙類於月之一 六 十一 十六 廿一 廿六等日報告指定之兩種糧食零售價格。無論甲乙丙各類糧情電報均由指定之縣政府或縣田賦糧食管理處及縣局鄉鎮公所糧食市場管理員向當地電報局或指定之縣地電報局發寄重慶糧食部及各該省糧政局（或省田賦糧食管理處）二處（如發電地即省糧政局或省田賦糧食管理處所在地則該地僅發寄糧食部一處）所有拍發各類糧情電報之縣及鄉鎮名稱由糧食部指定後通知交通部再由交通部飭電信總局轉飭有關各地電報局知照

二、各縣政府或縣田賦糧食管理處及鄉鎮公所糧食市場管理員發寄甲類乙類或丙類糧情電報應由糧食部分別製發甲類乙類及丙類糧情電報發電紙備用（該項電紙格式附後）並應蓋有糧食部印信及主管長官章如各地發電紙已用罄而新頒發電紙未能及時寄到時各地得暫用普通發電紙加蓋「糧情電報」字樣木戳及發電機關印信發之

三、糧情電報每份祇能有發往地名一處（重慶或各省糧政局及田賦糧食管理處所在地）其同時分致重慶糧食部與該省糧政局或省田賦糧食管理處所在地兩處者應分填兩份交發

四、糧情電報應照下列格式填寫不得任意變更：

1.甲類

（第一字）

FSR（糧情電報納費標識代表Food Staff RePort之意）

（第二字）

5988（糧食部主管情報部份之電報掛號）　或××××（各省糧政局或省田賦糧食管理處主管糧情部份之電報掛號）

（第三字）　（第四字）　（第五字）

重慶（或各省糧政局或省田賦糧食管理處所在地地名）…………（糧情　期）…………（第一種糧食躉售價格）

（第六字）　（第七字）　（第八字）

…………（第一種糧食零售價格）…………（第二種糧食躉售價格）…………（第二種糧食零售價格）

（第九字）

…………（發電單位代號）

2.乙類

3.丙類

（第一字）

FSR（糧情電報納費標識代表Food Staff RePort之意）

9988（糧食部主管情報部份之電報掛號）或××××（各省糧政局或省田賦糧食管理處主管情報部份之電報掛號）
（第三字）　　　　（第四字）　　　　（第五字）
重慶（或各省糧政局或省田賦糧食管理處所在地地名）……………（糧情　期）……………（第一種糧食零售價格）
（第六字）　　　　（第七字）
……………（第二種糧食零售價格）……………（發電單位代號）
（甘肅省所屬各地丙類糧情電報增報第三種糧食零售價格填於第七字發電單位代號欄主發電單位代號應改填於最末作為第八字）
按照上開格式甲乙類每電規定九字丙類每電規定七字（甘肅省所屬各地八字）除納費標識電報掛號收電地名及糧情日期四字外餘均用五個阿拉伯數碼（必要時用六碼但須外加括號）填寫此項電報之格式如須改或每電規定字數有增減必要時應由糧食部先行商得交通部同意並由交通部飭知電信總局轉飭有關各地電報局知照

五、糧情電報應照加急官電之傳遞次序隨到隨發

六、電報局傳遞糧情電報由糧食部貼付手續費每字一元收發電報價目如有變動手續費應比照增減每月應收貼費數目由交通部電信總局於月終按照商定之發電地點及份數（無論實際發電與否均應照付貼費）及字數結算總額飭知市縣電信局備據向糧食部具領

2.各省縣市辦理糧情電報工作須知

一、各省縣市辦理糧情電報工作分為下列三類

1.甲類：指定辦理甲類糧情電報各糧食市場應每逢月之二四六……廿六廿八卅等號日（每月十五次）報告指定之兩種主要糧食躉售及零售價格

附（一）指定辦理甲類糧情電報地點代號及發電份數一覽表

辦理甲類糧情電報地點代號及發電份數一覽表

省別	地名	代號	發電份數	發往地點	備註
廣東省	曲江	10501	1	重慶	
	高要	10519	2	重慶曲江	
	興寧	10544	2	，，	
	茂名	10552	2	，，	
廣東省	廣州市	10580	1	重慶	
	惠陽	10531	2	重慶廣州	
	九龍	10581	2	，，	
	汕頭	10583	2	，，	
	順德	10584	2	，，	
	南海	10587	2	，，	
	中山	10585	2	，，	
	南澳	10586	2	，，	

附（二）各省辦理甲類糧情電報查報項目表

各省辦理甲類糧情電報查報項目表

省別	第一種糧食躉售價格	第一種糧食零售價格	第二種糧食零售價格	第二種糧食零售價格
四川	中等熟米每市石價格	中等熟米每市斗價格	中等小麥每市石價格	中等小麥每市斗價格
貴州	〃	〃	〃	〃
雲南	〃	〃	〃	〃
廣西	〃	〃	〃	〃
廣東	〃	〃	中等甘藷每百市斤價格	中等甘藷每市斤價格
湖南	〃	〃	中等小麥每市石價格	中等小麥每市斗價格
湖北	〃	〃	〃	〃
江西	〃	〃	〃	〃
福建	〃	〃	〃	〃
浙江	〃	〃	〃	〃
安徽	〃	〃	〃	〃
河南	〃	〃	〃	中等土麵粉每市斤價格
陝西	〃	〃	〃	〃
甘肅	〃	〃	〃	〃
西康	〃	〃	〃	〃
寧夏	〃	〃	〃	〃
山西	中等小米每市石價格	中等小米每市斗價格	中等小麥每市石價格	中等土麵粉每市斤價格
青海	中等青稞每市石價格	中等青稞每市斗價格	〃	〃
綏遠	中等小米每市石價格	中等小米每市斗價格	〃	〃

2. 乙類：指定辦理乙項糧情電報各糧食市場應按月之一 六 十一 六十 廿一 廿六等日（每月六次）查報指定之兩種主要糧食躉售及零售價格

附一、指定辦理乙類糧情電報地點及其代號與發電份數一覽表

辦理乙類糧情電報地點代號及發電份數一覽表

省別	地名	代號	發電份數	發往地點	備註
廣東省	開平	20502	2	重慶 廣州	由倉城收電處轉發
	連縣	20506	2	，　，	
	河源	20535	2	，　，	
	豐順	20543	2	，　，	
	合浦	20560	2	，　，	
	新會	20505	2	重慶 廣州	
	三水	20520	2	，　，	
	瓊山	20582	2	，　，	

附（二）各省辦理乙類糧情電報查報項目表

各省辦理乙類糧情電報查報項目表

省別	第一種糧食躉售價格	第一種糧食零售價格	第二種糧食躉售價格	第二種糧食零售價格
四川	中等熟米每市石價格	中等熟米每市斗價格	中等小麥每市斗價格	中等小麥每市斗價格
貴州	，　，	，　，	，　，	，　，
雲南	，　，	，　，	，　，	，　，
廣西	，　，	，　，	，　，	，　，

廣東	〃	〃	中等甘藷每百市斤價格	中等甘藷每市斤價格
湖南	〃	〃	中等小麥每市石價格	中等小麥每市斗價格
湖北	〃	〃	〃	〃
江西	〃	〃	〃	〃
福建	〃	〃	〃	〃
浙江	〃	〃	〃	〃
安徽	〃	〃	〃	〃
河南	〃	〃	〃	中等土麵粉每市斤價格
陝西	〃	〃	〃	〃
甘肅	〃	〃	〃	〃
山西	中等小米每市石價格	中等小米每市斗價格	〃	〃
☆註：廣東連縣第二種糧食報小麥價格				

3. 丙類：指定辦理丙類糧情電報報各糧食市場應按月之一、六、十一、十六、廿一、廿六等日（每月六次）查報指定之兩種主要糧食零售價格（惟甘肅省各縣應加報第三種主要糧食零售價格）

附一：指定辦理丙類糧情電報地點及其代號與發電份數一覽表

辦理丙類糧情電報地點代號及發電份數一覽表

省別	地點	代號	發電份數	發往地點	備註
廣東省	台山	30504	2	重慶曲江	
	清遠	30507	2	〃 〃	
	英德	30508	2	〃 〃	

	樂昌	30513	2	,	,	
	始興	30516	2	,	,	
	廣寧	30522	2	,	,	
	羅定	30526	2	,	,	
	德慶	30527	2	,	,	
	海豐	30502	2	,	,	
	陸豐	30533	2	,	,	
	潮安	30537	2	,	,	
	潮陽	30538	2	,	,	
	梅縣	30546	2	,	,	
	和平	30550	2	,	,	
	陽江	30553	2	,	,	
	廉江	30557	2	,	,	
	電白	30558	2	,	,	
	欽縣	30562	2	,	,	
	靈山	30563	2	,	,	

附二：各省辦理丙類糧情電報査報項目表

各省辦理丙類糧情電報項目表		
省別	第一種糧食零售價格	第二種糧食零售價格
貴州	中等熟米每市斗價格	中等小麥每市斗價格

雲南	，　，	，　，
廣西	，　，	，　，
廣東	，　，	中等甘藷每市斤價格
湖南	，　，	中等小麥每市斗價格
湖北	，　，	，　，
江西	，　，	，　，
福建	，　，	，　，
浙江	，　，	，　，
安徽	，　，	，　，
河南	，　，	中等土麵粉每市斤價格
陝西	，　，	，　，
山西	中等小米每市斗價格	，　，
甘肅	中等熟米每市斗價格	，　，
寧夏	，　，	，　，
青海	中等小麥每市斗價格	中等青稞每市斗價格
西康	中等青稞每市斗價格	中等土麵粉每市斤價格
綏遠	中等糜米每市斗價格	，　，

附註：1.甘肅省各市場加報第三種主要糧食中等小麥每市斗價格

2.廣東清遠、英德、德慶、揭陽、海豐、潮安、梅縣七縣第二種糧食報中等小麥每市斗價格以上各類糧情電報除各省糧政局（或省田賦糧食管理處）所在地之縣市或由省糧政局（或省田賦糧食管理處）所在地電局轉發之縣市備發一份至重慶糧食部外其餘各縣市均應備寫二份分發重慶糧食部及各該省糧政局（或省田賦糧食管理處）（參閱本手冊「辦理甲類乙類及丙類糧情電報代號及發電份數一覽表」內份數及發往地點欄）但僅一份之各縣市仍須照應報糧情按期列表寄呈各該省糧政局或省田賦糧食管理處參考

二、前項指定辦理各類電報之各地如係縣市其電報糧情工作應由該縣市政府（或田賦糧食管理處）指派專人負責辦理如係鄉鎮部應由該鄉鎮公所副鄉鎮長負責辦理以上項工作人員如因事或因病不能照常工作時應委託妥當人員暫代職務並須呈請主管長官核准關於拍發糧情電報之各項要點務應詳細告知代理人俾糧情工作不致中斷

三、辦理糧情人員對材料之搜集必須親自至場市上實地調查資料務求正確可靠不得任意估計或採道聽途說資料敷衍塞責更不能以限價或官定價格填報

四、辦理糧情人員應遵照規定項目按日調查登記其係辦理甲類糧情電報者應於每月逢雙之日將當日糧情填入糧情電報發電紙於當晚或至遲於次晨送當地電報局拍發其係辦理乙丙兩類糧情電報者亦均須於規定日期按時填發絕對不可遲滯間斷

五、第一項指定辦理各類糧情電報地點倘未設立電報局者應將是項電報用快郵寄至指定之鄰近電報局轉發（參閱本手冊「各縣市辦理糧情電報種類份數及代號一覽表」內備註欄）並須在信封上註明「糧情電報」字樣以免電局耽擱

六、填寫糧情電報發電紙時應逐欄仔細填寫不得顛倒遺漏字跡尤應端正以免電局拍發錯誤

七、關於糧情電報報費本部與交通部已商定有「全國糧情電報特約辦法」即在發電紙上印有FSR符號一項FSR表示糧情電報納費標識凡各縣市政府（縣田賦糧食管理處）或鄉鎮公所用本部頒發並印有FSR符號之糧情電報發電紙填寫糧情電報時係由負責人在發電紙上簽名蓋章後逕送當地電報局（或郵寄至指定之鄰近電報局轉發）拍發如各地發電紙已用罄而部頒發電紙未能及時寄到時各地得暫用普通發電紙加蓋「糧情電報」字樣木戳及發電機關印信送發之無須付費其費用由交通部按月向本部統收

八、糧情電報發電紙分紅色藍色兩種紅色印刷之糧情電報發電紙（係報告本部者）在電報掛號欄內印有「9988」（本部主管情報部分之電報掛號）地名欄印有「重慶」藍色印刷之糧情電報發電紙（係報告隸屬之省糧政局或省田賦糧食管理處者）其「電報掛號」及「發電地名」兩欄應由辦理糧情人員分別照各省糧政局或省田賦糧食管理處指示之電報掛號及地名填寫

電紙編號
送發編號

甲（乙）類糧情電報存根

發往地點＿＿＿＿＿＿

糧情日期＿＿＿＿＿＿

第一種糧食躉售價格＿＿＿＿＿＿

第一種糧食零售價格＿＿＿＿＿＿

第二種糧食躉售價格＿＿＿＿＿＿

第二種糧食零售價格＿＿＿＿＿＿

發電單位代號＿＿＿＿＿＿

年　月　日　時發

送發編號	糧食部	電紙編號

甲（乙）類糧情電報發電紙

主管長官蓋章

流水號數	報類 FSR			發報局名	
去報號數	字數 9	日期		時間	
備註					
以上由電報局填寫					
納費標識	FSR	電報掛號		發往地名	
糧情日期		第一種糧食躉售價格		第一種糧食零售價格	
第二種糧食躉售價格		第二種糧食零售價格		發電單位代號	

發電人簽名蓋章

年　月　日　時　分送發

電紙編號
送發編號

丙類糧食電報存根

發往地點＿＿＿＿＿＿

糧情日期＿＿＿＿＿＿

第一種糧食躉售價格＿＿＿＿＿＿

第一種糧食零售價格＿＿＿＿＿＿

第二種糧食躉售價格＿＿＿＿＿＿

第二種糧食零售價格＿＿＿＿＿＿

發電單位代號＿＿＿＿＿＿

年　月　日　時發

送發編號	糧食部	電紙編號

丙類糧情電報發電紙

主管長官蓋章

流水號數	報類 FSR			發報局名	
去報號數	字數 7	日期		時間	
備註					
以上由電報局填寫					
納費標識	FSR	電報掛號		發往地名	
糧情日期		第一種糧食零售價格		第二種糧食零售價格	
發電單位代號					

發電人簽名蓋章

年　月　日　時　分送發

3. 填寫糧情電報發電紙須知

一、電報範圍　各類糧情電報僅限於填報指定各縣縣政府所在地（或築鎮）之糧情數字

二、電報內容序列

（1）甲類　指定辦理甲類糧情電報之各地應照下列次序每逢月之二、四、六……廿八、卅等日（每月十五次）填發

（第一字）

FSR（糧情電報納費標識代表 Food Staff RePort 之意）

（第二字）

9988（糧食部主管情報部份之電報掛號）或×××（各省糧政局或省田賦糧食管理處主管糧情部份之電報掛號）

（第三字）　（第四字）　（第五字）

重　慶（或各省糧政局或省田糧處所在地地名）…………（糧情日期）…………（第一種糧食躉售價格）

（第六字）　（第七字）　（第八字）

…………（第一種糧食零售價格）…………（第二種糧食躉售價格）…………（第二種糧食零售價格）

（第九字）

…………（發電單位代號）

依照上面序列第四字應用四個阿拉伯數碼符寫第五字至第九字應用五個阿拉伯數碼符寫此項數碼符寫法詳後（各省査報糧情種類應參照「各省縣市辦理電報糧情工作須知」第一項（1）節規定辦理

（2）乙類：格式同甲類凡指定辦理乙類糧情電報各地應照上列（甲類）次序按月之一、六、十一、十六、廿一、廿六等日（每月六次）填發（各省查報糧情種類應參照「各省縣市辦理電報糧情工作須知」第一項（2）節規定辦理）

（3）丙類：指定辦理丙類糧情電報之各地應照下列次序按月之一、六、十一、十六、廿一、廿六等日（每月六次）填發

（第一字）

FSR（糧情電報納費標識代表 Food Staff RePort 之意）

（第二字）

9988（糧食部主管情報部份之電報掛號）或×××（各省糧政局或省田糧處主管情報部份之電報掛號）

（第三字）　（第四字）　（第五字）

重　慶（或各省糧政局或省田糧處所在地地名）…………（糧情日月）…………（第一種糧食零售價格）

（第六字）　（第七字）

…………（第二種糧食零售價格）…………（發電單位代號）

依照上面序列第四字應用四個阿拉伯數碼書寫第五字至第七字均應用五個阿拉伯數碼書寫此項數碼書寫方法詳後（各省書報糧食種類應參照「各省縣市辦理電報糧情工作須知」第一項（3）節規定辦理）惟甘肅各縣應加報中等小麥零售價格一種其糧情電報格式另定如次

（第一字）
FSR（納費標識）
（第二字）
9988（糧食部主管部份電報掛號或甘肅省田糧處電報掛號）
（第三字）　　　　　　　　　（第四字）
重　慶（或甘肅省田糧處）……（糧情日期）
（第五字）　　　　　　　　　（第六字）
……（中等熟米零售價格）……（中等土麵粉零售價格）
（第七字）　　　　　　　　　（第八字）
……（中等小麥零售價格）……（發電單位代號）

以上三類糧情電報格式次序填發時絕對不得任意顛倒或遺漏以免錯誤

三、糧情日期　上項各類糧情電報格式中之第四字應填寫「糧情日期」糧情日期係指所報告當日糧情日期並非指發電日期均應用四個阿拉伯數碼書寫前兩位數碼表示月份後兩位數碼表示日期

例如一月七日之糧情應填寫為（0107）五月廿三日之糧情應填寫為（0523）十二月三十一日之糧情應填寫為（1231）

四、糧價單位：中等熟米小麥大麥小米青稞蕎麥燕麥躉售均以每一市石（並非市担）價格為準中等熟米小麥大麥小米青稞蕎麥燕麥玉米等零售均以每市斗價格為準中等土麵粉零售以每市斤價格為準計價均以國幣分為單位分以下四捨五入填寫時應用五個阿拉伯數碼書寫其次序為 1 4 5 0 5（百十元角分）此即表示一百四十五元零五分如某種糧食每市石躉售價格超過一千元以上者可用六個阿拉伯數碼書寫但須在此項數碼上外加括號以符電政規定如中等熟米每市石價二千四百元應寫為（2 4 0 0 0 0）（千百十元角分）

每日各種糧價有開盤（早盤）及收盤（晚盤）兩種填報時以收盤為準

例如開盤時中等熟米躉售每市石價三百二十五元收盤時中等熟米每市石躉售價為三百二十一元應填收盤時之價格填寫為32100拍發收盤時中等小麥每市斗零售價為二十元三角五分應填寫為02035拍發

五、糧價標準：各種糧價一律以市價為準担任糧情調查人員必須按日親到糧食市場查明實地交易價格填報不得採用限價或官價等規定價格

六、發電單位代號　第二項所列各類電報格式最後一字為發電單位代號辦理各類電報之各縣市代號均詳規定詳列「各省縣市辦理糧情電報種類份數及代號一覽表」中填寫時不得錯誤

七、糧情電報發電紙（1）拍往重慶糧食部者用紅色電紙。（2）拍往糧政局（或省田糧處）者用藍色電紙茲以廣西桂林為例

（1）拍發重慶糧食部者（用紅色電紙）

FSR9988 重慶	（日期）	（米躉售價）	（米零售價）	（麥躉售價）	（麥零售價）	（桂林代號）
	0304	12100	01300	09500	01000	10431

（2）拍發桂林廣西省糧政局者（用藍色電紙）：照（1）僅換列廣西省糧政局電報掛號及桂林二字其餘各字均照上面填寫

八、冷熱市場　糧食市場如分冷熱集時辦理甲類糧情電報各地遇冷集日期米麥價格仍照上場數目填寫如實際有小量交易時亦應據實查報不可缺漏

例如：三月四日為冷集米麥均無交易但在三日熱集時中等熟米躉售價為一百零三元零售價為十一元中等小麥躉售價為九十二元零售價為九元八角

0304　（米躉售價）（米零售價）（麥躉售價）（麥零售價）（發電單位代號）

10300　01100　09200　00980

至辦理乙丙兩類糧價電報各地規定查報日期遇冷集時亦如甲類將上次熱集時之各項糧價填報

九、電報存根　各糧情電報發電紙存根務須詳細填明俾資查考

二、糧價變動電報

1. 全國重要糧食市場糧價變動電報特約辦法

一、糧食部為欲明瞭全國重要糧食市場糧價變動情況及原因起見得指定各重要糧食市場所在地之地方政府或其他委託機關遇當地糧食價格有較大變動時將情況及原因用電報呈重慶糧食部此項電報稱為糧價變動電報（簡稱電 VFP 電報）其電文用明碼或密碼均可惟內容以純係關於報告糧價變動情況及原因為限不得夾雜他事其電首並應加註 VFP 一字為納費標識

二、各地指定或委託機關拍發 VFP 電報應由糧食部製發糧價變動發電紙備用該項發電紙應蓋有糧食部印信及主管長官章方為有效（格式附後）

三、各地電報局收到當地地方政府或糧食部委託機關（未設電報局之鄉地地方政府）交發之 VFP 電報時除在報類格內填明全價官電之報類標識 SIP 俾照官電之次序提前傳遞外應按照全價官電之價目計算該電應收報費若干然後即在備註格內加註 RTP 一字以及應收之國幣數目例如該電應收報費九元四角即在備註格內註明 RTP9.40 以便川康藏電政管理局在重慶向糧食部收取報費但發報之電報局毋庸向發電機關收費

四、重慶川康藏電政管理局應根據該局收到及投送之 VFP 來報報底按月造具 VFP 收報人付費電報清單向糧食部結算報費至糧食部收到上述清單後應於三日內將清單核訖並照付報費

2. 各地辦理糧價變動電報工作須知

一、本部對於各地糧價變動必須洞悉其癥結所在藉作穩定糧價之措施而宏管制之效用經與交通部會訂有「全國重要糧食市場糧價變動電報特約辦法」一種指定各省省糧政局或省田賦糧食管理處及辦理甲乙兩類糧情電報之各縣市（辦理丙類糧情電報者暫行緩辦）或本部委託抽查機關辦理

二、上項指定辦理糧價變動電報之各機關遇當地市場上糧食價格發生激烈變動（上漲或下跌）應將變動原因及處理辦法隨時用本部頒發之糧價變動發電紙詳報本部

三、市場上遇有糧食流通數量發生顯著變化及有囤積居奇或操縱市價等情事發生時亦應隨時用糧價變動原因發電紙將情況原因電報及處理辦法電報本部查核

四、此項電報為嚴守機密起見一律譯成糧密密碼拍發並須於譯就後詳加校對以免發生錯誤

五、拍發此項電報電文應簡明扼要不必要之字樣毋須列入

送發編號

糧　　食　　部
糧價變動電報發電紙

電紙編號

主管長官蓋章

報費		流水號數	報類	發報局名	
收報號數		去報號數	字號	日期	時刻
收報員		備註 RTP			
以上由電報局填寫					
納費標識 VFP		掛號報號 9988	發往地名	重要	字號
					5
					10
					15
					20
					25
					30
					35
					40
					45
					50
					55
					60
					65
					70
					75
					80
					85
					90
					95
					100

註：此紙祇准拍發糧價變動電報由電局列作全價官電其報費由川[illegible]康電政管理局向糧食部收取

發電人簽名蓋章

年　　月　　日　　時　　分送發

三、市況旬報及糧價月報

1.各縣市填報市況旬報及糧價月報表辦法

一、爲使粮食市況報告內容更臻詳盡起見特製定「市況旬報表」及「各種粮食躉零售價格月報表」分別指定各地辦理以補電報粮情之不足（表式附後）表中所列粮食種類可由各省粮政局酌量實情規定令飭遵辦並呈報本部備案

二、「市況旬報表」指定辦理甲類粮情電報之各地按旬塡報（塡表注意事項詳閱該表所附「塡表須知」）

三、「市況旬報」中「出口量」「進口量」「本地銷售量」及「累積存儲量」等數量單位均用市石計至升爲止以下四捨五入例如米進口量爲二十二市石五斗三升七合應記爲（32.54）市石如所得粮情數字係舊制務先按當地量制折算成市制時之數量然後塡入例如前米進口爲三十二石五斗三升七合爲舊量當地一舊石等於二市石六斗則應折算成（84.60）市石（32.537×26＝84.5962市石升以下四捨五入故應爲84.60市石）

四、市況旬報中之「存儲量」一項皆應累積計算卽累積存儲量並非指當日之進口量減去出口量及本地銷售量所得之結果而言蓋其計算方法係以上日之存儲量加上本日之進口量減去本日之出口量及本日本地銷售量所得之結果方爲本日之存儲量例如某地三月一日米存儲量爲（459）市石三月二日米進口量爲（273）市石米出口量爲（147）市石米本地銷售量爲（85）市石則三月二日米之存儲量爲一日存量＋二日進量－二日出量－二日銷量＝二日存量
450＋273－147－85＝471
市石各日類推至旬末存量卽每旬最末一日之存量

五、「各種糧食躉零售價格月報表」辦理甲乙兩類糧情電報之各地均應按月塡報辦理丙類糧情電報及停辦糧情電報之各縣（地名見全國各省縣市辦理糧情調査大綱六、八、兩項所列）規定按月暫先査塡「各種糧食零售價格月報表」一種塡表方法應詳閱該表所附「塡表須知」

六、糧價月報表式中所列各種糧食各地應就所產之各種糧食價格分別調査塡入不得草率了事

七、各縣市査塡上列各項報表所應調査資料主辦糧情調査人員務應逐日親自上市調査按日登記分別塡報至各類糧情電報亦應根據此項資料列報不得稍有錯誤

八、各縣市所辦「市況旬報表」應於次旬首日塡妥「糧價月報表」應於次月首日塡妥逕寄重慶本部調査處第三科無須備文

年　月　旬　市況旬報表

市場名稱　　縣　　鄉　　鎮

項目 \ 地名 市價及市場 \ 日期													合計或平均
輸入來源及數量													
	小計												
輸出地點及數量													
	小計												
銷售本地數量													
存儲數量													（旬末存量）
中等價格	躉售（每市石國幣元）												（本旬平均價）
	零售（每市斗國幣元）												
備註													

填報機關　　　主管　　　製表　　　製表日期　　年　　月　　日

填表須知

1. 表為所設，如係「米」「谷」「麥」應按每種分填一表，并須於標題本格內（市況前）註明。
2. 糧食進出銷存數量均以市石為單位，計數至市升為止，市升以下四捨五入，例如二十五市石七斗四升六合寫為25.75市石如調查所得之資料係舊制者須先按當地量制折合換算成市制，再行填入本表，如某地舊制一石合2.5市石現在輸出米五舊石應先折算為12.5(2.5×5=12.5)市石填入該欄。
3. 存儲量係指累積存儲量而言，即昨日存量加今日「輸入」減今日「輸出」及「本地銷售量」所餘之數量。
4. 「價格」應填當日躉售零售價格，如無躉售零售之分別，即填普通價格，計價至分為止，分以下四捨五入，例小麥每市石價一千五百元零六角四分三釐應寫成1500.64元如調查所得係舊制時之價格應折合成市制之價格然後填入。
5. 備註欄應詳填一旬來市況動態及糧價變動原因，不得缺漏。
6. 本表上中下三旬填製逢月大下旬應填十一天每旬報表應於次旬首日填妥送寄重慶糧食部調查處第三科。

各種糧食零售價格月報表

市場名稱　　省　　縣　　鎮　　時間：民國　　年　　月份

價格 單位 糧食名稱 日期	上等熟米	中等熟米	下等熟米				破米	稻谷	糯米	小麥	大麥	玉米	大豆	胡豆	豌豆	高粱	紅苕	麵粉
	市斗	市斗	市斗				市斗	市斗	市斗	市斗	市斗	市斗	市斗	市斗	市斗	市斗	市斤	市斤
1																		
2																		
3																		
4																		
5																		
6																		
7																		
8																		
9																		
10																		
11																		
12																		
13																		
14																		
15																		
16																		
17																		
18																		
19																		
20																		
21																		
22																		
23																		
24																		
25																		
26																		
27																		
28																		
29																		
30																		
31																		
全月總計																		
報告日期																		
平均價格																		
最高價格																		
普通價格																		
最低價格																		

填表說明：

1 辦理調查人員應逐日調查市場上各種粮食零售價格登記在本表當日一欄內。

2 各種糧食價格除熟米一項本表已標明等級外餘均以中等品質爲準。

3 早晚市價不同者應以收盤價格爲準若無開盤收盤之分者可填普通價格。

4 調查零售價格紅苕應以市斤爲單位麵粉應以市斤爲單位其餘各種粮食均以升斗爲單位計價應以國幣元爲單位元以下小數兩位即角分均須填明分以下四捨五入。

5 每月月終辦理調查人員應將「全月總計」「報告日數」「平均價格「最高價格」「普通價格」最低價格」各欄計算清楚分別填明。

6 本表應於次月首日快郵遞寄重慶本部調查處第三科

各種糧食躉售價格月報表

市場名稱　　省　　縣　　鎮　　時間：民國　　年　　月份

糧食名稱／單位／價格／日期	上等熟米	中等熟米	下等熟米				碎米	稻谷	糯米	小麥	大米	玉米	大豆	黃豆	豌豆	高粱	紅苕	麵粉
	市石	市石	市石				市石	市石	市石	市石	市石	市石	市石	市石	市石	市石	市担	
1																		
2																		
3																		
4																		
5																		
6																		
7																		
8																		
9																		
10																		
11																		
12																		
13																		
14																		
15																		
16																		
17																		
18																		
19																		
20																		
21																		
22																		
23																		
24																		
25																		
26																		
27																		
28																		
29																		
30																		
31																		
全月總計																		
報告日期																		
平均價格																		
最高價格																		
普通價格																		
最低價格																		

填表須知：

1 辦理調查人員須逐日調查市場上各種糧食躉售價格登記在本表當日一欄內。

2 各種糧食價格除熟米一項已標明等級外餘均以中等品質為準。

3 早晚市價不同者應以收盤價格為準若無開盤收盤之分者可填普通價格。

4 調查躉售價格紅苕應以市担（一百市斤）為單位麵粉應以袋或市担為單位依當地習慣分別在單位欄註明若係用袋為單位者並須註明每袋計重若干市斤）其餘各種糧食均以市石為單位計價應以國幣元為單位元以下小數即角分角須填明分以下四捨五入

5 每月月終辦理調查人員應將「全月總計」「報告日數」「平均價格「最高價格」「普通價格」最低價格」各欄計算清楚分別填明。

6 本表應於次月首日快郵寄重慶本部調查處第三科

附錄

糧食市況調查工作競賽通則

第一條　粮食市況調查工作競賽依本通則之規定辦之

第二條　粮食市況調查工作競賽以縣（市）爲單位由省粮政局或省田賦粮食管理處辦理之但邊遠及接近戰區各縣（市）情形特殊者得由省粮政局或省田賦粮食管理處申述理由呈准粮食部豁免加入競賽

第三條　粮食市況調查工作競賽每年分兩期行之一至六月爲第一期七至十二月爲第二期

第四條　工作競賽之項目及競賽之標準暫定如左：

一、迅速競賽

甲、電報粮情（或粮價）依各縣（市）發發電報之遲早比較之每日或每期粮情電報以當日上午八時送達電報局爲標準各縣應立送電報加註時間以電報局蓋章爲憑其係送至郵局電報局拍發者應於月底商請電報局出具一月來收到粮情（或粮價）電報時間表並由省粮政局或省田賦粮食管理處核給郵遞時間報請粮食部備案

乙、各種粮價月報依各縣（市）送寄時間遲早比較之每月報以下月三日爲標準根據各地郵戳爲憑

二、確實競賽

甲、電報粮情（或粮價）依各縣（市）查報之粮價確實程度比較之以達到正確爲標準

乙、各種粮價月報依各縣（市）查報之各種粮食躉售價格確實程度比較之以達到正確爲標準

第五條　各縣（市）競賽成績應由省粮政局或省田賦粮食管理處按月報告其辦理進度並列爲評定成績標準之一

第六條　各縣（市）競賽成績以省粮政局或省田賦粮食管理處爲初核機關以粮食部爲核定機關每期後一個月內省粮政局應將初核競賽結果呈報核定其報告日期以郵戳爲憑逾期報告者以不及格論

第七條　粮食市況調查工作競賽計分標準依照第四條之規定共分四項競賽每項規定爲二十五分共計一百分各項以均得十五分爲及格其中一項若不及十五分者雖其他三項各得二十五分亦認爲不及格各項得分均在十五分以上合計在六十分以上者列爲丙等合計在七十分以上者列爲乙等合計在八十分以上者列爲甲等合計在九十分以上者列爲優等

第八條　粮食市況調查工作競賽分個人與團體兩種其成績經評定優勝者依左列之規定獎勵之

（一）個人競賽　各縣（市）調查人員競賽成績經省粮政局或省田賦粮食管理處初核送粮食部核定後其成績列在甲等或優等者由粮食部提送工作競賽推行委員會分別給獎

（二）團體競賽　各省得甲等或優等之縣（市）份佔參加競賽縣份十分之六以上者由粮食部分別情形提請工作競賽推行委員給獎

第九條　各省粮食市況調查工作競賽之施行細則由各省粮政局或省田賦粮食管理處擬具後呈送粮食部核定之

第十條　本通則由粮食部會同工作競賽推行委員會訂定後由粮食部公佈施行

糧情調查手冊修訂事項（暫適用于收復區內辦理糧情電報者）

一、手冊第十六頁原規定各地糧情電報拍發兩份一份發至省田糧處一份發至本部其發至本部者原規定發至「9988（糧食部主管情報部份之電報掛號）重慶」現應改發「7766南京」

二、手冊第二十？頁及三十五頁原規定之各省辦理甲乙類糧情電報項目表中所列第二種糧食零售價格除廣東仍為廿斤每市斤價格外其他各省一律查填中等麵粉每市斤價格

三、手冊第五十八頁原規定糧價均以國幣分為單位應改以元為單位元以下四捨五入不計角分填寫時仍用五個阿拉伯數碼書寫惟次序應為 00000（萬千百十元）故手冊第五十九頁舉例中等熟米每市石價二千四百元應填寫為 02400（萬千百十元）例如某市中等熟米每市石二萬七千四百元應填寫為 27400 中等熟米每市斗二千八百五十元應填為 02850 中等小麥每市石一萬九千五百元應填為 17500 中等麵粉每市斤一百九十五元應填為 00195

四、手冊第六十四頁原規定之糧價月報表應按照糧情週訊第十二期規定之各省縣（市）各種糧食價格月報表格式辦理逕寄南京本部調查處第三科無須備文

廣東田賦糧食管理處代電

致糧尹三字第三二六號
中華民國三十五年元月卅一日

現奉糧食部申寒餘調三字第「19781」號代電開「茲指定該省廣州市汕頭九龍等地辦甲類電報糧情新會三水鐘山等地辦乙類電報糧情此項糧情電報辦法正與交通部洽商中一俟商妥另令飭遵特先附發收復區各縣市辦理電報糧情工作注意事項一份仰即分飭指定各地逐日派員調查當地糧價按期逕呈報核冊各地發電機關代號規定如下廣州市「10580」汕頭「10531」九龍「10581」新會「20505」三水「20520」鐘山「20580」併仰分別飭遵為要」等因附發收復區各縣市辦理電報糧情工作注意事項一份奉此除分電外合將原頒收復地區各縣市辦理電報糧情工作注意事項一份隨電檢發仰即遵照規定各項切實辦理處長蕭次尹致子世糧田尹三印附發收復地區各縣市辦理電報糧情工作注意事項乙份

收復地區各縣市辦理電報糧情工作注意事項

一、經本部指定辦理糧情電報各地應由當地行政機構或糧政機構指派專人逐日親赴糧食市場調查糧食市況及價格

二、調查糧食種類暫行限於食米小麥及麵粉等主要食糧

三、糧食市況調查應着重於市場上糧食之流通數量及供應狀況

四、糧食價格食米及小麥躉售以市石為單位零售以市斗為單位麵粉躉售以袋為單位零售以市斤為單位如當地習用之衡量單位與此項規定不相同者務須先行折算為市制又各種糧食調查暫以當地消費最大之中等品質者為對象調查價格應以市價為準並以法幣為價格單位如當地尚未普遍恢復採用法幣者並應折成法幣計算

五、各指定辦理糧情電報地點對逐日調查之成果應隨時登記整理藉供糧政實施之參考此外並應定期分別報告糧食部及省田糧處

前項規定報告日期指定辦理甲類糧情電報者按月之雙日（即二、四、六、八、十、十二）報告辦理乙類糧情電報者按月之一、六、十一、十六、廿一、廿六等日報告

六、前項定期報告應用電報方式在本部與交通部商訂之糧情電報特約辦法未及實施以前暫由各發電單位自行向該地電報局拍發官電其格式如下：

糧情電報格式

第一字（本處電報掛號）9988　第二字重慶　第三字……（前二數碼代表月份後二數碼代表日期）糧情日期用四個數碼代表

第四字……（米躉售價格）第五字……（米零售價格）第六字……（小麥躉售價格）第七字……（麵粉零售價格）第八字……（官電單位代號）

例如九月十八日南京市（代號為12201）中等米躉售每市石法幣三萬六千五百元零售每市斗三千八百元小麥躉售每市石二萬五千元麵粉零售每市斤二百八十元填入電報格式應如下表：

9988　重慶　0918　36500　03800

25000　00280　12201

七、前項定期報告如因當地電報尚未暢通無法拍發者得用航快郵寄或其他最迅速寄遞方法逕寄「重慶陝字路糧食部調查處」其報表格式如下：

縣市糧食價格調查表

糧食種類	中等熟米		中等小麥	麵粉
單位	每市石	每市斗	每市石	每市斗
價格				
備考				

八、指定辦理糧情電報各地如遇糧食流通及供應情況發生嚴重現象及糧價發生激烈變動時應將當前現象造成原因及處置辦法隨時用電報或航快報告

九、前項辦理糧情電報暨用郵電費用概行檢據報部歸墊

十、前項指定辦理糧情電報地點及代號表另發

廣東省糧食節約運動實施辦法

甲、原　則

一、本省糧食向感缺乏除積極增加生產購運洋米國米接濟外亟須厲行節約以適應供需

二、糧食節約運動以米糧爲主要對象

乙、機　構

三、糧食節約運動之實施由廣東糧食調節會議及所屬各縣（市）糧食調節會議主持之

丙、方　法

勸導部份

四、減少食量：勸導全省人民在不妨碍健康原則下自動節食

五、兼食雜糧：勸導全省人民兼食雜糧以減少米糧之消耗公營平價食堂每一客飯只用飯一碗其餘另以麵食或什糧補充

六、避免讌會：勸導人民儘量避免讌會公務人員尤應以身作則切實奉行如必須讌時除不飲酒外每席以五菜一湯爲限飲食商店應設節約餐以資節約

七、廢除晡食：（1）本省各級機關學校等應儘可能將辦公或上課時間提前配合改用兩餐而不妨碍工作

（2）勸導各界民衆普遍實行廢除早餐

八、勿以米糧飼養禽畜：飼養禽畜本爲農家副業惟以米糧飼養實非所宜應勸導改善

九、仿製營養禾：米粒胚胎部份含有豐富之維他命惟舂製時極易脱落重慶中國糧食工業公司發明新法舂製可以保全此種胚胎名爲營養米應向糧政機關請該公司指示舂製方法勸導全省各米機廠仿製

强制部份

十、定期食用什糧：每星期一全省人民一律食用雜糧一天各級機關學校應首先實行以資示範各飲食店應於同日改賣什糧食品由該業同業公會切實督行

十一、禁止釀酒：嚴令全省禁止以米糧及什糧釀製酒類

十二、禁止精米：暫令全省米機碾廠停止碾製精米使全省人民一律食用中等熟米或糙米俟米糧供需平衡時再行碾製

丁、督　導

十三、各級糧食調節會議應會同黨部團部及有關機關學校等組織巡迴督導隊切實督導糧食節約運動之實施

十四、警察團隊及鄉鎮保甲長均爲義務督導員負經常督導之責并發動黨部團部及公正士紳青年學生隨時嚴密稽查

十五、巡廻督導隊如發現不遵守本辦法規定對勸導部份應婉詞勸導對强制部份應即報告會議函請政府依法懲處

戊、考核

十六、省及各縣（市）糧食調節會議對糧食節約運動每月應舉行考核一次

十七、考核以各機關學校團體商店工廠等爲主要對象

十八、考核應以各機關學校團體商店工廠等之書面報告及巡廻督導隊之報告爲根據

己、競賽

十九、米糧節約運動由各級糧食調節會議以各機關學校團體商店工廠等爲舉行成績競賽單位

二十、成績競賽每月舉行一次其競賽項目以本辦法勸導及强制部份所列各項分別核計成績

庚、奬懲

廿一、實行糧食節約成績優異者由各級糧食調節會議函請政府予以奬懲

廿二、推行糧食節約運動成績優良之縣市由省糧食調節會議函請省政府予以奬勵

廿三、違反本辦法所規定强制部份查明有據者由各級糧食調節會議函請政府依法議處

廿四、本辦法由廣東省政府核定後公佈實施

省府辰儉田三「四六六七一」代電核定禁碾精米辦法四項

（一）減低食米精度全省米機祇准碾磨糙米及中等熟米凡純潔乾燥之糙米碾製熟米成率要超過百分之九十以上不得碾製上白二白等米

（二）已封横磨之米機准予出具切結後解封惟仍封企磨

（三）所有揭封米機之横磨應抽出鋼刀一把改製木刀嵌入以防精碾

（四）所有米機商店應即將現存白米數量向當地米業公會登記由公會限期售罄後一律禁售禁運以後應買入或定碾糙米及中等熟米發售

廣州市粮食市場管理暫行辦法

粮食調節會議第七次常會通過
田粮處三五年亥田三一六二八代電頒行

第一條　爲管理廣州市粮食市場禁止囤積操縱以平抑粮價特訂定本辦法

第二條　凡在本市境內經營粮食業務依本辦法規定辦理之

第三條　本辦法所稱粮食以米穀爲對象

第四條　指定本市沙基米粮商業同業公會代粮食交易公定價格之場所由廣東省粮食調節會議廣東田賦粮食管理處及廣州市社會局警察局及派高級職員一人於每日上午九時及下午三時半開市前到該會督導

第五條 為使粮食市場管理發揮積極作用起見得由公會聘請本市較大行號批發商為指導委員使粮食盤價逐漸發生領導力量

第六條 每日開市時該米粮商業同業公會及粮商應將粮價漲落理由就地報告每日開市兩次上午九時至十時半下午三時半至五時開盤前價格照上次開盤價格開盤後不得抬高粮價并嚴禁空盤買賣期貨如產區粮價發生急劇變動時亦必俟下次開盤時方得變更

第七條 批發商應將每次公定粮價用牌告標明懸於該店門前注目處

第八條 批發商與批發商之交易只准在指定之粮食交易場所以現款現貨直接交易不得有經紀人參加或空盤買賣期貨散市後即行禁止交易

第九條 零售商與批發商之交易應於開市時在指定之粮食交易場所以現款現貨直接交易不得有經紀人參加至散市後批發商與零售商如有再交易時
經登記核准之經紀人得參加雙方買賣但不得超過是次公定粮價并嚴禁買空賣空

第十條 批發商應按日將上日買進及售與零售商之米類數量及商號等表報（見附件一）督導人員呈轉田粮處及省粮食調節會議查核

第十一條 由田粮處製發購粮手摺（見附件二）交零售商憑摺向批發商購米如無購粮手摺批發商應予拒絕

第十二條 機關學校社團工廠如向批發商購粮應由各該主管備具正式公函記明購買品類數量如未備函證明批發商應予拒絕

第十三條 批發商及零售商如有非法提高糧價或買賣期貨情事及違反本辦法之規定者由田粮處查明依法議處

第十四條 本辦法自公布日施行

附件一

粮食零售店購糧手摺

月	日	售粮商行	品類	數量	單價	備考

附件二

糧食商　　號　　年　　月　　日

糧食進出情形報告　　填報人

上日結存數				本日購進							
存儲倉庫	品類	數量	備考	售糧商	地點	運到品類	運備包數	重量	購入單價	存入倉庫	備考
合計											

購				出			存		貨
承購商	地址	品類	數量	出售單價	出倉地	備考	存儲倉庫	品類	數量

附註：如係代客批購應將品類數量存儲倉庫托購商號名稱地址備考各欄併作表內列報

加强粮食市場管理七項辦法

一、每日早午開市兩次所有粮食批發商與零售商每日均應依照規定時間入場交易不得規避

二、所有批發商每日每市暫定最少應出售食米五大包（一日兩市最少應出售十包）以首接售與零售商為原則

三、凡批發商於每日開市時間兩次均不參加者依法究辦

四、粮食市場應設簽到簿（分別批發與零售）由米粮業同業公會備置所有批發商零售商均應在市場簽到由田粮處督導致核

五、批發商所填粮食進出報告表該處督導員應逐日收齊審核并應隨時派員按商號抽查

六、凡未登記認可之經紀人員非但不許進入粮食市場即在市場以外亦不准執業

七、零售商進入市場交易應將購粮手摺持交市場督導員及米粮業公會負責人驗明如無正式手摺者不准入場交易

田粮處三五巳寒尹三「一九七八」代電解釋

據米粮業同業公會呈為加強管理市場七項辦法關於到場規定及售米限制部份有待補充之處請採納施行等情經本會議秘書室會同田粮處簽擬辦法係主席核定（一）原請求到場規定關於米欄及九八行如無米存售請准免予每日到場二次但不得超過三日到市一次有米存者仍應按市發售一節應照下列規定辦理（甲）客商在本市外屬各地採購米粮入市而委托米欄及九八行代售者該承受委托之米欄及九八行應將客商之商號名稱粮食品類數量採購地域車運或船運暨到達及承受時間逐項列明分報田粮處及米粮業公會查核（乙）米欄及九八行存有米粮應按日到粮食市場按照公價直接售與零售商不得在市場外超過公價出售（丙）米欄及九八行不得在市場內外向批發商或拆家買入米粮（丁）米欄及九八行如確無存米准予免到粮食市場但須申報田粮處查核（戊）米欄及九八行如違反以上（甲）（乙）（丙）三項之規定即依法處罰（二）原請求售米限制之補充部份第一項米已售清而未運到請免予每市最少售米五大包一節應照下列規定辦理（甲）批發商如米已售清接濟不及當日確無存米經報請田粮處查明屬實者准免到市場售貨但當日仍有米存仍報無米而不到市場者一經查明即以囤積居奇論加重處罰（乙）批發商既因當日無存米而得免入市場但米粮辦到後應按其每日在市場缺席時欠售之數量補足出售如一次不能補足則在同一月內勻補之（丙）每一家批發商每月總計最少應在市場售米三百大包以上如在同月內提前在市場售出三百大包或超過規定數量之後仍有存米者仍按應日加入市場依章出售不得藉口拒絕參加但因業務不振或米源不繼每月無法進入米粮三百大包經提出証明呈報田粮處查明屬實者不在此限（三）原請求售米限制之補充部份第二項批發商每市入場售米至散市仍未售清請准由督導員及米粮公會証明在市外依公價自由出售仍照購買商店名稱及數量價格補報市場管理人；備查一節准予照辦惟絕對不准在市場以外超過當日該市公價出售以上各點經由田粮處以巳寒尹三（一九九八號）代電飭米粮商業同業公會切實遵照勸導各粮商依照規定辦理

廣州市粮食市場規則

（省政府）卅五年七月十八日再修正

一、本市場每日開市兩次上午九時至十時下午三時半至五時止

二、所有粮食批發商與零售商每均日應依照規定時間入場交易不得規避并於每次到場時在簽到簿上簽到備核

三、凡批發商每　開市暫定最少應出售食米五大包如違依法究辦但當日確無存米不在此限仍俟米粮辦到後按欠售數量補足每一批發商每月須在市場售米三百大包以上但因業務不振提出證明經查屬實者准予變通辦理

四、到本市場買粮以正式粮商為限零售商入場交易并應繳驗購粮手摺如無正式手摺不准入場交易

五、各地客商均准到本市場出賣粮食

六、賣粮客商應各備米辦交貨時須對足成色

七、本市場買賣粮食成交以一包起碼

八、批發商到場出賣粮食以直接售與零售商為原則如零售商購入粮食已達適和點不再購買時始得售與拆家又拆家買入粮食不得售與拆家轉相交易并應

於下次到場售與零售商

九、在本市場所發糧食應報請登記買賣雙方商號名稱數量價格成出之價立即公佈

十、在本市場買賣糧商不得互相炒賣如違以操縱糧食論處

十一、在本市場成交之糧食不論糧價漲落不得異議

十二、糧食經紀商到本市場出賣糧食應照公價直接售與零售商

十三、糧食經紀商不得在市場內外向批發商或拆家買入米糧

十四、本市場買賣糧食均限於現款現貨不得買空賣空如違報請政府嚴辦

十五、批發商到本市場售糧至散市仍未沽清時應將待沽糧食之種類數量價格在市場標告經報請本市場管理員及米業公會證明後得在場外照公價自由發售惟應將買賣雙方商號名稱糧食種類數量價格補報備查

十六、在本市場內買賣糧食應遵守秩序不得喧嘩

廣東省濱海各縣市局防止偷運糧食出國辦法

一、本省爲充裕民食防止偷運糧食出國起見特訂定本辦法

二、本辦法所稱糧食係指谷米兩種

三、凡濱海各縣市政府（管理局）應飭轄境內糧商船戶出具不偷運糧食出國如違甘受嚴重懲處切結存案查考

四、濱海餘糧縣市糧商地主如有糧食運銷鄰縣必須途經海岸線者應先向當地商會具領運銷糧食証明書註明起運數量運往目的地點方得起運并須於運抵目的地後取具當地商會証明繳回發証商會查核

五、凡缺糧縣市糧商如向濱海縣市購運糧食必須途經海岸線者應先向當地商會具領購運糧食証明書註明擬購數量地點購買時應取具售糧商號發貨單繳由發証商會核驗

六、各縣市局商會對於糧商請領糧食運銷及購運証明書應迅速辦理不得藉詞阻延及勒收任何費用

七、濱海餘糧縣市對於持有商會發給購運糧食証明書之糧商到縣購運糧食時應即驗明証件立准購運不得藉詞阻延

八、縣與縣間糧食運銷如不須途經海岸線者應絕對自由流通免予領證運銷

九、本辦法自公佈日施行

粮食（丁·积谷）

丁、積谷

（一）修正廣東省各級谷倉保管委員會組織規程

一、本規程依內政部公佈各地方建倉積谷辦法大綱第六條之規定制定之

二、縣設縣倉市設市倉鄉鎮設鄉倉均冠以縣市鄉鎮之名各設保管委員會辦理

三、凡聯合二鄉以上之鄉所設之倉應定名爲某某縣第某聯鄉鄉倉應由各該鄉聯合組織保管委員會辦理

四、各級谷倉保委員會設立在各倉所在地

五、各倉保委員會設委員三人至五人其中一人由該地縣長市長鄉鎮長分別兼任餘由各縣市鄉鎮以及列方法推選之經選出不得藉故推辭

甲、縣倉保管委員會委員由縣黨部縣商會各區鄉鎮長會同推之惟被選者不限於上列各機關團體之人員推定後縣政府應轉呈省田粮處彙加委並由省田粮處報省政府備案

乙、市倉保管委員會由市內各法團會議推定之推定後市政府應轉呈省田粮處加委并由省田粮處彙報省政府備案

丙、鄉鎮倉委員由各該鄉鎮公民選定之選定後由鄉鎮長轉呈縣政府加委并由縣政府彙報省田粮處備案聯鄉鄉倉應聯合各該鄉公民推定之推定後由各鄉長聯同呈請縣政府加委并由縣政府轉報省田粮處備案

第一項

（一）關於倉庫管理事項

（二）關於經費預算事項

（三）關於倉廒建築修葺事項

（四）關於倉谷存放倉谷平糶散放抵押貸出及出陳入新各事項

（五）關於倉谷檢查翻晒事項

（六）關於倉谷公款册報事項

（七）關於員役進退監督事項

第二項　前項第一款至第七款各事項應呈請各級機關之核准

七、各倉保管委員會協同縣市鎮長辦理前條事項如有倉谷倉款損失短少及不法使用應負連帶賠償責任

八、各級保管委員會委員除縣市長鄉鎮長兼任者外任期均爲三年得連任一次

九、各級保管委員會委員任期未滿呈准辭職時應分別推選補充之其任期以繼續原任期滿爲止

十、各級保管委員會委員均爲義務職但因執行職務事實上必需之費用應給還之

十一、各級保管委員會會議該管縣市鄉鎮長爲主席每六個月須開會一次必要時得由主席臨時召集之
十二、各級保管委員會因核計數目收放倉谷倉款保管印信卷宗及繕寫文件得酌設事務員一人
十三、各級保管委員會於必要時得酌設倉丁
十四、各級保管委員會經費應列入各級地方歲預算由地方款開支
十五、各級保管委員會辦事細則由各該會自定之呈報上級機關備案
十六、本規程如有未盡事宜由省政府隨時修正之
十七、本規程自省政府核定公布日施行

（二）廣東省各縣市分期建倉積谷計劃

廣東省政府二十六年十月廟通施行

一、本省各縣市建倉積谷除遵照各地方建倉積谷辦法大綱及各省建倉積谷實施方案辦理外依本計劃規定行之但遇有戰務發生省政府得審察地方情形臨時頒行非常時期各縣市儲谷辦法
二、縣設縣倉市設市倉鄉設鄉倉鎮設鎮倉惟區倉暫緩設置如原有倉谷由區長及保管委員會依法保管無庸改設
三、人口稀少之鄉不能單獨設倉或無單獨設倉之必要時得聯合二以上之鄉設立聯鄉鄉倉
四、縣市倉成立應呈民政廳轉呈省政府備案鄉鎮倉或聯鄉鄉倉成立應呈報縣政府轉報民政廳備案
五、縣市鄉鎮倉及聯鄉鄉倉各設保管委員會管理各縣保管委員會組織規程另定之
六、各縣市倉積谷數量應按照各該縣市最近人口調查總數每人積谷一担（即一百市斤）分三期籌足每一期定爲五年由省政府分期編定數量表發交各縣市分期籌集之並咨內政部備案但在非常時期爲準備國防起見省政府得將積谷期限變更短縮以資應付
七、各鄉鎮積谷數量應按各該鄉鎮人口總數照前條計算應積谷數目由縣政府編定數量表發交鄉鎮分期籌集之並呈報民政廳備案
八、各縣市鄉鎮在廿六年以前已有建設積谷者應在第一期應籌數額內除去原有積谷外尙應以籌集若干於期內依額籌足之
九、各縣市積谷總額以三成作縣倉儲額以七成爲鄉鎮倉儲額
十、廿六年以前各倉積谷如有依法使用尙未還倉者或將倉款用尙未歸還儲谷處統限二十年十二月以前一律購谷歸倉如有延誤各分別懲處
十一、各鄉鎮倉如有因災害減免而生之差額應於三期完竣後一年內籌補足額
十二、各倉募集積辦法經縣市政府擬訂呈奉省政府核准後除依法呈准減免此外如有抗延縣市政府得依法追繳
十三、各縣市政府及鄉鎮公所應依分期積谷數量表擬具每年應建倉廒計劃縣市倉應呈報省政府核准分期建築之並由省政府彙報內政部備案鄉鎮倉應呈報縣政府核准分期建築之並由縣政府彙報省政府備案
前項倉廒應先儘利用公有寺廟房屋改建之如無上列場所應即從新建築
十四、縣市鄉鎮倉由縣市鄉鎮長負責管理保管委員會協助之遇有交替時應將所轄各倉積谷谷款造具清冊依交代程序專案移交繼任人員接收會同出具交接切結縣市倉呈報省政府鄉鎮倉呈報縣政府查核如有短少由原管縣市鄉鎮長負責賠償
十五、負管理責任之縣市鄉鎮長及各級保管委員如有侵蝕或非法使用積谷谷款時由主管官署行撤追並移送法院究辦

十六、各級倉廒之建築修葺費用得指定的款呈由上級主管機關核准開支如無的款或的款不敷時方得呈准挪用或變賣倉穀積谷充之但不得超過現存積谷額三份之一

十七、關於建倉積谷事項各區行政督察專員仍督促轄內各縣市切實進行隨時呈報省政府察核並分函民政備案

十八、本計劃自省政府核定並分別呈咨行政院及內政部備案施行

（備註）各條文內所載民政廳依現制應係田粮處

（三）各縣（局）推行鄉倉應注意事項

廣東省政府卅年四月通飭施行

一、中央頒行各地方建倉積穀辦法大綱及各省建倉積穀實施方案，爲全國辦理建倉積穀暫行辦法之準則本省推進鄉倉暫行章程及鄉倉派收積穀暫行辦法，係依據前項大綱及方案訂定，故章程未規定事項，仍應依照前項大綱及方案辦理，已於本省推進鄉倉暫行章程第十三條規定，又鄉倉保管委員會組織規程應依照本省各級穀倉保管委員會組織規程辦理，積縣（局）長通飭各區鄉長辦理鄉倉時，應將前項章則一併擬發，俾資遵守。

二、鄉倉積穀，於每年青黃不接時，准貧戶告貸，俟新穀登場後，按一分加息，本息還倉，若在穀價高漲時，得提出倉穀辦理平糶，遇有災荒，得呈准將倉穀散振，以恤災黎，如爲輔助農村生產事業需要時，並得呈准以存穀向銀行抵押借款，辦理農貸，各地方建設積穀辦法大綱第二十條已明白規定，是鄉倉之設，不獨可救濟災荒，而農村經濟，亦可資爲調劑，爲利至溥，且所存穀，仍存其本鄉，用以救濟該鄉人民，並非政府收用，與其他稅捐征收性質，迥然不同，恐人民未盡明瞭，不免懷疑觀望，各縣（局）政府應將上開存儲之利穀，及其使用方法，詳細解釋，通飭及該鄉保甲長，剴切宣傳，務期衆喻戶曉，使人民樂於輸納，以利各穀之推行。

三、各鄉鄉倉，自以利用公共房屋祠宇爲原則，但必須擇高燥地方及將上蓋修葺完好，以防倉穀變壞，如無適當地方，亦得另行建倉，其修建經費，照本省推進鄉倉暫行章程第四保及第[illegible]條規定辦理。

四、各鄉倉成立及已經派收積谷者，應注意本省推進鄉倉暫行章程第十條及十一條規定表式，飭令鄉倉查報，由縣（局）政府彙報省政府查核，並由縣（局）政府隨時派員依照全國建倉積谷查驗實施辦法第七條規定事項，切實檢查，暨注意鄉倉保管委員會，積谷查驗實施辦法第七條規定事項，切實檢查，暨注意鄉倉保管委員會，收穀有無給據揭示，以防流弊。

五、各鄉倉保管經費，准在每年積谷總額扣除百分之三撥充，前經通飭遵照有案，如因鄉境遼闊，事務較繁，經費確屬不敷者，得呈請縣（局）政府核准，酌予增加，惟仍不得超過總額百分之五，以示限制。

六、轄境廣闊之鄉，農民運道挑谷輸倉不無困難，應飭由鄉倉保管委員會酌量規定，距倉若干里以外，每担酬用工值若干，以示體恤，此款即由保管經費項下開支。

七、廣闊之鄉，應多設鄉分倉，前經通飭遵照有案，查縣各級組織綱要，亦有各保得設保倉之規定，各縣（局）政府應通飭各鄉，體察地方情形，得於一保或聯合數保設鄉分倉，直接派收積穀，其保管委員會組織及保管方法，悉照本省縣級穀倉保管委員會組織規程內關於鄉倉保管會之規定辦理，仍受鄉倉保管委員會指揮監督，及依章列冊報由縣（局）政府轉呈省政府查核，其未設鄉分倉之保，仍由鄉倉派收積穀。

八、鄉分倉保管經費，籌撥辦法，與鄉倉同，但册報一項，由鄉倉保管委員會辦理，鄉分倉應在保管經費內，提五分一撥鄉倉保管委員會辦公費。

九、各縣地方情形不同，如本省鄉倉派收積穀暫行辦法，有須斟酌變更或補充，方易推行者，得如不背原辦法所定原則下，呈請酌予變通，前經通飭

照往案，例如鄉境遼闊，推定收穫數量，手續感特困難，則可按租穀或照平時收穫數量按畝推定，惟其比率仍以收穫數量百分之五爲准，其他項手續，亦得呈准變通，但必須變通辦法呈核，各縣（局）長務須認眞體察地方情形，悉心研究參酌辦理，務期推行順利，以重倉政。

（四）廣東省查驗各級倉廒卅二年度積谷施行細則

廣東省政府第伍七八次會議決議同年以省府亥齊美韶戰代電通飭各區專署各縣市政府知照

第一條：本細則依據全國建倉積谷查驗實施辦法訂定之

第二條：各縣市局區鄉鎮倉截至三十三年九月底止所有積谷務於本年十一月十五日以前運至倉廒或安全地帶妥爲存儲但三十二年隨賦代收積谷依照規定以三成歸縣七成歸鄉劃撥清楚分別歸倉

第三條：各縣市局區鄉鎮倉截至三十二年九月底止所有谷欵務於本年十一月十五日以前分別以積谷專欵科目解存縣庫

第四條：各縣積谷及谷欵收支數目應於三十二年十一月十五日以前由各該主管機關依照部頒倉儲報告書或塡報上級機關以兩份轉報省政府核轉糧食部備案（附報告書式）

第五條：各倉檢查之程序應依照各地方建倉積谷辦法大綱第八條之規定辦理

第六條：由三十三年十一月十六日起至同年十二月十五日止爲檢查區鄉鎮各倉及義倉期間同年十二月十六日起至同年十二月三十一日止代查核縣市局區鄉鎮倉及義倉期間三十四年一月一日起省政府或行政督察專員兼保安司令公署（以下簡稱專署）派員分赴各縣市局倉逐倉查驗並抽查各區鄉鎮倉及考核成績

第七條：區鄉鎮各倉及義倉由縣市局政府派員前往逐倉檢查將查驗結果於三十三年十二月十五日以前造具縣年積谷暨谷欵調查表三份報由該管專署以兩份核轉省政府復查（附調查表式）

第八條：專署所在地之縣份其縣（市局）倉先由行政專員親自前往檢查其餘各縣（市局）俟省政府或由行政專員派員前往檢查并抽查區鄉鎮各倉及義倉

第九條：檢查倉谷谷欵應注意事項如左：

1. 各縣存谷或谷欵與册報收支數目是否相符册報是否與實際收支相符必要時實行盤量其盤倉時凡耗散倉谷數量至多不得超過百分之一五
2. 前項倉谷數量得以求積法估算其容量
3. 積儲是否上色乾淨有無陳蝕攙什等弊
4. 積谷數量能否按照預定數量籌足
5. 採用募集方式集倉之地方其募集方法是否公平
6. 積穀之使用情形
7. 歷年積穀及各欵有無虧欠侵蝕及挪作別用或變價存儲等情事
8. 積穀是否逐年翻納經過若干時期推陳出新

9. 積穀經費倉廒建築及修葺費以及保管經費之來源

10 有無習用規約

11 倉儲保管及協助人員之組織是否合法辦事是否負責

12 倉廒舊建或新建抑係借用其設備與各地方建倉積谷辦法大綱第十四條之規定標準是否相符

13 倉廒之總容是否與預定積谷之總數量相適應並有無改建及擴充計劃

14 地方人民對於倉儲之觀念

第十條　各縣市（局）政府應於省政府或專署委員應於省政府或專署委員到達時造具縣區鄉鎮各倉及義倉所在地點及其主管人員協助人員姓名簡明表送交委員查考

第十一條　委員查驗倉穀時在縣地方由縣政府派員協助引導

第十二條　各主管機關人員對於委員查驗有所詢問時須確實說明或檢調卷册俾資參考

第十三條　各專署派出查驗委員於一地方檢查後應將到達日期起程日期他往日期及查驗情形摘要用快郵分報專署暨糧政局並於全程查驗完畢時按照本細則第九條所列各款及其他詳行報告建議事項或作詳細報告書呈由專署轉報省政府並由省政府糧政局彙編總報告書暨擬具改進計劃咨報糧食部查核

第十四條　查驗委員對於建倉積穀情形認爲有辦理不當時得商同各該主管人員糾正如情節重大應臚據實呈報聽候核辦

第十五條　查驗委員應隨時向人民切實宣傳籌備倉儲之必要與意義（附積穀宣傳綱要）

第十六條　查驗委員不得受理或干與地方訴訟事件

第十七條　本細則自公佈日施行

各地原有倉儲狀況（第一表）

由各縣市湘省糧政局彙編總表直隸行政院各市由主管局填報

（此表於次年造時即可從畧）

地方別	倉所別數	容量（石數）	積穀		谷款數	備註
			谷別	石數		

本年內地方倉儲進行狀況（第二表）

本表由各縣市府逕由省糧政局彙編總表九直隸行政院各市由主管局造報

地方別	倉別	新建倉廒 所數	新建倉廒 容量	整谷 谷別	整谷 石數	積谷方法	谷款收起數	谷款利息	谷息	備註

本年内各積谷及谷款使用情形（第三表）

本表由各縣市填送由省糧政局彙編總表其直隷行政院各市主管局造報

地方別	倉別	積谷使用								谷款使用				備註
		平糶			散放		貸與			糶谷		暫存生息		
		谷別	石數	糶得價款	谷別	石數	谷別	石數	貸各戶數	款額	存數	款額	利率	

各地現在倉儲況狀（第四表）

本表由各縣市倉廒送由省糧政局彙編總表其直隸行政院各市由主管局造送

地方別	倉別	所存數量（石數）	積谷：谷別	積谷：石數	谷數	備註

（五）廣東省各縣倉款及倉谷抵押借款舉辦農村貸款暫行辦法

廣東省政府第九屆委員會第二八六次會議修正通告

第一條　本辦法依照各地方建倉積谷辦法大綱第廿一條訂定之

第二條　各縣政府認爲有輔助農村生產事業發展之必要時得依照本辦法之規定將縣倉鄉倉鎮倉倉款或將倉穀向金融機關抵押借款辦理農村貸款

各鄉鎮長認爲有輔助本鄉鎮農村生產事業發展之必要時亦得呈請縣政府依照本辦法之規定將鄉鎮倉倉款或將積穀向金融機關抵押借款辦理之提用倉款倉穀如有影響救濟糧荒情事者得暫緩辦理

第三條　辦理農村貸款時均應呈報省政府備案並送請縣參議會查核

縣政府依前第一第二兩項之規定辦理農村貸款時均應呈報省政府備案並送請縣參議會查核

第四條　縣倉鄉倉鎮倉積穀抵押借款統由縣政府與金融機關洽商簽訂契約

辦理農村貸款屬於縣倉倉款及其倉積穀抵押借款者以全縣爲範圍屬於鄉倉鎮倉倉款及其積穀抵押借款者以各該鄉鎮管轄區

第五條　前項契約應依照左列原則訂定之

一、利息不得超過年息一分

二、期前歸還抵押借款之全部或一部時利隨本減

三、期限不得超過三年

四、期滿不能歸還抵押借款時得延展一年

第六條　農村貸款暫以左列各種爲限

一、水利或墾荒貸款

二、農民耕作小本款

三、其他關於增加農業生產貸款

第七條　凡本縣合法登記之合作之合作社農會及其他農民團體或有農民五人聯保之佃農自耕農而有實物擔保者或無實物擔保而能取得該管鄉鎮長保證者均得申請借款

第八條　借款之手續如左

一、向縣政府或鄉鎮公所領取借款申請書

二、借款人將申請書妥塡後逕繳或呈由鄉鎮長轉繳縣政府審查

三、縣政府接到申請書經審查認可應如第七條規定核定貸款數目通知借款人依式簽具借據後赴指定地點領款

前項借款申請書借據均由縣政府製發其式樣另訂之

第九條　農村貸款利息不得超過一分

第十條　農村貸款額分類以借款人用途之時值成本費用等之六成至八成爲設

第十一條　農村貸款期限由縣政府視借款人用途之性質酌量訂定但最短不能少於六個月最長不能超過三年

第十二條　借款人於期内償還借款之一部或全部時利隨本減借款利息按實借日數計算前項償還借款縣政府即分別歸還倉穀或穀倉抵押償款
第十三條　縣政府於借款人之借款到期前一個月應塡寄借款到期通知書通知借款人準備還款
第十四條　借款人如無故不遵限還款時保證人及聯保人須負共同清償本利之責
第十五條　借款人倘因特殊原因致借款不能如期歸還時須於借款到期滿一個月說明理由申請展期經縣政府調査屬實後得予展期其利息仍按原利率計算惟展期之期限最長不得超過一年並以一次爲借款人如因天災事變及其他人力不可抵抗之重大損失時准予聲明事實取具證件逕呈或呈由鄉鎮長轉報縣政府申請減免利息或減償一部份借款縣政府經調査確實後加具按語連同證件轉呈省政府酌情減免之
第十六條　借款人事前未申請展期或申請展期未經核准而到期未還借款時除在延期内仍照納息外縣政府應即派員催收倘延期三個月尚未得借款本息清償者得隨時處分其抵保品如不足抵償時並得責令聯保人保證人代償餘額
第十七條　縣政府倘發現借款人之借款用途不符或抵保品不能變動等情事時得隨時追還借款之全部或一部
第十八條　縣政府應塡具辦理農村貸款情形呈報省政府備查
第十九條　本辦法各管理局適用之
第二十條　本辦法自省政府通令之日施行

（六）整理各縣（局）倉儲應注意事項

廣東省政府三十年三月民財三54884寅齊代電

一、各縣未建有倉廒者限於三十年八月底以前最少成立縣倉一所關於倉廒之修建依照各地方建倉積穀辦法大綱第十二條及第十四條之規定辦理
二、各縣已建有倉廒者應査明是否適合各地方建倉積穀辦法大綱第十四條之規定如有地方卑濕及上蓋破損等弊限三十年八月底以前修葺完好
三、修建倉廒經費依照地方建倉積穀辦法大綱第十三條規定辦理各縣於奉到本件個半月内擬具預算連同圖則呈報核辦
四、接近游擊區縣份如有必要倉穀移置各鄉以策安全者仍應選擇建築鞏完好及高燥地方儲藏並將分儲地點及數量具報
五、各縣未成立縣倉保管委員會者應於奉到本件一個月内依照修正廣東省各級穀倉保管委員會組織規程第五條之規定組織成立並將委員姓名列冊呈候加委
六、各縣縣倉存款應於每年晚造登場時將款購穀入倉如因米荒或其他特別原因不能購穀時應呈報核准倘未經核准成立又不購入穀入倉該管縣長應受記過處分仍限期購穀歸倉
七、購穀入倉應以十足乾淨之倉穀並應每年翻曬一次每三年至少推陳易新一次至每年耗蝕數量每百斤不得超過一斤半超出之數由保管人員及協助保管人員負責塡足
八、以前呈准以倉款倉穀移作地方政費者應於奉到本件一個月内擬具由縣地方款撥還辦法呈候核辦
九、以前未經呈准以倉款倉穀挪作別用或機關團體借挪借者應由現任縣長査明並限三十年八月底以前追繳清還倘逾期一月仍未清還如係前任挪用或機關團體挪借者依照第八條之規定將案移送法院辦理如係現任縣長挪用者記過懲戒仍限期責令歸還
十、縣任交代未清之倉款倉穀應由現任縣長査明嚴追限三十年八月底以前移交接管清楚倘逾限一月仍未移交應即具實呈報以憑令飭原籍縣政府勒令前任清理
十一、倉穀損耗超過定額而未令飭賠償迄未辦理者限三十年八月底以前如數償還如係前任負責者應由現任縣長査明嚴追倘逾限一月仍未清償應即據實

呈報以憑令飭原籍縣政府勒令即任清理

十二、前第九條第十條第十一條之積穀倉穀如現任縣長不負責查追又不據實呈報一經查覺即予記過仍規定限期責令追繳

十三、積縣奉到本件後如仍有擅行挪用倉穀積穀者依前條之規定辦理

（七）廣東省三十一年度各縣收納盈餘縣級公糧加强縣倉管理辦法

廣東省政府第九屆委員會第三八一次會議通過

（一）本辦法根據廣東省三十一年度縣級公務員公糧徵發辦法大綱第四條訂定之

（二）盈餘縣級公糧撥入縣倉各縣應於事前準備收納如尚未設有縣倉者應即設置已設縣倉而有破壞者應即修理完好及加以設備所需費用均依章提撥

（三）縣倉應具備「翻晒場地抬板排水溝防雀網捕鼠器通氣窗穀圍穀篚及必需工具」等最簡單之設備

（四）尚未組設縣各保管委員會之縣份應即補設成立並應設事務員一人倉丁一人至二人常川駐倉辦理糧政法令彙編收發保管一切事務其薪水工食應列入該會經費內開支

（五）縣倉收納盈餘級公糧及原有積穀由縣長督同縣倉保管委員會委員及事務員等負責管理

（六）收納盈餘縣級公糧應在倉以內分別存儲另立帳戶專案保管造報以免混淆備便處理

（七）收納盈餘縣級公糧其保管方法應照縣倉倉穀規定辦法辦理須防耗壞

（八）收納盈餘縣級公糧非經呈准省政府不得挪用如有耗壞須專案報核

（九）凡經呈准暫緩建倉該縣份收納盈餘縣級公糧須擇縣內安全區域設置臨時倉庫委派專人負責管理必要時得移儲鄰縣以策萬全

（十）本辦法於各管理局準用之

（十一）本辦法自公布之日施行

（八）清理卅三年度以前地方積谷應注意事項

査倉穀原為地方備荒濟急之用按內政部廿五年十一月公布之各地方建倉積穀辦法大綱第十三、二十、廿一條之規定除撥充修建倉廒之費用及青黃不接時辦理倉穀平糶與散放外不得挪作別用且迭奉中央明令轉行飭遵有案近查各縣以穀食糧不敷或因過去戰事緊張集結地方武裝團隊一時藉以籌集抗戰準備糧糒，地方倉穀挪用者常屬不少甚或藉地方淪陷被敵搶掠呈報積儲倉穀損失一空者亦有之際此抗戰已告勝利亟應從事清理以重儲政茲將清理辦法規定如下：

一、對於收儲發放及損耗之清理

（一）關於三十二三十三年度隨賦代收倉穀應由各縣市（局）政府派員至田賦糧處按各征收處繳回糧串存根核計應收積穀實數會案從事分配（即三成縣留七成隨糧倉）劃撥隨積以備荒歉

(二)各縣市(局)經辦卅一年度積穀競賽及三十二三十三兩年度隨賦代收積穀暨募集積穀收起實數應依本府臘科減受代電所頒調查表式三種限於卅四年十二月底以前塡繳報核

(三)各縣市(局)奉准以倉儲積穀變價撥充修建倉廒者應即依照法定手續檢同有關證件呈核

(四)各縣市(局)政府應塡繳之一切與倉儲有關表册應迅遵送令妥塡繳核卅三年度倉儲報告書如有尚未塡繳者應趕速塡繳縣倉存款及積穀月報表並應按月繳核

(五)歷任交代未淸之倉款倉穀應由現任縣長査明嚴追限卅五年一月底以前移交接管淸楚倘逾限一月仍未移交應即據實呈報以憑令飭回任淸理

(六)各級倉廒如有倉儲損耗應即遵照前糧政局卅一年未皓酉府一八一七號代電頒發倉儲損耗月報表塡報以憑彙轉

二、對於縣級公糧撥用之籌還

査本年田賦免征縣級公糧亦隨同免予帶征奉糧食部電飭應在卅三年度之各級公糧餘糧項下撥至十二月底止經省田糧處以臘戊作總田尹三代電通飭遵照有案如該縣公糧不敷則依本府臘印文鄉戰篤電所定標準改發代金倘有挪借倉穀應即將實在挪用數量於奉到本文後一個月內擬具由各地方款撥還辦法呈報核辦

三、對於地方團隊挪用之籌還:

査抗戰團隊糧食原應依照本省各縣市局籌集及動支抗戰準備金暨糧食辦法第九條第一二兩項辦理惟査各縣不少因戰事緊張或縣境淪陷一時難以籌集補給地方積穀先行挪用其經呈准有案者應依本省各縣市(局)籌集及動支抗戰準備金暨糧食辦法施行細則第十四條規定期限由該縣市(局)長負責如數籌還入倉以重並將籌還辦法報査如有浮支濫報者應由各該縣市(局)長負責賠償

四、對於損失之稽核:

積穀倉廒設置地點之選擇迭經本府通飭以戰時確保防安全爲原則倘因縣境淪陷被敵掠搶由該管縣市(局)長査明損失確數取具當地最高軍事機關證明書呈候核辦

五、前列各項應由各縣市局長切遵辦理如査有虛報情弊或瞻徇玩延情事定予分別嚴懲不貸

(九)廣東省三十四年度各縣(局)儲糧積谷競穀辦法

一、本辦法依照糧食部轉發修正各省(縣市)儲糧積穀競賽通則第八項之規定訂定之

二、競賽以左列兩項爲標準

甲、數量:收購或募集積穀數量達本年度預定數目者

乙、期限:辦理迅速短期內即可行收購或募集足額歸倉者

三、各縣(局)儲糧積穀完全以地稅額或地積額派募惟收入僅敷一家生計者准免派募

四、募集積穀以收取當地之主要穀物爲主其耕收穫物未盡爲稻穀且不易購辦者得以照當時當地市價折收代金應即購穀歸倉(折收價款得照各該縣電報

稽情於開始募集日訂定之）

五、募集積穀期限自始開募集日起兩個月內收齊歸倉如係折收代金者應按照旬購穀入倉並取購穀市價證明書連同穀單據報核

六、各縣積穀由縣市政府會同縣田糧處督飭鄉鎮公所負責收管

七、募集積穀應分區擴大宣傳或舉行儲糧運動週務使人民明瞭儲糧積穀競賽意義

八、獎勵輸納凡納穀一市石以上十市石以下者由縣（市局）長及縣田糧處兼處長登報鳴謝十市石以上者題贈匾額五十市石以上者除將本人相片懸掛紀念外並呈請省政府予以褒揚給與獎狀

九、積穀收據由省田糧處製定格式令飭各縣照樣印製加蓋縣印後發交鄉鎮公所應用將按日公佈及冊報（附收據式樣乙紙）

十、辦理募集出力人員如成績優異縣（市局）及縣田糧處轄下人員縣市（局）長按其成績分別予以記功加薪晉級辦理不力者分別予以記過申誡減薪撤職等處分縣市（局）長及縣田糧處兼處長由省田賦糧食管理處考核成績分報省政府及糧食部獎懲之至其成績考核應依下列標準辦理（一）數量以儲足本年度核定數額者爲一百分其未儲足定額者每少百分之十遞減十分（二）限期自開始募集之日起兩個月收齊歸倉者爲一百分其超過預定日期者每十日遞減五分

十一、在城市墟鎮募集之積穀存儲於縣倉或鎮倉在鄉鄉募集者撥歸各鄉鄉倉存儲未設倉者暫借民房或祠廟存放於短期內設倉組設保管委員會負責保管之

十二、所需印製收據宣傳辦公獎品各費在縣地方款預備金項下支付其預算數目須經縣臨時參議會或財務委員會審核仍應在預算額內撙節開支

十三、本案辦竣後須專案連同各種表冊證件報請核辦限三十五年三月底以前結報清楚

十四、本辦法以命令通飭施行

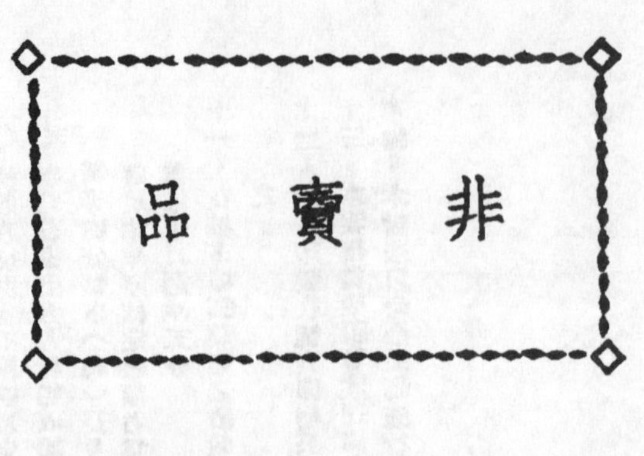

編印者：廣東田賦糧食管理處

承印者：新廣州印刷文具行

西湖路十五號

電話：一一五五二

出版日期：中華民國三十五年九月份

广东省政府田赋粮食管理处工作报告书

广东省政府田赋粮食管理处 编

三十五年十月至三十六年四月

廣東省政府田賦粮食管理處工作報告書

廣東田賦粮食管理處工作報告書

三十五年十月至三十六年四月

本省田粮機構卅五年四至九月重要工作業於上次大會時作成書面報告茲就三十五年十月至本年四月經辦田賦各項重要工作列報如次

甲、田賦

一、田賦征收

（一）分區派員督征

本年度田賦督征工作除由省政府令派縣長處長委員暨中央分發本省候用縣長及省政府參議等分區赴縣督征外本處復常川派出處內科長督導輪迴赴縣加緊催征迄至最近始行返處會報作全部檢討以資改進

（二）加強縣鄉監察

各縣市鄉鎮征借實物監察委員會負責宣傳征實協助征借評議糾紛檢舉弊端責任至爲重大爲加強監察組織切實執行業務起見經分飭各縣市局分別依章遴聘地方法團首長公正士紳充任委員依章組成縣與鄉鎮兩級委員會并得因事務之繁簡設專任或兼任事務員辦理各項事務必需之經費除規定以加工餘項下提撥百分之十外並依章編列預算按月由縣市庫撥支委員因公下鄉所支交通費准照各該縣市政府規定出差旅費數額按實報支俾輪流下鄉親赴驗收場所執行任務以收實效

（三）匪區變價收納

各縣治安未靖地區征起實物運輸保管均有危險爲確保賦實安全減少運集危險起見經擬訂權宜變價收納辦法簽奉省政府核定通飭有關各縣遵照并邀集地方機關法團體察實際情形參照各該地稻谷市價議定折價標準變價收納俾資便利

（四）災歉查勘減免

卅五年早造風旱荒歉晚造復遭虫旱風災據報受災者有七十一縣市局秋災者亦達卅六縣市經專案報請中央減免隨奉核復應造具災歉減免表報由縣市政府初勘轉報專署覆勘由省層轉再依章核定減免迭經飭催趕辦

（五）量衡使用限制

本省卅五年度復征田賦所用工具原以量器爲主惟因收復區各縣多有不慣使用量器致生爭執本處爲解決該項量衡糾紛問題經簽奉省府核定量衡使用限制辦法通飭不慣用量縣份會同縣參議會及當地機關法團會商決定改用衡器驗收後據報共同商決改用衡收者有番禺順德中山恩平赤溪從化翁源樂昌新興德慶惠陽河源新豐等十三縣其餘各縣因歷年征實均慣用量器亦無糾紛且經各機關法團議決仍繼續採用量器者准依其決定辦理現卅五年度征賦已告截限檢討用衡縣份均因市制衡器尚未普遍推行民間所用司碼秤重量每不一致兼之稻谷品質各有不同乾濕尤不劃一而用有糾紛影响征實不少現爲求法理事實相互兼顧起見對於卅六年度征賦所用驗收工具經綜合歷年用量用衡結果及顧全各縣實際情况除已製定法碼及市制衡器送經度檢所檢定合格分發各縣以爲較驗之標準外并擬定卅六年度征實仍以量器爲主惟不

慣用量地方得以量較衡公開核定比重改用市制衡器驗收其用量縣份一律禁止衆用衡器該項辦法一俟簽奉省政府核定卽行送請 貴會査照并定於三十六年度新賦開征時施行

（六）定限分期考核

參照奉核定本省三十五年度征實（300）萬市石征借（150）萬市石配額核定各縣市局應征考成標準額分飭遵行以各縣市局長田粮科長爲經征官並擬定加强督催考核辦法分期實施以三十五年十月底爲初限考成定期照考成標準額征足三成十一月底爲再限定期須征足五成十二月底爲三限定期須征足八成三十六年一月底爲截限須全數征足嗣奉令展至二月底截限亦經通飭各縣遵照初限再限三限考成功過亦經次第呈經省政府核定暫予登記假執行於截限考成時比對抵銷其截限考成分數亦經擬定呈府核奪施行

（七）征賦截限成果

三十五年度田賦征實計至本年二月底截限止全省共征起新舊田賦征實公糧積谷等合計四百七十一萬零五百五十五市石可達中央核定本省應征總額七成其未征之數現仍繼續濟收

（八）中央最近決策

三中全會經濟改革方案經決定三十六年度仍繼續征實停止征借其產量不豐交通不便縣份並得折征法幣在前征借之實物並以折價發還粮戶經遵照中央指示原則參照本省實際情形議具方案簽奉省府核定於赴京出席檢討田粮會議時提請實施俟奉中央決定再行提出報告

二、賦籍整理

（一）整編散失征冊

冊籍爲征賦之根據本省收復區各縣市田賦征粮底冊前因戰事影响多已散失不全或因虫蛀霉爛推收塗改過多不堪應用飭據各縣查報計須全部從新調查整編者有中山等十三縣市局部整編者有南海等二十縣補編征冊者（免從新調查）有恩平等三十七縣市局整編沙田冊者有中山等十五縣經飭照部頒整編辦法辦理并由處派員分赴各縣督導暨訂頒業戶逾期申報或短報匿報處罰辦法及利用成果征賦辦法飭縣遵行以期嚴密辦理截至本年四月二十日止計已據報完成者有寶安等三十七縣市局其未完成各縣經迭電嚴催趕辦完成報核

（二）調查過高稅率

本處爲維持賦收便利供納起見業經察酌實際情形擬具「廣東省三十五年度田賦征實調整各縣原定課征稅率暫行辦法」簽奉省政府提付委員會會議通過并由府分飭有關縣份遵照辦理該辦法要點凡每畝稅率超過一元以上者核定在征實期內每畝一律暫照稅率一元征收實物以輕民負

（三）更正錯誤賦籍

本省經辦地籍整理及土地陳報完竣縣份利用新成果征賦其中查報錯誤或推收不清在所難免爲免妨碍賦收業經訂頒「地籍整理及土地陳報完竣縣份利用成果征收新賦整理錯誤辦法」飭縣遵行以資改正而利征賦并飭收復區整編賦冊利用整編成果征賦縣份及按臨時地稅征賦縣份如有同樣情形均得參照辦理

（四）本年整理計劃

爲確切整理賦籍以均人民負担而維中央及省縣財政收入起見業經本處擬具本省賦籍整理計劃大綱及賦籍整理經

費由省府統籌意借用業先後呈府提交會議通過以利本年度工作之實施

乙、粮食

一、全面管理

（一）完成粮商登記

本處爲遵奉粮食全面管理政策自復員後即積極辦理各地粮商登記現查已予核發執照粮商計共三千三百七十一家主要市場糧商登記將近完成

（二）組織米粮商業同業公會

查粮商經准予登記領有營業執照後應即加入所在地粮食業同業公會同一地區內有同業三家以上無同業公會組織者應依法組織之經通飭各縣市局遵辦并將粮食業同業公會組設概况查明填表報核現省內各衝要縣市局均已組織米粮商業同業公會以利管制

（三）嚴防谷米外流

本處爲澈底奉行中央查禁米粮輸出港澳及國外計經報請省政府（1）指派良兵分駐寶安中山出口要隘以實力查緝先後在深圳沙頭緝獲偷運出口谷四四、三五八司斤米五〇、八三八司斤在大剷南頭緝獲谷二、九六四司斤米四二、四六八司斤在前山緝獲谷三三、六五二司斤米九、六七三司斤其餘中山新會寶安東莞順德等縣政府及汕頭市政府自行緝獲者亦有多宗且獲有私梟自置走私交通工具均依章處理所得平價資金經費撥交濟難善後救濟組同糧荒委員會購粮回粤賑濟（2）劃定本省沿海各縣防止谷米外流封鎖線及限制線督飭各該縣市政府嚴密查緝所有粮食在封鎖線限制線內流通均須憑證運輸并訂定廣東省濱海各縣市局防止偷運粮食出國辦法飭實遵守（3）報奉 廣州行轅助由海軍第六砲艇隊派撥海雄砲艇及（25）（35）砲艇三艘由省保安司令部派員指揮開往新會中山一帶海面游弋巡緝虎門方面由海關指揮緝私之艦艇協緝惟本省海岸線綿長目前緝私艦艇過少難保不無偷漏（4）自經加強查禁米粮輸出國外後香港澳門糧價常比本省粮價高過一倍以上對安定人民生活收效非少惟邇來廣九鐵路沿綫谷米因粮價懸殊大利所在仍有走私且據報係由鐵路人員包庇私運甚至於夜間或拂曉附車密駛赴港等語經電請鐵路當局澈查嚴懲並請飭屬會同入站查緝以杜偷漏而維民食又關於派駐寶安沙頭查禁米糧出口保安隊兵郭湘文等四名奉命於白石洲海面截緝谷米走私船隻被私梟擊斃二名復將生存二名及槍械擄交港方誣捏判罪一案承
貴會予以協助至爲感紉本案現奉 廣州行轅飭知據兩廣外交特派員公署電報經外交部向英國駐華大使館提出交涉矣

（四）維持省境內粮食自由流通

粮食流通旨在調盈劑虛過糴禁運防碍民食調節故本省對於縣際間粮食極力維持自由流通以資調爲利便已經登記合格糧商採購及運銷粮食起見依照粮食部三十一年酉感有管三代電規定通飭各縣發登記合格粮商採購運銷粮食証明書凡持有此項証明書除濱海縣市另有規定外其餘在本省境內採購或運銷粮食不得禁遏現省內粮食流通并無窒碍

（五）實施市場管理

廣州市粮食市場自三十五年四月實施管理限定粮商公開開盤集中交易後已收相當成效惟以外圍產粮各縣未設市場而廣州市場管理辦法亦復簡略本處簽准省政府在廣州汕頭海口湛江曲江老隆新舖江門市橋石歧設置市場管理處并

根據數月來實施市場管理經驗所得訂定廣東省各縣市主要粮食市場管理辦法由省政府電准粮食部本年寅魚粮管三代電復核屬可行經分飭遵照廣州市粮食市場管理處於三十五年十一月十一日成立其餘汕頭等九處經於本年一二兩月份先後成立本年二月間因金融波動影响粮價高漲為加強粮食市場管理再成立南海順德東莞三水增城等五縣粮食市場管理處此外河源縣政府以本省實施市場管理已有成效自動呈請組織粮食市場管理處亦經核定准予成立

（六）取締囤積居奇

本處為維持民食設置告密箱厲行檢舉囤積居奇查出囤積居奇案件多宗分別移送法院依法審判省內民商鑒於本省取締囤積居奇雷厲風行投機者不敢利用游資操縱粮食

（七）歷次金融變動期間緊急措施

本省為缺糧特甚省份故每年於青黃不接時期時虞糧荒本年一月中適當舊歷年關金融即開始波動迨舊曆新年後黃金外幣益趨上升糧價亦受影响上漲雖經本處設法平抑暫時平穩惟金融始終動盪不已至二月十一日下午糧食市場成交上米每市担漲至一十三萬元中米一十一萬五千元零售商且有黑市高抬糧價情事本處以糧食為民生日用所必需為應付事機維持民食秉承 廣州行轅暨省政府意旨會同廣州市政府及警察局由十二日起實施緊急措施

1. 議價及限價出售粮食 規定批發商在市場出售糧食應由公會會同市場管理處議定糧價不得抬高零售商照市場議價加合法利潤限價出售糧食所有批發商零售商均應遵照規定議價限價在店內標明

2. 粮價公布 每日市場批發商議價確定後即核計零售商限價在市場向零售商公布同時由市場管理處以電話通知警察局轉知各分局出示公告并由勤值警察及憲兵巡邏監核

3.召集防止外流會議　本處以本市粮價較之港澳相差一倍有奇乃簽請省政府召集廣州附近濱海之南海等九縣縣長來廣州於二月十日舉行粮食座談會決定嚴防谷米外流辦法劃定限制線封鎖線以免偷漏

4.價發省級公務員役食米　本處爲解決公教人員生活安定粮價起見乃加緊趕運賦實由二月份起價發省級公教員工長警實物其餘中央機關及私立學校員工公私工廠工人食米亦由市場管理處分别協助採購

5.發動粮商平糶　本處以粮價高漲人民生活困苦當即發動糧商舉辦平糶每批定發商最低限度平糶米二十市担救濟平民粮商踴躍樂從多數自動超額平糶事後已由本處及省政府分别予以獎勉

以上各項緊急措施實施以後秩序良好當日粮價已告平穩并能迅速恢復常態及至中央頒經濟緊急措施方案檢討本省處理粮情辦法與奉頒方案規定尙屬適切

近日金融再度波動平津京滬桂贛各地粮價飛漲本省初期尙能維持現狀自四月二十二日起廣州中米每市担漲至八九、〇〇〇元至二十四日漲至一〇二、〇〇〇元當經參酌上次措施加緊平抑二十五日中米每市担即跌回九四、〇〇〇元二十九日跌至八五、〇〇〇元目前金融仍動盪不已管制工作不容稍懈爲使民衆週知市場粮價起見經與市政府警察局洽商飭日零售商價限由市場管理處通知各分局在門前標示獎勵民衆檢舉粮商黑市交易此次金融變動因民衆力持鎭靜用能迅速平復

二、全面節約

(一)禁碾精米

本省粮食短絀民情又習食精米本處爲厲行節約起見規定全省米機一律封閉企廠僅廣州方面近又改審定爲特種精廠

傍之鋼刀不論濶度多寡一律刨窄爲英尺七分濶兩傍鋼刀與軸心距離（即離心寬度）軸心頭（即出熟米處）距離鋼刀二分軸心尾（即入朴米處）距離鋼刀三分使朴米碾製熟米成率不能低過百分之九十并商由警察機關派員隨時檢查以防粮食無謂消耗

（二）勸導人民節約

本省粮食向感不敷爲節省粮食無謂消耗經編請各界協助政府普遍宣傳勸導人民節約粮食企造成社會風氣

三、全面購運

（一）購運洋米

1.請中央撥額購運洋米　聯合國粮食緊急處置委員會配給我國三十五年下半年自購暹越洋米八萬噸由中央信託局購運本省經電請　行政院劃撥一部由商民購運嗣奉核復未便照准惟可由中央信託局於該項洋米購到時酌量配濟等因近日省政府准粮食部寅世代電以中央信託局僅購到二萬三千餘噸早經配售罄盡今後購米如有好轉自可配撥一部等由本省爲缺粮特甚省份本年荒季即屆購運隣省米粮既諸多困難當經電請粮食部適時迅賜撥濟洋米以資挹注

2.發動民商購運洋米　洋米出口雖受國際限制惟本省旅越華僑衆多且多經營米業及航業環境雖屬困難仍可多方設法故經儘量鼓勵民商前往採購計由去年至本年未實施輸入限制時汕頭方面購到越米共一二、九四二包防城方面購到五、〇〇〇可扭近准臨時輸入管理委員會執行委員會秘書處代電以本省請准民商輸入洋米一案核與定章不符未便照辦等由查民商採辦洋米既無須申請外滙又不影響我國配購數額裨益本省民食甚大經電請粮食部特准輸入以裕糧源而濟民食

（二）發動華僑捐米

1. 暹僑捐米　本省去年粮荒嚴重曾發動暹羅華僑捐米救濟計先後捐運返國暹米共拾二批二九、二五七噸所運到捐米經廣東省粮食調節會議及暹羅華僑捐米分配委員會暨暹羅華僑救荒會回國監振團等機關分配各縣市散振赤貧茲將各批數量及配運各地數量列下

暹羅華僑捐米運到各批數量及配運各地數量表

批次	數量	備考
第一批	四、〇〇〇噸	配運廣州一、五〇〇噸汕頭二、〇〇〇噸海口五〇〇噸
第二批	一、一五〇噸	全部運汕頭
第三批	二、二〇〇噸	全部運上海救濟湘省災荒
第四批	二、二〇〇噸	全部運汕頭
第五批	四、一七〇噸	配運廣州二、〇〇〇噸海口五〇〇噸汕頭一、六七〇噸
第六批	二、二〇〇噸	配運廣州二一〇噸（該米連同第一批存米配振風災各縣）配運汕頭一、九九〇噸
第七批	二、二三七噸	分配一、二、三、四行政區各縣散振
第八批	二、二〇〇噸	內除一〇、二八八包係第一批托運振米交指定地方收受散振外其餘米一一、七一二包配汕頭1—4五區各縣3—4

第九批	二、五五〇噸	內濕米五、一七一包廈門二、〇〇〇包互勵社三三六包其餘一七、九九三包配汕頭1/6配各區各縣5/6
第拾批	二、八三〇噸	配廈門二〇〇噸配汕頭及五區各縣二、六三〇噸
第拾一批	一、五二〇噸	配運四邑五〇〇噸廣州五〇〇噸留備急振五二〇噸
第拾二批	二、〇〇〇噸	配運汕頭及六區各縣各四分一五區各縣四分二
合計	二九、二九七噸	

以上暹羅華僑捐米原列在三十五年度聯總配額計算又三十五年下半年經聯合國食米緊急處置委員會決議如暹米每月出口在四萬噸以上得由暹羅華僑在配額外捐米百分之五在六萬噸時百分之六在八萬噸時百分之七在十萬噸時百分之八由三十五年十月起實行最近暹羅華僑以捐欵期間已過乃訂定託運振米辦法經由本處發動各縣市及海外華僑捐資認額集得欵項交暹羅華僑救荒會代辦運粵救濟并先由本省粮食平價資金指撥一部托請代運茲將撥交欵項及收到各捐欵列下

欵項來源	金額	備考
本省粮食平價資金	二七、〇〇〇、〇〇〇元	該欵經送回國監賑團轉匯暹羅華僑救荒會收
中山縣捐欵	三、三〇〇、〇〇〇元	同右
東莞縣捐欵	一、七七四、〇〇〇元	同右

紐約中華公所轉來僑胞捐款	美金三、〇〇六元六五分	同右折合國幣三四、七二六、八〇七元五角
尖美加中華會館轉來僑胞捐款	英金一二七鎊	該項捐款原已送交監賑團轉匯暹羅購米嗣因該匯票提付手續尚未完備已函託中國銀行代提俟手續妥辦後再送監購團匯暹合併陳明

2.越僑捐米　查旅越華僑定購越米（4000）噸運濟粵屬經轉奉　行政院核准在我國自購越米（5）萬噸內撥購經由省政府電請我駐西貢領事館尹領事鼎力協助勸導華僑積極捐輸運濟至該項捐粮如何分配本省當估數量若干何時起運併請查復又旅越潮州同鄉會救濟潮汕糧荒委員會前以本省潮汕各地粮荒嚴重經請准當地政府收集飯乾一（2000）噸分批運汕施振其首批飯乾（150）噸共（1650）包經運抵汕并以百分之三十在汕散賑百分之七十分配第五區各縣暨大埔等地散振

（三）購運鄰米

1.湘粮　湖南省在去年十月底以前對于粮食出口未施限制本省民商尚可自由前往購運自實施限制出省後經省政府商得湖南省政府同意撥售穀五萬市石指定社會部全國合作社物品供銷處廣州分處承購一萬市石本省政府承購四萬市石當經派員前赴洽購并由湖南省政府發給運照不意米已購妥正當起運之際衡陽市縣參議會發動各法團阻止運粵迭經商請放行未得結果乘勵秉赴京開會之便特繞道馳赴長沙面謁王主席及由湘府召集衡陽市長及參議會負責人會商已獲解決一俟洽到車卡即可運粵

2.贛粮　贛省米粮一向限制本省自由前往購運本年商得江西省政府同意指定安遠會昌兩縣各售谷一萬石當經分

龍興寧梅縣大埔汕頭四縣市前往購運近據大埔縣政府電稱以准江西省會昌縣政府電以歷年收不敷撥無粮外運等語正再電請江西省政府迅予指定確實有粮可購地區撥購以免徒勞跋涉費時耗費

3.桂粮 購運桂粮前准廣西省政府允撥售公粮五萬市担現准復先撥三萬市担經多次文電洽商現已決定在梧州貴縣兩地撥售經派員前往購運已洽定第一批一〇・〇〇〇担糙米每市担六五・〇〇〇元該款四月廿九日開始托廣州廣西省銀行承滙餘在商購中

4.發動民商購運數量 湖南省在去年十月底未實施粮食出口限制前本省民商可自由購運粮食計由省府發給證明書前往購運返省者約共一〇〇卡另鄂粮六卡此外汕頭市粮商前赴各省購返米粮計有蕪湖米二九、一〇八包青島米三五〇包閩米一、三六〇包其餘各縣雖有民商購運惟均無確切統計故未列報

（四）接運閩贛糧

本省粮荒嚴重三十五年春奉粮食部核定由閩省撥粮三十萬石贛省撥粮十萬石濟急經于去年三月間入閩贛洽接除贛省撥粮地點俱屬偏邊無法接運外經已設接運閩粮總站負責接運閩粮并與閩省政府洽定第一期先撥稻穀三十萬石計撥交地點數量如下

龍岩谷一萬市石	南靖谷一萬市石
長泰谷二萬市石	華安谷一萬市石
寧洋谷一萬市石	平和谷三萬五千市石
永定谷三萬市石	上杭谷二萬五千市石

連城谷一萬五千市石　長汀谷二萬市石
漳浦谷一萬市石　武平谷二萬市石
漳平谷二萬市石　寧化谷六萬五千市石

以上合計稻谷三十萬市石（折米十五萬市石）除上杭武平等縣撥額因當時軍粮緊急商定由第三補給區司令部負責接運撥補軍粮其餘由本府接運閩粮總站接運計截至三十五年年底止共接運數量如下

上杭米一三、八三六市担　武平米八、八四一市担
平和米二、四五九市担　龍岩米六、九三八市担
永定米二〇、七二三市担　寧洋米二、一六〇市担
長汀米八、八一四市担　連城米六、六〇〇市担
漳浦米三、〇一八市担　閩南各縣集運石碼四四、七一一市担

以上合共接運米一一八、一〇〇市担其中上杭武平兩縣接運數量係撥交軍粮在三十四年籌購軍糧轉賬此外均運達汕頭市大埔蕉嶺等地配撥五六行政區各縣售濟民食除已接收部份先後運粵外其餘未撥交部份奉粮食部電飭停接現已飭將第一期粮限四月底清運結束運務清結賬目惟本年荒季已屆濟粮正殷渴望能將第二期濟粮繼續撥交俾濟民食

四、充實儲備

（一）推行建倉積谷

本省爲缺粮省份對建倉積谷制度積極推行以期樹立倉政基礎

1.建倉　本省三十五年度行政會議本處擬具建倉計劃倉廒圖則由本處制定以昭劃一各縣（市）政府就縣（市）政府所在地修建完備積谷倉廒一所以垂永久所需建倉費除在收起積谷撥歸縣倉之三成項下酌提變價撥充（以不超過存谷總額三分之一爲限）外得設法另行募集如因財力不足可分年計劃建築其財力充裕者可以加建各縣積谷倉容以能供應全縣人口總數十天粮食爲標準至鄉（鎮）倉應利用公共祠宇碉樓或借用商民倉庫爲原則其修理及設備費除就募得粮款酌撥（以不超過存粮五分之一存款百分之二十爲限）外并應就地另行募集分年修建其倉容以能供應全鄉（鎮）及各集體組織人口總數十五天粮食爲標準案經通過現已製頒標準倉廒圖則計分兩種一爲五千六百市石一爲一千四百市石已分發各縣（市）政府遵建

2.積谷　本省卅五年度隨賦代收積谷截至本年三月底止收起二九三、三〇五市石經飭各縣依章分配劃撥運倉惟鑒於以前積谷多爲縣長挪移爲加强保管責任起見經呈奉核准修正現行縣倉保管委員會組織規程規定委員由地方民意機關選舉並指定縣參議會議長爲主任委員惟粮款之募集及貸放仍由縣政府主辦由保管會協助之現各縣已分別將縣倉保管會所存倉谷倉款及文卷印信公物等辦理交接

（二）調查地方舊有倉儲資產

本省各縣市舊有地方倉儲資產多爲强豪把持或則移作別用本處爲恢復倉政起見已着手調查各縣（市局）義倉（包括廣濟倉惠濟義倉等）設置狀況及其資產來源數量收益細以便分別整理并呈准省政府組會清查廣州惠濟義倉原有資產贖回倉址恢復組織以爲各縣示範

五、賦谷配撥

（一）軍粮

本省軍粮係由中央所佔征實三成征借全部撥付其應撥粮額由中央核定卅五年七月至九月應撥（7）萬（8375）大包除由軍粮會購撥（4）萬大包外應由賦谷撥交（3）萬（8375）大包又核定由十月起至卅六年九月止共撥（26）萬（4100）大包共應撥（30）萬（2475）大包現在各縣已撥軍粮（23）萬（0129）大包尚欠（7）萬（2346）大包詳見附表（內（3）萬（6650）大包係分于四五月內撥交）惟各縣撥粮數字報齊時實際欠額當無上述之多現正飭各縣趕速清撥以應軍給

三十四年度及三十五年度軍粮谷粮交撥數量表　截至本年四月二十日止

年度	原配額	已交數	欠交數	備考
三十四年度（三十五年七至九月）	大包 38.375	大包 38.375	大包 0	奉飭撥七至九月軍粮78375大包除軍粮會購交40.000大包外實撥如上數
三十五年度（卅五年十月至卅六年九月）	264.100	191.754	72.346	內軍粮232.750大包谷粮31850大包
總計	302.475	230.129	72.346	欠交數內有36.650大包係分於四五月撥交者

（二）公粮

查公粮原經規定停發實物省府爲改善省級員工團隊生活起見本處遵奉府令一律償發食粮保安團隊食粮由三十五年八月起發給月需米（5170）大包（伸谷（1）萬（3752）市石（2）市斗扣價標準係分別（35）（36）年度省縣

預算作價伸算計（35）年每大包米扣價（42202）元（36）年每大包米扣價（53333）元省級員工食粮由卅六年二月份起價發月需谷（3）萬（1559）市石扣價標準暫定廣州撥粮每市石扣價（3）萬元廣州以外縣份撥粮每市石扣價（2）萬（7000）元應撥公糧計至本年九月底止（以粮食年度計算）共需粮（44）萬（3530）市石佔本省征實公糧收入之半數詳附表

粮別	月需谷數市石	共需糧數市石	備考
保安粮	13752$^{\underline{2}}$	191130$^{\underline{8}}$	(1)保安粮由35年8月起計至本年9月止省級員工食粮由本年二月起計至本年九月止 (2)保安粮係提前撥交由保安司令部統籌運補省級員工食粮係按月發給
省級員工食粮	31550	252[illegible]0	
合計	45302$^{\underline{2}}$	443530$^{\underline{8}}$	

广东各厅州县征收地丁实数表

广东省立中山图书馆　藏

廣東各廳州縣徵收地丁實數表

廣東各廳州縣征收地丁實數表

	羅定州	
額征	正銀一兩	耗銀
折征	洋銀一兩	一錢六分九厘
隨征	每正銀一兩帶征三成粮捐銀三錢	無
平餘	每兩加收銀六錢六分一厘	色在正銀內
雜費	色在平餘項內	色在正銀內
私規	無	無
統共	一兩九錢六分一厘 另串票每張收銀四分	一錢六分九厘

嘉應州

額征	正銀一兩	耗銀
折征	洋銀一兩	一錢六分九厘
隨征	每正銀一兩帶征三成粮捐銀三錢	無
平餘	每兩加收銀一錢八分	色在正銀內
雜費	傾銷紋水公 費銀八分五 厘 補平費銀五 分八厘三毫	色在正銀內
耗規	家丁厘頭銀 一分四厘 戶房房費銀 一錢七分五厘串票每張收 六毫	色在正銀內
統共	實完銀一兩 八錢一分二厘 九毫 銀一分	一錢六分九厘

南雄州

額征	正銀一兩	耗銀
折征	洋銀一兩	一錢六分九厘色在正銀內
隨征	每兩帶征三成粮捐銀三錢	
平餘	每兩加收銀七分八厘六毫二絲	色在正銀內
雜費	補水銀一錢七分八厘 傾銷銀七分三厘 解費銀三厘	色在正銀內
私規	印官銀二分 賑房銀四厘 門印銀五厘 家丁銀三厘 房書銀三分五厘	色在正銀內
統共	一兩六錢九分九厘六毫二絲 另串票每張收錢一十五文	一錢六分九厘

連州		
額征	正銀一兩	耗銀
折征	洋銀一兩	一錢六分九厘
隨征	每兩帶征三成粮捐銀三錢	無
平餘	每兩加收官羙銀一錢三分三厘	色在正銀内
雜費	解費銀六分二厘五毫 紋水銀二錢 傾銷銀九厘二毫 厘金銀二厘	色在正銀内
私規	司賑銀二分五厘 征比銀二分五厘 書吏銀一錢五厘五毫 粮差銀五分	色在正銀内
統共	一兩九錢一分二厘二毫 另串票每張加收銀六分	一錢六分九厘

陽江縣

額征	正銀一兩	耗銀
折征	洋銀一兩	一錢六分九厘
隨征	每兩帶征三成糧捐銀三錢 又加收學費銀三錢三分	無
平餘	每兩加收印官公費銀三錢四分五厘六毫	色在正銀內
雜費	補平銀五厘 水費銀一錢七分二厘四毫 中忙收水費銀二錢二分二厘四毫 下忙收水費銀二錢七分二厘四毫	色在正銀內
私規	賑房厘頭銀八厘 門印厘頭銀四分五厘 戶糧庫房銀一錢一分	色在正銀內
統共	每兩上忙連耗費等費完銀二兩三錢六厘 中忙費完銀二兩三錢五分一厘 下忙費完銀二兩四錢一厘 另串票每張收銀一錢	一錢六分九厘

崖州

額征	正銀一兩	耗銀
折征	連耗共征制錢一千七百三十文	色在正銀內
隨征	無	無
平餘	無	無
雜費	無	無
私規	房書工食錢七十文	色在正銀內
統共	每兩實完錢一千八百文 又州東藤橋糧站每兩加收錢二百文 三椏根站每兩加收錢一百文 另串票每張收錢五文	一錢六分九厘

欽州

	正銀一兩	耗銀
額征	正銀一兩	耗銀
折征	九畨每兩折征制錢一千四百文 四練正銀一兩折征花銀一兩	一錢六分九厘
隨征	帶征九畨三成粮捐錢一千七百三十五文 帶征四練三成粮捐錢一千二百文	無
平餘	九畨羨餘銀三錢五分七厘 印官平餘銀一錢一分六厘九毫 四練羨餘銀一錢三分八厘六毫五忽 印官羨餘銀伍錢二分	色在正銀内
雜費	九畨解費銀七分四厘八毫 補水銀一錢二分八厘六毫 四練解費銀六分八厘 補水銀二錢二分六毫八絲	色在正銀内
私規	九畨門印銀二分三厘 書吏銀四分五厘 四練門印銀二分 書吏銀四分九毫一絲五忽	色在正銀内
統共	九畨征收制錢三千一百三十五文 征收洋銀七錢四分四厘三毫 四練征收制錢一千二百文 征收洋銀一兩九錢九分二毫 九畨串票每張收錢一百五十文 四練串票每張收銀五分	一錢六分九厘

赤溪同知		
額征	正銀一兩	耗銀
折征	洋銀一兩	一錢六分九厘
隨征	三成粮捐銀三錢	無
平餘	加收印官平費銀三錢八分五厘	色在正銀內
雜費	紋水銀七分五厘 元寶錠銀一分二厘 請領硝磺費銀一分五厘 餉腳銀四分 耗水費一分二厘	色在正銀內
私規	賬房門印銀一分五厘 書吏三錢一分七厘 銀匠八分三厘	色在正銀內
統共	二兩二錢五分四厘	一錢六分九厘

佛岡同知

額征	正銀一兩	耗銀
折征	洋銀一兩	一錢六分九厘
隨征	三成粮捐銀三錢	無
平餘	加收公費銀三錢三分	色在正銀內
雜費	紋水解費投文牘批等項銀二錢四分一厘	色在正銀內
私規	無	色在正銀內
統共	一兩八錢七分一厘 另串票每張收銀四分	一錢六分九厘

連山同知

額征	正銀一兩	耗銀
折征	洋銀一兩	一錢六分九厘
隨征	無	無
平餘	無	色在正銀內
雜費	紋水銀八分 鮮費銀七分 硝磺銀一分 官平銀九分	色在正銀內
私規	門印銀二分 戶司銀一分 戶典銀一分 庫房銀一分 銀匠銀三分	色在正銀內
統共	一兩三錢三分 另府城串票每張收銀八分 宜善沙坊每張收銀七分 又每串收割單排號銀五分四厘	一錢六分九厘

南海縣

額	正銀一兩	耗銀
征折	洋銀一兩	一錢六分九厘
隨征	三成粮捐銀三錢	並不加派
平餘	平餘銀三錢二分九厘	色在正銀内
雜費	補平銀三分 傾銷銀二分 解費銀二分四厘 冊費銀二分六厘	色在正銀内
私規	賑房厘頭銀四厘 門房厘頭銀五厘 簽房厘頭銀三厘 粮三房飯食銀七分八厘 銀匠飯食銀六分 銀匠公務銀六分	色在正銀内
統共	一兩九錢三分九厘 另串票每張縣征收銀二分 鄉征收銀二分五厘	一錢六分九厘

番禺縣

額征	正銀一兩	耗銀
折征	洋銀一兩	一錢六分九厘
隨征	每征正銀一兩帶征三成粮捐銀三錢	無
平餘	每正銀一兩帶征收平餘銀二錢二分二厘六毫	色在正平銀內
雜費	每兩加收雜費紋水銀一錢三分四厘四毫 鮮費銀四分四厘	色在正銀內
私規	每兩加收厘頭 賬房厘頭銀八厘四毫 家人厘頭銀九厘六毫 庫房紙張飯食銀三厘 粮房紙張飯食銀四分五厘 銀匠紙張飯食銀六分四厘	色在正銀內
統共	一兩八錢三分一厘	一錢六分九厘

東莞縣

額征	正銀一兩	耗銀
折征	洋銀一兩	一錢六分九厘
隨征	每征正銀一兩帶收花銀三錢	色在正銀內
平餘	印官銀一錢九分五厘三毫	色在正銀內
雜費	每兩加收雜費大錠紋銀九厘二毫 鮮費紋銀七分四厘 補水銀一錢一分 厘金銀二厘二毫 紋水銀二錢一分八厘三毫	色在正銀內
私規	門丁銀六厘地丁一兩民間是 庫書銀三厘完花銀二兩 戶書銀八分另串票每張 二厘	色在正銀內
統共	收銀一分六厘	一錢六分九厘

順德縣

	正銀一兩	耗銀
額征	正銀一兩	耗銀
折征	洋銀一兩	洋銀一錢六分九厘
隨征	每征正銀一兩帶征三成粮捐銀三錢照數列入串票內觧交	無
平餘	每銀一兩加收平餘銀四錢六分一厘	色在正銀內
雜費	每觧正銀一兩應補大錠紋水司馬平觧費壓金大元費約二錢四分左右統在平餘之內	色在正銀內
私規	每兩連耗加收厘頭管理錢粮收數厘頭銀八厘用印厘頭銀八厘帳房厘頭銀四分粮三房厘頭銀四分庫房厘頭銀一分四厘銀匠厘頭銀五分八厘	色在正銀內
統共	二兩一錢六分九厘　另串票每張收銀四分五厘	一錢六分九厘

香山縣

	正銀一兩	耗銀
額征	正銀一兩	耗銀
折征	洋銀一兩	洋銀一錢六分九厘
隨征	本縣因有沙捐專款免繳三成粮捐	無
平餘	每兩連耗加收平餘銀五錢二分三厘七毫提解盈餘報効及補貼紋水解費併署內一切支用	色在正銀內
雜費	色在平餘項內	色在正銀內
私規	每兩連耗加收厘頭賑房銀一分二厘冢丁銀一分四厘坐省銀一厘五毫粮房飯食銀五分八厘庫房銀二厘銀匠飯食銀五分二厘傾銷水費銀一分八厘	色在正銀內
統共	一兩六錢八分一厘三毫 另串票縣征每張收銀四分鄉征每張收銀五分	一錢六分九厘

新會縣

額征	正銀一兩	耗銀
折征	洋銀一兩	一錢六分九厘
隨征	每征正銀一兩帶征三成糧捐銀三錢	無
平餘	每征銀一兩加收平餘銀四錢四厘	色在正銀內
雜費	每兩加收雜費補紋水銀一錢二分傾銷大錠銀九厘二毫厘金銀二厘解費銀九分四厘投文銀一厘補平銀四厘贖批廻銀三毫水費銀八厘奏銷冊費銀二厘交代冊費銀二厘	色在正銀內
私規	每兩連耗加收厘頭賬房二分三厘征比三厘五毫各案丁八厘票首三厘庫書二厘糧房書案五厘糧書各件工食銀二分五厘銀匠紙張飯食銀七分四厘四毫糧書辦公紙張費用銀一分四厘文書二厘十二處糧站書差辦公工食銀一分九厘串貼潘糧府三署書房書辦公紙張飯食銀七厘	色在正銀內
統共	二兩一錢三分一厘四毫另串票每張收銀三分	一錢六分九厘

增城縣

		耗銀
額征	正銀一兩	
折征	洋銀一兩	一錢六分九厘
隨征	每征正銀一兩帶征三成粮捐銀三錢	無
平餘	加收平餘銀三錢二分九厘	色在正銀内
雜費	每兩加收雜費解費銀一錢二分六厘	色在正銀内
私規	帳房七厘 家丁七厘五毫 用印七厘五毫 户房三分 庫房四厘 銀匠四分	色在正銀内
統共	民間實完銀一兩八錢五分一厘 另串票每張收銀八毫	一錢六分九厘

三水縣

		耗銀
額征	正銀一兩	
折征	洋銀一兩	一錢六分九厘
隨征	每征正銀一兩帶征三成糧捐銀三錢	無
平餘	每正銀一兩加收平餘銀三錢六分	色在正銀内
雜費	每兩加收雜費紋水觧費銀一錢五分七厘四毫六絲	色在正銀内
私規	每兩連耗加收厘頭賑房厘頭銀一分一厘七毫稅羡費銀二厘家人厘頭銀二分五厘八毫四絲洋煙經費厘頭銀二分糧司曲兩房工墨飯食厘頭銀四分二厘	色在正銀内
統共	一兩九錢一分九厘另串票每張收銀二分	一錢六分九厘

清遠縣

額征	正銀一兩	耗銀
折征	洋銀一兩	一錢六分九厘
隨征	每征正銀一兩帶征三成粮捐銀三錢	無
平餘	每正銀一兩加收公費銀一錢六分三厘	色在正銀內
雜費	每兩加收雜費賬房銀三厘 印費銀三厘 征費銀三厘 隨費銀壹厘 官紙局銀二厘 房書飯食銀二分 解費銀七分六厘	色在正銀內
私規	每兩連耗加收厘頭賬房銀九厘 征比費銀二厘 隨費銀二厘五毫 房書飯食銀九分六厘 鄉書飯食銀九分八厘 殷丁飯食銀壹錢 押差飯食銀四分 裁扣公堂飯食銀一錢七分三厘五毫 扣繳殷丁銀二分五厘 扣繳總敞差飯食銀八厘 裁繳門費銀二分七厘	色在正銀內
統共	二兩二錢二分四厘 另串票每張收銀五分二厘 又串票每張加收學費銀三分六厘	一錢六分九厘

從化縣

		耗銀
額征	正銀一兩	耗銀
折征	洋銀一兩	一錢六分九厘
隨征	每征正銀一兩帶征三成粮捐銀三錢	無
平餘	每正銀一兩加收平餘銀二錢六分三厘二毫四絲	包在正銀內
雜費	每兩加收雜費解費紋水銀二錢一分一厘七毫六絲	包在正銀內
私規	每兩連耗加收厘頭 賬房銀壹分 家丁銀一分六厘 房書紙筆飲食銀一分	包在正銀內
統共	一兩八錢一分一厘 另串票每張收銀六分	一錢六分九厘

龍門縣

額征	正銀一兩	耗銀
折征	洋銀一兩	一錢六分九厘
隨征	每征正銀一兩帶征學堂經費銀一錢	無
平餘	每正銀一兩加收官美銀二錢二分厘金大錠在內	色在正銀內
雜費	每兩加收雜費紋水銀一錢解費銀四分	色在正銀內
私規	每兩連耗加收厘頭 賑房銀三分五厘 收發銀六厘 錢粮家人銀六厘 衆家人銀四厘 房書銀一錢一分 册費銀二分	色在正銀內
統共	一兩六錢四分一厘 另串票每張收銀五分	一錢六分九厘

新安縣		
額征	正銀一兩	耗銀
折征	洋銀一兩	一錢六分九厘
隨征	每正銀一兩帶征糧捐銀三錢	無
平餘	每正銀一兩加收平餘銀一錢八分五厘	色在正銀內
雜費	每兩加收雜費紋水解費銀壹錢八分	色在正銀內
私規	每兩連耗加收厘頭　厘 賑房厘頭銀二分 家人厘頭銀二分五厘 戶典房紙張飯食銀六分一厘	色在正銀內
統共	一兩七錢七分一厘 另串票每張收銀一分二厘	一錢六分九厘

新寧縣

額征	正銀一兩	耗銀
折征	洋銀一兩	一錢六分九厘
隨征	每征正銀一兩帶征粮捐銀三錢	無
平餘	每正銀一兩加收公費銀三錢	色在正銀內
雜費	每兩加收雜費紋水鮮費銀二錢三分九厘	色在正銀內
私規	厘頭 賑規五厘 門規五厘 印規五厘 户書工食四分 匠食鋪費銀八分三厘	色在正銀內
統共	每兩連耗加收一兩九錢七分七厘 另串票每張收銀二分	一錢六分九厘

花縣

額征	正銀一兩	耗銀
折征	洋銀一兩	一錢六分九厘
隨征	每征正銀一兩帶征三成粮捐銀三錢	留縣坐支司捕養廉銀一百八十兩
平餘	每正銀一兩加征銀八錢	色在正銀內
雜費	每兩加收雜費解銀七分四厘 傾銷大錠銀九厘二毫 火耗銀一錢六分九厘 紋水解費銀一錢四分六厘	色在正銀內
私規	每兩連耗加收厘頭 賑房厘頭銀一分五厘 門印上厘頭銀二分 經管厘頭銀五厘 房書飯食銀九分九厘 銀匠工食銀一錢 解省運費銀六厘	色在正銀內
統共	二兩七錢四分三厘二毫	帶征 色在正銀內

高要縣

額征	正銀一兩	耗銀
折征	洋銀一兩	一錢六分九厘
隨征	每征正銀一兩帶征三成糧捐銀三錢	無
平餘	每正銀一兩加收公費銀七分	色在正銀內
雜費	每兩加收雜費補水銀八分 解費銀九分七厘 冊費銀八分	色在正銀內
私規	每兩連耗加收厘頭銀工匠飯食銀六分六厘 糧差銀八厘 另串票每張收銀一分五厘 賬房銀一分 用印銀一分四厘 庫房紙張飯食銀六分六厘 糧房飯食銀一分五厘 倉房飯食銀五厘	色在正銀內
統共	一兩八錢一分一厘	一錢六分九厘

四會縣

額征	正銀一兩	耗銀
折征	洋銀一兩	一錢六分九厘
隨征	每征正銀一兩帶征三成糧捐銀三錢	無
平餘	每正銀一兩加收平餘銀一錢八分五厘八毫	色在正銀內
雜費	每兩加收雜費 解費銀一錢二分 紋水銀一錢 大錠銀九厘二毫 補平銀一分五厘	色在正銀內
私規	每兩連耗加收厘頭 賑房銀五厘 家丁銀一分三厘 書吏銀二分六厘	色在正銀內
統共	一兩七錢七分四厘 另串票每張收銀七分	一錢六分九厘

鶴山縣

額征	正銀一兩	耗銀
折征	洋銀一兩	一錢六分九厘
隨征	每征正銀一兩帶征三成粮捐銀三錢	無
平餘	每正銀一兩加收平餘銀三錢零八厘一毫五絲	色在正銀內
雜費	雜費色在平餘項內	色在正銀內
私規	每兩連耗加收厘頭門印銀八厘管賑銀二厘書吏銀三錢一分二厘八毫五絲	色在正銀內
統共	一兩九錢三分一厘另串票每張收銀二分	一錢六分九厘

新興縣

	正銀一兩	耗銀
額征	正銀一兩	耗銀
折征	洋銀一兩	一錢六分九厘
隨征	每征正銀一兩帶征捐輸花銀三錢	無
平餘	每正銀一兩加收平餘銀一錢七分八厘	色在正銀内
雜費	每兩加收雜費紋水銀一錢一分一厘大錠銀九厘三毫厘金銀二厘八毫大元水銀四分鮮費銀八分六厘五毫	色在正銀内
私規	每兩連耗加收厘頭賑房銀五厘經管家人銀一分眾家人銀一分書吏飯食銀一錢二分	色在正銀内
統共	一兩八錢七分二厘六毫另串票每張收銀四分六厘又需差每戶收銀三分六厘	一錢六分九厘

高明縣

額征	正銀一兩	耗銀
折征	洋銀一兩	一錢六分九厘
隨征	每征正銀一兩帶征三成粮捐銀三錢	無
平餘	每正銀一兩加收平餘銀一錢三分九厘	色在正銀內
雜費	每兩加收雜費傾銷銀一錢	色在正銀內
私規	每兩連耗加收厘頭賬房銀二分五厘門印銀二分書吏銀九分七厘站書銀四分	色在正銀內
統共	一兩七錢二分一厘另串票一張收銀一分	一錢六分九厘

廣寧縣

		耗銀
額征	正銀一兩	耗銀
折征	洋銀一兩	一錢六分九厘
隨征	每征正銀一兩帶征三成粮捐銀三錢	無
平餘	每正銀一兩加收平銀三錢	色在正銀內
雜費	每兩加收雜費紋水銀一錢九厘五毫二絲 解費銀九分五厘	色在正銀內
私規	每兩連耗加收厘頭 門印銀二錢 賬房銀七厘三毫九絲二忽六微 房費銀九分九厘八絲七忽四微	色在正銀內
統共	二兩一錢一分一厘 另串票每張收銀四分	一錢六分九厘

開平縣

額征	正銀一兩	耗銀
折征	洋銀一兩	一錢六分九厘
隨征	每征正銀一兩帶征三成粮捐銀三錢	無
平餘	每兩加收銀二錢八分一厘	色在正銀內
雜費	雜費向由房書應得之私規銀內色鮮	色在正銀內
私規	捕衙津貼銀二分 賑房規費銀三厘二毫七絲 錢粮經管規銀五厘二毫七絲 門印規銀三厘二毫七絲 書吏銀二錢七分七厘七毫八絲	色在正銀內
統共	一兩八錢九分五毫九絲 另串票每張收銀二分七厘	一錢六分九厘

封川縣

額征	正銀一兩	耗銀
折征	洋銀一兩	一錢六分九厘
隨征	每征正銀一兩帶征三成粮捐銀三錢	無
平餘	每正銀一兩加收辦公銀二錢	色在正銀內
雜費	每兩加收雜費貼水銀五分傾銷銀七分五厘鮮費銀一分册費銀九分	色在正銀內
私規	每兩連耗加收厘頭家人厘頭銀二分六厘房紙筆墨銀二分房飯食銀一錢門差費銀一分	色在正銀內
統共	一兩八錢八分一厘另串票每張收銀二分	一錢六分九厘

開建縣

	正銀一兩	耗銀
額征	正銀一兩	耗銀
折征	洋銀一兩	一錢六分九厘
隨征	每征正銀一兩帶征三成粮捐銀三錢	無
平餘	無	無
雜費	每兩加收雜費解費冊費銀七分補水傾銷厘金等項銀二錢四分七厘	色在正銀内
私規	每兩加收厘頭賬房征比厘頭銀四厘各行家丁厘頭銀四分戶房東司房庫房厘頭銀九分	色在正銀内
統共	一兩七錢五分一厘另串票每張收銀七分	一錢六分九厘

德慶州

額征	正銀一兩	耗銀
折征	洋銀一兩	一錢六分九厘
隨征	無	無
平餘	每正銀一兩加收平餘銀二錢七分九厘	色在正銀內
雜費	雜費色在平餘項內	色在正銀內
私規	每兩連耗加收厘頭賑房銀六厘公賑銀一分五厘經費錢粮銀三厘戶房紙筆飯食銀二分八厘	色在正銀內
統共	一兩三錢三分一厘 另串票大単毎張收銀三分小単毎張收銀四分雜城遠者大単收銀三分五厘小単收銀四分五厘	一錢六分九厘

東安縣

	正銀一兩	耗銀
額征	正銀一兩	耗銀
折征	洋銀一兩	一錢六分九厘
隨征	征每正銀一兩帶征三成粮捐銀三錢	不另加派
平餘	每兩加收印官銀三錢五厘	色在正銀內
雜費	鮮費銀一錢一分一厘	色在正銀內
私規	賬房銀二分四厘 家人銀三分 房書銀五分一厘 站書銀一分	色在正銀內
統共	一兩八錢三分一厘 另串票每張收銀七分五厘	一錢六分九厘

西寧縣

額征	正銀一兩	耗銀
折征	洋銀一兩	一錢六分九厘
隨征	每征正銀一兩帶征三成粮捐銀三錢	無
平餘	每征正銀一兩加收平餘銀二錢七分	色在正銀內
雜費	每兩加收雜費補紋水銀一錢三分補平銀一厘傾銷銀九厘二毫匣金銀二厘鮮費銀七分四厘投文銀一厘經批銀六毫七成大元水銀五分滙鮮費銀二厘五毫	色在正銀內
私費	每兩連耗加收厘頭帳房銀一分三厘經管銀一分四厘庫書銀二厘粮書銀六分一厘	色在正銀內
統共	一兩九錢三分三厘三毫另串票大張每收銀三分小張每收銀六分	一錢六分九厘

歸善縣

額征	正銀一兩	耗銀
折征	洋銀一兩	一錢六分九厘
隨征	每征正銀一兩帶征三成粮捐銀三錢	無
平餘	每正銀一兩加收平餘公費銀七分	色在正銀內
雜費	補水銀四分 解費銀八分 銀匠銀五分八厘 短封銀一錢五分	色在正銀內
私規	賑房銀一分五厘 家丁銀三分 房書銀二分二厘 房紙張飯食銀一錢 另串票每張城征收銀一分七厘鄉征每張收銀三分二厘	色在正銀內
統共	一兩八錢六分五厘	一錢六分九厘

博羅縣

額征	正銀一兩	耗銀
折征	洋銀一兩	一錢六分九厘
隨征	每征正銀一兩帶征三成粮捐銀三錢	無
平餘	每正銀一兩加收平餘銀四錢六分	色在正銀內
雜費	雜費色在平餘項內	色在正銀內
私規	每兩連耗加收厘頭賑房銀三厘門印銀三厘另串票每張征比銀三厘收銀一分五厘房書銀七分六厘	色在正銀內
統共	一兩八錢四分五厘	一錢六分九厘

長寧縣

額征	正銀一兩	耗銀
折征	洋銀一兩	一錢六分九厘
隨征	無	無
平餘	每正銀一兩加收羡餘銀一錢六分四厘六毫二絲	色在正銀内
雜費	雜費色在平餘項内	色在正銀内
私規	門印銀一分二厘 經會銀五厘 房費銀三分三厘	色在正銀内
統共	一兩二錢一分四厘六毫二絲 另串票每張收錢五十文	一錢六分九厘

永安縣

額征	正銀一兩	耗銀
折征	洋銀一兩	一錢六分九厘
隨征	每征正銀一兩帶征三成粮捐銀三錢	無
平餘	每正銀一兩加收公費銀四錢七分	色在正銀內
雜費	每兩加收雜費解費火工銀七分二厘二毫 元宝銀九厘六毫 厘金銀三厘 紋水銀一錢三分五厘	色在正銀內
私規	每兩加收厘頭錢 友銀二厘 隨銀二毫 賬房銀一分六厘三毫 官倉銀一厘 門印銀四分四厘五毫 門印隨銀一厘 經手銀一分四厘 跟班家丁銀八毫 廚房銀二毫 房站書厘頭銀一錢一分	色在正銀內
統共	二兩一錢七分九厘七毫 另串票每張收銀二分三厘 又加收学費銀七厘	一錢六分九厘

海豐縣

	正銀	耗銀
額征	一兩	
折征	洋銀一兩	一錢六分九厘
隨征	每征正銀一兩帶征三成粮捐銀三錢	無
平餘	每正銀一兩加收平餘銀三錢五分	色在正銀内
雜費	每兩加收雜費補紋水銀一錢正 傾銷大耗銀六分 硝磺銀一分二厘 鮮費銀一分四厘 冊費銀五分	色在正銀内
私規	每兩加收厘頭賬房銀四分五厘 征比銀二分 用印銀二分三厘 書房飯食銀一分五厘 道府科規費銀五厘 銀匠銀八分六厘	色在正銀内
統共	二兩八錢 另串票每張收銀一分六厘	一錢六分九厘

陸豐縣

額征	正銀一两	耗銀
折征	洋銀一両	一錢六分九厘
隨征	每征正銀一両帶征粮捐銀三錢	無
平餘	每正銀一両加收平餘銀二錢三分一厘	色在正銀内
雜費	每両加收雜費紋水鮮費二錢粮捐費三分	色在正銀内
私規	每両連耗加收厘頭賬房銀二分錢粮家人銀三分五厘房書二錢八分五厘站友二分站書二分畜差二分	色在正銀内
統共	二両一錢六分一厘另串票每張銀三分	一錢六分九厘

龍川縣

	正銀	耗銀
額征	正銀一兩	耗銀
折征	洋銀一兩	一錢六分九厘
隨征	每征正銀一兩帶征三成粮捐銀三錢	無
平餘	每正銀一兩加收平餘銀二錢三分四厘三毫	色在正銀内
雜費	每兩加收雜費正耗補水銀七分五厘九毫八絲五忽紋水銀一錢五分五厘	色在正銀内
私規	每兩連耗加收厘頭賑房銀四厘用印銀四厘家人銀五厘柜書銀七厘房書銀三分七厘七毫一絲五忽粮差銀二分四厘典史稿案銀五分五厘頃匠等銀一錢二分九厘	色在正銀内
統共	二兩三分一厘另串票每張收銀二分	一錢六分九厘

河源縣

額征	正銀一兩	耗銀
折征	洋銀一兩	一錢六分九厘
隨征	每正銀一兩帶征三成糧捐銀三錢	色在正銀內
平餘	每正銀一兩加收平餘銀二錢	色在正銀內
雜費私規	色在平餘項內	色在正銀內
	每正銀一兩收六站伕足四分請領硝磺二分府署科費一分五厘本署管庫銀二分三厘三毫八絲門印一分五毫房書四分二厘七絲差役五毫	色在正銀內
統共	一兩六錢五分一厘四毫五絲另串票每張收銀三分	一錢六分九厘

和平縣

額征	正銀一兩	耗銀
折征	洋銀一兩	一錢六分九厘
隨征	無	無
平餘	每征銀一兩常年平餘銀九分三厘五毫 閏年平餘銀九分零五毫	包在正銀內
雜費	包在平餘項內	包在正銀內
私規	常年 賑房錢十二文七毫二絲 門印錢九文九毫五忽 戶房錢八十一文八毫七絲五忽 印官錢五百四十二文六毫八絲九忽 閏年 賑房錢十二文七毫三絲門印錢九文九絲五忽戶房錢八十三文五毫二絲一忽 印官錢五百四十二文四絲三忽	包在正銀內
統共	常年 共收花銀一兩九分三厘五毫 閏年 共收花銀一兩九分五厘 常年 共收制錢六百五十七文一毫八絲九忽 閏年 共收制錢六百五十六文三毫八絲九忽 另串票每張收錢三十二文	一錢六分九厘

連平州

額征	正銀一兩	耗銀
折征	洋銀一兩	一錢六分九厘
隨征	無	無
征平餘	每正銀一兩加收平餘銀一錢三分	色在正銀內
雜費	每兩加收雜費大錠銀九厘三毫、鮮費銀八分六厘五毫、紋水銀一錢四分九厘二毫、金銀二厘五毫、大元補水銀四分一厘、投文領批銀二厘二毫	色在正銀內
私規	每兩連耗加收厘頭賑房一分一厘六毫九絲、經管家人五厘八毫四絲、房書飯食銀八分四厘、眾家人五厘八毫四絲	色在正銀內
統共	一兩五錢二分七厘九毫七絲，另串票每張收銀一分六厘五毫六絲	一錢六分九厘

海陽縣

額征	正銀一兩	耗銀
折征	洋銀一兩	一錢六分九厘
隨征	三成粮捐銀三錢	無
平餘	羨餘銀二錢一分四厘	色在正銀内
雜費	解費紋水厘金大綻銀二錢一分六厘七毫	色在正銀内
私規	賑友二分 家丁四厘 督征一分 書吏一錢三分	色在正銀内
統共	一兩八錢九分四厘七毫 另串票每張收銀三分	一錢六分九厘

豐順縣

額征	正銀一兩	耗銀
折征	洋銀一兩	一錢六分九厘
隨征	無	無
平餘	每正銀一兩收平餘銀一錢	色在正銀內
雜費	每兩加收雜費傾銷大耗銀五分七厘	色在正銀內
私規	每兩連耗加收櫃頭書吏工墨飯銀九分二厘征比銀一厘二毫 另串票每張收銀五厘	色在正銀內
統共	一兩二錢五分二毫	一錢六分九厘

潮陽縣

額征	正銀一兩	耗銀
折征	洋銀一兩	一錢六分九厘
隨征	每征正銀一兩帶征三成粮捐銀三錢	無
平餘	每正銀一兩連耗城征加收銀三錢九分七厘三毫六絲四忽，鄉征加收銀六錢二分九厘五毫六絲四忽	色在正銀內
雜費	每兩連耗加收雜費解費銀六分七厘八毫二絲，請領批費及銀匠經書貨銀三分五厘一毫五絲四忽	色在正銀內
私規	每兩連耗加收厘頭城征賬房銀四分四毫七絲七忽，家丁銀四毫七絲七忽，督征一分[illegible]管征收書辦銀三分，戶房銀三分六厘三毫八絲三忽，庫房二分一毫五絲三忽，司典兩房銀一錢七分三厘一毫九絲；鄉征賬房銀二分四毫七絲七忽，家丁銀二分四毫七絲七忽，督征銀九分，戶房銀三分六厘三毫七絲三忽，庫房銀二分一毫五絲三忽，敝書銀九分一厘	色在正銀內
統共	民間在城花戶實完銀二兩一錢一分一厘一絲八忽，各鄉花戶實完銀二兩三錢一分一厘，另串票每張收銀二分六厘	一錢六分九厘

揭陽縣

額征	正銀一両	耗銀
折征	洋銀一両	一錢六分九厘
隨征	每征正銀一両加收三成粮捐銀三錢	無
平餘	每正銀一両加收平餘銀四錢九分九厘	色在正銀内
雜費	每両加收雜費大錠補平鮮費厘金銀六分八厘二毫　鮮費銀一錢三分五厘八毫　紋水銀一錢五厘　滙費銀一錢二分	色在正銀内
私規	每両連耗加收厘頭賑房銀一分五厘三毫管總銀一分四厘五毫門上銀一分七厘二毫印上銀一分一厘四毫廠書飯食銀二分八厘八毫戶房銀八分庫房銀八分一厘四毫銀匠銀九分八厘差役銀二分一厘六毫	色在正銀内
統共	二両五錢九分六厘二毫　另串票每張收銀一分	一錢六分九厘

饒平縣

額征	正銀一兩	耗銀
折征	洋銀一兩	一錢六分九厘
隨征	每征正銀一兩帶征三成粮捐銀三錢	無
平餘	每正銀一兩加征公費平餘銀九分五厘一毫八絲	無
雜費	每兩加收雜費解費銀五分四厘溢銀四分九厘三毫九絲	無
私規	每兩加收厘頭書差飯食銀一錢一分八厘九毫	無
統共	一兩一錢六分七厘三毫七絲	一錢六分九厘

惠來縣

額征	正銀一兩	耗銀
折征	洋銀一兩	一錢六分九厘
隨征	每征正銀一兩帶征三成糧捐銀三錢	無
平餘	每征正銀一兩加收平餘銀一錢八分三厘一毫三絲	色在正銀内
雜費	每兩加收雜費補水銀九厘二毫傾銷銀一錢厘金銀二厘觧費銀五分四厘	色在正銀内
私規	每兩連耗加收厘頭賑房銀一分一厘六毫九絲征比銀五厘門印銀一分一厘六毫九絲家丁銀五厘書吏銀五分三厘三毫八絲	色在正銀内
統共	一兩七錢三分五厘九絲另串票每張收銀三分六厘	一錢六分九厘

大埔縣

額征	正銀一兩	耗銀
折征	洋銀一兩	一錢六分九厘一
隨征	無	無
平餘	每正銀一兩加收平餘銀一錢	色在正銀內
雜費	每兩加收雜費解費冊費銀一錢一分一厘	色在正銀
私規	每兩加收厘頭 賑房銀一分 經管銀一分 門印銀一分 書吏銀三分	正色在正銀內
統共	一兩二錢七分一厘 另串票每張收銀六厘	一錢六分九厘

澄海縣

額征	正銀一両	耗銀
折征	洋銀一両	一錢六分九厘
隨征	每征正銀一両帶征三成糧捐銀三錢	色在正銀內
平餘	每征正銀一両收公費銀二錢	色在正銀內
雜費	觧費銀五分四厘 大錠銀九厘二毫 補水銀一錢二分五厘 厘金銀二厘 平頭銀二厘 滙水銀四厘	色在正銀內
私規	賑房糧銀八厘 征比銀八厘 門印銀八厘 少爺銀八厘 管糧銀八厘 書吏銀三分四厘八毫	色在正銀內
統共	一両七錢七分一厘 另串票每張收銀二分一厘	一錢六分九厘

普寧縣

額征	正銀一兩	耗銀
折征	洋銀一兩	一錢六分九厘
隨征	每征正銀一兩帶征三成粮捐銀三錢	無
平餘	葟都應有平餘銀二錢六分一厘 新都應有平餘銀三錢九分一厘	色在正銀內
雜費		色在正銀內
私規	賑房厘頭銀五分四厘 門經銀一分二厘 門印銀二分二厘 房書銀一錢一分二厘	色在正銀內
統共	葟都共銀一兩七錢六分一厘 新都共銀一兩八錢九分一厘 另串票每張收銀六厘五毫	一錢六分九厘

長樂縣

額征	正銀一兩	耗銀
折征	洋銀一兩	一錢六分九厘
隨征	每正銀一兩帶征三成粮捐銀三錢	無
平餘	每正銀一兩加収平餘銀二錢五分六厘六毫二絲	色在正銀内
雜費	紋水銀六分 傾煎火耗銀六分 觧費銀二分四厘 冊費銀一分五厘 領環徑批銀四厘五絲 紅部串根五厘	色在正銀内
私規	賑房銀四厘二毫七絲七忽 家人銀四厘二毫七絲七忽 印費銀二厘五毫六絲六忽二微 經事銀四厘二毫七絲七忽 庫房飯食銀四厘 户房粮書銀八分八厘七毫三絲二忽八微	色在正銀内
統共	一兩八錢三分二厘八毫	一錢六分九厘

興寧縣

額征	正銀一兩	耗銀
折征	洋銀一兩	一錢六分九厘
隨征	每征正銀一兩帶征三成粮捐銀三錢	無
平餘	每正銀一兩加收平餘銀二錢四分	色在正銀内
雜費	雜費色在平餘内	色在正銀内
私規	每兩連耗加收厘頭 賑房銀一分 經管銀二分 家丁銀二分 房費銀三錢七分六厘	色在正銀内
統共	一兩九錢六分六厘 另串票每張收洋銀二分五厘	一錢六分九厘

平遠縣

		耗銀
額征	正銀一両	
折征	洋銀一両	一錢六分九厘
隨征	無	無
平餘	每正銀一両加收平餘銀一錢六分	已在正銀內
雜費	每両加收雜費補水銀一錢 傾銷銀三分五毫 解費銀三分五毫 冊費銀三分三厘	已在正銀內
私規	每両連耗加收匣頭 門印家丁匣頭銀 四分 房書飯食銀一錢 七分	已在正銀內
統共	一錢五錢六分[山] 四厘 另串票銀二分	一錢六分九厘

鎮平縣

額征	正銀一兩	耗銀
折征	洋銀一兩	一錢六分九厘
隨征	每正銀一兩带征中学堂經費銀一錢五分七厘	無
平餘	每正銀一兩带收平餘銀三錢五分一厘	色在正銀内
雜費	色在平餘項内	色在正銀内
私規	書吏錢一百五十文 差役錢五十文 共折洋銀一錢五分 房書辦公銀一錢	色在正銀内
統共	一兩七錢五分八厘 另串票每張収銀八厘	一錢六分九厘

始興縣

額征	正銀一兩	耗銀
折征	洋銀一兩	一錢六分九厘
隨征	每征正銀一兩帶征三成糧捐銀三錢	無
平餘	每正銀一兩加收平餘銀四分三厘四毫	色在正銀內
雜費	每兩加收雜費解費紋銀八分六厘大錠銀一分一厘紋水銀一錢五分五厘加平銀一厘二毫厘金銀二厘四毫投文銀一厘二毫七成大元銀三分七拿七厘八毫	色在正銀內
私規	每兩連耗加收厘頭門印厘頭銀四厘經管厘頭銀二厘油硃銀二厘房書飯食銀二分五厘	色在正銀內
統共	一兩六錢七分一厘另串票每張收銀三分	一錢六分九厘

曲江縣

項目	數目	耗銀
額征	正銀一两	耗銀
折征	洋銀一两	一錢六分九厘
隨征	每正銀一两带征三成粮捐銀三錢	無
平餘	每正銀一两加收平餘銀九分九厘	色在正銀内
雜費	每两加收雜費解費銀七分四厘紋水銀一錢四分九厘二毫厘金銀二厘五毫大錠銀九厘二毫毫子銀四分四厘二毫投文銀一厘	色在正銀内
私規	每两加收厘頭賑房家丁房書銀匠等厘頭銀二錢六分	色在正銀内
統共	一两九錢三分九厘一毫另串票每張收銀二分	一錢六分九厘

樂昌縣

額征	正銀一兩	耗銀
折征	洋銀一兩	一錢六分九厘
隨征	每征正銀一兩帶征三成粮捐銀三錢	無
平餘	每正銀一兩加收平餘銀三錢五分一厘	色在正銀内
雜費	雜費色在平餘項内	色在正銀内
私規	每兩連耗加收厘頭 賬房銀七厘 門印銀一分三厘 書辦飯食銀六分	色在正銀内
統共	一兩七錢三分一厘 另串票每張收銀二分	一錢六分九厘

仁化縣

額征	正銀一兩	耗銀
折征	洋銀一兩	一錢六分九厘
隨征	每征正銀一兩帶征三成粮捐銀三錢	色在正銀內
平餘	每兩印官加收銀三錢二分	色在正銀內
雜費私規	色在平餘項內	色在正銀內
	計賑房銀三分 倉錢粮銀三分 各家丁銀三分 站書銀三分 房書銀三分	色在正銀內
統共	一兩七錢七分	一錢六分九厘

乳源縣

額征	正銀一兩	耗銀
折征	洋銀一兩	一錢六分九厘
隨征	無	無
平餘	每征銀一兩收羨餘銀三錢三分二厘	色在正銀內
雜費	火耗銀一錢六分九厘 補平解費銀九分六厘 傾銷銀一錢二分	色在正銀內
私規	書吏銀三分二厘	色在正銀內
統共	一兩七錢四分九厘	一錢六分九厘

翁源縣

額征	正銀一兩	耗銀
折征	洋銀一兩	一錢六分九厘
隨征	每征正銀一兩帶征三成粮捐銀三錢	無
平餘	每兩連耗加收銀六錢三分	色在正銀內
雜費	雜費色在平餘項內	色在正銀內
私規	每兩連耗加收厘頭派站管征銀四分五厘一毫二絲賑房銀一分二厘庫子銀八毫另串票每張收銀一分七厘粮書存半房羨餘銀二分七厘毫一絲七忽五微六站書共銀一錢三厘五毫六絲	色在正銀內
統共	二兩一錢四分三厘八毫八絲二忽五微	一錢六分九厘

英德縣

額徵		耗銀
額征	正銀一兩	耗銀
折征	洋銀一兩	一錢六分九厘
隨征	每征正銀一兩帯征三成糧捐銀三錢	無
平餘	每正銀一兩加收平餘銀四錢七分一厘八毫	色在正銀內
雜費	每兩加收雜費紋水銀一錢解費銀一分	色在正銀內
私規	每兩連耗加收厘頭 賬房銀四厘 門印銀四厘 户倉庫四房津貼銀一分八厘 柜房書辦公費銀三分四厘五毫	色在正銀內
統共	二兩一錢二分三厘 另串票每張收銀六分	一錢六分九厘

陽山縣

額征	正銀一兩	耗銀
折征	洋銀一兩	一錢六分九厘
隨征	每征正銀一兩帶征三成粮捐銀三錢	無
平餘	每正銀一兩帶收平餘銀三錢八分四厘	色在正銀內
雜費	每兩加收雜費紋水及鮮費銀四錢六分七厘	色在正銀內
私規	每兩連耗加收厘頭 房書銀七分三厘四毫七絲三忽五微 催粮差役工食銀五分五厘 各家丁銀三分	色在正銀內
統共	二兩三錢九厘四毫七絲三忽五微 另串票每張收銀三分	一錢六分九厘

茂名縣

額征	正銀一兩	耗銀
折征	洋銀一兩	一錢六分九厘
隨征	每征正銀一兩帶征三成糧捐銀三錢	色在正銀內
平餘	每正銀一兩加收平餘銀一錢三分	色在正銀內
雜費	色在平餘項內	色在正銀內
私規	銀匠規銀八分 賑房銀二分 門印家丁銀一分五厘 戶房銀四分 庫房銀六厘	色在正銀內
統共	一兩五錢九分一厘	一錢六分九厘

電白縣

		耗銀
額征	正銀一両	耗銀
折征	洋銀一両	一錢六分九厘
隨征	每征正銀一両帶征三成粮捐銀三錢	無
平餘	每正銀一両加收平餘銀一錢七分	色在正銀內
雜費	每両加收雜費色在平餘項內	色在正銀內
私規	每両連耗加收厘頭賑房銀一分六厘五毫 門印銀二分五厘七毫 庫書銀二分八厘四毫 征柜銀二錢一分四厘 又每両收房書錢四十七文三分	色在正銀內
統共	一両七錢五分一厘 另錢四十七文三分 另串票每張收錢四十文	一錢六分九厘

信宜縣

額征	正銀一兩	耗銀
折征	洋銀一兩	一錢六分九厘
隨征	每征正銀一兩帶征三成粮捐銀三錢又按粮帶收学堂經費銅錢二十文	無
平餘	每兩加收平餘銀一錢二分	無
雜費	紋水銀一錢一分補大錠銀八厘傾銷銀六厘厘金銀二厘鮮費銀六分三厘	無
私規	收發銀一分賑房征比銀一分五厘家丁銀五厘户房銀六厘飯食銀五厘庫房銀五厘紙墨灯油銀五厘	無
統共	一兩六錢六分另学堂經費錢二十文	一錢六分九厘

吳川縣

額征	正銀一兩	耗銀
折征	洋銀一兩	一錢六分九厘
隨征	每征正銀一兩帶征三成粮捐銀三錢	無
平餘	每正銀一兩加收平餘銀五分三厘	色在正銀內
雜費	每兩加收雜費火耗銀四分七厘解費銀六分三厘紋水銀一錢三分三厘九毫補平銀一分三厘三毫九絲	色在正銀內
私規	每兩加收厘頭門印厘頭七厘	色在正銀內
統共	一兩六錢一分七厘二毫九絲 每串票一張收錢二十五文	一錢六分九厘

化州

		耗銀
額征	正銀一兩	
折征	洋銀一兩	一錢六分九厘
隨征	每征正銀一兩帶征三成糧捐銀三錢另帶收公益經費一千七百文錢	無
平餘	每正銀一兩加收平餘銀色在雜費內	色在正銀內
雜費	每兩加收雜費大耗銀一錢六分九厘添平銀二錢三分近息銀一錢一分四厘補平銀一錢一分	色在正銀內
私規	門印銀二分經管銀一分庫規銀三厘又錢五文房規錢五十文糧差飯食錢四十文	色在正銀內
統共	一兩九錢五分六厘又錢一千七百九十五文	一錢六分九厘

石城縣

額征	正銀一兩	耗銀
折征	洋銀一兩	一錢六分九厘
隨征	每征正銀一兩加征三成糧捐銀三錢又正銀一兩加收学堂經費閏年每兩帶收錢一百九十五文常年每兩帶收錢二百一文	無
平餘	每正銀一兩加收平餘銀一錢五分	色在正銀内
雜費	紋水觧費銀二錢一分五厘六毫另費用錢一百文	色在正銀内
私規	家人厘頭銀二分經手厘頭銀二分用印厘頭銀一分賑房厘頭銀二分銀匠飯食銀一錢二分房規飯食銀四分九厘	色在正銀内
統共	一兩八錢八分六厘六毫又錢四百五十文另串票每張收制錢十一文	一錢六分九厘

海康縣

額征	正銀一兩	耗銀
折征	洋銀一兩	一錢六分九厘
隨征	每征正銀一兩帶征三成糧捐銀三錢	無
平餘	每正銀一兩加收平餘銀五分	色在正銀內
雜費	每兩加收雜費解費銀六分傾銷銀一分一厘補水銀一錢五分	色在正銀內
私規	每兩連耗加收厘頭賑房銀五厘門印家丁五厘	色在正銀內
統共	一兩五錢八分一厘	一錢六分九厘

遂溪縣

	正銀正兩	耗銀
額征		
折征	洋銀一兩	一錢六分九厘
隨征	每征正銀一兩帶征三成糧捐銀三錢	無
平餘	每正銀一兩加收平餘銀三分六厘	色在正銀內
雜費	每兩加收雜費解費紋水銀五分二厘頭銀匠工費銀六厘一毫二絲加水四分七毫六絲	色在正銀內
私規	每兩連耗加收厘庫房銀九厘三毫户房銀九厘三毫賑房專管門印三股厘頭銀四厘六毫八絲	色在正銀內
統共	一兩四錢五分二厘七毫六絲另串票每張收錢三十文	一錢六分九厘

徐聞縣

額征	正銀一兩	耗銀
折征	洋銀一兩	一錢六分九厘
隨征	每征正銀一兩帶征三成糧捐銀三錢	無
平餘	每正銀一兩加收平餘銀一錢五分	色在正銀内
雜貫	每兩加收雜貫解貫銀六分八厘補水銀二錢五厘八毫補平銀一分三厘八毫三絲	色在正銀内
私規	每兩連耗加收厘頭賬房銀一分二厘家丁銀八厘庫房辦公津貼銀六分三厘	色在正銀内
統共	一兩八錢二分六毫三絲	一錢六分九厘

陽春縣

額征	正銀一兩	耗銀
折征	洋銀一兩	一錢六分九厘
隨征	每征正銀一兩帶征三成粮捐銀三錢	無
平餘	每正銀一兩加鑿平餘銀三錢二分	色在正銀內
雜費	每加兩加收雜費紋水銀一錢一分三厘 批解銀一分 解費銀七分四厘 賠解稅契等項銀四分 傾銷銀一分 大元水銀八分 厘金銀二厘	色在正銀內
私規	每兩連耗加收厘頭 粮管飯食銀二分 房書紙張飯食 銀八分	色在正銀內
統共	二兩三分一厘 另串票每張收銀 六分	一錢六分九厘

恩平縣

		耗銀
額徵	正銀一兩	
折徵	洋銀一兩	一錢六分九厘
隨徵	每徵正銀一兩帶徵三成糧捐銀三錢	無
平餘	每銀一兩收平餘銀二錢四分五厘四毫九絲	色在正銀内
雜貢	水盤貢銀一錢九分零六毫六絲 硝磺銀五厘七毫四絲 冊貢銀二分 鮮貢銀四分	色在正銀内
私規	賑房銀一分一厘六毫九絲 用印銀九厘三毫五絲二忽 家丁銀八厘八毫五絲三忽 書米銀五分九厘二毫一絲五忽	色在正銀内
統共	一兩八錢九分一厘 另串票每張收銀八分	一錢六分九厘

瓊山縣

額征	正銀一兩	耗銀
折征	洋銀一兩	一錢六分九厘
隨征	無	無
征平餘	每正銀一兩加收銀一錢一分	色在正銀內
雜費	每兩加收雜費鮮費銀三分傾銷銀二分二厘五毫	色在正銀內
私規	每兩連耗加收厘頭賑房銀一分會總銀一分門印銀一分庫房銀二分一厘户司户典兩房銀一分七厘五毫	色在正銀內
統共	一兩二錢三分一厘另串票每張收錢十五文	一錢六分九厘

澄邁縣

項目	澄邁縣	
額征	正銀一兩	耗銀
折征	洋銀一兩	一錢六分九厘
隨征	無	無
平餘	每正銀一兩加收平餘銀三錢一分三厘	色在正銀內
雜費	每兩加收雜費雜費紋水璽金大錠等銀一兩四錢二分	色在正銀內
私規	每兩加收厘頭賑房錢二十文眾家丁大賬錢八十文戶房錢二十文庫房錢八十文	色在正銀內
統共	二兩七錢三分三厘又錢二百文串票無收	一錢六分九厘

定安縣

項目	銀	耗銀
額征	正銀一兩	耗銀
折征	洋銀一兩	一錢六分九厘
隨征	無	無
平餘	無	無
雜費	無	無
私規	賑房錢三十文 門印錢一百文 書吏錢一百七十文	色在正銀内一錢六分九厘
統共	錢三百文 銀一兩 另串票每張收錢二十文	

文昌縣

額征	正銀一兩	耗銀
折征	洋銀一兩	一錢六分九厘
隨征	無	不另加派
平餘	每正銀一兩收平餘銀四分六毫九絲一忽	無
雜費	解費紋水銀一錢二分二厘三毫七絲八忽六微火耗銀一錢八分六厘一毫七絲四微	無
私規	家丁書役厘頭銀五分	無
統共	一兩三錢九分九厘二毫四絲	一錢六分九厘

會同縣

額征	正銀一兩	耗銀
折征	洋銀一兩	一錢六分九厘
隨征	無	無
平餘	花銀一錢二分	色在正銀內
雜費	色在平餘項內	色在正銀內
私規	賑房書友厘頭錢二十文 經管錢糧厘頭錢四十文 户房規費錢八十三文	色在正銀內
統共	銀一兩一錢二分錢一百四十三文 另串票每張收錢五文	一錢六分九厘

樂會縣

		耗銀
額征	正銀一兩	
折征	洋銀一兩	一錢六分九厘
隨征	無	無
平餘	每兩平餘銀二錢	色在正銀內
雜費	大耗銀一錢六分九厘 傾銷解費銀一分三厘七毫 司庫解費銀一錢六厘 補紋水銀一錢二分 大錠銀一分二厘 滙兑脚費投贖銀一分二厘三毫	色在正銀內
私規	門印錢二十文 書吏錢一百文 銀匠錢三十文	色在正銀內
統共	銀一兩六錢三分三厘 錢一百五十文 另串票每張收十二文	一錢六分九厘

臨高縣

額征		耗銀
折征	正銀一兩 洋銀一兩	一錢六分九厘
隨征	無	無
平餘	色在征價內	色在正銀內
雜費	色在征價內	色在正銀內
私規	征比錢五十文 門印錢五十文 戶書錢三十文 圖差脚費錢二百文	色在正銀內
統共	銀一兩 錢三百三十文 另串票每張收錢二十八文	一錢六分九厘

儋州

額征	正銀一兩	耗銀
折征	連耗折征制錢一千八百九十文	一錢六分九厘色在正銀内
隨征	無	無
平餘	無	無
雜費	無	無
私規	家人厘頭六十文 房書厘頭三十文 里長厘頭二十文	色在正銀内
統共	民間制完制錢二千文 另串票每張收錢一十文	一錢六分九厘色在正銀内

感恩縣

額征	正銀一両	耗銀
折征	洋銀一両	一錢六分九厘
隨征	無	無
平餘	無	無
雜費	無	無
私規	門印錢二百文 書吏錢二十文	已在正銀內一錢六分九厘
統共	錢二百二十文 銀一両	

昌化縣

額征	正銀一兩	耗銀
折征	收每兩折制錢一千六百文	一錢六分九厘
隨征	無	無
平餘	無	無
雜費	無	無
私規	每兩帯收房書錢一千七百二 紙筆匣頭錢一十文 佰二十文	包在正銀內
統共		一錢六分九厘

陵水縣

額征	正銀一兩	耗銀
折征	洋銀一兩	一錢六分九厘
隨征	無	無
平餘	每正銀一兩加收羨餘錢一百九十文	色在正銀內
雜費	解費銀四分二厘 大錠銀九厘八毫 冊費銀一錢一分二厘 紋水銀一錢二分五厘 厘金銀二厘 水費銀二錢八分九厘	色在正銀內
私規	書吏錢一百三十二文 用印家丁錢三十一文	色在正銀內
統共	銀一兩五錢七分八厘 錢三百五十三文	一錢六分九厘

萬縣

額征	正銀一兩	耗銀
折征	洋銀一兩	一錢六分九厘
隨征	無	無
平餘	每正銀一兩加收平餘銀八分二厘六毫八絲三忽	色在正銀內
雜費	每兩加收雜費鮮費補水銀二錢三分四毫五絲八忽	色在正銀內
私規	每兩加收厘頭家丁銀五厘九毫五絲一忽 書吏七厘四毫三絲九忽 征比銀一分一厘四毫四絲四忽 房飯七分 糧柜銀七分二厘四毫 差役銀三分六厘	色在正銀內
統共	一兩五錢一分六厘三毫七絲五忽 另串票每張收錢九文	一錢六分九厘

合浦縣

額征	正銀一兩	耗銀
折征	洋銀一兩	一錢六分九厘
隨征	每征正銀一兩帶征三成粮捐銀三錢	無
平餘	每正銀一兩加收公費銀一錢五分	色在正銀内
雜費	色在平餘項内	色在正銀内
私規	無	色在正銀内
統共	一兩四錢五分 另串票每張收銀五分	一錢六分九厘

靈山縣

額征	正銀一兩	耗銀
折征	洋銀一兩	一錢六分九厘
隨征	每正銀一兩帶征三成糧捐銀三錢	色在正銀内
平餘	每正銀一兩加收平餘銀五錢二分	色在正銀内
雜費	每兩加收水銀二錢二厘六毫八絲	色在正銀内
私規	傾銷補倉糧家丁銀三分　用印跟班銀一分二厘三毫二絲　賑房銀一厘一毫二絲　房書公費銀二錢一分四厘八毫八絲	色在正銀内
統共	二兩二錢八分一厘　另串票每張收銀四分	一錢六分九厘

防城縣

額征	正銀一兩	耗銀
折征	洋銀一兩	一錢六分九厘
隨征	每征正銀一兩帶征三成粮捐銀三錢	無
平餘	六錢八分五厘二毫一絲五忽	無
雜費	補紋水銀一錢 傾銷補平加水銀三分一毫八絲五忽 鮮費銀六分八厘 冊費銀二分五厘	無
私規	門印銀二分 庫房銀四分一厘	無
統共	二兩二錢六分九厘四毫 另串票銀一錢零八厘	一錢六分九厘

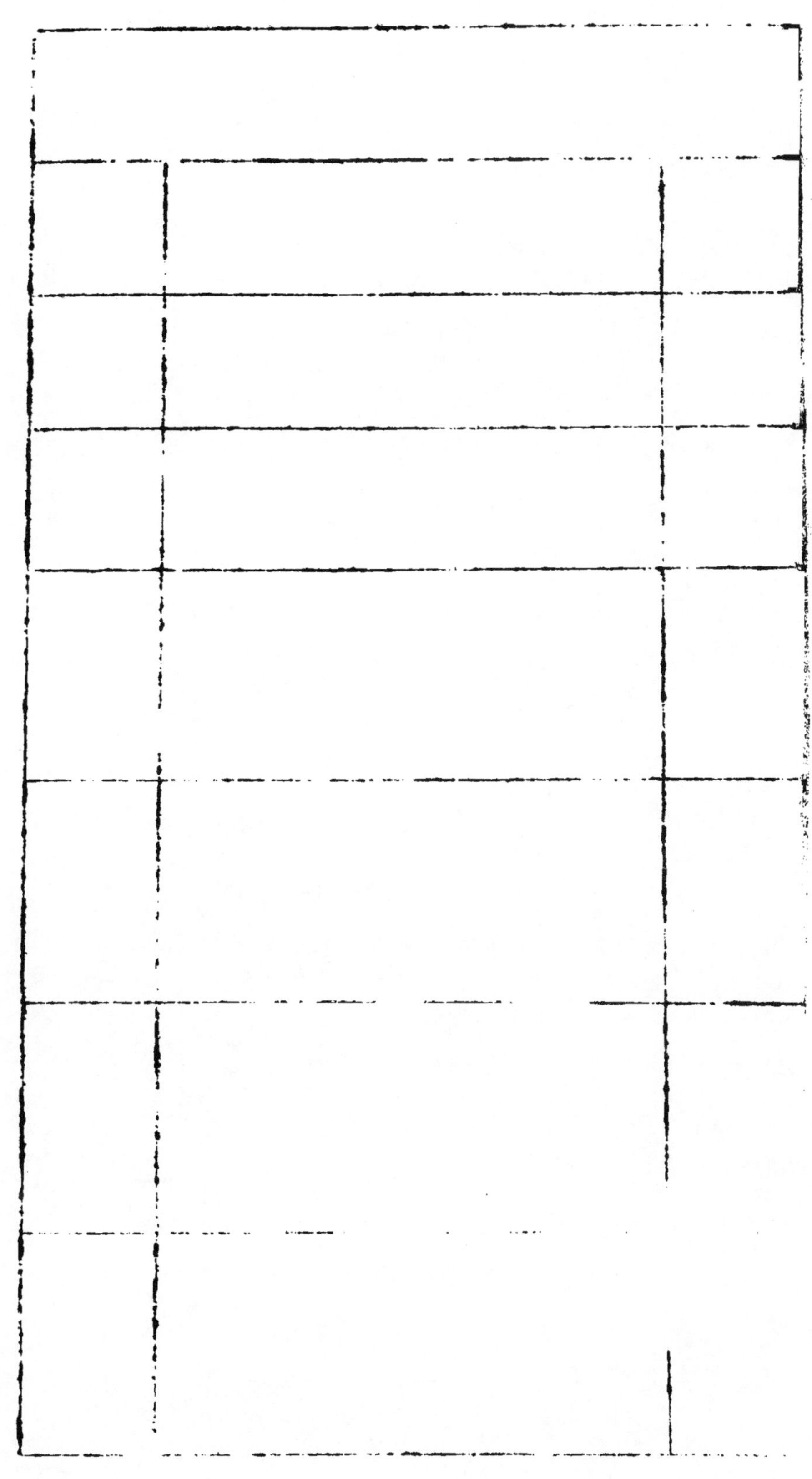

广东各厅州县征收民米实数表

廣東各廳州縣徵收民米實數表

廣東各廳州縣征收民米實數表

南雄州	正米一石	耗米
額征	正米一石	耗米
折征	每正米一石連耗米一斗六升九合共折征錢四千三百文	已在正米內帶征
隨征	三成粮捐銀三錢	無
平餘	已在正耗價內	已在正米內帶征
雜費	已在正耗價內	已在正米內帶征
私規	帳房錢二十文 倉上錢六十文 門印錢一百文 家丁錢三十文 房書錢一百六十文 斗級錢三十文	已在正米內帶征
統共	每征米一石實完錢四千七百文又銀三錢 另串票每張收錢一十五文	已在正米內帶征

羅定州

	正米一石	耗米
額征折征	每正米一石連耗米五斗六升九合共折征銀一兩九錢三分一厘二毫	包在正米內帶征
隨征	三成糧捐銀三錢	無
平餘	羡餘銀一兩五錢	包在正米內帶征
雜費	包在平餘項內	包在正米內帶征
私規	帳房銀一分三厘七毫 管征銀一分三厘七毫 家人銀四分一厘二毫 倉費銀五分四厘八毫 站書房銀一錢三分七厘二毫 斗級銀六厘八毫	包在正米內帶征
統共	每征米一石實完銀三兩 另串票每張收銀四分	包在正米內帶征

嘉應州

額征	正米一石	耗米
折征	每正米一石連耗米一斗六升九合共折征銀二兩	色在正米內帶征
隨征	三成糧捐銀三錢	無
平餘	平餘銀六錢一分	色在正米內帶征
雜費	補平費銀一錢四分四厘	色在正米內帶征
私規	家丁座頭銀一錢五六分弍叁厘七毫倉房費銀二錢二分四厘七厘三毫	色在正米內帶征
統共	每征米一石實完銀四兩四錢四分	色在正米內帶征

連州

額征	正米一石	耗米
折征	每正米一石連耗米一斗六升九合共折征銀三兩三錢二分四厘	已在正米內帶征
隨征	三成粮捐銀三錢	無
平餘	羨餘銀六錢四分八厘	已在正米內帶征
雜費	紙水銀一錢解費銀一分八厘	已在正米內帶征
私規	司賬征批銀九分四厘書吏銀一錢四分管倉銀一錢斗級銀六厘	已在正米內帶征
統共	每征米一石實完銀四兩七錢三分另串票每張收銀三分	已在正米內帶征

陽江州

額征	正米一石	耗米
折征	每正米一石連耗米一斗六升九合共折征銀三兩三錢六分	已在正米內帶征
隨征	三成糧捐銀三錢 又加學費銀三錢	無
平餘	補平水費銀一兩四錢	已在正米內帶征
雜費	補平銀五厘	已在正米內帶征
私規	糧房銀七分 門印銀四分五厘 管倉銀二分五厘 戶糧倉房銀六錢 斗級銀二分	已在正米內帶征
統共	每征米一石實完銀五兩四錢六分五厘 又學費銀三錢	已在正米內帶征

崖州

項目	正米一石	耗米
額征	正米一石	耗米
折征	每正米一石連耗米一斗六升九合共折錢三千五百文	已在正米内帶征
隨征	無	無
平餘	無	無
雜費	無	無
私規	門印家丁錢三百文房書錢二百文	已在正米内帶征
統共	每征米一石實完錢四千文又州東藤橋糧站每石加收錢四百文另串票每張收錢五文三亞站每石加收錢二百文	已在正米内帶征

欽州

欽州	正米一石	耗米
額征	正米一石	耗米
折征	九圖每正米一石連耗米一斗六升九合共折征錢三千七百文 四練每正米一石連耗米一斗六升九合共折征銀一兩	包在正米內帶征
隨征	無	無
平餘	無	無
雜費	無	無
私規	九圖門印錢三百文賬房錢三百文倉房辦公紙張錢一千五百文 四練倉房辦公紙張銀二錢	包在正米內帶征
統共	九征米一石[illegible]完錢五[illegible] 四練每征米一石實完銀一兩二錢 九圖串票已秉同銀串色收 四練串票每張收銀五分	包在正米內帶征

赤溪廳

額征	正米一石	耗米
折征	每正米一石連耗米一斗六升九合共折征銀二兩三錢	包在正米內帶征
隨征	三成粮捐銀三錢	無
平餘	羨餘銀一兩四錢	包在正米內帶征
雜費	包在平餘項內	包在正米內帶征
私規	帳房門印銀三錢、書吏銀一兩七錢四分五厘	包在正米內帶征
統共	每征米一[illegible][illegible]銀六兩 另串票每張共收銀三分	包在正米內帶征

佛岡廳

額征	正米一石	耗米
折征	每正米一石連耗米一斗六升九合共折征銀二兩二錢一分三釐	包在正米內帶征
隨征	三成糧捐銀三錢	無
平餘	印官公費銀九錢	包在正米內帶征
雜費	補紋水銀二錢一分四釐 冊費銀一錢一分	包在正米內帶征
私規	張房公費銀九分六釐 書吏銀二錢 房費銀五錢五分三釐 催差費銀一錢二分	包在正米內帶征
統共	每征米一石實完銀四兩七錢三釐二毫 另串票每張收銀四分	包在正米內帶征

連山廳

	正米一石	耗米
額征		
折征	每正米一石連耗米一斗六升九合府城沙坊折收銀三兩四錢宜善吉田折征銀二兩六錢七分	包在正米內折征
隨征	無	無
平餘	包在正耗價內	包在正米內折征
雜費	包在正耗價內	包在正米內帶征
私規	無	包在正米內帶征
統共	每征米一石府城沙坊實完銀三兩四錢宜善吉田實完銀二兩六錢七分另府城沙坊串票銀二分六厘宜善吉田串票銀二分四厘	包在正米內帶征

南海縣

額征	正米一石	耗米
折征	每正米一石連耗米一斗六升九合共折征銀二兩七錢七分三厘	已在正米內帶征
隨征	三成糧捐銀三錢	無
平餘	羨餘銀二兩三錢七分七厘	已在正米內帶征
雜費	冊費等項銀三錢三分五厘	已在正米內帶征
私規	賬房厘頭銀三分 門房厘頭銀五分 用印厘頭銀三分 管倉厘頭銀三分 家丁厘頭銀三分 斗級厘頭銀一分 銀匠飯食銀一錢三分五厘	已在正米內帶征
統共	每征米一石實完銀六兩一錢 另串票每張縣征收銀二分鄉征收銀二分五厘	已在正米內帶征

番禺縣

額徵	正米一石	耗米
折徵	每正米一石連耗米一斗六升九合共折徵銀二兩五錢	包在正米內帶徵
隨徵	三成糧捐銀三錢	無
平餘	羨餘銀二兩四錢六分	包在正米內帶徵
雜費	包在平餘項內	包在正米內帶徵
私規	賬房厘頭銀二分 管倉厘頭銀四分 家人厘頭銀七分 斗級厘頭銀一分 雜差厘頭銀一分 倉房紙張飯食銀四錢二分 銀匠紙張飯食銀二錢七分	包在正米內帶徵
統共	每徵米一石實完銀六兩一錢 另串票每張收銀三分	包在正米內帶徵

東莞縣

額征	正米一石	耗米
折征	每正米一石連耗米斗六升九合共折征銀四兩三錢三分六厘四毫八絲	色在正米內帶征
隨征	三成糧捐銀三錢	色在正米內帶征
平餘	每石平餘銀三厘五毫二絲	色在正米內帶征
雜費	無	色在正米內帶征
私規	倉書三錢三分五厘 糧差三分五厘 錢糧三分五厘 門丁二分八厘 斗級一分四厘 糧店七厘 挑夫七厘	色在正米內帶征
統共	每征米一石齊完銀五兩一錢 另串票每張收銀一分六厘	色在正米內帶征

順德縣

額征	正米一石	耗米
折征	每正米一石連耗米一斗六升九合共折征銀一兩一錢二分九釐	色在正米內帶征
隨征	三成粮捐銀三錢	無
平餘	每石羨餘銀一兩九錢五分	色在正米內帶征
雜費	色在平餘項內	色在正米內帶征
私規	賬房二分八釐 門房二分八釐 管倉二分六釐 管印二分一釐 管粮刀九釐 房書二錢二分九釐 銀匠六分 斗級二分	色在正米內帶征
統共	每征米一石實完銀五兩八錢 另串票每張收銀四分五釐	色在正米內帶征

香山縣

額征	正米一石	耗米
折征	每正米一石連耗米一斗六升九合共折征銀二兩六錢	已在正米內帶征
隨征	無	無
平餘	羨餘銀一兩七錢	已在正米內帶征
雜費	每石加收提解米羨科費米羨津貼銀三錢	已在正米內帶征
私規	賬房厘頭銀八分 管倉厘頭銀六分 家人厘頭銀四分 斗級厘頭銀二分 倉房飯食銀三錢八分 銀匠飯食銀三錢二分	已在正米內帶征
統共	每征米一石實完銀五兩五錢 另串票縣征每張收銀四分 鄉征每張收銀五分	已在正米內帶征

新會縣

額征	正米一石	耗米
折征	每正米一石連耗米一斗六升九合共折征銀二兩八錢五分三厘五毫	色在正米內帶征
隨征	三成糧捐銀三錢	色在正米內帶征
平餘	印官辦公銀一兩八錢八分一厘四毫	色在正米內帶征
雜費	奏銷冊費銀五厘 交代冊費銀五厘	色在正米內帶征
私規	賬房銀二分四毫 征比銀四厘 管倉友銀二分三厘七毫 倉書工食銀七分三厘六毫 糧站書差工食銀五分 倉書辦公紙張銀三分 倉房拿案銀一分 津貼三署房書銀二分一厘 斗級銀二分六厘五毫 上倉銀一分三厘六毫 銀匠銀一錢一厘八毫 管糧友銀二分七厘一毫 各家丁銀五分四厘四毫	色在正米內帶征
統共	每征米一石實完五兩五錢 另串票每張收銀三分五厘	色在正米內帶征

增城縣

	正米一石	耗米
額征	正米一石	耗米
折征	每正米一石連耗米一斗六升九合共折征銀四两五錢八分五厘四毫	包在正米内帶征
隨征	三成粮捐銀三錢	無
平餘	包在正價内	包在正米内帶征
雜費	無	包在正米内帶征
私規	帳友銀四分四厘 家丁銀六分三厘 用印銀五分八厘 管倉銀五分八厘 銀匠銀六分三厘 倉房銀一錢一分四厘 斗級銀一分 捕衙銀一分九厘	包在正米内帶征
統共	每征米一石實完銀五两三錢一分四厘四毫	包在正米内帶征

三水縣

額征	正米一石	耗米
折征	每正米一石連耗米一斗六升九合共折征銀二兩三錢八厘九毫五絲	包在正米內帶征
隨征	三成糧捐銀三錢	無
平餘	羡餘銀一兩九錢二分一厘五絲	包在正米內帶征
雜費	包在平餘內	包在正米內帶征
私規	賬房銀一分 管倉銀二分 家人銀三分八厘 斗級銀二分 襍差銀七厘 倉房紙張飯食銀三錢七分五厘	包在正米內帶征
統共	每征米一石實完銀五兩 另串票每張收銀二分	包在正米內帶征

清遠縣

額征	正米壹石	耗米
折征	每正米一石連耗米一斗六升九合共折征銀二兩七錢四分七厘二毫	包在正米內帶
隨征	三成糧捐銀三錢	無
平餘	印官羨餘銀一兩一錢五分七厘八毫	無
雜費	解費銀二錢 擬費銀二分 公費銀二分 脹費銀三厘 印費銀三厘 門費銀三厘 隨費銀三厘 房書飯食銀二分 官紙局銀二厘	解省米每石銷脚耗米一斗每解正米一石應支內泒耗米二升鼠耗米一升解省米每石隨解耗米三升解正米每石徵糧憲銀一分五厘
私規	斗級銀七厘五毫 倉費銀九分 脹費銀四分五厘 門費銀三分五厘 印費銀二分七厘五毫 征比銀一分 房書紙筆飯食銀四錢九分 米羨提充科費銀一錢 津貼糧憲公用銀五分	無
統共	每征米一石實完銀五兩三錢三分二厘	包在正米內帶征

從化縣

額征	正米壹石	耗米
折征	每正米一石連耗米一斗六升九合共折征銀二兩三錢二分厘二毫四絲	包在正米内帶征
隨征	三成粮捐銀三錢	無
平餘	羨餘一兩五錢	包在正米内帶征
雜費	每石觧費紋水銀二錢一分一厘七毫六絲包在繳官之四兩四分之内	包在正米内帶征
私規	脹房銀一錢管倉銀一錢家丁銀一錢房書紙筆飯食銀一錢六分	包在正米内帶征
統共	每征米一石實完銀四兩八錢另串票每張收銀六分	包在正米内帶征

龍門縣

額征	正米一石	耗米
折征	每正米一石連耗米一斗六升九合共折征銀四兩三錢零七厘官羡在内	色在正米内帶征
隨征	無	無
平餘	無	色在正米内帶征
雜費	平水銀二錢七分五厘	色在正米内帶征
私規	管倉銀一錢八分收發銀七分眾家人銀四分錢糧家人銀五分斗級銀三分四毫房書銀五錢四分七厘六毫	色在正米内帶征
統共	每征米一石實完銀五兩五錢另串票每張收銀六分	色在正米内帶征

新安縣

額征	正米一石	耗米
折征	每正米一石連耗米一斗六升九合共折征銀三兩四錢五分二厘	色在正米內帶征
隨征	三成粮捐銀三錢	無
平餘	羨餘銀九錢一分八厘	色在正米內帶征
雜費	解費銀四分	色在正米內帶征
私規	賬房厘頭銀三分 管倉厘頭銀四分 家人厘頭銀七分 斗級厘頭銀三分 倉房紙張飯食銀二錢二分	色在正米內帶征
統共	每征米一石實完銀五兩一錢 另串票每張收銀一分二厘	色在正米內帶征

新甯縣

額征	正米一石	耗米
折征	每正米一石帶征耗米一斗六升九合共折征銀二兩六錢	包在正米內帶征
隨征	粮捐銀三錢	包在正米內帶征
平餘	米羨銀一兩四錢	包在正米內帶征
雜費	無	包在正米內帶征
私規	賑規銀一錢 門印銀一錢 倉規銀一錢 倉書工食紙張銀五錢	包在正米內帶征
統共	每征米一石實完銀五兩一錢二分 另串票每張收銀二分	包在正米內帶征

花縣

	正米一石	耗米
額征	正米一石	耗米
折征	連耗折征銀二兩五錢	色在正米內帶征
隨征	每正米一石帶征粮捐銀三錢	色在正米內帶征
平餘	每石收平餘一兩七錢四分	色在正米內帶征
雜費	無	色在正米內帶征
私規	賬房厘頭銀四厘 門印厘頭銀二分七厘 經管厘頭七厘 倉上厘頭一分五厘 班上厘頭七厘 津貼典史一錢 房書飯食一錢八分 斗級一分 米戶工食銀一錢一分	色在正米內帶征
統共	民間完納正米一石連耗收銀五兩	色在正米內帶征

高要縣

	正米	耗米
額征	正米一石	耗米
折征	每米一石連耗一斗六升共收花銀三兩八錢	耗米已在正米內帶征
隨征	三成粮捐銀三錢	並不加派
平餘	印官公用銀一錢	無
雜費	無	無
私規	斗級銀六厘 銀匠飯食銀九分八厘 倉房銀一分五厘 管倉銀六分 用印銀三分 倉庫紙張飯食銀八分五厘 庫房紙張飯食銀六厘	無
統共	每米一石實完銀四兩二錢 連耗捐實共完銀四兩五錢 另串票每張收銀一分五厘	統已正米內帶征

四會縣

額征	正米一石	耗米
折征	每征正米一石連耗米一斗六升共折征銀三兩三錢	已在正米內帶征
隨征	三成粮捐銀三錢	已在正米內帶征
平餘	已在正米征價四兩之內	已在正米內帶征
雜費	已在串票項內	已在正米內帶征
私規	賬房羨銀三分 家人羨銀一錢七分 書吏羨銀二錢	已在正米內帶征
統共	每征米一石實完銀四兩 另隨征三成粮捐銀三錢 串票每張洋銀七分	已在正米內帶征

鶴山縣

額征	正米一石	耗米
折征	每正米一石連耗米一斗六升共折征銀三兩零六分四厘	色在正米內帶征
隨征	三成粮捐銀三錢	無
平餘	羨餘銀一兩二錢一分五厘	色在正米內帶征
雜費	色在平餘項內	色在正米內帶征
私規	門印銀七分二厘 管賬銀三分六厘 管倉銀三分六厘 斗級銀二分一厘 書吏銀五錢二分	色在正米內帶征
統共	每征米一石實完銀五兩二錢六分四厘補平串票在內 串票每張收銀二分	色在正米內帶征

新興縣

額征	正米一石	耗米
折征	每正米一石連耗米一斗六升九合共折征銀三両六錢八分四厘	已在正米內帶征
隨征	三成粮捐銀三錢	已在正米內帶征
平餘	無定	已在正米內帶征
雜費	雜費統在折價帶收	已在正米內帶征
私規	賑房銀四分經管家人銀一分五厘管倉銀六分衆家人銀五分書吏飯食銀二錢一分五厘另圖差每戶收銀三分六厘	已在正米內帶征
統共	每正米一石實完銀四両四錢另串票每張收銀三分六厘	已在正米內帶征

高明縣

	正米一石	耗米
額征	正米一石	耗米
折征	每正米一石連耗米一斗六升九合共折征銀二兩七錢九分七厘	已在正米內帶征
隨征	三成糧捐銀三錢	無
平餘	印官一兩五分三厘	已在正米內帶征
雜費	無	已在正米內帶征
私規	房書銀一錢五分 站書銀八分	已在正米內帶征
統共	每征米一石實完銀四兩三錢八分 另串票每張收銀一分	已在正米內帶征

廣甯縣

	正米一石	耗米
額征折征	每正米一石連耗米一斗六升九合共折征銀二兩七錢八分一厘六毫	包在正米內帶征
隨征	三成粮捐銀三錢	無
平餘	印官銀八錢一分八厘四毫	包在正米內帶征
雜費	無	包在正米內帶征
私規	管倉銀一錢　門印銀五分　賬房銀一分八厘　房費銀六錢三分二厘	包在正米內帶征
統共	每正米一石實完銀四兩七錢　另串票每張收銀四分	包在正米內帶征

開平縣

額征	正米一石	耗米
折征	每正米一石連耗米一斗六升九合共折征銀二兩二錢六分三厘	包在正米內帶征
隨征	三成糧捐銀三錢	無
平餘	每石羨餘一兩四錢二分七厘	包在正米內帶征
雜費	雜費在串票內支銷	包在正米內帶征
私規	員友規銀二錢八分四厘 房書吏銀七錢一分八厘 糧書站書銀五錢八分	包在正米內帶征
統共	每正米一石實完銀五兩五錢 另串票每張收銀二分七厘	包在正米內帶征

封川縣

額征	正米一石	耗米
折征	每正米一石連耗米五斗六升九合共折征銀三両九錢	包在正米內帶征
隨征	三成粮捐銀三錢	無
平餘	無定	包在正米內帶征
雜費	各憲房規費銀九分六厘 冊費銀六分九厘 省府差費銀三分二厘 科費銀一錢 解費銀一錢	包在正米內帶征
私規	家人頭厘銀一錢二分 管倉規銀一錢二分 斗級銀一分 房飯食銀一錢六分八厘 紙張筆墨銀七分五厘 盈餘銀一分	包在正米內帶征
統共	每正米一石實完銀五両一錢	包在正米內帶征

開建縣

	正米	耗米
額征	正米一石	耗米
折征	每正米一石連耗米一斗六升九合共折征銀四両	已在正米內帶征
隨征	三成粮捐銀三錢	無
平餘	無	已在正米內帶征
雜費	無	已在正米內帶征
私規	家丁厘頭銀二錢六分六厘六毫 倉房厘頭銀五錢三分三厘四毫	已在正米內帶征
統共	每征米一石實完銀五両一錢 另串票每張收銀六分	已在正米內帶征

德慶州

	正米一石	耗米
額征	正米一石	耗米
折征	每正米一石連耗米一斗六升九合共折征銀四两	色在正米內帶征
隨征	無	無
平餘	無定	色在正米內帶征
雜費	色在串票內帶收	色在正米內帶征
私規	賬房銀四分 公賬銀四分 管倉銀四分 經管錢粮銀一分六厘 倉房銀二錢六分四厘	色在正米內帶征
統共	每正米一石實完銀四两四錢 另串票每単一張大単收銀三分小単收銀四分 鄉征大単每張收銀三分五厘小単收每張收銀四分五厘	色在正米內帶征

東安縣

額征	正米一石	耗米
折征	每正米一石連耗米斗六升九合共折征銀二兩零三分三厘	包在正米內帶征
隨征	三成糧捐銀三錢	無
平餘	每石應有平餘銀二兩一錢七分七厘	包在正米內帶征
雜費	包在平餘項內	包在正米內帶征
私規	房書規費銀二錢 站書規費銀一錢	包在正米內帶征
統共	每正米一石實完銀四兩八錢 另串票每張收銀四分五厘	包在正米內帶征

西甯縣

額征	正米一石	耗米
折征	每正米一石連耗米一斗六升九合共折征銀二兩一錢五分九厘	色在正米內帶征
隨征	三成糧捐銀三錢	無
平餘	公費銀二兩零零五厘	色在正米內帶征
雜費	鮮費銀一錢七分二厘 銀匠銀六分二厘	色在正米內帶征
私規	賬房書吏丁役人等銀四錢零二厘	色在正米內帶征
統共	每正米一石實完銀五兩一錢 另串票每張收銀三分	色在正米內帶征

歸善縣

額征	正米一石	耗米
折征	每正米一石連耗米一斗六升九合共折征銀三兩六錢	色在正米內帶征
隨征	三成糧捐銀三錢	無
平餘	公費銀五分	色在正米內帶征
雜費	解費銀五分	色在正米內帶征
私規	賬房銀二分 家丁人銀七分八厘 房銀匠一錢一分五厘 房紙張飯食等費銀二錢四分三厘 銀匠銀一錢 倉費銀一錢 管倉銀四分四厘	色在正米內帶征
統共	每征米一石實完銀四兩七錢 另串票每張城征收銀七厘鄉征收銀三分二厘	色在正米內帶征

博羅縣

額征	正米一石	耗米
折征	每正米一石連耗米一斗六升九合共折征銀三兩二錢	已在正米內帶征
隨征	三成糧捐銀三錢	無
平餘	印官收銀九錢八分	已在正米內帶征
雜費	已在平餘內	已在正米內帶征
私規	賬房銀一錢 管倉銀一錢 征比銀四分 家丁銀一分 房書銀一錢三分七厘	已在正米內帶征
統共	每征米一石實完銀四兩八錢六分七厘 另串票每張收銀一分五厘	已在正米內帶征

長甯縣

	正米一石	耗米
額征	正米一石	耗米
折征	每正米一石連耗米一斗六升九合共折征銀三兩七錢三分七厘	已在正米內帶征
隨征	無	無
平餘	羨銀三錢三分	已在正米內帶征
雜費	無	已在正米內帶征
私規	房銀二錢三分 門印銀八分 經管銀二分三厘	已在正米內帶征
統共	每征米一石實完銀四兩四錢 串票每張收錢五十文	已在正米內帶征

永安縣

額征	正米一石	耗米
折征	每正米一石連耗米斗六升九合共折征銀二兩五錢	已在正米内帶征
隨征	三成粮捐銀三錢	無
平餘	羡餘銀一兩六錢三分	已在正米内帶征
雜費	三錢二分	已在正米内帶征
私規	房站書共五錢零四厘八毫 錢友銀六厘 隨六毫 帳房一分六厘五毫 管倉一分六厘八毫 經手三分八厘八毫 門印四分一厘四毫 隨三厘 廚子銀六毫 跟班家丁銀三厘	已在正米内帶征
統共	每征米一石實完銀五兩三錢八分一厘五毫	已在正米内帶征

海豐縣

	正米一石	耗米
額征	正米一石	耗米
折征	每米一石連耗米一斗六升九合共折征銀二兩六錢二分六厘	已在正米內帶征
隨征	三成粮捐銀三錢	無
平餘	羨餘銀一兩零零四厘	已在正米內帶征
雜費	冊費銀七分	已在正米內帶征
私規	帳房銀一錢三分 征比銀三分三厘 管倉銀三分九厘 用印銀九分八厘 房書銀三錢八分 道府科費銀一錢二分	已在正米內帶征
統共	每正米一石實貫完銀四兩八錢 另串票每張收銀一分六厘	已在正米內帶征

陸豐縣

	正米一石	耗米
額征	正米一石	耗米
折征	每正米一石連耗米一斗六升九合共折征銀二兩一錢二分	已在正米內帶征
隨征	三成糧捐銀三錢 學捐錢一千文	無
平餘	羨餘銀九錢五分	已在正米內帶征
雜費	糧捐費三分 學捐費錢四十文	已在正米內帶征
私規	賬友錢糧管倉家人共銀一錢六分 房書銀九錢八分 站友站書圖差共銀二錢六分	已在正米內帶征
統共	每征米一石實完銀四兩八錢 又錢一千四十文	已在正米內帶征

龍山縣

額征	正米一石	耗米
折征	每正米一石連耗米一斗六升九合共折征銀三兩	色在正米內帶征
隨征	三成糧捐銀三錢	無
平餘	羨餘銀一兩五錢	色在正米內帶征
雜費	色在平餘項內	色在正米內帶征
私規	倉房書吏等銀四錢一分 襍差糧差銀一錢七分一厘 典吏工食站書等銀三錢	色在正米內帶征
統共	每征米一石實完銀五兩六錢八分厘 另串票每張收銀二分二厘	色在正米內帶征

河源縣

	正米一石	耗米
額征	正米一石	耗米
折征	每正米一石連耗米一斗六升九合共折征銀二兩一錢六分	已在正米內帶征
隨征	三成粮捐銀三錢	無
平餘	羨餘銀一兩五錢四分	已在正米內帶征
雜費	已在平餘項下	已在正米內帶征
私規	管倉銀一錢一分 門印銀一錢一分 銀匠銀一錢九分五厘 書差銀二錢八分五厘	已在正米內帶征
統共	每征米一石每貫完銀四兩七錢 另串票每張收銀三分	已在正米內帶征

和平縣

額征折征隨征平餘雜費私規統共	
正米一石	耗米
每正米一石連耗米一斗六升九合共折征銀四兩八錢	包在正米內帶征
無	無
羨餘銀三錢四分四厘	包在正米內帶征
糧房紙張冊費銀三錢二分	包在正米內帶征
門印房三房厘頭銀共一錢八分	包在正米內帶征
每征米一石實完銀五兩六錢四分四厘	包在正米內帶征

連平州

	正米一石	耗米
額征	正米一石	耗米
折征	每正米一石連耗米一斗六升九合共折征銀二兩九錢零二分五厘	色在正米內帶征
隨征	無	無
平餘	羨餘銀一兩四錢八分五厘	色在正米內帶征
雜費	色在平餘內	色在正米內帶征
私規	經管家人銀七分二厘 管倉家人銀七分二厘 書吏飯食辦公經費銀五錢四分	色在正米內帶征
統共	每征米一石實貫完銀五兩四分八厘 另串票每張收銀七厘二毫	色在正米內帶征

海陽縣

額徵	正米一石	耗米
折徵	民米一石連耗米共收花銀四兩一錢	已在正米內征納每征正米一石內支解耗米一斗六升
隨徵	每正米一石加征粮捐銀三錢	在正米內征收
平餘	無	在正米內征收
雜費	無	在正米內征收
私規	每征米一石賑房飯食二分 管倉五分 門印七分 書吏飯食一錢 司道府及規費七厘 斗級四厘 糧店四分九厘	在正米內征收
統共	民間完納民米一石連耗羨捐輸規費實共銀四兩七錢 串票每張收銀一分九厘五毫	在正米內征收

豐順縣

	正米一石	耗米
額征	正米一石	耗米
折征	連耗共折征銀三兩一錢四分一厘	色在正米征價之內
隨征	無	並無隨征捐輸
平餘	平餘銀八錢	色在正銀之內
雜費	無	無
私規	門印征比書吏共收各厘頭銀一錢五分九厘	無
統共	民間實完銀四兩一錢　另串票每張收銀五厘	一斗六升色在正米征價之內

潮陽縣

	正米一石	耗米
額征折征	每正米一石連耗米一斗六升九合共折征銀一兩五錢八分二厘	包在正米內帶征
隨征	三成粮捐銀三錢	無
平餘	加收銀二兩二錢四分四厘二毫九絲	包在正米內帶征
雜費	包在平餘項內	包在正米內帶征
私規	糧房一錢七厘七毫八絲 管倉司事一錢二分三厘一毫四絲一忽 門印六分九厘三毫 管倉家人五厘七毫八絲九忽 督征二分 倉房二錢五分五六厘 征收書辦三分 房費五分七厘七毫	包在正米內帶征
統共	每征米一石實完銀四兩八錢二分六厘 另串票每張收銀二分六厘	包在正米內帶征

揭陽縣

	正米一石	耗米
額征	正米一石	耗米
折征	每正米一石連耗米一斗六升九合共折征銀一兩九錢六分	已在正米內帶征
隨征	三成糧捐銀三錢	無
平餘	無定	已在正米內帶征
雜費	無	已在正米內帶征
私規	縣房二分一厘五毫 管總二分一厘五毫 管倉親官爺們共四分八厘 門印二分五厘 倉房辦公二錢六分 廠書二分四厘 米戶飯食二分五厘 斗級工食一分五厘	已在正米內帶征
統共	每征米一石實完銀四兩七錢 另串票每張收銀一分	已在正米內帶征

饒平縣

額征	正米一石	耗米
折征	每正米一石連耗米一斗六升九合八勺折征銀二兩九錢七分四厘八毫	已在正米內帶征
隨征	三成糧捐銀三錢	無
平餘	無	已在正米內帶征
雜費	每石加征溢米銀六錢八分	已在正米內帶征
私規	每石加收櫃頭房書飯食銀三錢八分二厘八毫	已在正米內帶征
統共	每征米一石實完銀五兩三錢三分七厘六毫 另串票每張收銀九厘	已在正米內帶征

惠來縣

額征	正米一石	耗米
折征	每正米一石連耗米斗六升九合共折征銀三兩四錢三分八厘	已在正米內帶征
隨征	三成糧捐銀三錢	無
平餘	平餘銀一兩四錢五分七厘	已在正米內帶征
雜費	補平銀二厘 房費銀三厘	已在正米內帶征
私規	賬房銀三分 門印銀五分 家丁銀二分 管倉銀二分 倉書斗級銀三錢八分	已在正米內帶征
統共	每征米一石實完銀四兩七錢 另串票每張帶收毫銀三分六厘	已在正米內帶征

大埔縣

	正米	耗米
額征	正米一石	耗米
折征	每正米一石連耗米一斗六升九合共折征銀二兩五錢四分五厘	色在正米內帶征
隨征	無	無
平餘	每石收平銀四錢	色在正米內帶征
雜費	色在折征價內	色在正米內帶征
私規	征收民米一石加收管倉四分門房四分經管八分書吏二錢二分一厘	色在正米內帶征
統共	每征米一石實完銀三兩三銀二分六厘 另串票每張收銀六厘	色在正米內帶征

澄海縣

額征	正米一石	耗米
折征	據報無民米征收	無
隨征	無	無
平餘	無	無
雜費	無	無
私規	無	無
統共	無	無

普寧縣

	正米一石	耗米
額征折征	每正米一石連耗米斗六升九合算折征銀三兩一錢五分七厘四毫	已在正米內帶征
隨征	三成粮捐銀三錢	無
平餘	每石加收平餘銀五錢五分八厘八毫	已在正米內帶征
雜費	無	已在正米內帶征
私規	房書飯食銀二錢九分二厘二毫 管倉一錢七分二厘 管倉官親二分五厘八毫 賬房二分五厘八毫 門印二分五厘八毫 門經一分七厘二毫	已在正米內帶征
統共	每征米一石實完銀四兩五錢七分五厘 另串票每張收銀六厘五毫	已在正米內帶征

長樂縣

	正米一石	耗米
額征		
折征	每正米一石連耗米一斗六升九合共折征銀三兩四錢八分	已在正米內帶征
隨征	三成糧捐銀三錢	無
平餘	平餘銀九分	已在正米內帶征
雜費	冊費銀二分 紅簿串根銀一分	已在正米內帶征
私規	賬房銀五分 家人座頭銀二分 印費銀二分 倉房銀一錢九分 小書銀四分五厘 櫃書銀三分 斗級銀一分五厘	已在正米內帶征
統共	每征米一石實完銀四兩三錢 另串票每張收銀九分一厘	已在正米內帶征

興甯縣

額征	正米壹石	耗米
折征	每正米一石連耗米一斗六升九合共折征銀四兩二錢	色在正米內帶征
隨征	三成粮捐銀三錢	無
平餘	無定	色在正米內帶征
雜費	冊費在房費之內	色在正米內帶征
私規	房費銀二錢	色在正米內帶征
統共	每征米一石實完銀四兩七錢 另串票每張收銀一分三厘	色在正米內帶征

平遠縣

	正米壹石	耗米
額征	正米壹石	耗米
折征	每正米一石連耗米一斗六升九合共折征銀二兩二錢六分四厘二毫	色在正米內帶征
隨征	每征正米一石加收倉米二斗折標銀三錢三分八厘	無
平餘	無	色在正米內帶征
雜費	册費七分	色在正米內帶征
私規	書吏飯食紙張銀四錢一分	色在正米內帶征
統共	每征米一石實完銀三兩零六分四厘二毫 另串票二分	色在正米內帶征

鎮平縣

		耗米
額征	正米一石	
折征	縣屬征米各花戶倍穀完納並無折征故每征正米一石倍征穀二石六斗七升一合三勺	包在正米內帶征
隨征	無	無
平餘	本縣並無另收只解二三七成兵米穀價過高得盈餘多寡未定	包在正米內帶征
雜費	斛面米五升八合	包在正米內帶征
私規	房書斗級工人等米一斗一升七合六勺五杪	包在正米內帶征
統共	每征米一石實貫倍完穀二石八斗四升六合九勺五杪另串票一張收銀八厘	包在正米內帶征

始興縣

額征	正米一石	耗米
折征	每正米一石連耗米一斗六升九合共折征銀二兩六錢六分五厘	已在正米內帶征
隨征	三成糧捐銀三錢	無
平餘	羨餘銀一兩一錢八分	已在正米內帶征
雜費	已在平餘項內	已在正米內帶征
私規	門印厘頭錢三十文 管倉錢一百一十文 經管司事錢一十文 房書飯食錢三百五十文 俱照加三折算共銀三錢八分四厘六毫	已在正米內帶征
共	每征米一石實完銀四兩五錢二分九厘六毫 另串票一張收錢三十文	已在正米內帶征

曲江縣

	正米一石	耗米
額征	正米一石	耗米
折征	每正米一石連耗米一斗六升九合共折征銀二兩五錢四分	已在正米内帶征
隨征	三成粮捐銀三錢	無
平餘	羡餘銀一兩三錢六分	已在正米内帶征
雜費	已在平餘項内	已在正米内帶征
私規	賬房丁書銀匠等項厘頭銀五錢	已在正米内帶征
統共	每征米一石實完銀四兩七錢另串票每張收銀二分	已在正米内帶征

樂昌縣

	正米	耗米
額征	正米一石	耗米
折征	每正米一石連耗米一斗六升九合共折征銀二兩七錢	色在正米內帶征
隨征	三成粮捐銀三錢	無
平餘	平餘銀七錢	色在正米內帶征
雜費	色在平餘項內	色在正米內帶征
私規	賬房銀四分 門印銀七分 倉工三分 跟班三分 斗級三分 書辦飯食銀八錢	色在正米內帶征
統共	每征米一石實完銀四兩七錢 另串票一張收銀二分	色在正米內帶征

仁化縣

額征	正米一石	耗米
折征	每正米一石連耗米斗、六升九合共折征銀二兩二錢七分	已在正米內帶征
隨征	三成糧捐銀三錢	無
平餘	印官銀一兩六錢	已在正米內帶征
雜費	已在平餘項內	已在正米內帶征
私規	管錢糧一分五厘 各家丁五分五厘 房書一分五厘 站書一分五厘 帳房三分	已在正米內帶征
統共	每征米一石實完銀四兩三錢	已在正米內帶征

乳源縣

額征	正米一石	耗米
折征	每正米一石連耗米一斗六升九合共折征銀四兩	已在正米內帶征
隨征	無	無
平餘	平餘銀五錢六分	已在正米內帶征
雜費	已在平餘項內	已在正米內帶征
私規	已在平餘項內	已在正米內帶征
統共	每征米一石實完銀四兩五錢六分 另房書里書銀三分二厘	已在正米內帶征

翁源縣

	正米一米	耗米
額征	正米一米	耗米
折征	每正米一石連耗米斗六升九合共折征銀三兩五錢六分九厘二毫五絲	已在正米內帶征
隨征	三成粮捐銀三錢	無
平餘	羨餘銀三錢零八厘	已在正米內帶征
雜費	已在羨餘內	已在正米內帶征
私規	帳房五分五厘 門印六分六厘 斗級一分六厘五毫 粮書存半房羨八分五厘二毫五絲	已在正米內帶征
統共	每征米一石實完銀四兩四錢 另串票每張收銀一分七厘	已在正米內帶征

英德縣

額征	正米一石	耗米
折征	每正米一石連耗米斗六升九合共折征銀一兩六錢六分八厘	包在正米內帶征
隨征	三成糧捐銀三錢	無
平餘	收銀一兩四錢五分二厘	包在正米內帶征
雜費	紋水銀二錢六分八厘	包在正米內帶征
私規	經管錢糧規銀二錢四分六厘八毫四絲六忽 管倉銀四分 印規二分 四房經承津貼銀八分二厘二毫八絲二忽 倉房津貼銀一錢二分	包在正米內帶征
統共	每征米一石實完銀五兩一錢九分七厘一毫二絲八忽 另串票每張收銀六分	包在正米內帶征

陽山縣

額征	正米一石	耗米
折征	每正米一石連耗共折征銀二兩一錢四分六厘八毫	包在正米內帶征
隨征	三成粮捐銀三錢	無
平餘	平餘銀一兩八錢六分	包在正米內帶征
雜費	無	包在正米內帶征
私規	錢友銀一錢一分二厘 各家丁銀一錢五厘二毫 倉房書吏銀一錢 六分七厘八毫	包在正米內帶征
統共	每正米一石實完銀四兩七錢 另串票每張收銀三分	包在正米內帶征

茂名縣

額征	正米一石	耗米
折征	每正米一石折收米本洋銀二両	已在正米內帶征
隨征	三成粮捐銀三錢	無
平餘	每正米一石加收羨銀一両八錢平餘銀二錢三分為署內伙食員友薪修一切辦公之用	已在正米內帶征
雜費	無	已在正米內帶征
私規	帳房銀一錢二分 管倉銀一錢三分 家人銀六分 倉書飯食銀一錢五分	已在正米內帶征
統共	每征米一石實完銀四両七錢九分 另串票每張收錢二十文	已在正米內帶征

電白縣

額征	正米一石	耗米
折征	每正米一石連耗米一斗六升九合五勺折征銀四兩四錢	色在正米內帶征
隨征	三成粮捐銀三錢 另外抽捐學堂費錢八百八十三文 抽捐警勇及縣城總局費錢六百六十二文	無
平餘	無	色在正米內帶征
雜費	無	色在正米內帶征
私規	印官夫務錢一百八十九文 菓儀錢二十文 賬房錢一百一十三文 管倉錢一百二十二文 門印錢四十三文 斗級錢一十五文 房書錢二百二十五文 圖差錢四百五十文 征櫃錢六十五文 另每戶征櫃錢一百文	色在正米內帶征
統共	每征米一石實完銀四兩七錢 又二千九百一十五文 另串票一張收錢四十文	色在正米內帶征

信宜縣

	正米一石	耗米
額征		
折征	本縣向分新舊兩圖新圖每色米一石連耗收制錢三千四百文舊圖每色米一石連耗收制錢三千二百文	色在正米內帶征
隨征	每石帶收中小學堂經費錢二十五文三成糧捐銀三錢	無
平餘	無定	色在正米內帶征
雜費	賬房錢三十文 家丁錢四十文 管倉錢一百文 倉書錢四十文 飯食錢二十文 紙墨錢三十文 油硃燈火錢二十文	色在正米內帶征
私規	無	色在正米內帶征
統共	新圖收錢三千七百文銀〣卜另學費錢二十文舊圖收錢三千五百文銀三錢另學費錢二十文	色在正米內帶征

吴川縣

額征	正米一石	耗米
折征	每正米一石連耗米一斗六升九合共折征銀二兩	色在正米内帶征
隨征	三成粮捐銀三錢另加收学堂經費錢四百文	無
平餘	平銀一兩七錢	色在正米内帶征
雜費	色在平餘項内	色在正米内帶征
私規	管倉錢一百文 門印厘頭錢八十文 斗級二十文	色在正米内帶征
統共	每征米一石寔完銀四兩又錢二百文 又學費錢四百文 另串票每張收錢二十五文	色在正米内帶征

化州

額征	正米一石	耗米
折征	每正米一石連耗米一斗六升九合共折征銀三兩	色在正米內帶征
隨征	三成粮捐銀三錢	無
平餘	無定	色在正米內帶征
雜費	無	無
私規	印官派錢四百文 倉派錢一百文 門印錢一百文 經管錢三十文 賑房錢三十文 斗級錢三十文 小隨錢十文 房書錢三百五十文	色在正米內帶征
統共	每征米一石實定完銀三兩三錢 又錢一千五十文 另串票每張收錢一十文	色在正米內帶征

石城縣

額征	正米一石	耗米
折征	連耗一斗六升共折銀二兩	色在正米內帶征
隨征	三成粮捐銀三錢 又閏年每石帶收制錢八百零五文常年每石帶收制錢八百五十五文	無
平餘	加收米羨銀一兩七錢一分二厘	色在正米內帶征
雜費	收費用錢二百六十三文	色在正米內帶征
私規	賑房厘頭銀六分九厘六毫 家人厘頭銀六分九厘六毫 用印厘頭銀四分六厘四毫 經手厘頭銀四分六厘四毫 管倉厘頭銀一錢七分四厘 銀匠厘頭銀四分六厘四毫 房規飯食銀二分三厘二毫	色在正米內帶征
統共	寔完銀四兩四錢八分七厘六毫 又閏年完制錢一千六十八文 另串票每張收制錢二十二文 無閏年完制錢一千一百一十八文	色在正米內帶征

海康縣

額征	正米一石	耗米
折征	連耗共折征制錢二千零五十文	每石帶征耗米一斗六升折制錢四百八十二文
隨征	三成粮捐銀三錢	無
平餘	除支解外每石經征官得錢一千四百五十文	色在正米内帶征
雜費	無	無
私規	賑房錢四十文 管倉錢四十文 房書錢一百六十文銀三錢 粮差錢四十文	色在正米内帶征
統共	寔完制錢三千七百八十文並洋銀三錢	色在正米内帶征

遂溪縣

額征	正米一石	耗米
折征	征銀三兩零一分七厘三毫	每正米一石帶征耗米一斗六升折銀四錢八分二厘
隨征	每征正米一石帶征粮捐銀三錢	無
平餘	無	無
雜費	無	無
私規	印官錢二百三十文 賑房錢七十文 門印錢八十文 專管錢五十文 管倉錢三十文 府粮科錢五十文 城遊神七十文 斗級錢一百六十文 房書公費錢二百七十文	色在正米内帶征
統共	每正米一石民間寔完銀三兩三錢一分七厘三毫又錢一千零一十文又串票每張收錢三十文	色在正米内帶征

徐聞縣

		耗米
額征	正米一石	耗米
折征	每正米一石帶征三成米連耗共折征銀一兩一錢九分九厘	色在正米內帶征
隨征	捐銀三錢	無
平餘	每石得羨餘銀二兩八錢一厘	色在正米內帶征
雜費	無	無
私規	賑房比征銀一錢八分六厘七毫 家丁銀一錢四分六厘六厘 倉房銀一兩六錢六分六厘七毫	色在正米內帶征
統共	是完銀六兩三錢	色在正米內帶征

陽春縣

額征	正米一石	耗米
折征	連耗共征銀二兩八錢七分六厘	色在正米內帶征
隨征	三成粮捐銀三錢	無
平餘	每石平餘銀一兩五錢二分四厘	色在正米內帶征
雜費	色在平餘項內	色在正米內帶征
私規	色在平餘項內	色在正米內帶征
統共	實完洋銀四兩七錢　另串票每張收銀六分	色在正米內帶征

恩平縣

額征	正米一石	耗米
折征	連耗征銀一兩七錢五分八厘	色在正米內帶征
隨征	三成粮捐銀三錢	無
平餘	印官銀一兩二錢 加收米羨科費銀三錢	色在正米內帶征
雜費	冊費銀二錢	色在正米內帶征
私規	賑房銀三分 用印銀三分 管倉銀二分 斗級銀二分 書吏銀八錢四分八厘	色在正米內帶征
統共	寔完銀四兩四錢零六厘 加粮捐共收銀四兩七錢六厘	色在正米內帶征

瓊山縣

額征	正米一石	耗米
折征	折征紋銀二兩一錢四分六厘三毫四絲九忽	每正米一石連耗米耳共征折征銀七錢三厘四毫
隨征	無	無
平餘	每征米一石平餘銀二兩六錢八分六厘九毫一絲一忽	已在正米內帶征
雜費	紋水銀四錢三分九厘六毫六絲	已在正米內帶征
私規	每征民米一石帶收賑房規費紋銀一錢 管倉紋銀一錢 門印紋銀一錢 房書紋銀一錢	已在正米內帶征
統共	每征正米一石統共寔完五兩六錢七分二厘九毫二絲 另串票每張收制錢一十二文	已在正米內帶征

澄邁縣

額征	正米一石	耗米
折征	連耗共折銀二兩三錢三分三厘	已在正米內帶征
隨征	無	無
平餘	每正米一石實得平餘銀三兩	已在正米內帶征
雜費	已在平餘項內	已在正米內帶征
私規	每正米一石收錢賬房八十文衆家丁大賬一百文房書四百二十文	已在正米內帶征
統共	民間共完銀五兩三錢三分三厘又錢六百文	已在正米內帶征

定安縣

	正米一石	耗米
額征	正米一石	耗米
折征	每正米一石連耗米一斗六升九合共折征錢六千文	已在正米内帶征
隨征	無	無
平餘	無	無
雜費	無	無
私規	賬房錢一百文 門印錢三百文 書吏錢四百文	無
統共	每征米一石實錢六千八百文 另串票每張收錢二文	已在正米内帶征

文昌縣

額征	正米一石	耗米
折征	每正米一石連耗米一斗六升九合共折征銀七錢七分一厘一毫二絲	已在正米內帶征
隨征	無	無
平餘	平餘銀四分三厘七毫四絲四忽	已在正米內帶征
雜費	已在平餘項內	已在正米內帶征
私規	無	無
統共	民間實完大洋八錢一分四厘八毫六絲四忽	已在正米內帶征

會同縣

	正米一石	耗米
額征	正米一石	耗米
折征	據報無民米征收	無
隨征	無	無
平餘	無	無
雜費	無	無
私規	無	無
統共	無	無

樂會縣

	正米一石	耗米
額征	正米一石	耗米
折征	每正米一石，連耗米斗六升九合共折征銀二兩五錢	已在正米內帶征
隨征	無	無
平餘	平餘銀一兩四錢一分六厘	已在正米內帶征
雜費	解費銀三分 補水銀一錢八分四厘	已在正米內帶征
私規	門印錢三百文 書吏錢三百文	已在正米內帶征
統共	每征米一石實完銀四兩一錢三分，又錢六百文，另串票每張收錢一十二文	已在正米內帶征

臨高縣

額征	正米一石	耗米
折征	連每正米一石連耗米一斗六升九合共折征錢五千九百文	色在正米內帶征
隨征	無	無
平餘	色在正耗價內	色在正米內帶征
雜費	色在正耗價內	色在正米內帶征
私規	征比錢一百五十文 門印錢一百五十文 倉書錢四百文 嵩差脚費錢四百文	色在正米內帶征
統共	每征米一石定完七千 另串票每張四十文	色在正米內帶征

儋州

	正米	黎米	耗米
額征	正米一石	黎米一石	耗米
折征	每正米一石連耗米一斗六升九合[illegible]折征錢四千一百五十文	黎米連耗共折征錢一千六百文	色在正米内帶征
隨征	無		無
平餘	無		色在正米内帶征
雜費	無		色在正米内帶征
私規	家人厘頭一百文 房書厘頭一百文 催差厘頭一百文 柜頭厘頭一百文 管倉斗級厘頭一百五十文	黎米家人厘頭一百文 房書厘頭一百文	色在正米内帶征
統共	每征米一石寔完錢四千七百文 另串票每張收錢十六文	黎米每征一石實完錢一千八百文 串票同	色在正米内帶征

感恩縣

額徵	正米一石	耗米
折徵	每正米一石連耗米一斗六升九合共折徵錢二千文	色在正米內帶徵
隨徵	無	無
平餘	無	色在正米內帶徵
雜費	無	色在正米內帶徵
私規	門印錢一百八十文 書吏錢二十文	色在正米內帶徵
統共	每徵米一石實足完錢二千二百文	色在正米內帶徵

昌化縣

額征	正米一石	耗米
折征	據報無民米征收	無
随征	無	無
平餘	無	無
雜費	無	無
私規	無	無
統共	無	無

陵水縣

額征	正米一石	耗米
折征	每正米一石連耗米一斗六升九合共折征錢二千八百零四文	色在正米內帶征
隨征		無
平餘	無	色在正米內帶征
雜費		色在正米內帶征
私規	用印錢十六文倉規錢一百二十文房費錢一百八十文押差錢五十文斗級錢三十文	色在正米內帶征
統共	每征米一石定完錢三千二百文另串票每張收錢三	色在正米內帶征

萬縣

額征	正米一石	耗米
折征	每正米一石連耗米一斗六升九合共折征錢二千八百二十三文	色在正米內帶征
隨征	無	無
平餘	羨餘錢二百九十文零三三	色在正米內帶征
雜費	紋水錢一百九十一文六六 補平錢六文六八 解費錢六十四文一三 房費錢三文八六 滙水錢四十文零零三 投贖錢一十二文五一	色在正米內帶征
私規	征比錢一百二十文 房飯錢四百二十文 差役錢八十文	色在正米內帶征
統共	每征米一石寔完錢四千零五十三文零二 另串票每張收錢七文	色在正米內帶征

合浦縣

額征	正米一石	耗米
折征	每正米一石連耗米一斗六升九合共折征錢六千八百文	色在正米內帶征
隨征	三成粮捐銀三錢	無
平餘	色在正米折征價內	色在正米內帶征
雜費		色在正米內帶征
私規	賑房錢二百文 錢粮家人錢二百文 房書紙張筆墨錢二千八百文	色在正米內帶征
統共	每征米一石寔完錢一十一千文 另銀三錢 每串票一張收錢二十五文	色在正米內帶征

靈山縣

額征	正米一石	耗米
折征	每正米一石連耗米一斗六升九合折征銀七錢	色在正米內帶征
隨征	三成粮捐銀三錢	無
平餘	羨餘銀九分五毫六絲	色在正米內帶征
雜費	紋水銀九分七厘四毫四絲	色在正米內帶征
私規	房書公費銀二錢	色在正米內帶征
統共	每征米一石實完銀一兩三錢八分八厘 另串票每張收銀四分	色在正米內帶征

防城縣

額征	正米一石	耗米
折征	每正米一石連耗米一斗六升九合共折征銀一兩六錢三分八厘六毫五絲	色在正米內帶征
隨征	無	無
平餘	平餘銀九錢二分五厘三毫五絲	色在正米內帶征
雜費		色在正米內帶征
私規	賑房司友銀二錢一分六厘 門印銀二錢一分六厘 倉房筆墨銀一錢	色在正米內帶征
統共	每征米一石寔完銀三兩零九分六厘	色在正米內帶征

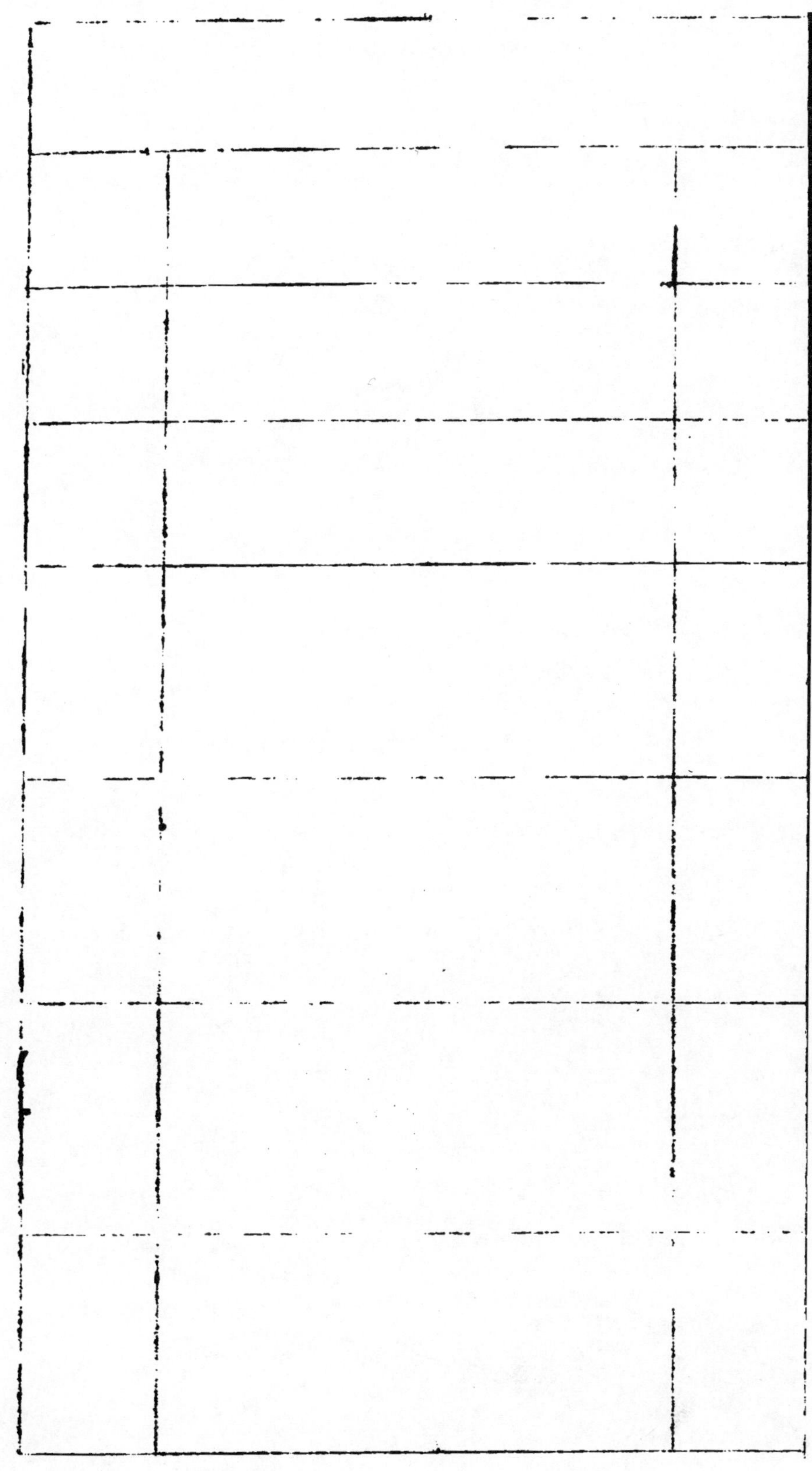